KOMPASS

Dein Augenblick

RUHRGEBIET

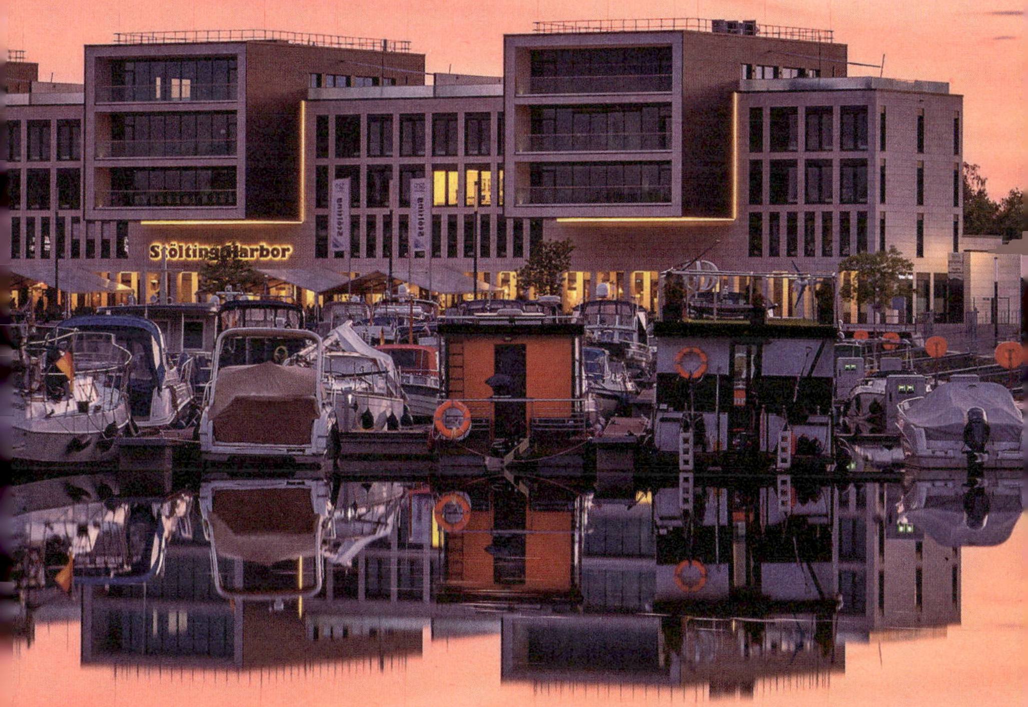

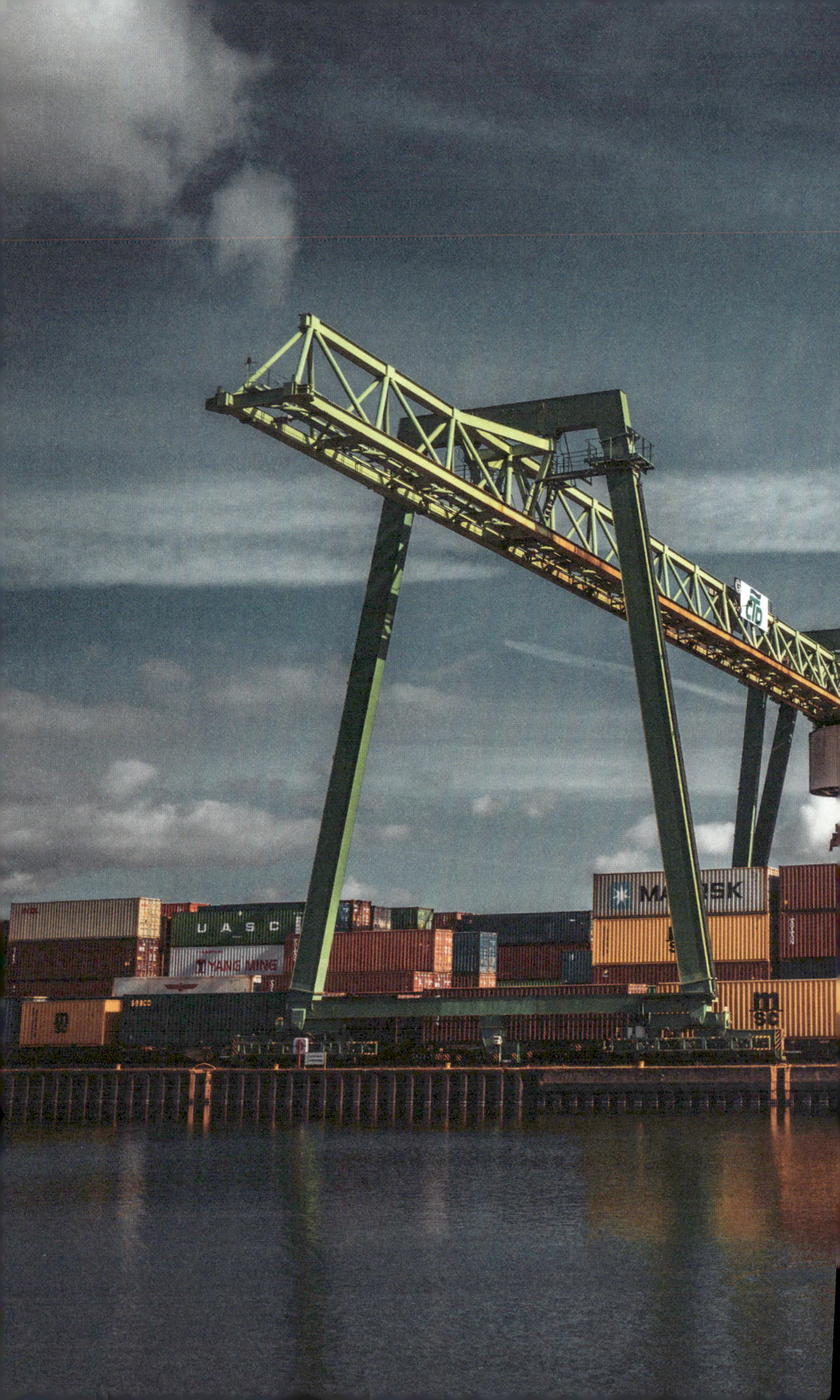
UASC
YANG MING
msc

Die Qualität eines Augenblicks hängt vom Blickwinkel ab. Wir zeigen dir Aussichten, für die sich ein Ausflug lohnt, und verraten, wo du die besten Ansichten im Ruhrgebiet erlebst.

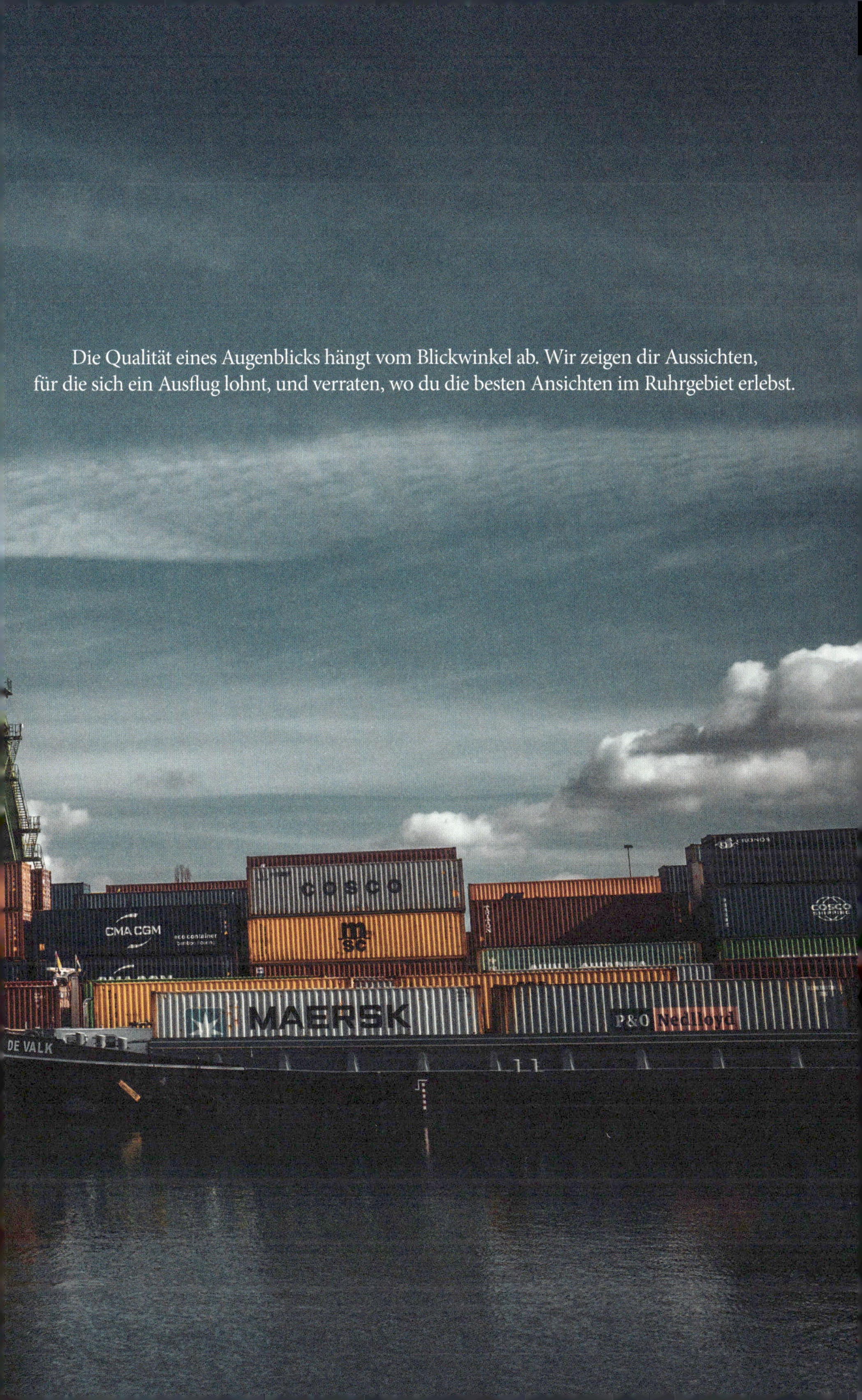

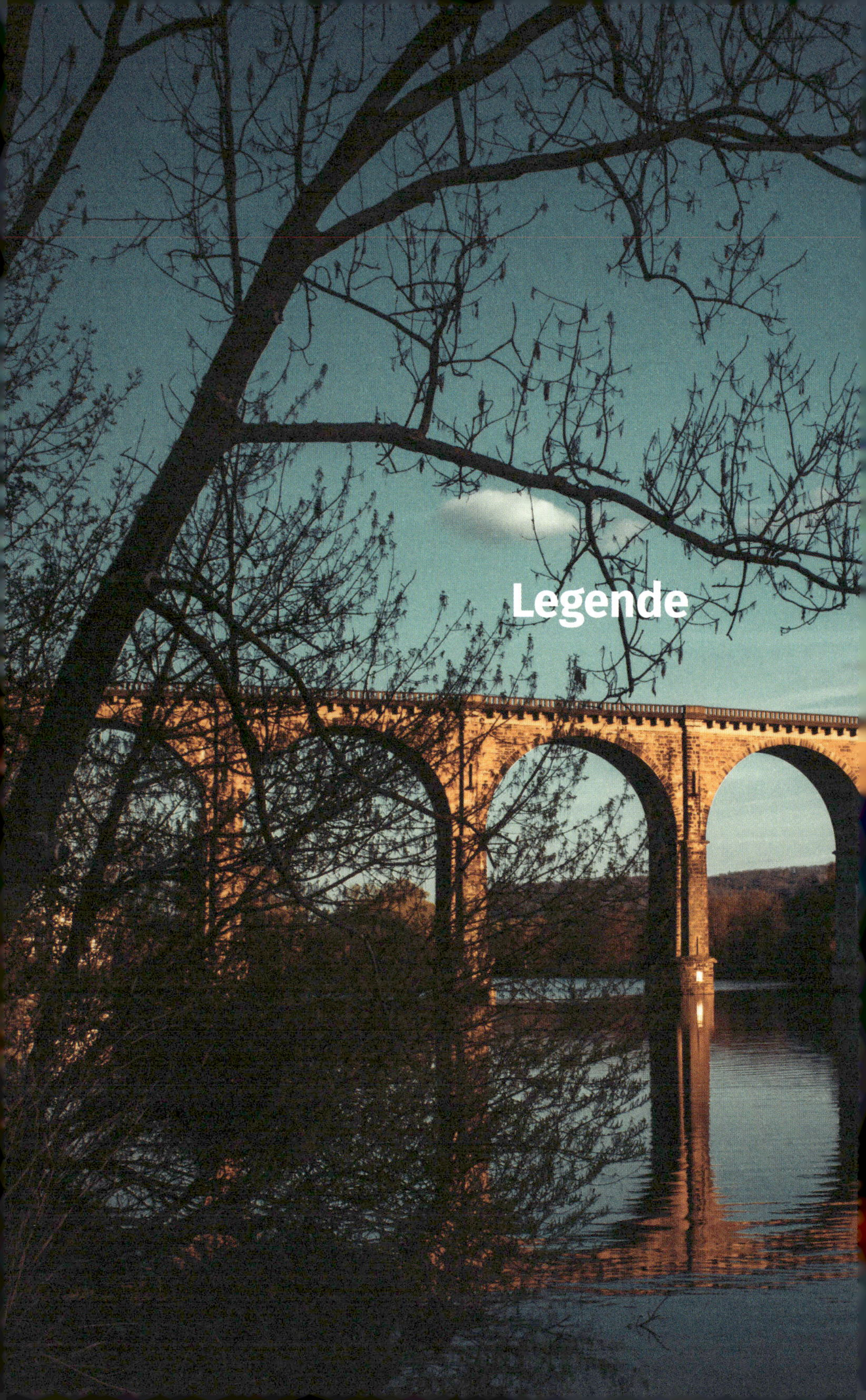
Legende

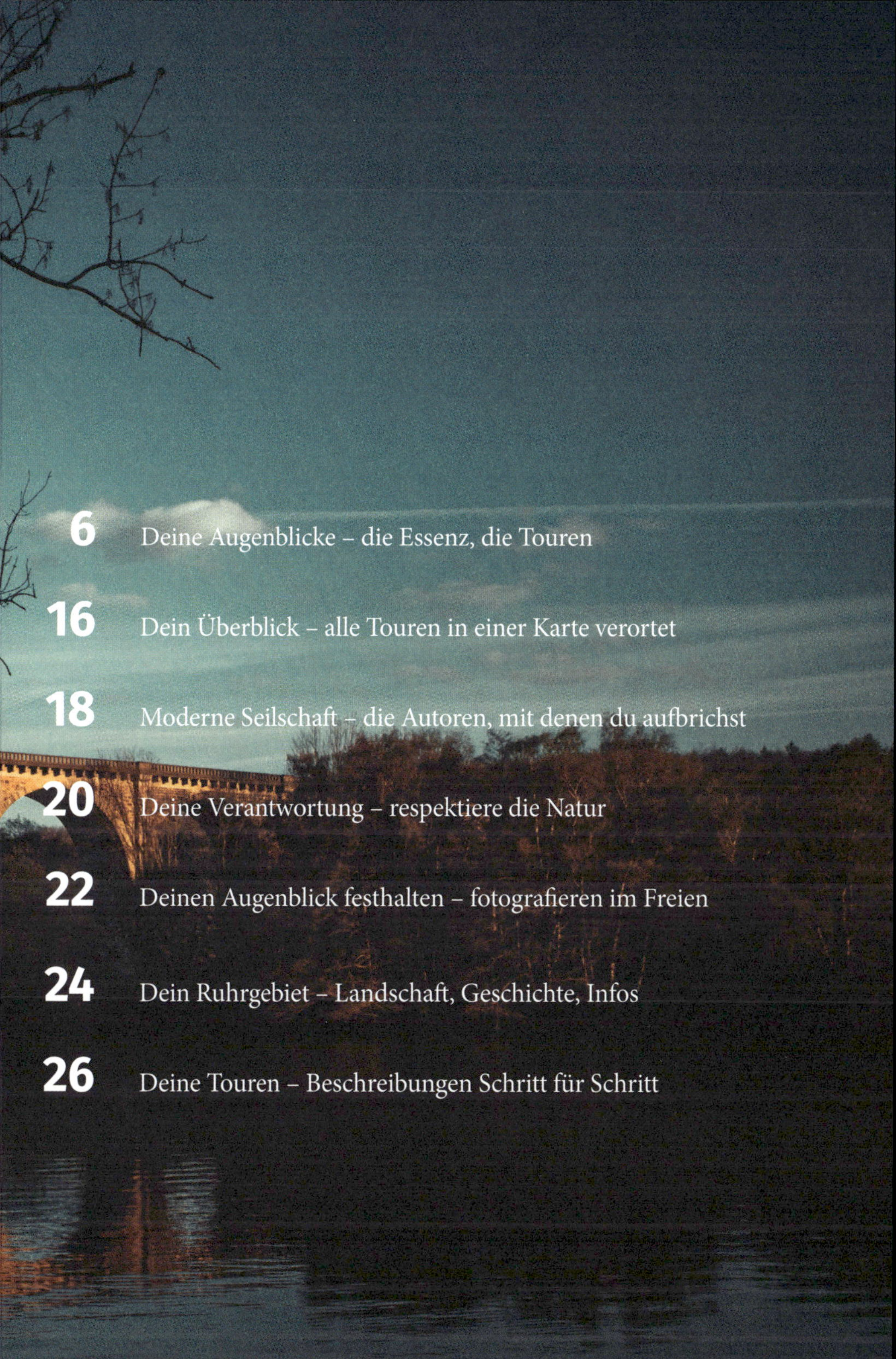

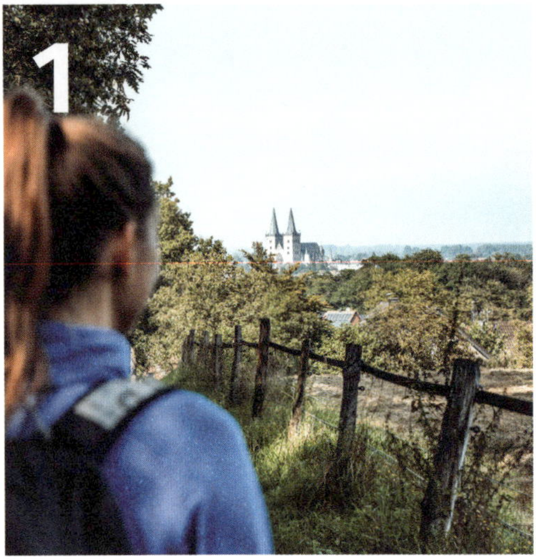

Birten – Xanten – Fürstenberg

Am Rhein entlang drangen einst die Römer weit nach Norden vor. In und um Xanten haben sie besonders viele Spuren hinterlassen. **Seite 28**

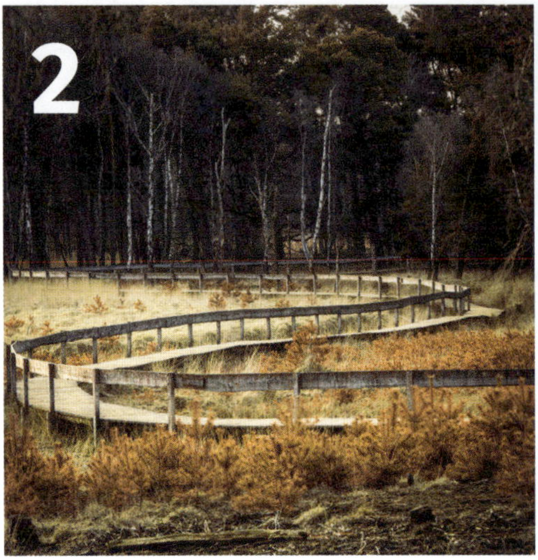

Diersfordt – Schwarzes Wasser

Im äußersten Nordwesten geht das Ruhrgebiet in die Ebenen des Niederrheins über. Weite Wälder, verwunschene Heiden und kleine Dörfer lösen hier die industrialisierten Städte ab. **Seite 34**

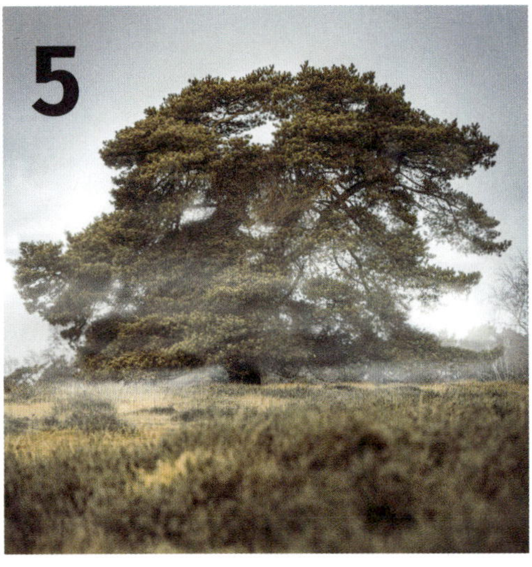

Westruper Heide – Halterner See

Kurz und gut lautet das Motto dieser Runde. Hier im Norden, vor den Toren des ehemaligen Kohlenpotts geht es vielseitig zu. Von Wasser über Wald und Pflanzenvielfalt bis zum Ausflugslokal ist für jeden Geschmack etwas dabei. **Seite 52**

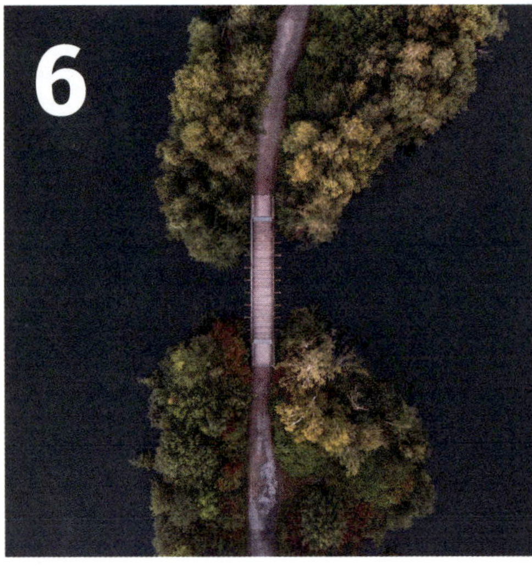

Grafenmühle – Rotbachtal – Heidesee

Oft sind es gar nicht die ganz hohen Gipfel, die für die größten Überraschungen sorgen, sondern so unscheinbare Wanderziele wie die aussichtsreiche „Platten" hoch über Bruneck. **Seite 58**

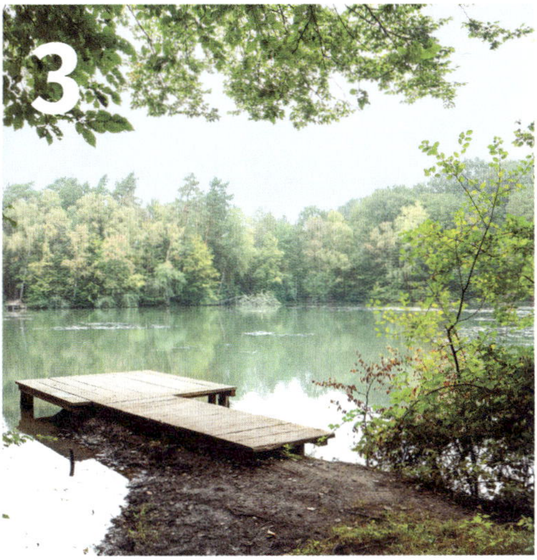

Schermbeck – Drevenack

Zwischen dem herben Charme des Ruhrgebiets und der Lieblichkeit des Münsterlands sind wir hier in den Gefilden der Lippe unterwegs. **Seite 40**

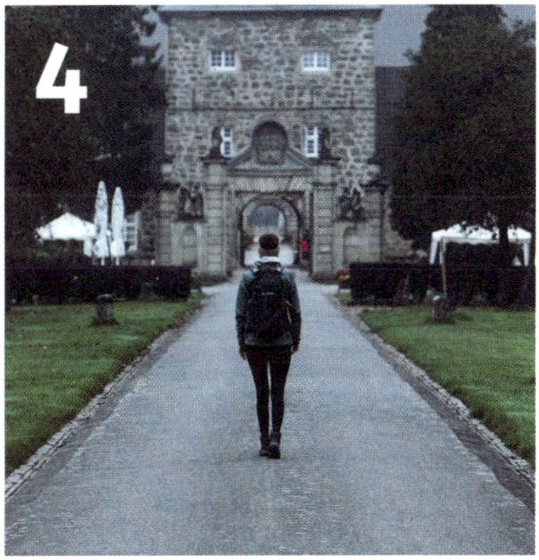

Rhade – Schloss Lembeck

In der münsterländischen Idylle steht eine der schönsten Wasserschlösser in ganz Nordrhein-Westfalen. Wir erkunden sowohl Schloss Lembeck als auch seine idyllische Umgebung. **Seite 46**

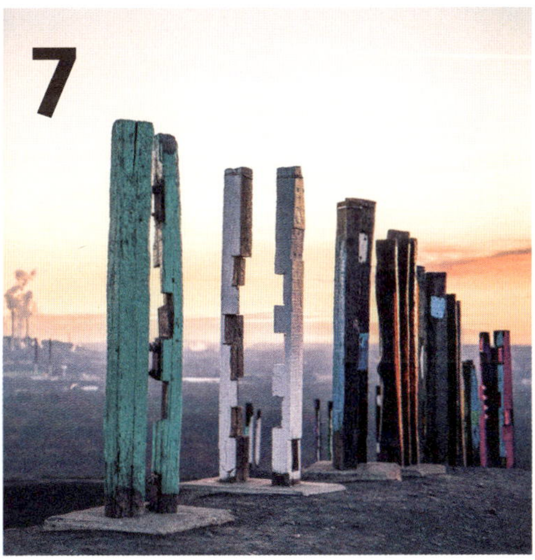

Auf die Halde Haniel

Ein bisschen wie auf einer Bergtour fühlt man sich an der Halde Haniel, wenn man oben auf das Gipfelkreuz trifft. Unterwegs ist man hier auf dem Abraum des ehemaligen Steinkohlenbergwerks Prosper Haniel. **Seite 64**

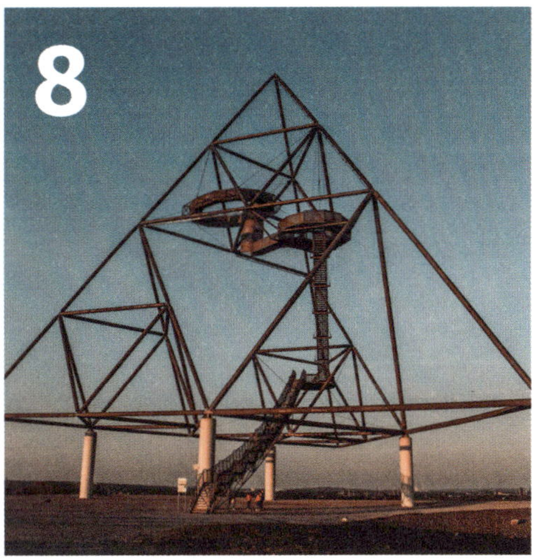

Bottrop Tetraeder

Den Bottroper Tetraeder sieht man von vielen Orten des Ruhrgebiets aus. Satte 50 Meter hoch thront seine Konstruktion auf der 65 Meter hohen Halde Bergstraße. Entsprechend gut sind die Aussichten von oben. **Seite 70**

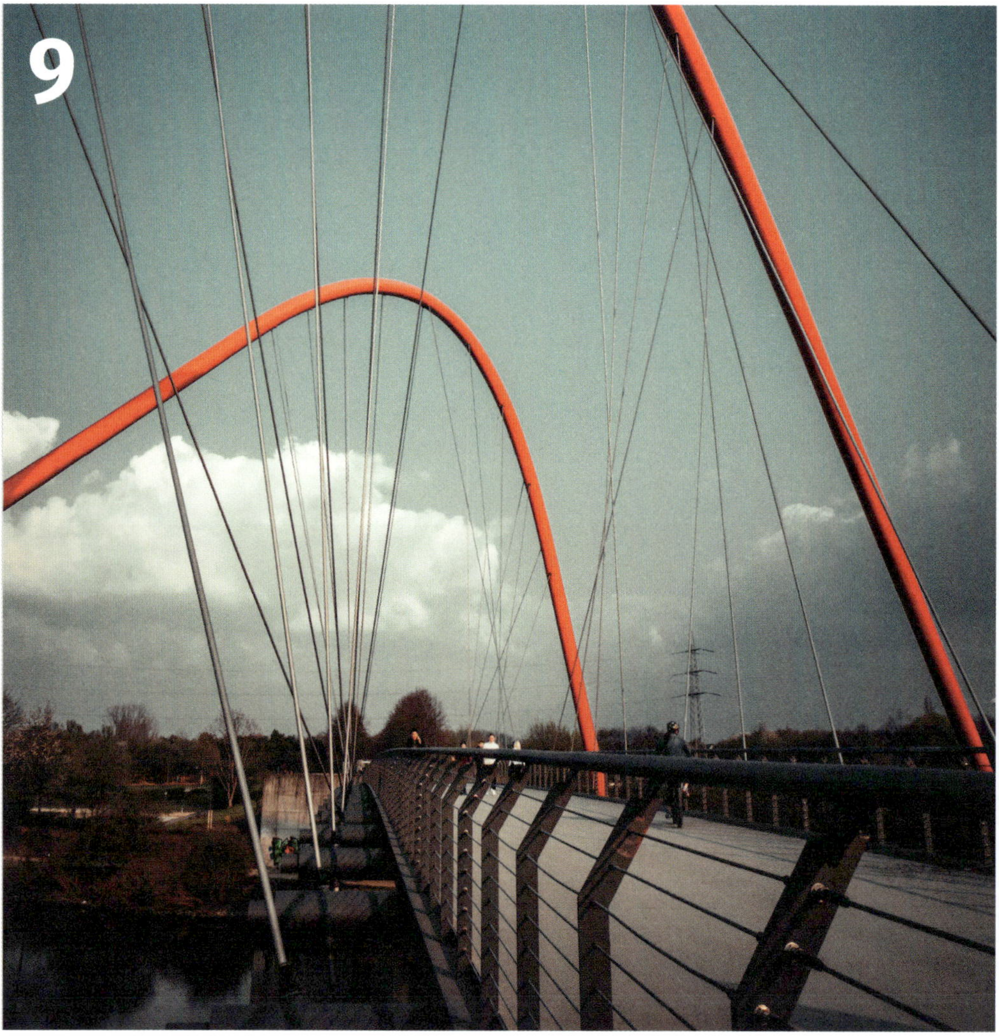

Gelsenkirchen – Karnap

Ein dichtes Konzentrat an Ruhrgebietsimpressionen wartet auf dieser Tour an der Emscher und am Rhein-Herne-Kanal. Der Strukturwandel von der Industrie zur Kultur- und Freizeitnutzung lässt sich hier wandernd erleben. **Seite 76**

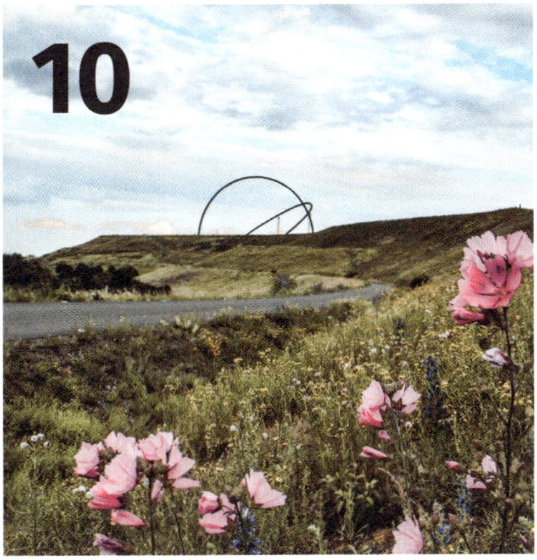

Um die Zeche Ewald

Ein pralles Erlebnispaket zwischen Bergwerk, Halde und renaturierter Seenlandschaft schnürt diese kurze aber knackige Wanderrunde. **Seite 82**

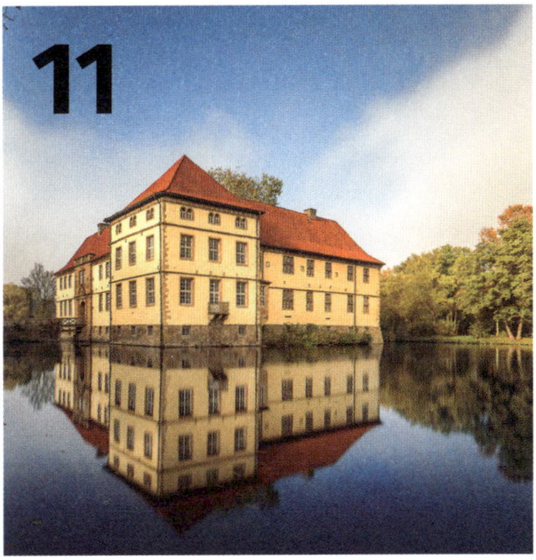

Herne – Zoom Erlebniswelt

Ein Hafen, Schleusen, Industriedenkmäler, ein Wasserschloss und ein Zoo sind nur einige der Eindrücke, die auf dieser Tour mitten im ehemaligen Kohlenpott zu bewundern sind. **Seite 88**

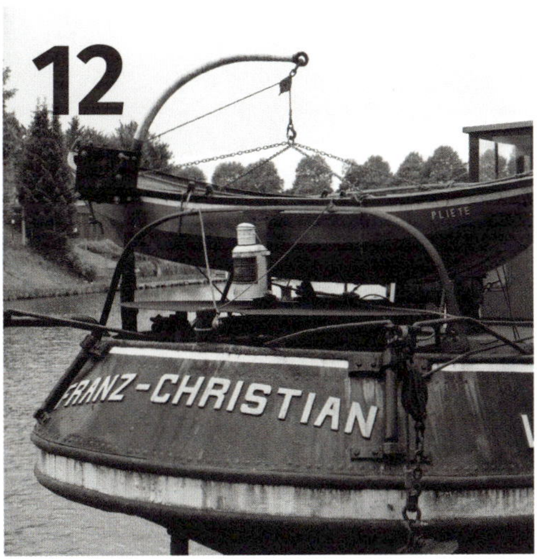

Industriemuseum Schiffshebewerk

Der Anblick des Waltroper Schiffshebewerks macht schon von Weitem Eindruck. Umso mehr lohnt der Blick aus der Nähe, den wir hier auf die Anlage werfen. Auch die schöne Umgebung des Emscher-Lippe-Lands nehmen wir genauer unter die Lupe. **Seite 94**

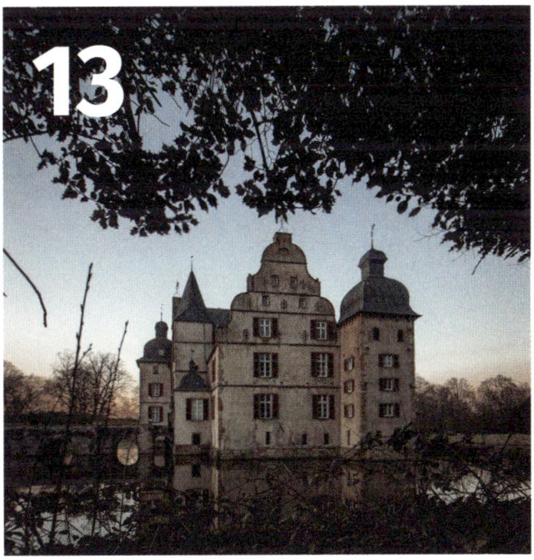

Mengede – Deininghausen – Castrop

Mehrere besondere Kulturschätze, eine alte Eisenbahntrasse und eine heitere Wald- und Wiesenlandschaft erwarten uns hier im östlichen Ruhrgebiet. **Seite 100**

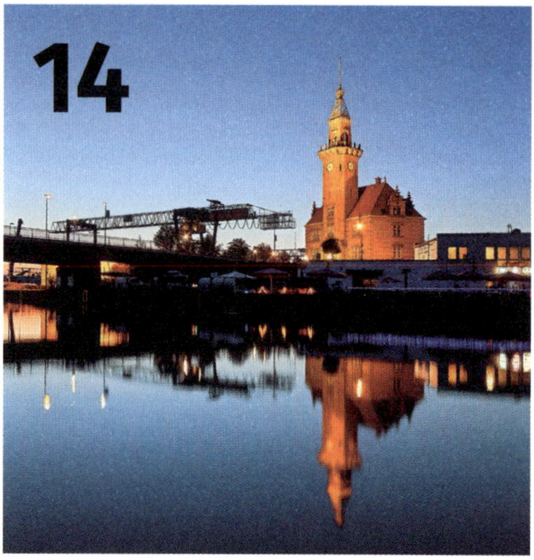

Fredenbaumpark – Schwieringhausen

Die lebhafte Dortmunder Freizeitmeile am Dortmund-Ems-Kanal und der beachtliche Binnenhafen sind die prägenden Eindrücke dieser Tour. **Seite 106**

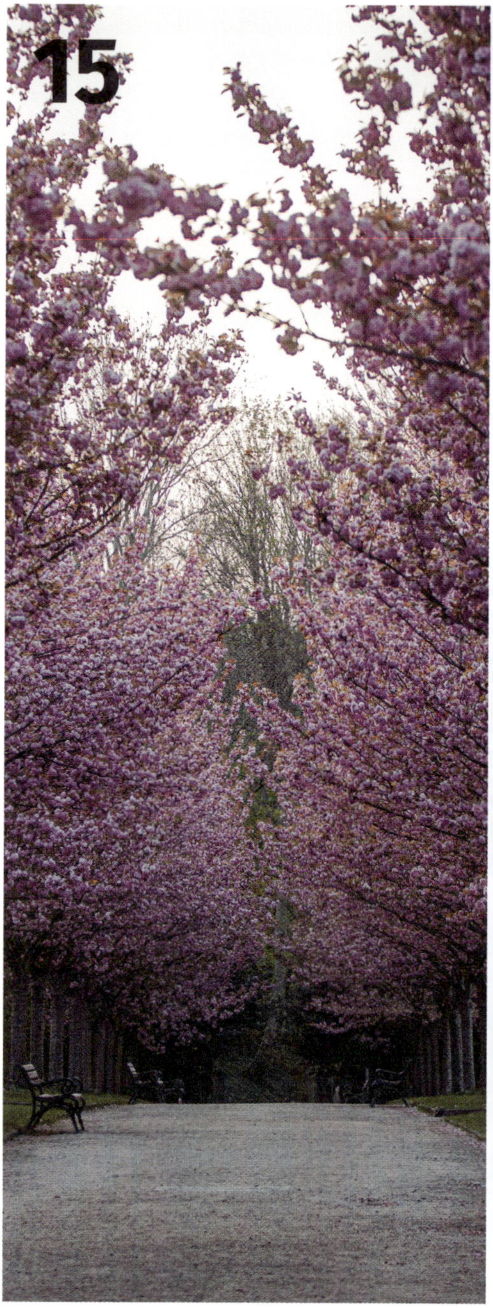

Westfalenpark – Rombergpark

Blüten und Botanik in Hülle und Fülle erwarten den Park-Flanierer mitten in Dortmund. Und dabei sind die Grünanlagen groß genug, dass wir eine Runde von zweieinhalb Stunden locker unterbringen können. **Seite 112**

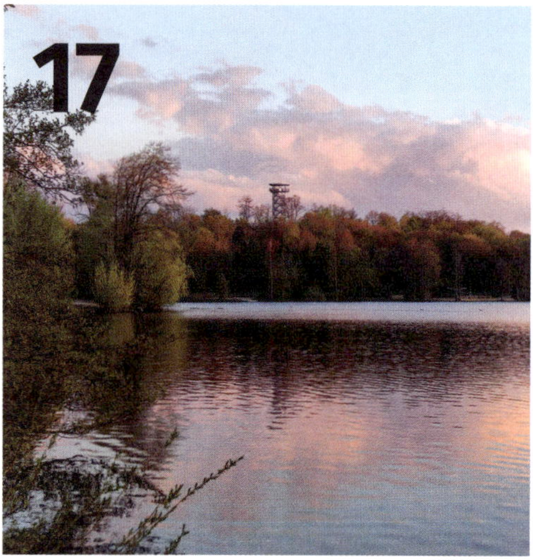

Duisburger Sechs-Seen-Platte

In einigen besonders beschaulichen „Eckchen“ könnte man die Duisburger Seenplatte fast mit dem mecklenburgischen Pendant verwechseln. Kaum zu glauben, dass es sich hier „nur“ um das Naherholungsgebiet der größten deutschen Industriestadt handelt. **Seite 124**

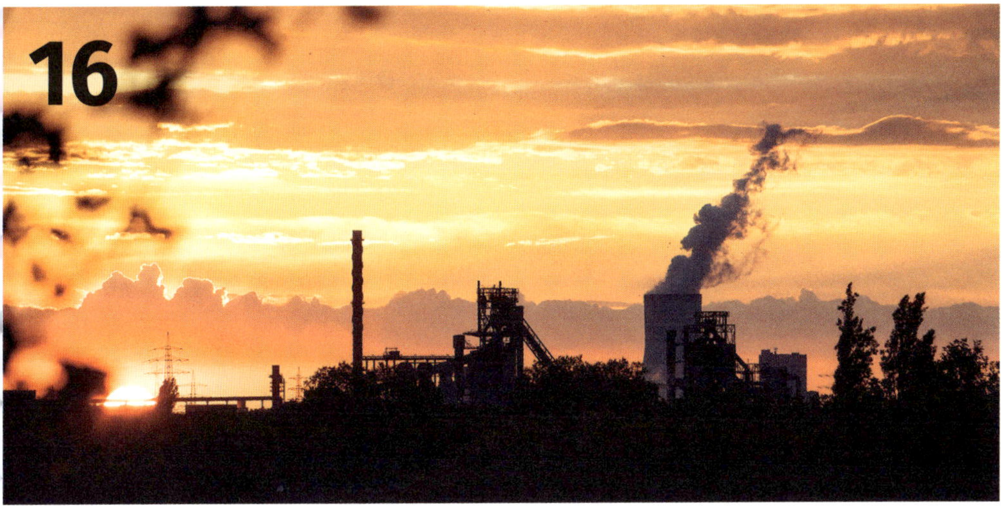

Landschaftspark Duisburg

Durch die filmreife Kulisse der alten Industrieanlagen führt uns diese Runde im Duisburger Landschaftspark. Krönender Abschluss dieser Tour ist die einmalige Aussicht vom „Dach" des Hochofens. **Seite 118**

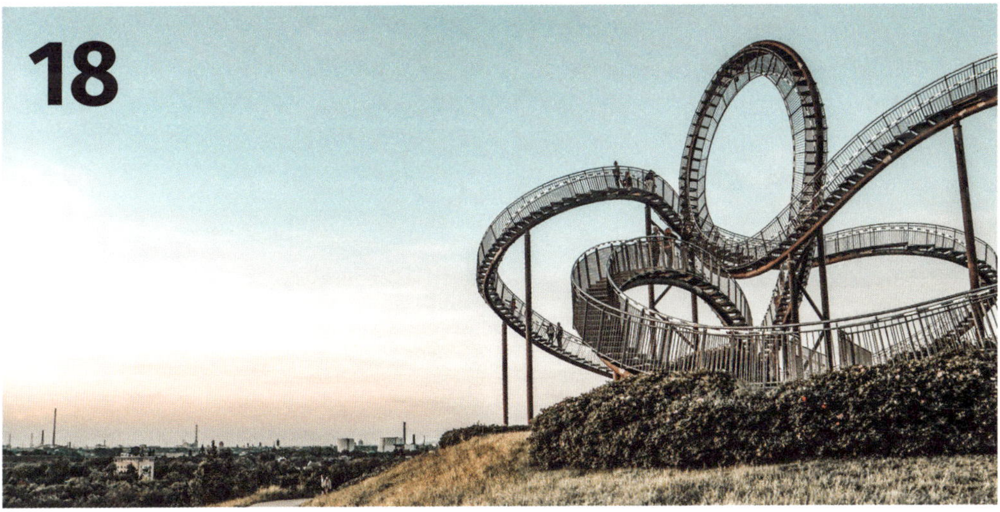

Tiger and Turtle – die Achterbahnskulptur

Wir besichtigen und begehen die zur Zeit wohl spektakulärste Kunstinstallation im Ruhrgebiet – die Tiger & Turtle-Skulptur. Sie befindet sich im Süden Duisburgs auf einer ehemaligen Schlacken- und Schutthalde. **Seite 132**

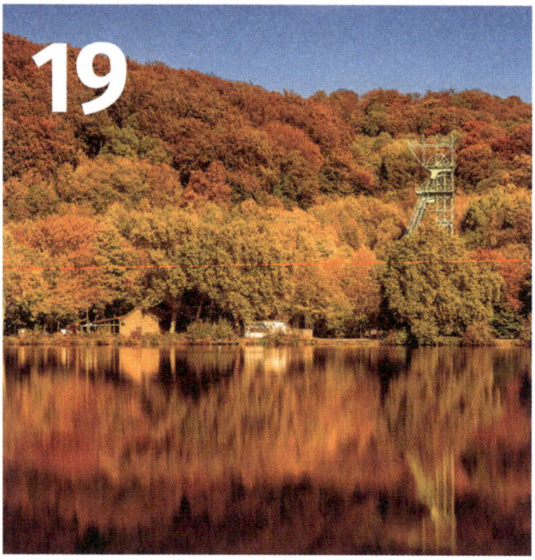

Steele – Bredeney – Werden

Wälder sowie Tal- und Flusslandschaft am Rande der Großstadt sind die prägenden Eindrücke dieser Streckentour. Viele Höhenmeter, aber auch viele Einkehrmöglichkeiten warten auf der Wanderung im überraschend grünen und idyllischen Essener Süden. **Seite 138**

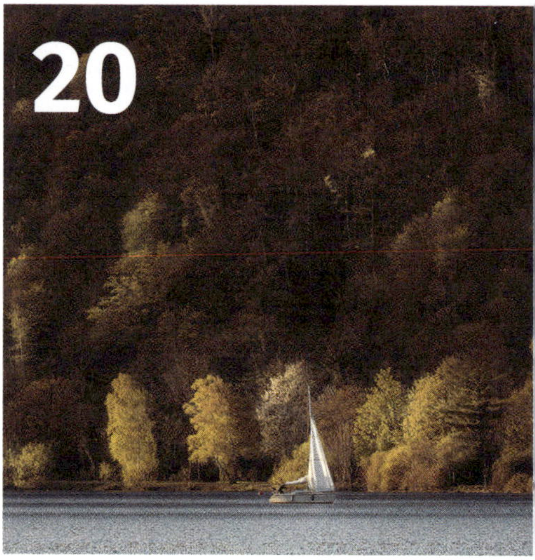

Baldeney – Korteklippe

Einen sehr schönen und informativen Eindruck vom Ruhrtal und vom Baldeneysee verschaffen wir uns auf dieser kurzen Runde im Essener Süden. **Seite 144**

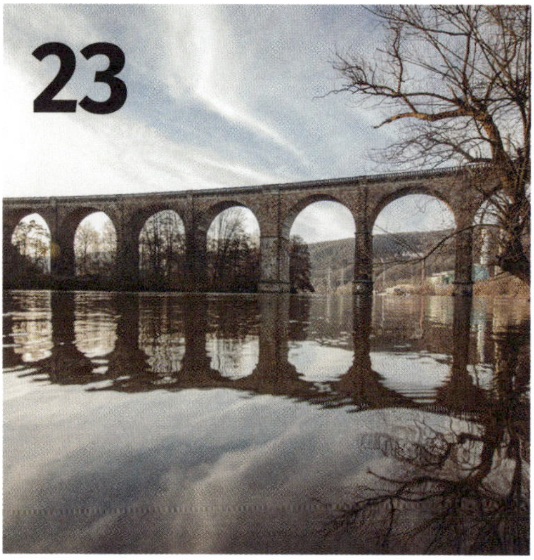

Wetter – Hohenstein – Witten

Der Harkortsee ist nicht so bekannt und auch nicht so beliebt wie sein großer Bruder, der Baldeneysee. Dabei steht er ihm an Schönheit kaum nach, wie diese kurze aber eindrucksvolle Tour zeigt. **Seite 162**

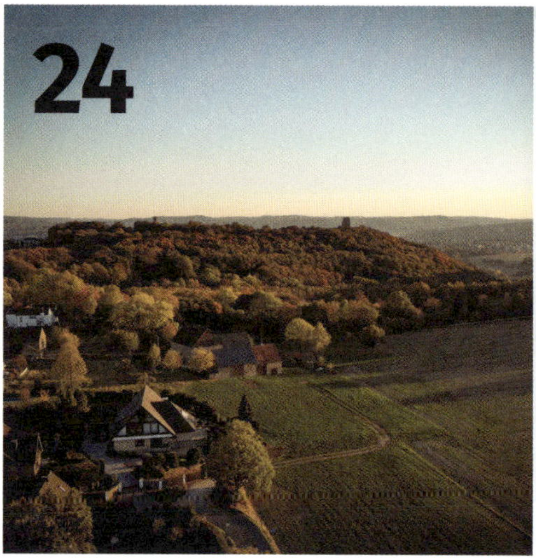

Syburg – Herdecke – Wetter

Eine Burg, ein Minigebirge und zwei Ruhrstauseen hat diese Tour im Südosten des Reviers zu bieten. Hinzu kommen eine exponierte Felskanzel und entspannte Einkehrmöglichkeiten. **Seite 168**

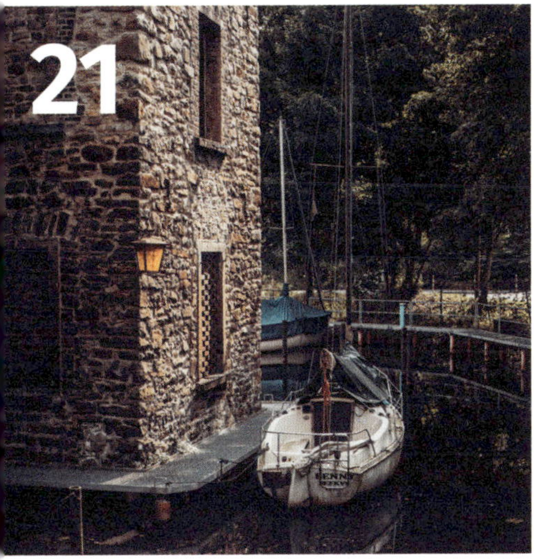

Kupferdreh – Scheppen – Baldeney

Industriekultur gepaart mit Urlaubsflair, roßstadt und grüne Idylle: all das gibt es auf der Runde um den Baldeneysee zu erleben. **Seite 150**

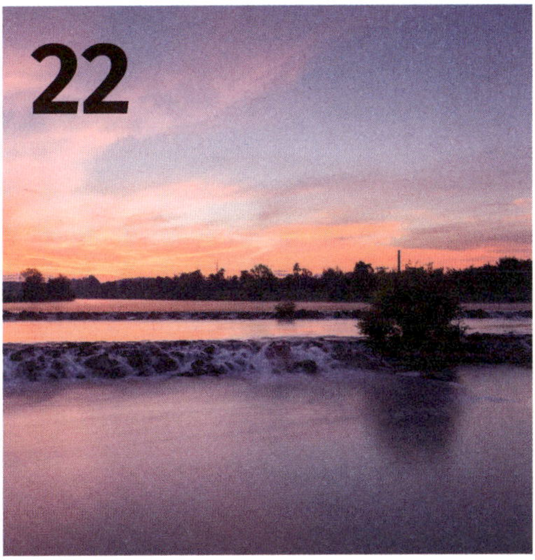

Hattingen – Schulenberg – Isenburg

Das Burgenland im Industriegebiet – so könnte man die Gegend an der Ruhrschleife bei Hattingen bezeichnen. Diese Höhentour verschafft uns viele gute Aussichten auf diesen schönen Winkel. **Seite 156**

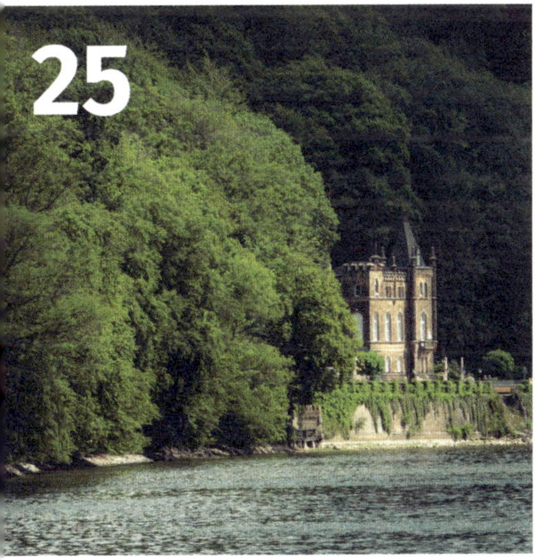

Hengsteysee

Von den vier Ruhrstauseen ist der Hengsteysee der östlichste. Ob er auch der schönste ist, darüber lässt sich streiten. Scheuen muss er den Vergleich mit Baldeneysee u. Co. Jedenfalls nicht. **Seite 174**

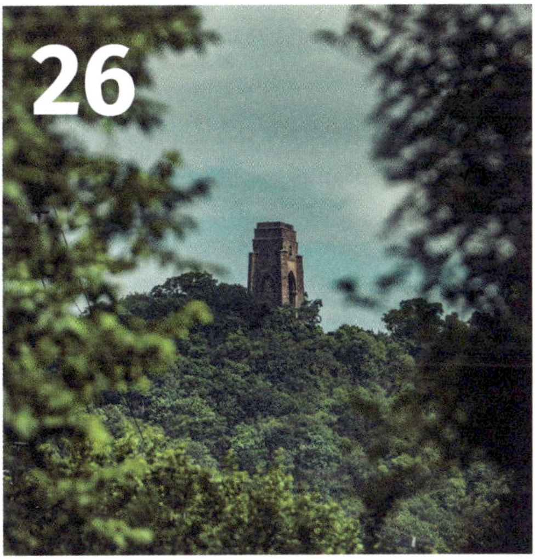

Ergste – Syburg

Mit relativ wenigen Höhenmetern mogeln wir uns durch den bergigsten Teil des Ruhrgebiets. Schöne Aussichten und vielseitige Kulturlandschaft gibt es trotzdem reichlich. **Seite 180**

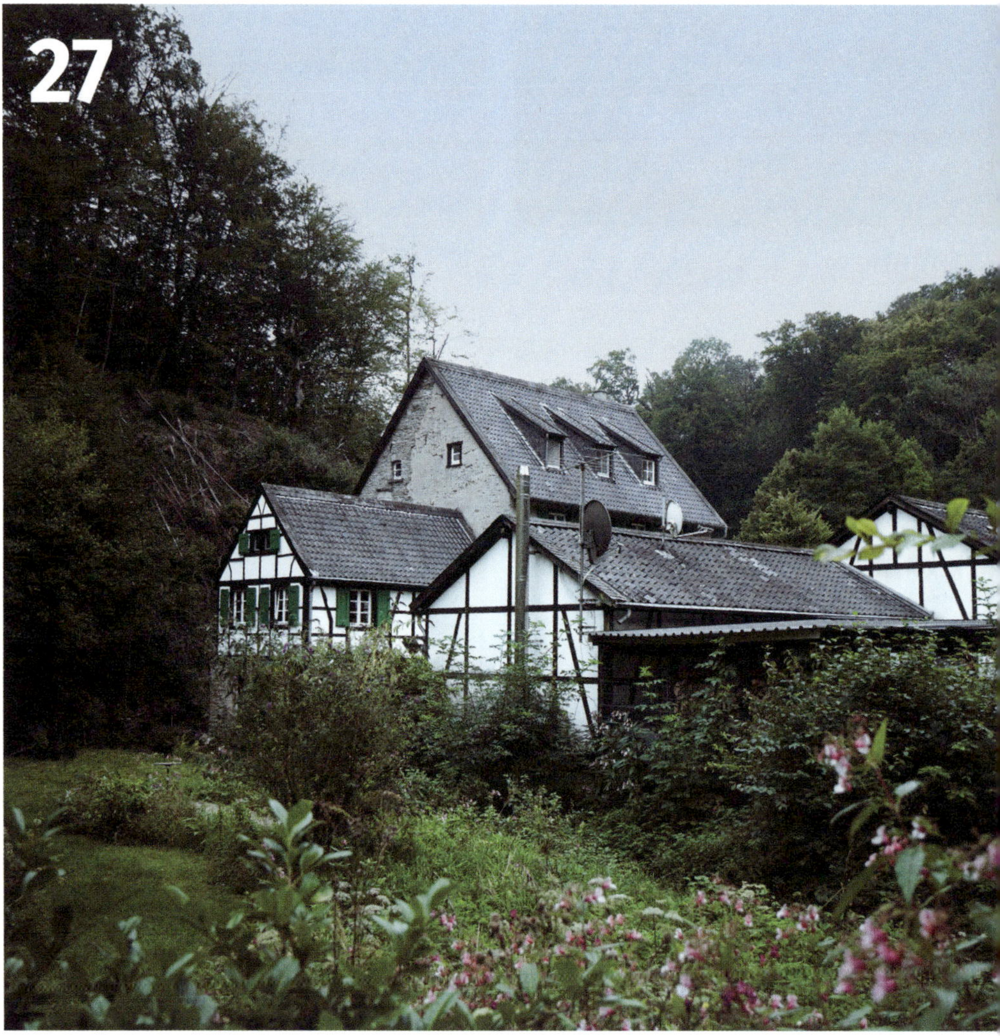

Durchs Neandertal

Dieses Tal muss man wohl kaum näher vorstellen, schließlich hat jedes Schulkind schon einmal von ihm gehört. Die Wanderung durch diesen ganz besonderen Landstrich sollte man sich nicht entgehen lassen. **Seite 186**

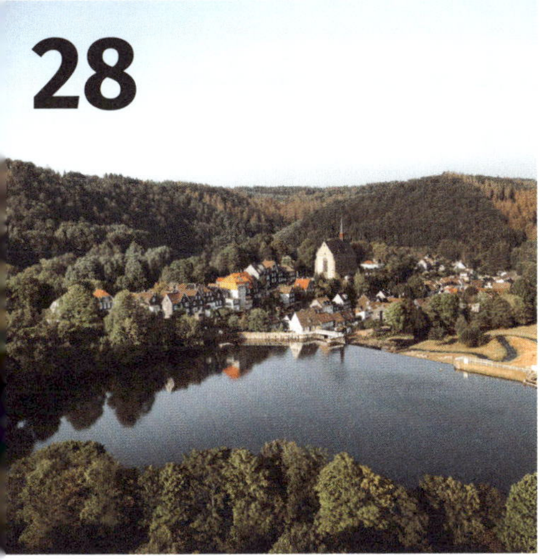

Am Beyenburger Stausee

Die Gegend um die Wupperschleife ist ein besonders schöner Winkel des Bergischen Landes. Obwohl man sich noch im Einzugsgebiet der Großstädte befindet, ist man hier gefühlt weit draußen in der Natur. **Seite 192**

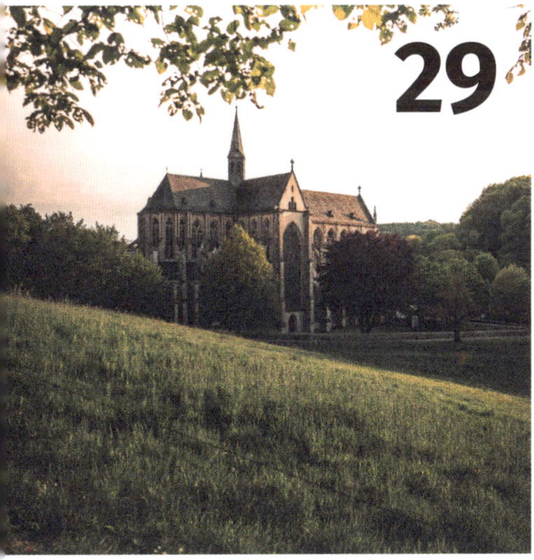

Von Altenberg zur Großen Dhünntalsperre

Wie ein Fjord breitet sich der Stausee der Dhünn in den Wäldern und Hügeln des Bergischen Landes aus. Der schöne Blick von der Dhünntalsperre ist auf dieser ausgedehnten Wald- und Wiesenrunde nur eines von mehreren Highlights. **Seite 200**

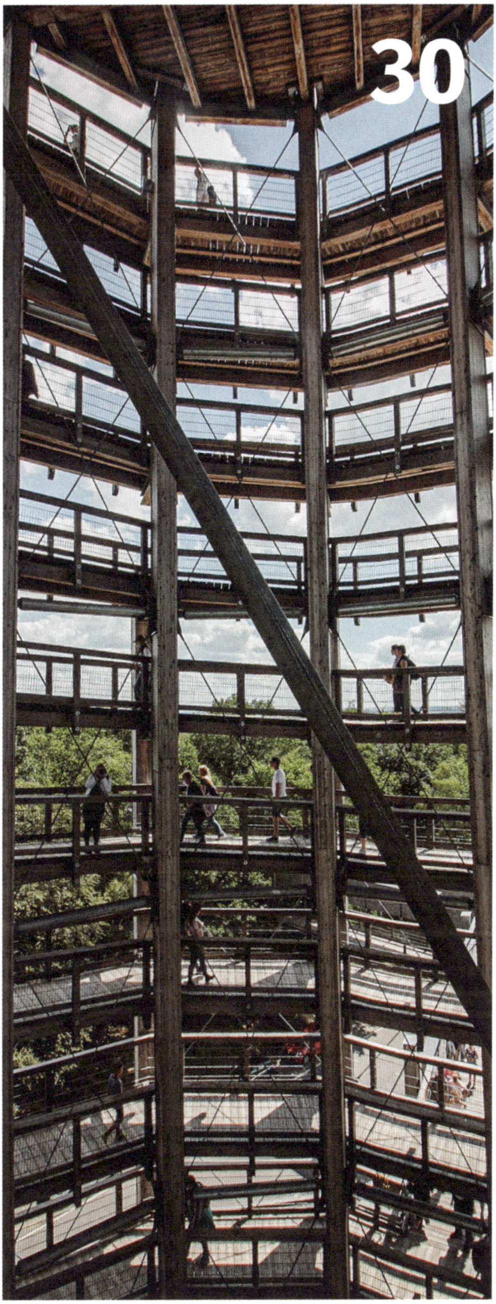

In den Wäldern bei Waldbröl

Ganz im Zeichen des Waldes und der Natur steht diese Rundtour durch die Flur des zentralen Bergischen Landes. Mit einem Besuch im Panarbora-Freizeitpark lässt sich die Wanderung prima ergänzen. **Seite 206**

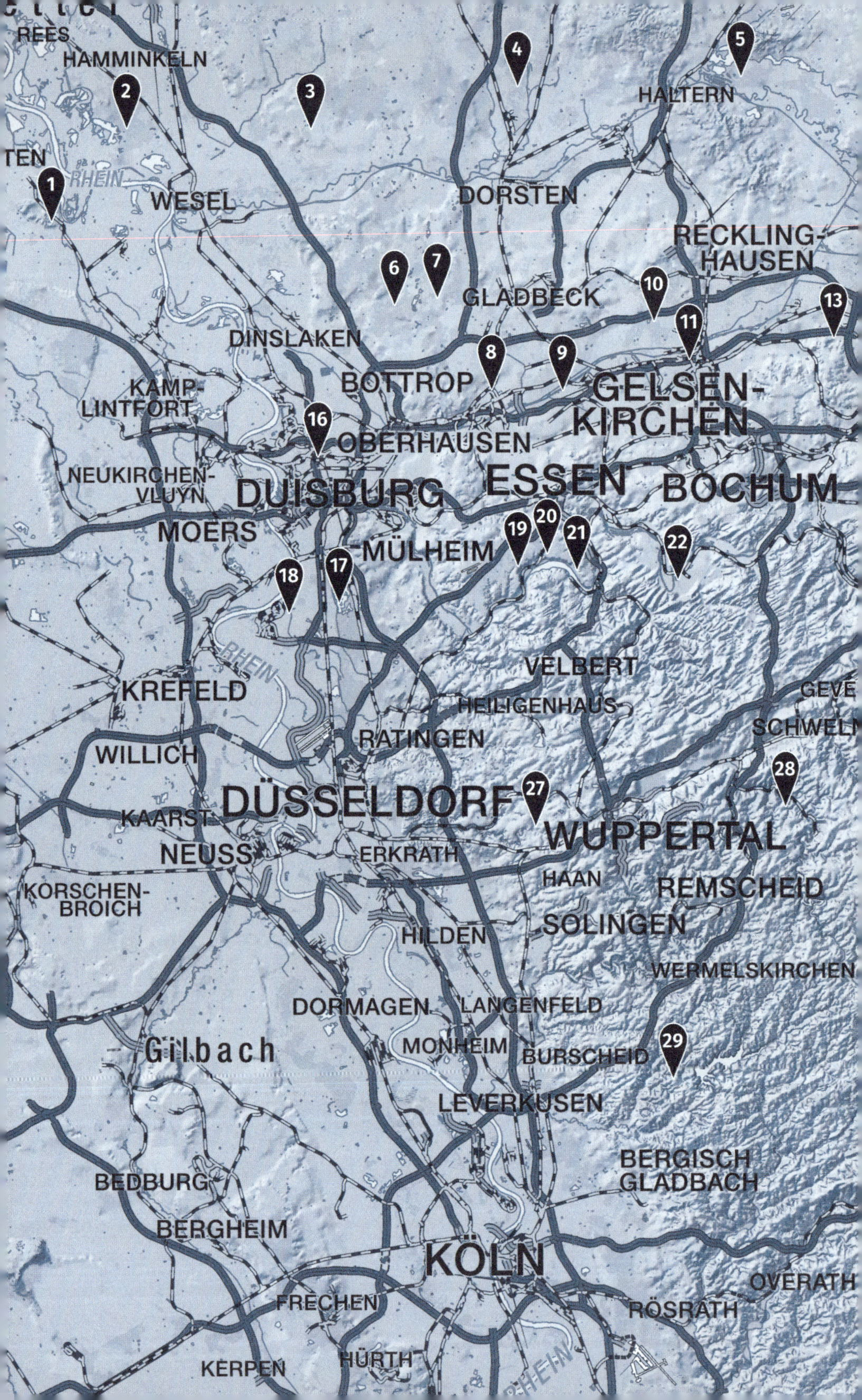

REES
HAMMINKELN
RHEIN
WESEL
DORSTEN
HALTERN
RECKLING-
HAUSEN
GLADBECK
DINSLAKEN
BOTTROP
GELSEN-
KIRCHEN
KAMP-
LINTFORT
OBERHAUSEN
NEUKIRCHEN-
VLUYN
DUISBURG
ESSEN
BOCHUM
MOERS
MÜLHEIM
RHEIN
VELBERT
KREFELD
HEILIGENHAUS
RATINGEN
WILLICH
DÜSSELDORF
WUPPERTAL
KAARST
NEUSS
ERKRATH
HAAN
REMSCHEID
KORSCHEN-
BROICH
SOLINGEN
HILDEN
WERMELSKIRCHEN
DORMAGEN
LANGENFELD
Gilbach
MONHEIM
BURSCHEID
LEVERKUSEN
BERGISCH
GLADBACH
BEDBURG
BERGHEIM
KÖLN
OVERATH
FRECHEN
RÖSRATH
KERPEN
HÜRTH
RHEIN
1
2
3
4
5
6
7
8
9
10
11
13
16
17
18
19
20
21
22
27
28
29

RUHRGEBIET

Deine 30 Touren im „Pott“.

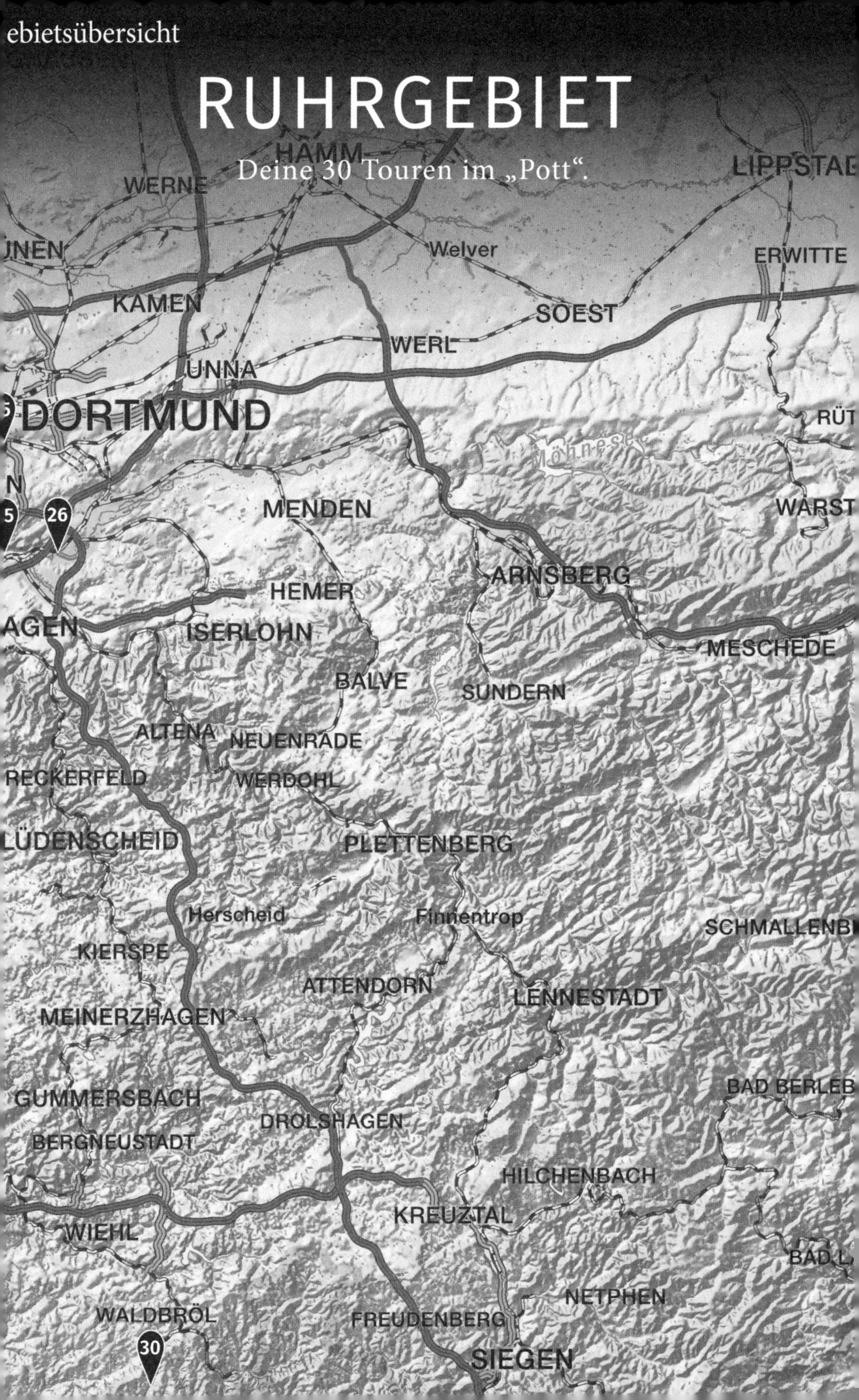

Moderne Seilschaft

Es sind aufstrebende Fotografinnen und Fotografen, die dich gemeinsam mit versierten Wanderern an dein Ziel führen. Erfahrung und Tatendrang treffen sich mit der gemeinsamen Sehnsucht nach den beeindruckendsten Augenblicken im Ruhrgebiet.

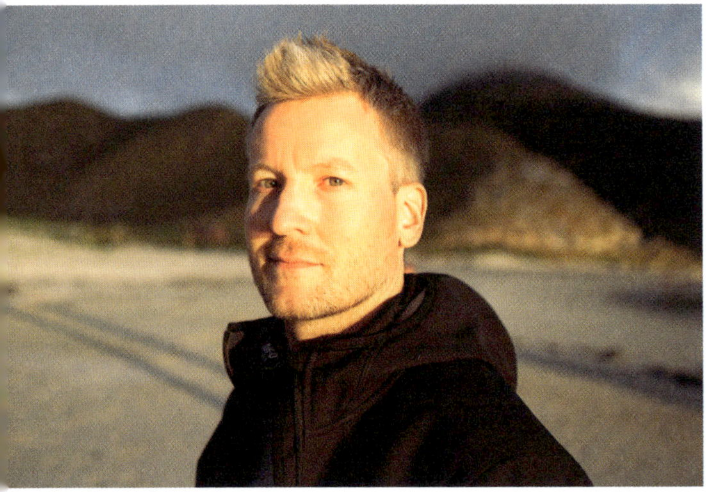

Pascal Wieczorek

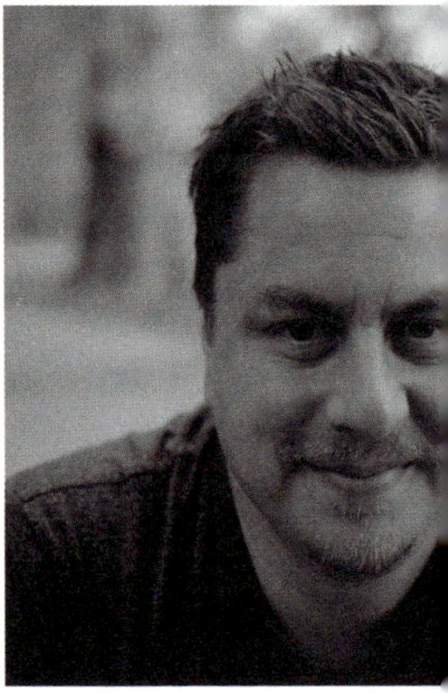

Oliver Hitzegrad

Pascal Wieczorek ist im Herzen des Ruhrgebiets geboren und aufgewachsen. Die Leidenschaft für die Fotografie und das Reisen bekam er von seinem Großvater in die Wiege gelegt. Dessen Erzählungen und Bücher über seine Reisen und andere Länder übten eine große Faszination auf Pascal aus. Die analoge Kamera seines Großvaters steht heute als Andenken und Erinnerung noch auf seinem Schreibtisch. Pascal fotografiert am liebsten Landschaften – egal ob auf Reisen oder bei Fototouren quer durch das Ruhrgebiet und NRW. Fotografie bedeutet für ihn nicht nur die Möglichkeit kreativ zu sein, sondern auch besonders schöne Momente, Stimmungen und Erlebnisse festzuhalten und die Schönheit unserer Welt mit anderen zu teilen. Das motiviert ihn auch schon mal dazu, mitten in der Nacht aufzustehen, um einen schönen Sonnenaufgang zu fotografieren.

Erfahrung zählt, Leidenschaft besteht

1973 in Dortmund geboren, beschäftigt **Oliver Hitzegrad** die Fotografie bereits seit seinem 14. Lebensjahr. 36 Aufnahmen passten damals auf einen Kleinbildfilm – so hat er sich schon sehr früh Gedanken darüber gemacht, was er wie fotografiert. Die Wahl des Bildausschnittes, Belichtung, Tiefenschärfe und Verschlusszeit – jeder Fehler wurde mit einem missglückten Fotoabzug bestraft. Dieses Verhalten hat er mit in das digitale Zeitalter übernommen. Jedoch sitzt jetzt der Finger am Auslöser etwas lockerer. Die tägliche Begegnung mit Bildern des Alltags faszinieren ihn zunehmend, sei es im beruflichen Alltag oder beim Wochenendausflug. Flüchtige Bil-

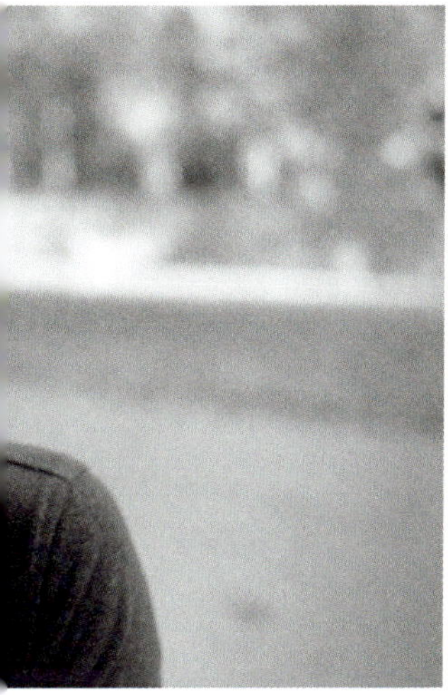

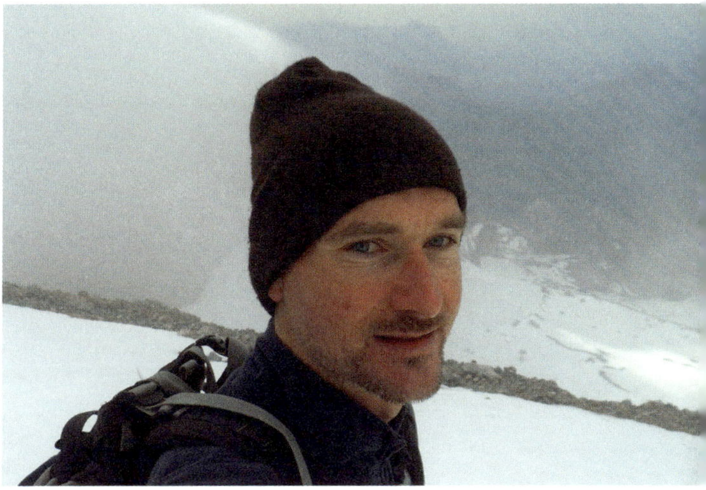

Stephan Bernau

der und Situationen, mal schön, mal schäbig. Vor allem das Ruhrgebiet – seine Heimat – bietet unendlich viele solcher Bilder. Die Bilder und Momente, die er nicht vergessen mag und mit seinen Fotografien festhalten möchte. Besonders stolz macht ihn, dass seine beiden Töchter die Leidenschaft zur Fotografie ebenfalls entdeckt haben. So darf die Kamera bei keinem ihrer Ausflüge fehlen. Oliver fotografiert seit 2013 mit Systemen von Fujifilm und Leica. Das Handy darf es jedoch auch mal sein.

Stephan Bernau verbrachte die zweite Hälfte seiner Jugend im Ruhrpott, um ihn direkt nach dem Abitur Richtung Süden und Berge zu verlassen. Geblieben sind ihm neben soliden Ortskenntnissen zwischen Marl-Polsum und Oer-Erkenschwick das ortsübliche lose Mundwerk. Heute widmet er sich allen Arten des Unterwegsseins in Bergen und schöner Natur und feilt als freiberuflicher Blogger, Autor und Lektor an Texten, Sätzen und Formulierungen.

Jeder Augenblick wird mit dem Highlight der Tour vorgestellt. Bei der Vorstellung steht neben dem Fotografen der jeweiligen Tour auch sein Kürzel unter dem man ihn auf Instagram findet, so zum Beispiel: @_lightaway_

Weitere Fotos in diesem Buch stammen von **Maximilian Lehrke** @maximilian.lehrke, **Maren Hildebrand** @marenclaudine, **Ruben Becker** @revierstrolch, **Lisa Gehring** @lisas_landscape, **Silke Kloer** @kloe_likes, und **Michael Bender** @insulinandphotoshots.

Tourenbeschreibungen haben auch Bernhard Pollmann (†) und Lisa Aigner beigesteuert. Ihnen allen herzlichen Dank!

Deine Verantwortung

KOMPASS will dir mit diesem Wanderführer die Schönheit und Einzigartigkeit der Natur vor Augen führen. Hierfür wurden ganz besondere Orte ausgewählt. Sie gewähren dir einen atemberaubenden Blick auf die einzigartige Komposition aus natürlichen Strukturen und Elementen der jeweiligen Landschaft. Manchmal ist für das Auffinden der perfekten Perspektive ein Extraschritt auf schmalem Steig oder in weglosem Gelände erforderlich. Gerade hier gilt es sich eigenverantwortlich und respektvoll gegenüber der Natur und den Mitmenschen zu verhalten. Die Umwelt zu schützen und den eigenen Fußabdruck minimal zu halten ist Ehrensache.

Einen Moment für die Ewigkeit festzuhalten ist nichts wert, wenn wir die Natur für die Ewigkeit zerstören.

Ehrensache

Respektiere die Natur mit ihrer Schönheit und die Gefahren.

In der Natur zählt das Miteinander. Gegenseitige Hilfe und Gemeinschaft wiegen mehr als das perfekte Foto.

Versuche mit öffentlichen Verkehrsmitteln oder mit dem Fahrrad anzureisen.

Gehe kein Risiko ein. Du willst deine Geschichten schließlich noch erzählen können.

Nimm mehr Müll mit, als du mitbringst. Beteilige dich am Schutz unserer Umwelt.

Hinterlasse keine Spuren. Das Ökosystem unserer Natur ist fragil und erholt sich nur langsam.

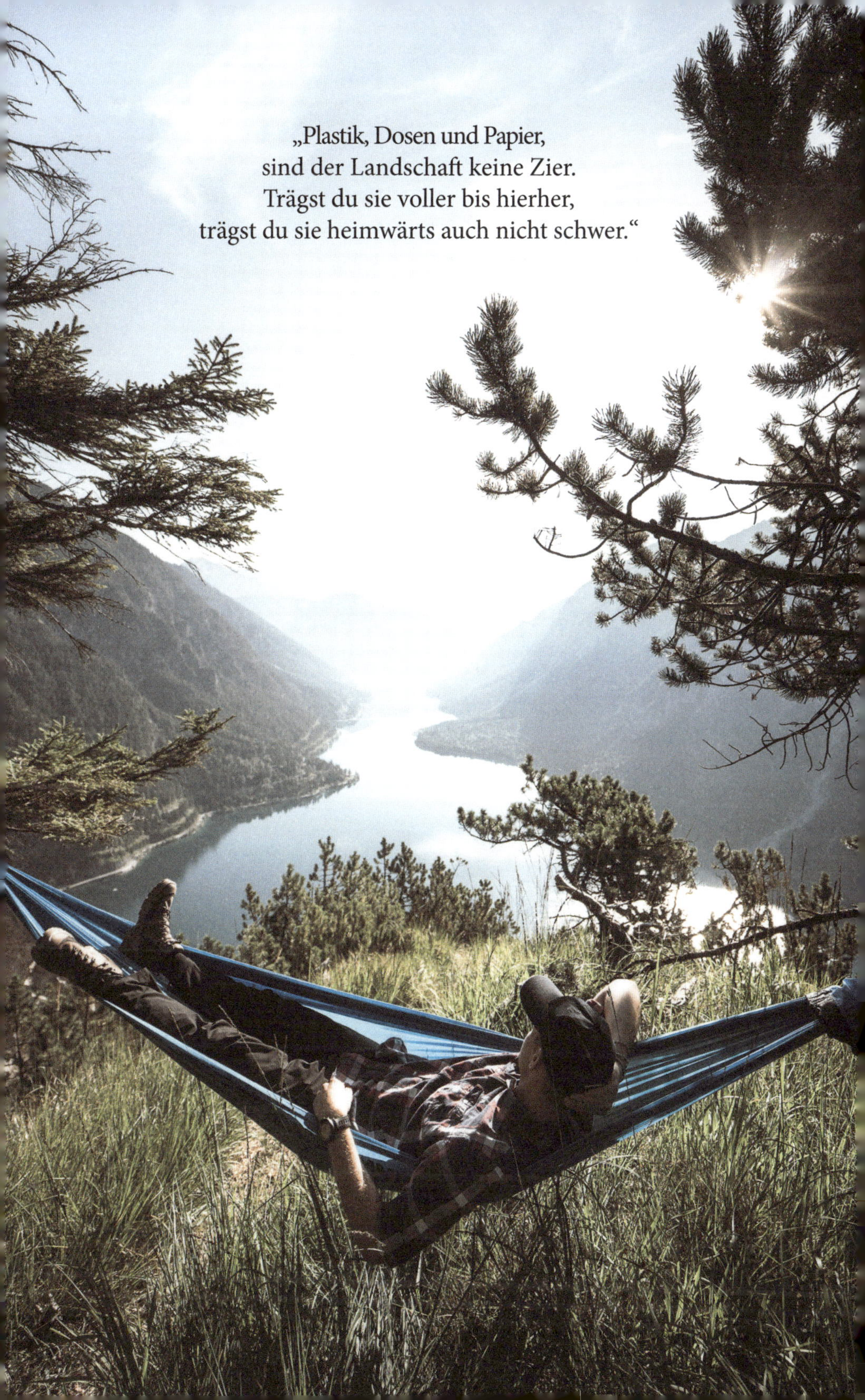
„Plastik, Dosen und Papier,
sind der Landschaft keine Zier.
Trägst du sie voller bis hierher,
trägst du sie heimwärts auch nicht schwer.“

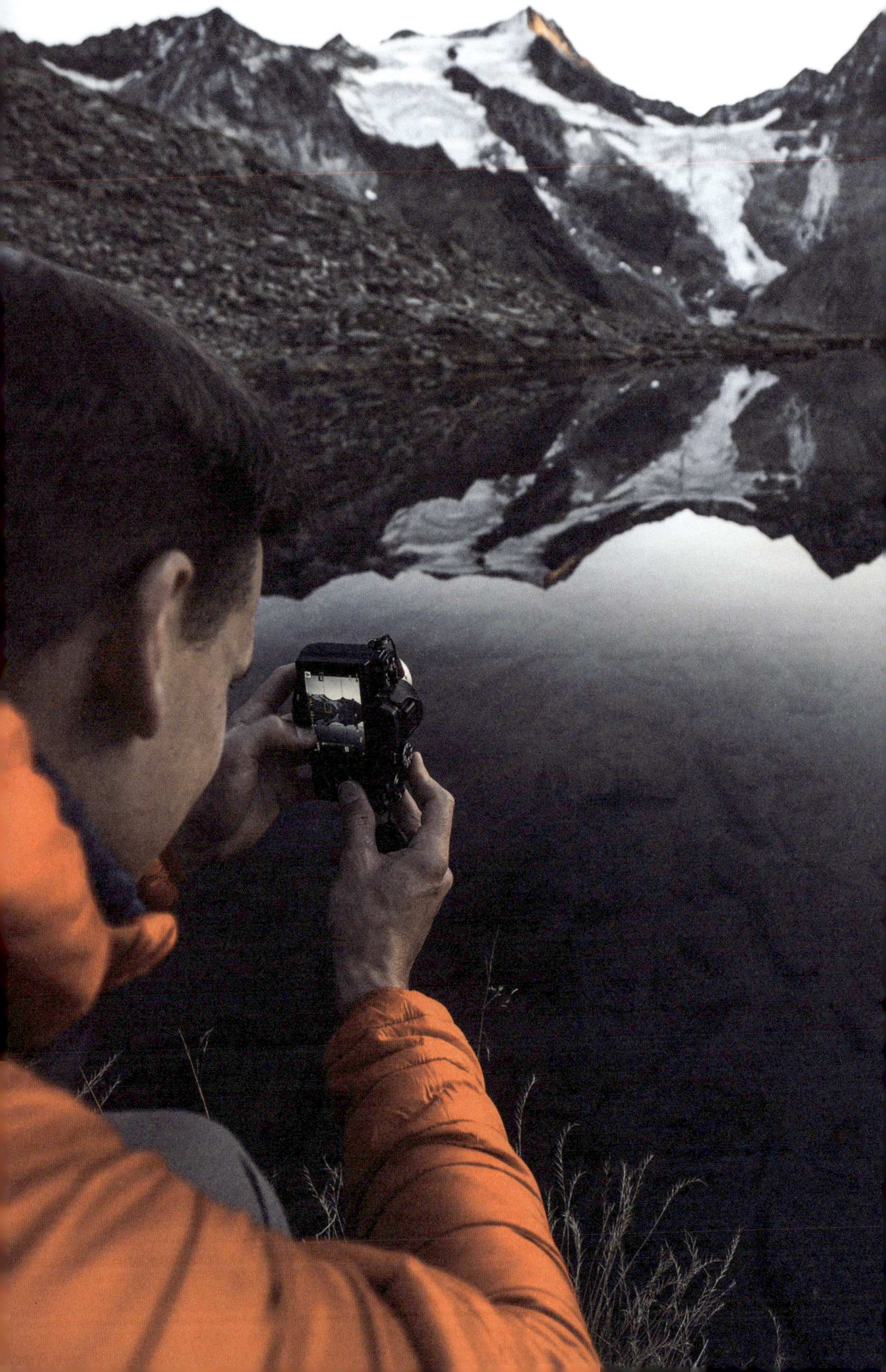

Deinen Augenblick festhalten

Fotografieren im Freien

Intention

Was will ich mit einem Bild ausdrücken oder festhalten? Zuerst sollte man sich überlegen, was man eigentlich als Ergebnis haben möchte. Danach sollte sich die Ausrüstung und der Bildaufbau richten. Es muss nicht gleich die komplette Profiausrüstung sein, um den Moment für die Ewigkeit einzufangen. Schon aus Gründen der Sicherheit sollte ein Handy mit dabei sein. Die meisten Handykameras reichen für erste Fotoversuche vollkommen aus. Seit Bilder nicht erst aufwendig entwickelt werden müssen, kann man einfach drauflosschießen. Vor jedem Versuch sollte eine Überlegung und ein Bildkonzept stehen. Kennt man erst die Möglichkeiten und Grenzen seiner Kamera, sollte man an eine umfangreichere Ausrüstung denken. Denn jedes Objektiv, Stativ und jeder Filter hat auch sein Gewicht. Passend dazu gibt es auch einen Spruch, den man sich zu Herzen nehmen kann: „The best camera is the one that's with you" – „Die beste Kamera ist die, die man dabei hat."

Ausrüstung

Bei der Wahl der Ausrüstung muss sich jeder fragen, was er für ein Ergebnis erzielen will. Hier ein paar grundlegende Informationen: Ein Weitwinkel-Objektiv eignet sich gut für Panorama- und Landschaftsaufnahmen. Ein Objektiv mit einer klassischen Brennweite von 35 – 70 mm eignet sich, um Personen oder Ausschnitte einer Bergszene in den Vordergrund zu stellen. Die Grundregel für die Belichtungszeit ist mindestens die doppelte Brennweite. Wird der Wert unterschritten, kann ein Stativ hilfreich sein. Wenn man es etwas professioneller angehen möchte, sollte man sich auch Gedanken über die Bildbearbeitung machen. Eine Kamera, die im RAW-Format fotografieren kann, ist dann durchaus sinnvoll. In diesem Format werden nämlich deutlich mehr Bildinformationen gespeichert und dies ermöglicht eine feinere Bildbearbeitung mit der entsprechenden Software. Wichtig ist, dass du deine Ausrüstung kennst und beherrschst. Spiele mit den Einstellungen und Möglichkeiten deiner Kamera. Bevor du deine Ausrüstung für eine Tour packst, mach dir eine kleine Checkliste: Genügend Akku (Ersatzakku, Powerbank), genügend Speicherplatz (Ersatzkarten) und versichere dich, dass Akku und Speicherkarte auch wirklich in der Kamera sind.

Komposition und Bildaufbau

Neben dem gewählten Bildausschnitt und dem Motiv ist das Licht die alles entscheidende Komponente. Für ein gutes Foto heißt es zur richtigen Zeit am richtigen Ort zu sein. Bei vollem Sonnenschein ist mit Gegenlicht und harten Schatten zu rechnen. Wolken, Morgen- und Abendstimmungen eignen sich grundsätzlich besser. Plane deine Tour so, dass du trotzdem sicher zurückkommst und eventuell eine Stirnlampe dabei hast. Im Infokasten „Dein Moment für die Ewigkeit" verraten wir Tipps und Tricks wie man Spannung in Bilder bekommt und der Moment perfekt festgehalten wird. Die Kamera zeigt dir den Aufnahmestandort und die Blickrichtung.

Dein Moment für die Ewigkeit

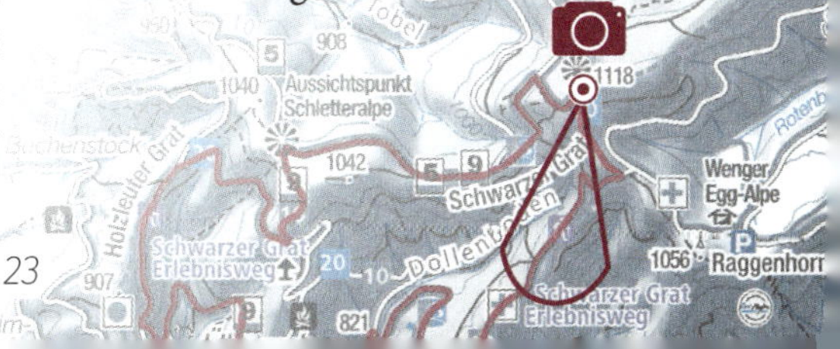

Dein Ruhrgebiet

Landschaft, Geschichte, Infos

„Wandern im Ruhrgebiet“: In den Ohren von Ortsunkundigen klingt das etwa so real wie „Klettern auf Sylt“. Schließlich weiß man doch, dass der „Kohlenpott“ aus lauter Industrieanlagen, überfüllten Autobahnen und zusammengepuzzelten Städten mit Namen wie Castrop-Rauxel und Wanne-Eickel besteht. Gut, die meisten haben mittlerweile mitbekommen, dass im „Revier“ kein Ruß mehr die aufgehängte Wäsche schwärzt, und auch keine Chemikalien und Dämpfe mehr einfach irgendwo entweichen. Aber dass es dort „schön genug“ sein soll, um sich mehrstündige Wanderungen anzutun? Na, so weit wollen wir dann vielleicht doch nicht gehen. an den gehegten und gepflegten Kleingärten überall im Pott sehen kann.

Die Vielfalt der Eindrücke macht viele Touren zu spannenden Erkundungen. Manch einem wird das auf Dauer sogar besser gefallen als klassisches Wandern, das vielleicht mehr Naturschönheit, aber weniger überraschende und unbekannte Eindrücke liefert. An Rhein und Ruhr gibt es letzteres auch gern mal mit geheimnisvoller „Lost-Place-Stimmung“ garniert. Abgesehen davon gibt es durchaus auch klassische, eher ländliche Idylle. Und das gar nicht mal so knapp, wie dieses Buch beweist. An seinen Rändern wird das raue Ruhrgebiet

> Da hasse flache Berge, und auch ganz lütte Tääla,
> hier kannze dich valieben komm her und seeh doch selba.
> Die Kumpels hier sin äärlich und trinken Korn und Bier,
> nur gibtet fast kein Bergwerk mehr, in unnsan Revier.

Aus dem Gedicht „An unsa Ruhr“ von Horst Fleitmann“.

Doch bei dieser Haltung wird das Wesentliche übersehen: Nämlich dass die heutige Attraktivität der einst grauen Maus gerade auch auf ihrer wilden Vergangenheit aus Kohle und Stahl beruht. Die ist nämlich ein ganz besonderes Zusammenspiel mit der Natur eingegangen, die sich in den letzten Jahrzehnten immer mehr Raum zurückgeholt hat. Kanäle, Wasserflächen, Halden, Zechen und Hochöfen – Vieles davon ist heute im Sommer geradezu dschungelartig überwuchert. Geschätzt hat man das Grün und die Natur sowieso immer schon, wie man unter anderem erstaunlich lieblich. Und selbst mittendrin findet sich so manches Schloss und Wasserschloss inklusive verwunschenem Märchenpark.

Last but not least sei noch ein weiterer Vorteil des Wanderns in dieser eher urbanen Zone genannt. Wir haben hier wenig zu tun mit den sonst üblichen Schwierigkeiten und Risiken. Wir treffen weder auf gähnende Abgründe noch wegloses Geröll, und „Wetterstürze“ können wir im Zweifel an der nächsten „Trinkhalle“ aussitzen.

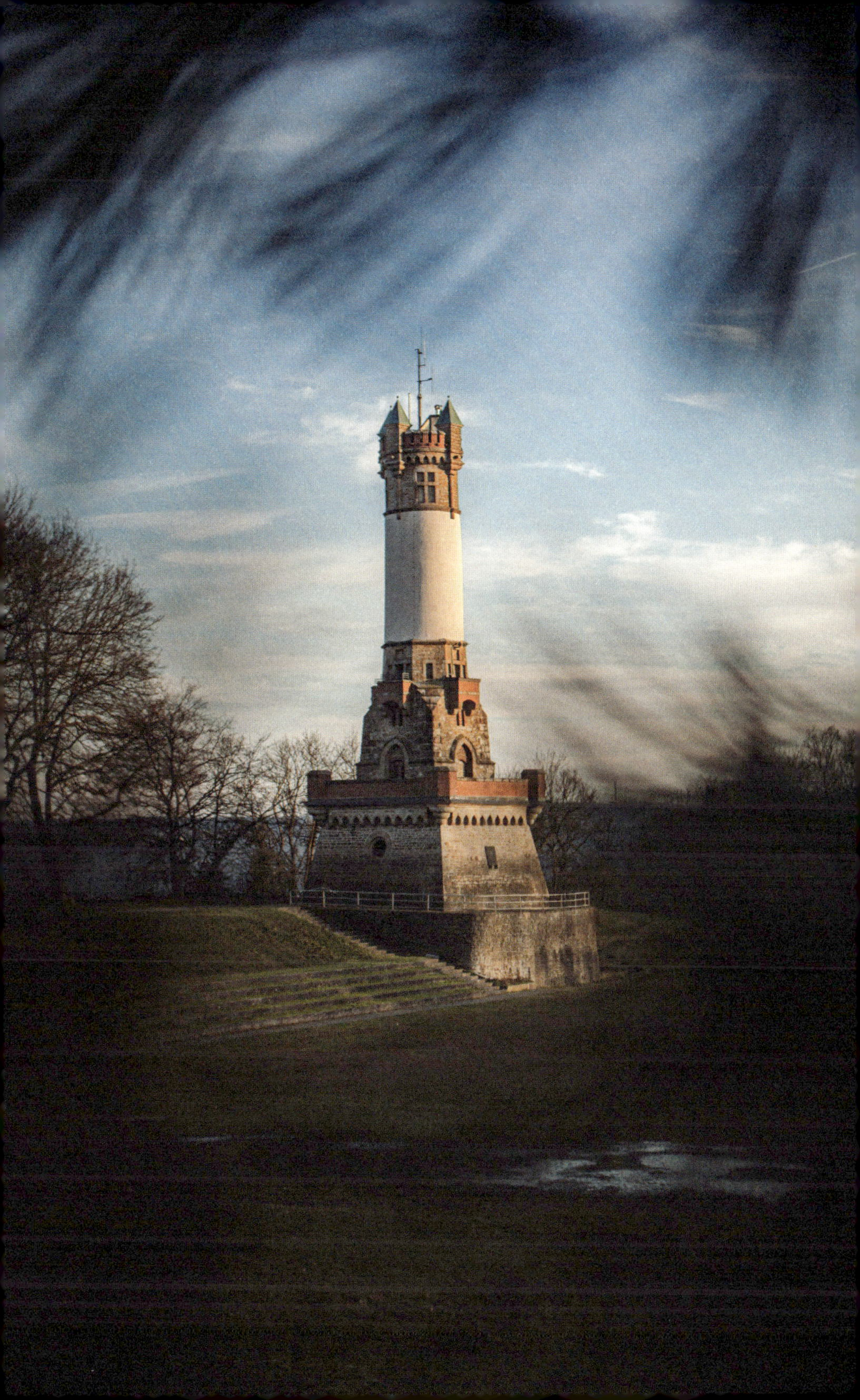

Dein Augenblick

Tourenbeschreibungen

1 Xanten: Die Römerstadt und der Rhein

Traumhafte Panoramawege auf historischen Spuren. Mit altrömischem Charme überzeugt die Domstadt Xanten, während der Aussichtsberg „Fürstenberg" mit einem atemberaubenden Ausblick lockt.

Bilder von: **Maximilian Lehrke @maximilian.lehrke**

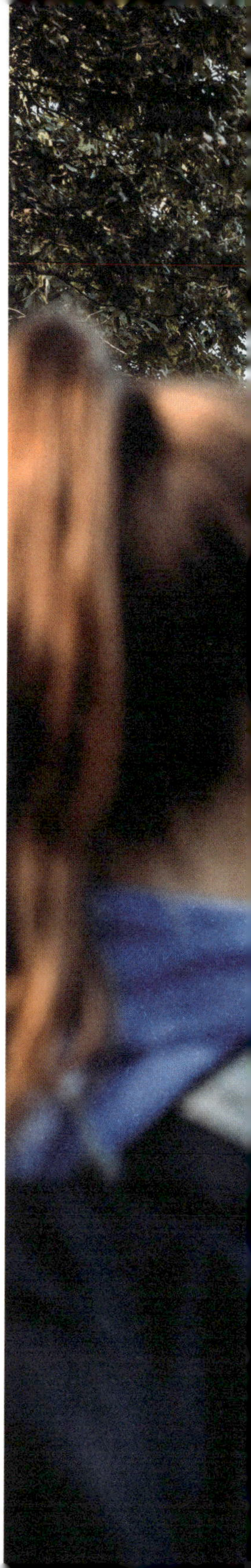

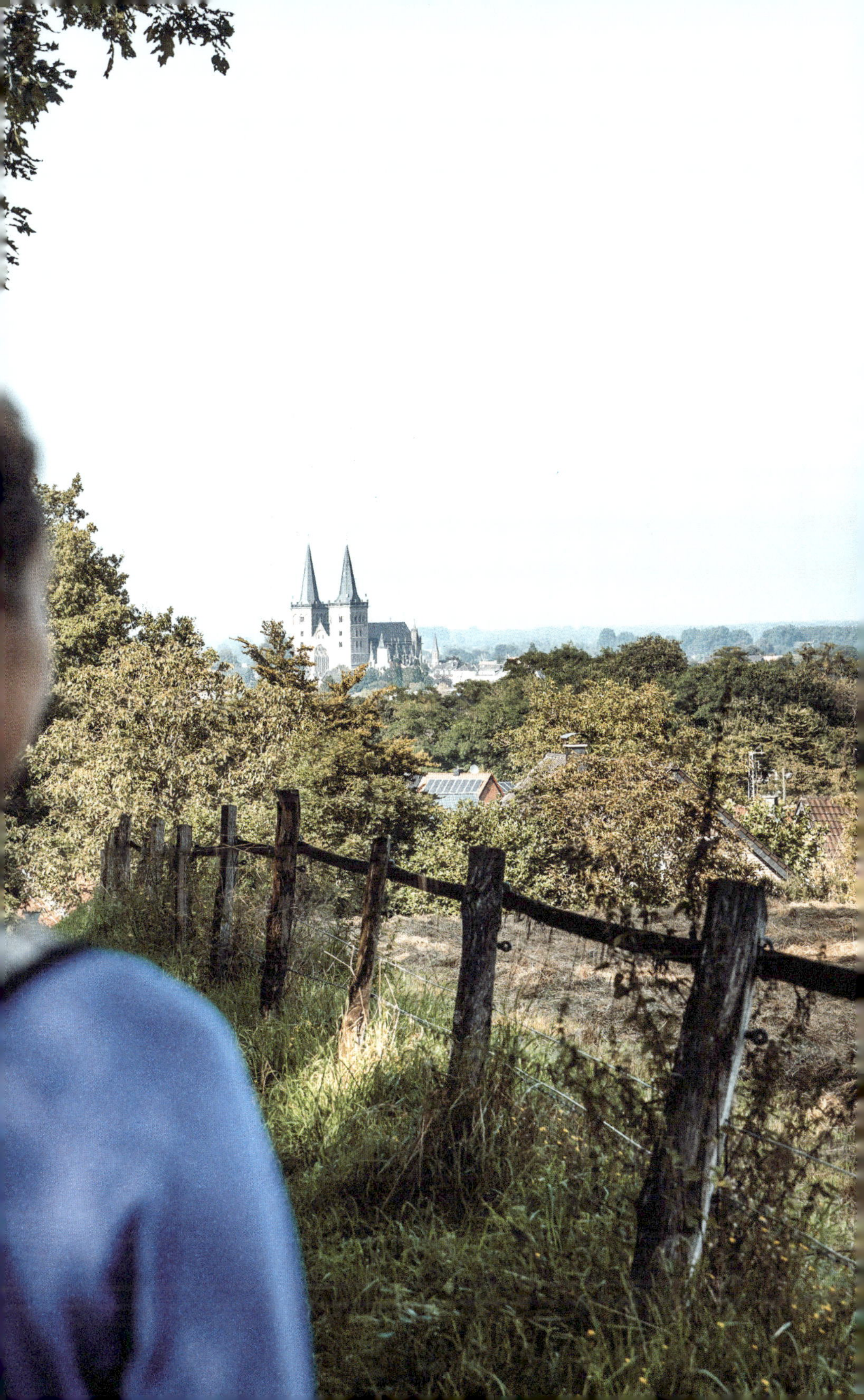

Birten – Xanten – Fürstenberg

Tourencharakter
Die anregende und kurzweilige Rundtour führt uns auf größtenteils fahrradtauglichen Wegen durch die rheinische Auenlandschaft um Xanten. Zahlreiche Sehenswürdigkeiten und kulturelle Highlights erwarten uns am Wegesrand.

Start und Ziel
Die Kirche Sankt Viktor an der Kreuzung Römerstraße/Heesweg im Xantener Ortsteil Birten. Die PKW-Anfahrt vom Ruhrgebiet erfolgt über die A 57, Ausfahrt Alpen und via B 58 und B 57 nach Birten. Der nächste Bahnhof befindet sich in Xanten.

Schwierigkeit: **leicht** - mittel - schwer
Dauer: **3:15 h**
Länge: **15 km**
Aufstieg **92 hm**
Abstieg **92 hm**

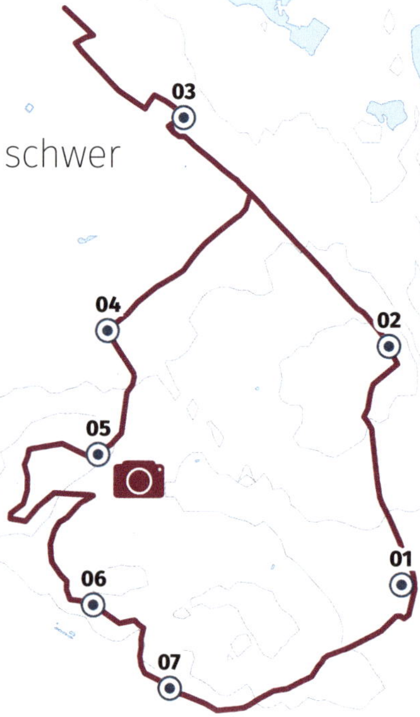

Höhenlinienmodell mit Streckenverlauf

Höhenprofil

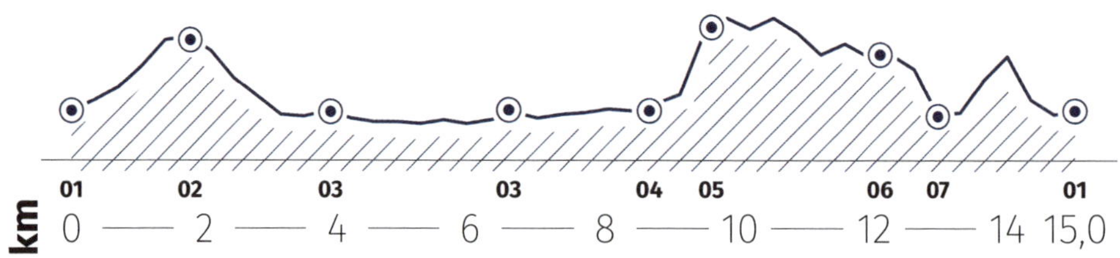

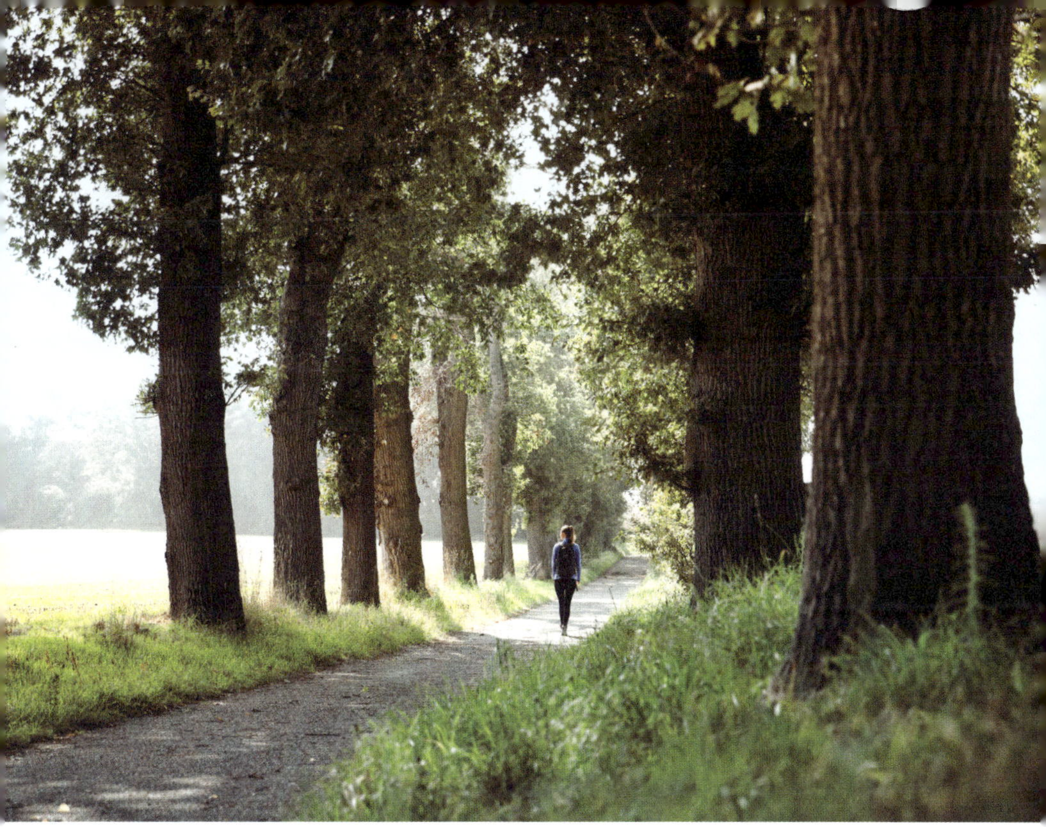

Asche macht alle gleich! Ungleich werden wir geboren, gleich sterben wir!

Seneca, römischer Philosoph (1–65 n. Chr.)

Diese leichte Panoramawanderung führt von den Auenwäldern am Altrhein zum römischen Amphitheater in Birten und über den Fürstenberg in die sehenswerte Altstadt der Römer- und Domstadt Xanten sowie in den Archäologischen Park.

▶ Am Dorfplatz von Birten **01** steht die Kirche Sankt Viktor. Hier ist der Märtyrer Viktor von Xanten dargestellt, nach dem auch der Dom von Xanten benannt ist. Vom Kirchplatz aus folgt der EF 8 (Markierung x13) der „Römerstraße" ortsauswärts zum Amphitheater und auf die Freifläche der ehemaligen Römersiedlung Castra Vetera. Birten liegt am Alten Rhein am Südfuß des Fürstenbergs. Um 15 v. Chr. ließ der römische Kaiser Augustus auf dem Fürstenberg das Militärlager Vetera Castra I anlegen. Die Arena des erhaltenen Amphitheaters ist einer der Schauplätze der alljährlichen Xantener Sommerfestspiele mit Opern-, Ballett- und Musicalaufführungen. Von der Freifläche der ehemaligen Römersiedlung führt der Weg zum Fürstenberg.

Der Fürstenberg **02** (75 m) zwischen Xanten und Birten ist der Eckpunkt einer

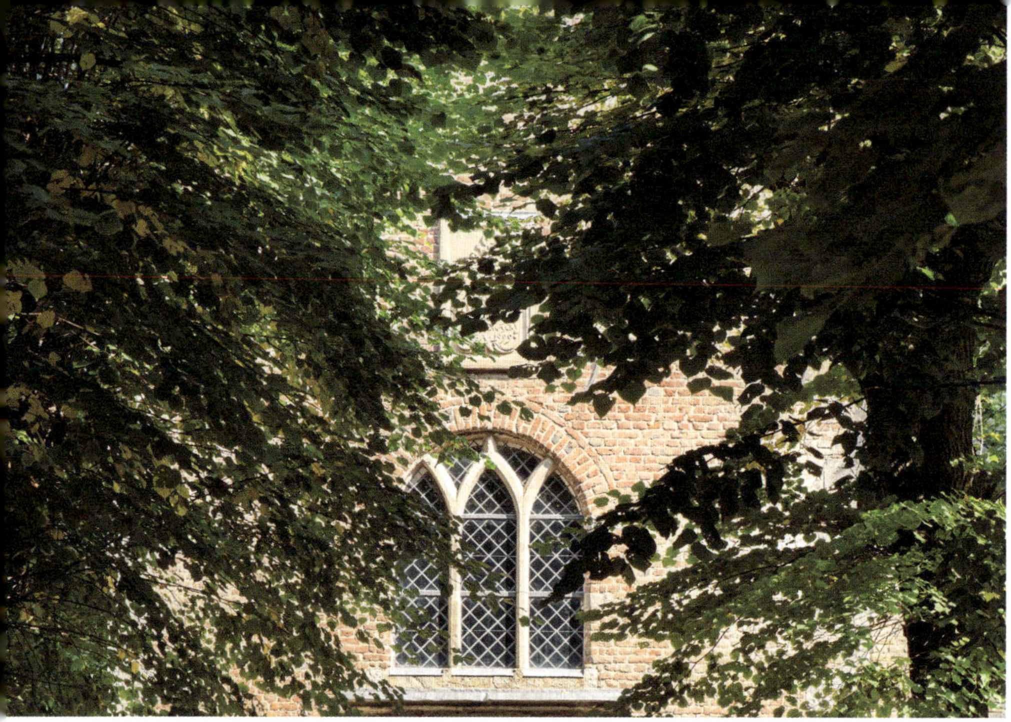

aussichtsreichen Endmoräne. Auf seinem „Gipfel“ zeigt sich ein netter Ausblick über Felder, Wald und die nahe gelegene Kapelle. Vom Fürstenberg führt der Wanderweg hinab in die sehenswerte Altstadt von Xanten mit dem fünfschiffigen Dom, der Stadtbefestigung und vielen anderen Sehenswürdigkeiten. Die Altstadt wird wenige Gehminuten nach Kreuzen der Gelderner Straße erreicht. Beim Amtsgerichts gehen wir links durch die alten Wallgräben, an der Stadtmauer entlang bis zur Bahnhofstraße, wo wir rechts durch alte Gassen zum Marktplatz und zum Dom 03 abbiegen. Der Name Xanten entstand aus dem lateinischen ad sanctos = „zu den Heiligen“. Vom Rathaus am Markt folgt der Wanderweg den schmalen Gassen Karthaus und Rheinstraße zur Bundesstraße, die die christliche Domstadt von der römischen Militärstadt trennt. Kurz nach Queren der Bundesstraße ist der Eingang zum sehenswerten Archäologischen Park erreicht. Auf dem Rückweg gehen wir wie beim Hinweg via Rheinstraße, Karthaus, Markt und Bahnhofstraße (rechts der Bahnhof, dort kann man den Bus zurück zum Ausgangspunkt nehmen) und zum Amtsgericht. Kurz danach biegen wir hinter dem Friedhof rechts ab (Markierung x6) durch den Holzweg und nach Querung der Gelderner Straße 04 wandern wir hinauf in die Wälder, wo beim Feuerwachtturm auf dem Heesberg 05 eine Schutzhütte zur Rast einlädt.

Vom Heesberg bietet sich ein schöner Blick auf Xanten. In einem weitläufigen Bogen führt der Waldweg um den Wolfsberg 06 herum und senkt sich dann hinab zum Schrammshof 07. Hier übernimmt die bekannte Markierung x13 die Routenführung und leitet über die aussichtsreichen Hügel der Birtenschen Heide zurück nach Birten 01.

Dein Moment für die Ewigkeit

Richtig fokussieren

Mit dem Fokus und der Blende steuert man die Schärfe eines Bildes. Auf dem Bild ist der Vordergrund, die Person, unscharf dargestellt. Das eigentliche Highlight des Bildes – die Aussicht auf den Xantner Dom – ist gestochen scharf. Überlege dir im Vorfeld, was du zeigen möchtest und setze dann den Fokus entsprechend.

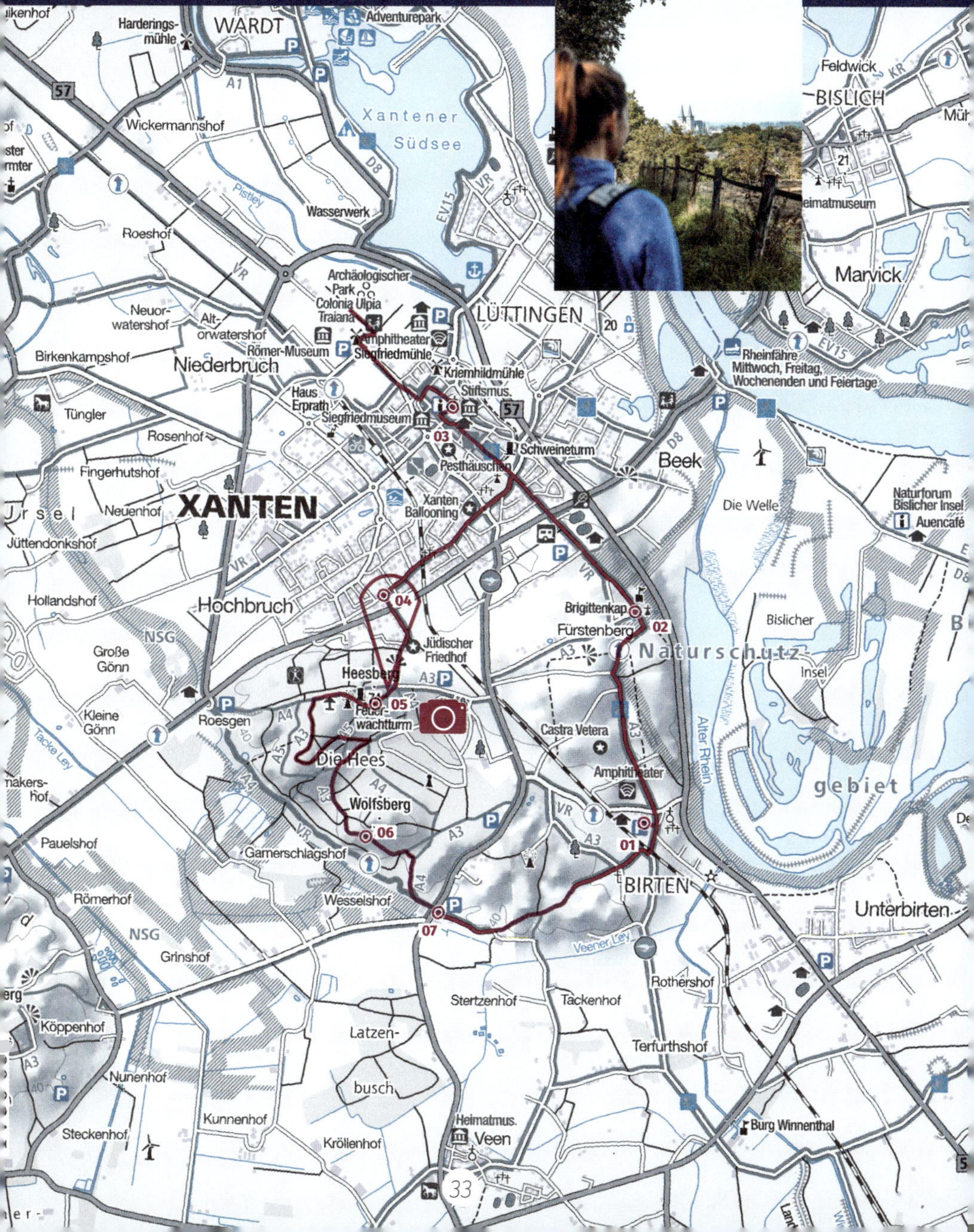

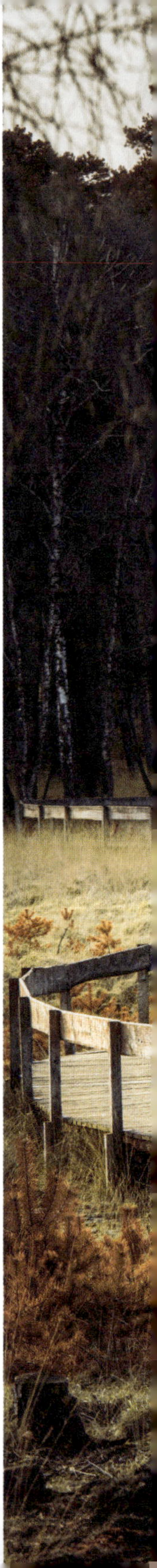

2 Wesel-Diersfordt: Schloss, Wald und Heide

Mit Schwung unterwegs. Schön geschwungen führt der hölzerne Steg durch das Wildgatter bei der Flürener Heide. Der weiche Untergrund und die empfindliche Vegetation dieser wasserreichen Gegend sind so vor Trittschäden geschützt.

Bilder von: **Pascal Wieczorek**
@_lightaway_

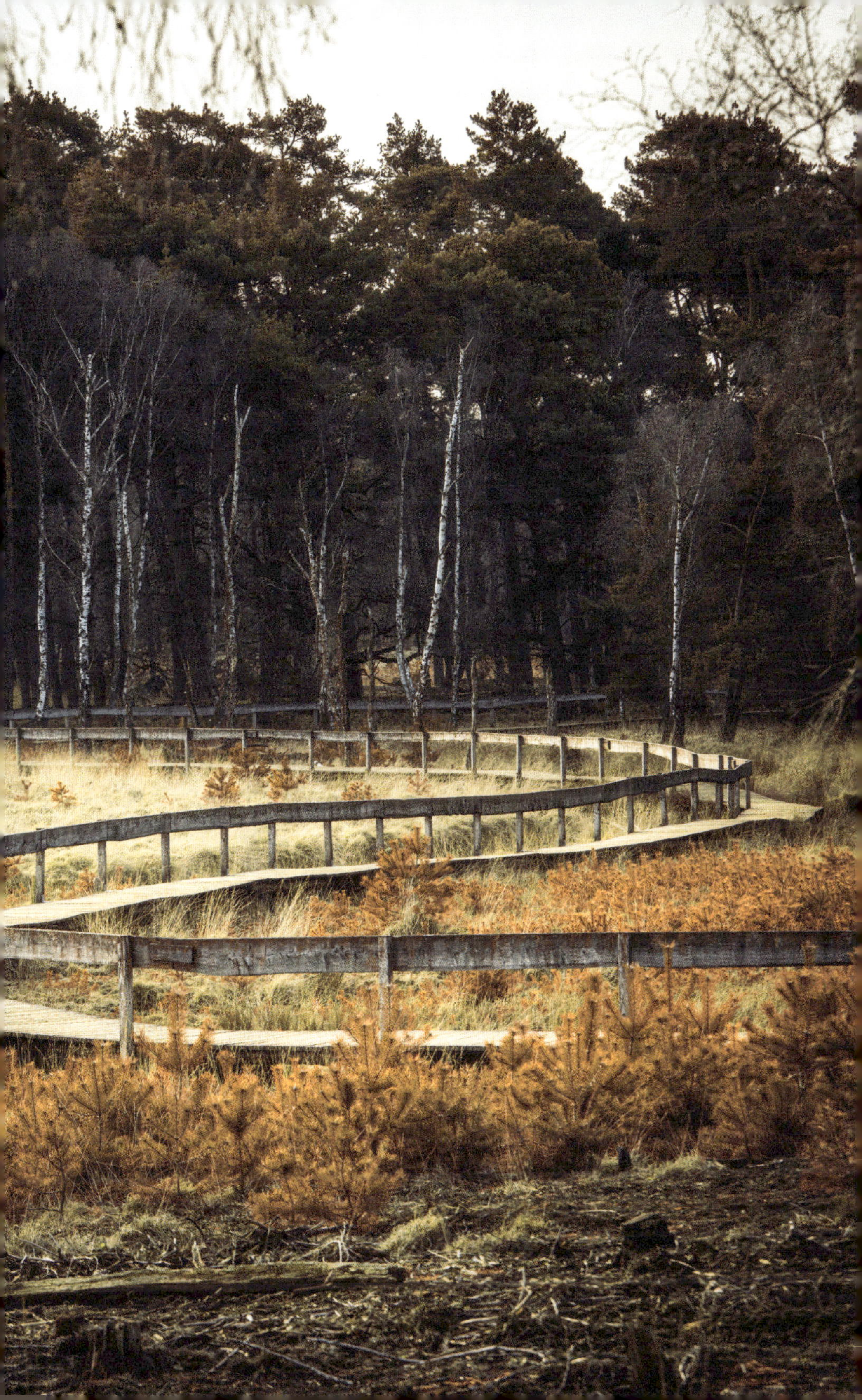

Diersfordt – Schwarzes Wasser

Tourencharakter
Uns erwartet eine leichte Rundwanderung durch Wald, Wiesen und Heide gesäumt von schönen Aussichtspunkten. Wir sind überwiegend auf unbefestigten und bequem begehbaren Wegen unterwegs.

Start und Ziel
Der Wanderparkplatz Ehrenfriedhof beim Diersfordter Schloss in Wesel-Diersfordt. Die Anfahrt mit dem PKW erfolgt auf der A 3 Arnheim–Duisburg, Ausfahrt Wesel. Beim Parkplatz befindet sich die Bushaltestelle der Linie Wesel–Emmerich.

Schwierigkeit: **leicht** - mittel - schwer
Dauer: **3:00 h**
Länge: **11,9 km**
Aufstieg **15 hm**
Abstieg **15 hm**

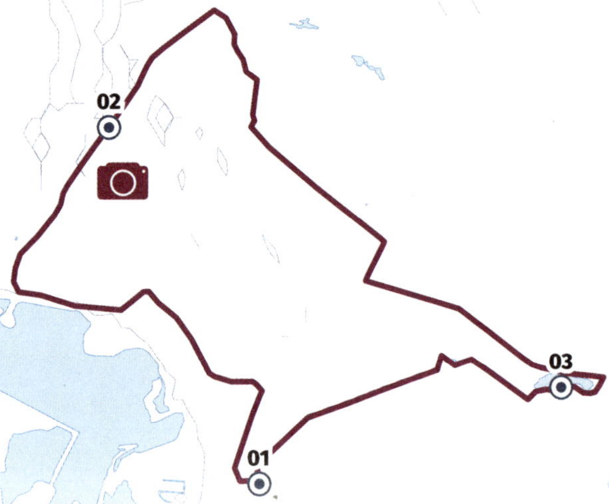

Höhenlinienmodell mit Streckenverlauf

Höhenprofil

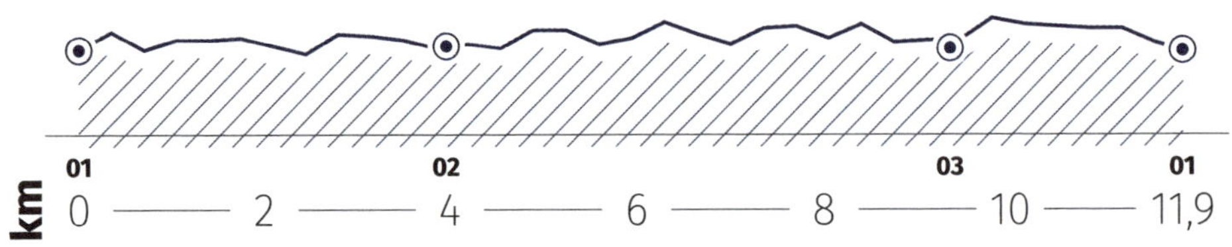

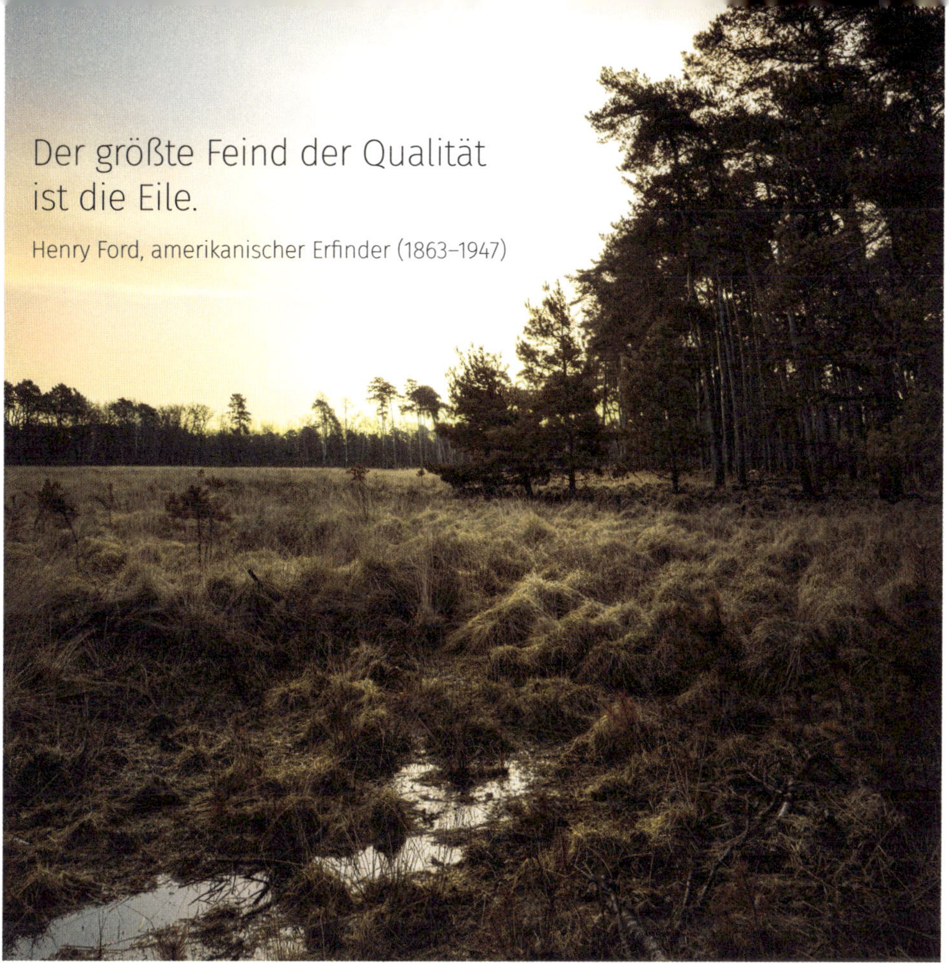

Von Schloss Diersfordt im äußersten Westen des Naturparks Hohe Mark führt diese Waldwanderung zum Wildgatter im Diersfordter Forst und zur Flürener Heide.

Am Wanderparkplatz 01 Ehrenfriedhof beim Diersfordter Schloss queren wir die Durchgangsstraße (Mühlenfeldstraße) und folgen der als Naturdenkmal unter Schutz stehenden Lindenallee rechts (Am Jäger). Kurz vor Erreichen der Bundesstraße biegen wir links auf einen von hohen Buchen gesäumten Waldweg ein, wobei die Markierungen x1 und x8 die Route weisen. Während „x8" schon bald rechts in den Diersfordter Forst abzweigt, folgen wir „x1" geradeaus auf dem nun sandiger werdenden Weg, von dem aus der Blick zwischen den Bäumen links hinaus auf einen Baggersee fällt.

Am Waldsaum sehen wir schließlich auf die Rheinaue und erkennen in der Ferne den Dom von Xanten. Beim ersten Hof, dem Schoyekampshof, verlassen wir den x-Weg und folgen der Böckerschen Straße rechts. Gleich darauf queren wir die B8 und wandern geradeaus auf der Asphaltstraße am Zaun des Wildgatters entlang, bis die Markierung x8 wieder auftaucht. Über einen Steg folgen wir ihr rechts durch das Wildgatter 02

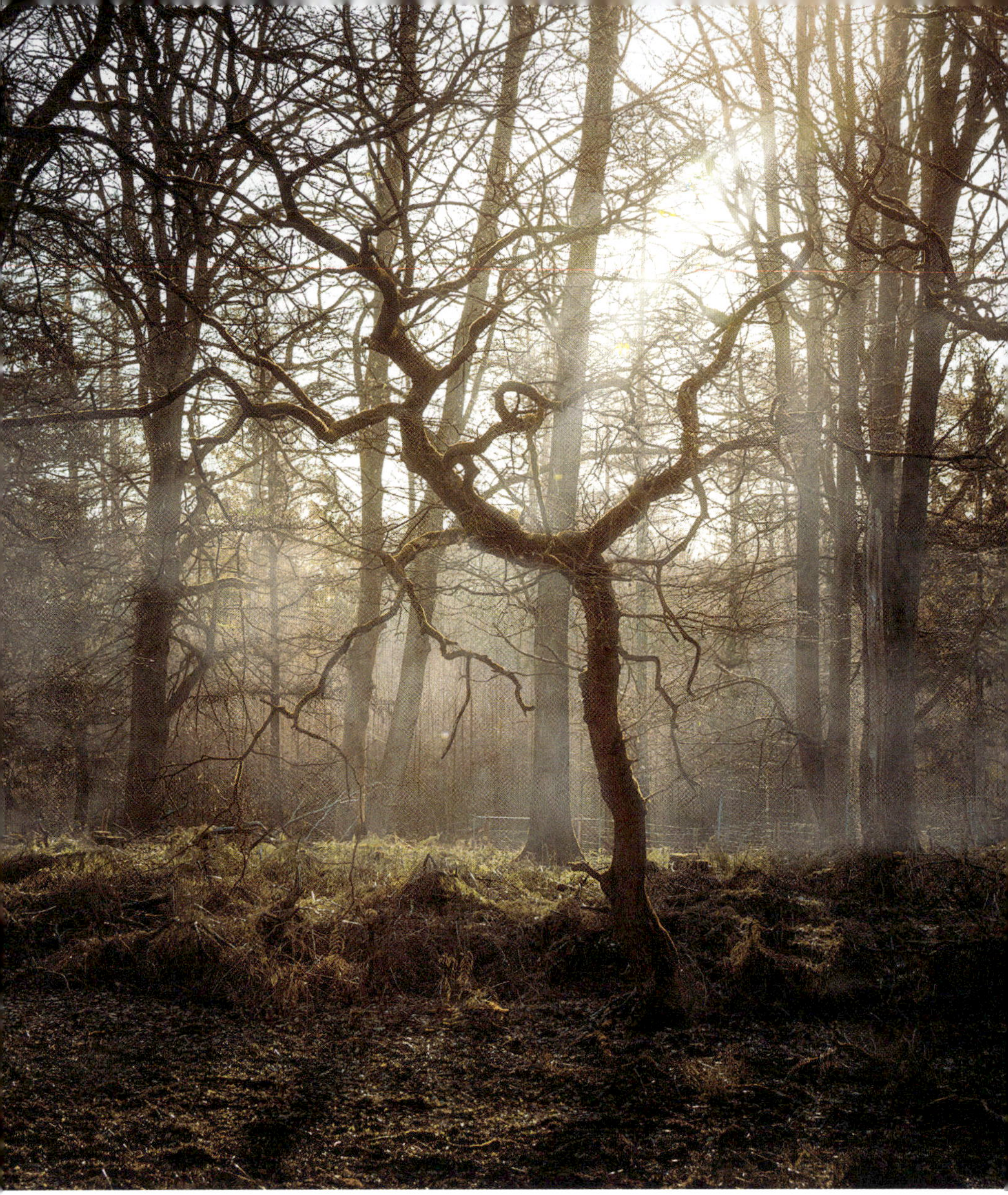

Baum oder Fabelwesen? Im Diersfordter Wald kann man nie ganz sicher sein.

der Gräflich Stolberg-Wernigerodeschen Forstverwaltung. Wo an einem Wegedreieck die Markierung A 6 auftaucht, folgen wir ihr links weiter durch den Wald. Wir verlassen das Wildgatter, gehen an der Straße kurz rechts, biegen links ab und folgen der „A6"-Markierung in die Flürener Heide und zum Schwarzen Wasser **03**. Das Schwarze Wasser ist einer der letzten größeren Heideweiher am unteren Niederrhein. Ein Rundweg führt um den idyllischen See. Vom See folgen wir „A6" kurz auf derselben Route zurück, um dann links in die Kiefernforste der Flürener Heide abzubiegen. Kurz nach der Überquerung der Bundesstraße sind wir zurück am Ausgangspunkt **01**.

Dein Moment für die Ewigkeit

Reduktion

Weniger ist mehr. Wenn dir die Stimmung einer Umgebung gefällt, dann versuche genau das einzufangen. Was macht die Stimmung aus? Du kannst nicht alles abbilden. Such dir bewusst den Bildausschnitt aus und gleiche das Ergebnis mit deiner Vorstellung ab.

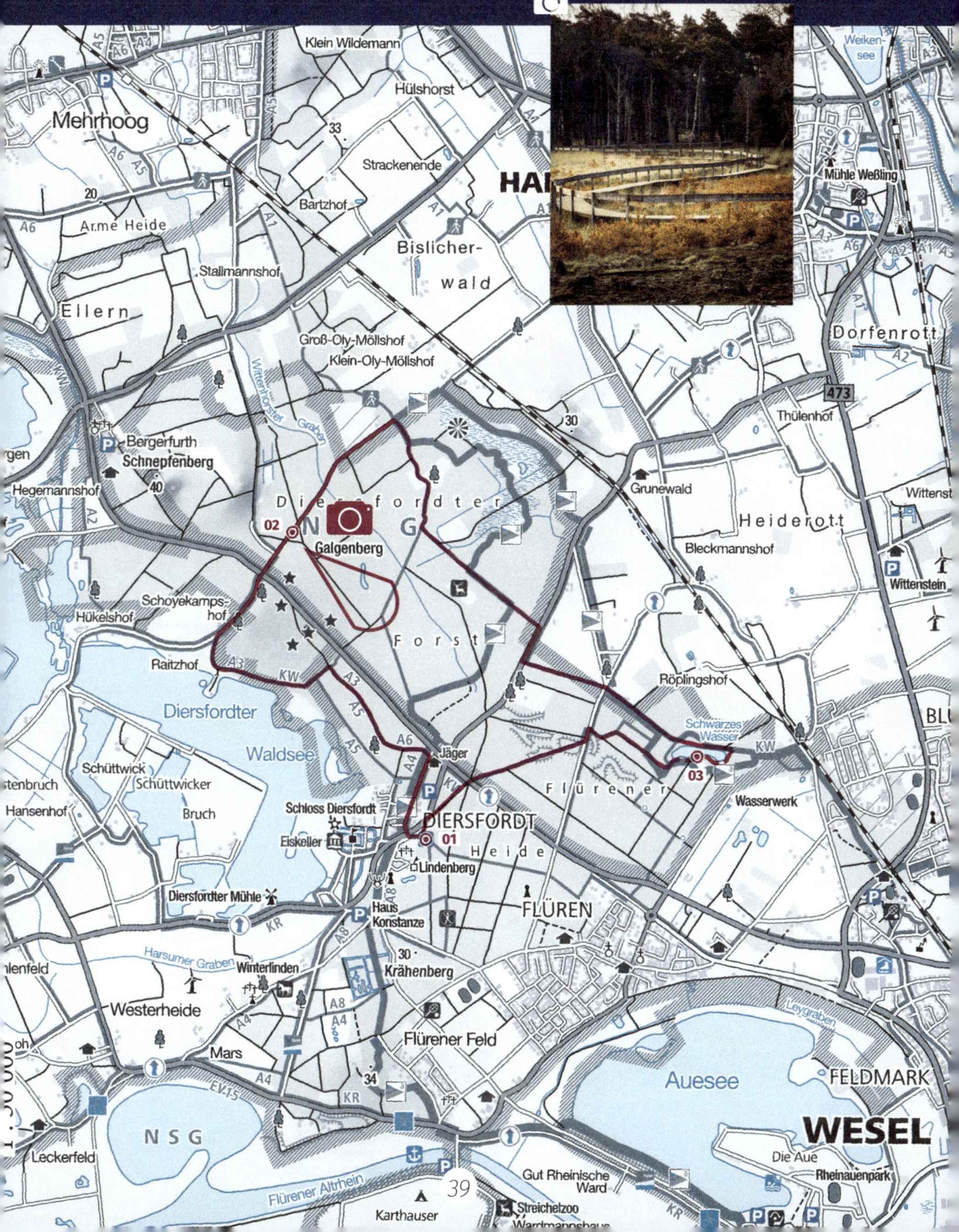

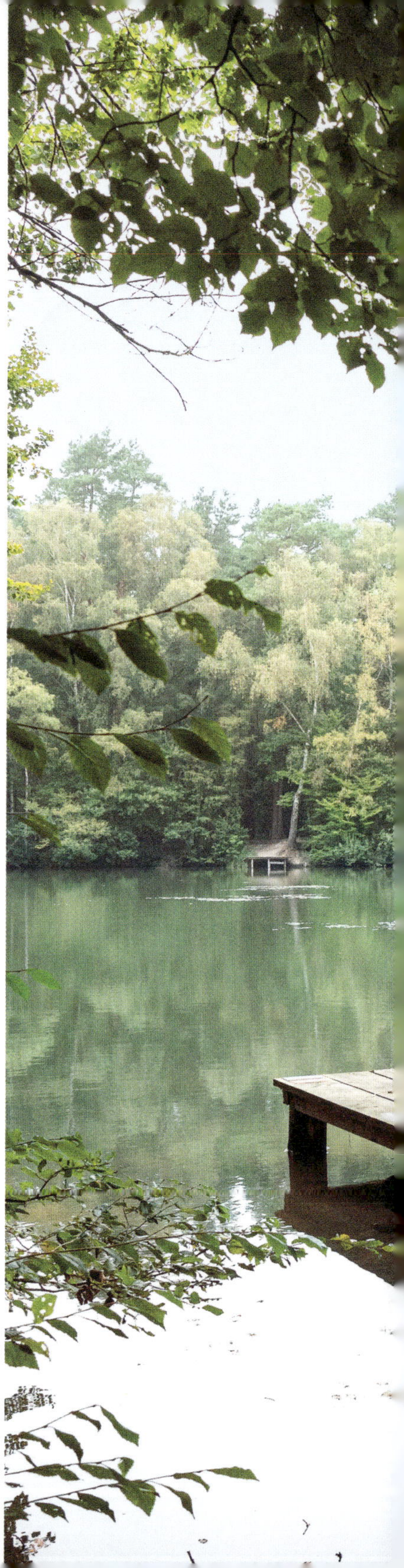

3 Vom Mühlendorf Schermbeck nach Drevenack

Auf weiten Strecken zwischen Schermbeck und Drevenack erwartet den müden Wanderer so manch kulinarische Belohnung. Aber auch Naturliebhaber kommen nicht zu kurz.

Bilder von: **Maximilian Lehrke**
@maximilian.lehrke

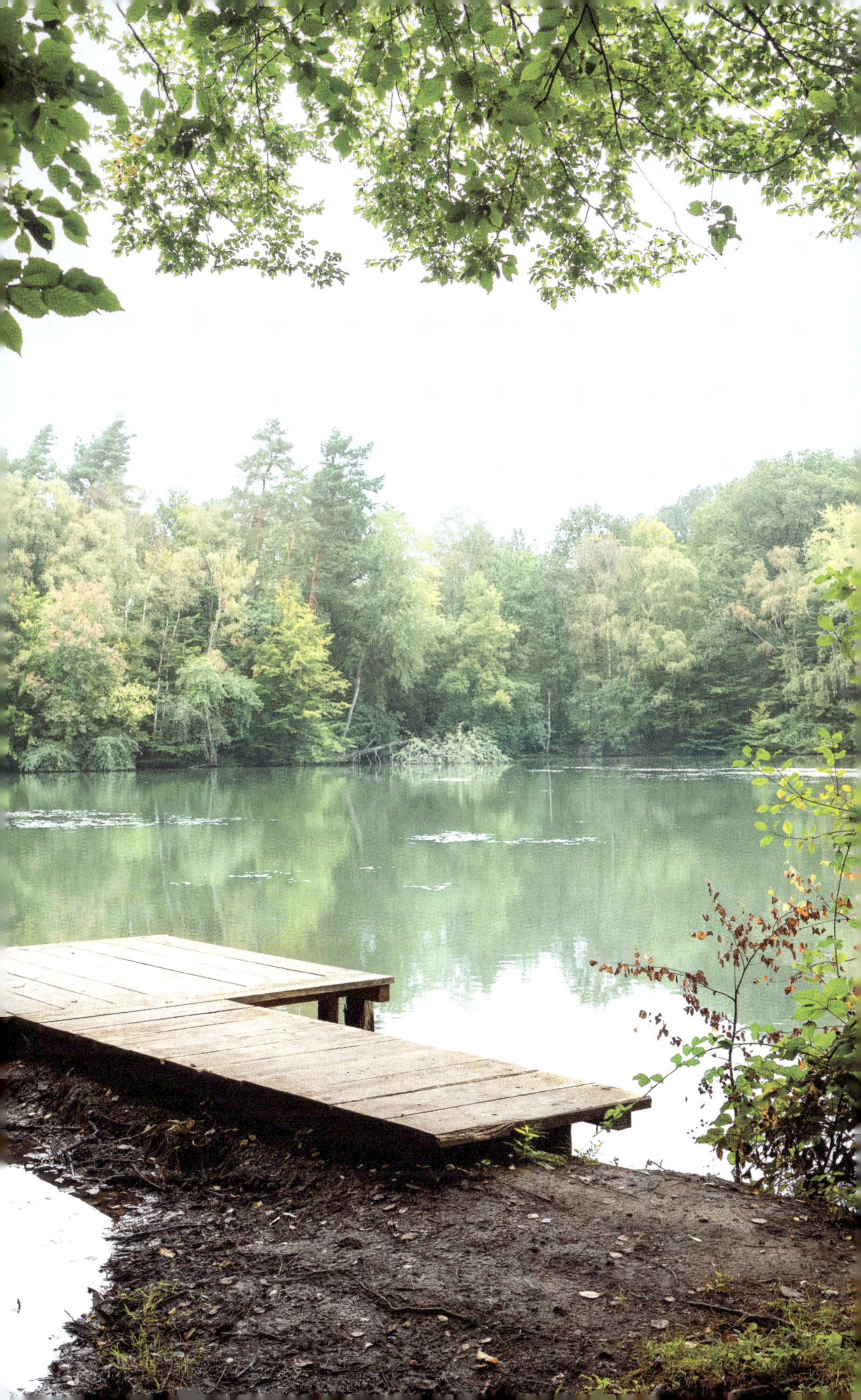

Schermbeck – Drevenack

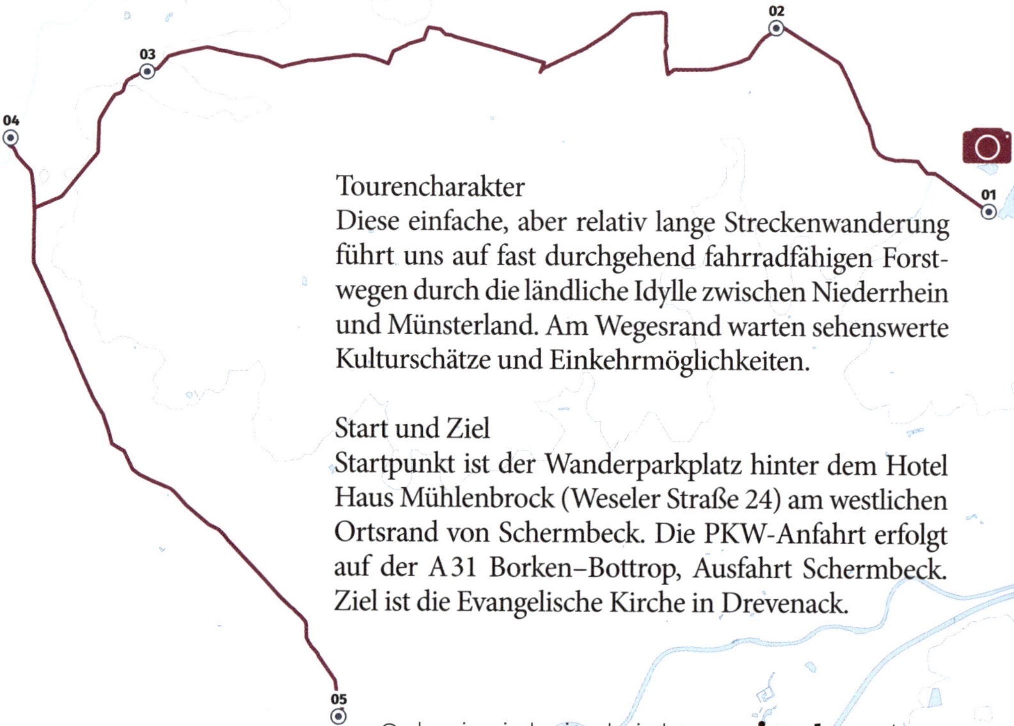

Tourencharakter
Diese einfache, aber relativ lange Streckenwanderung führt uns auf fast durchgehend fahrradfähigen Forstwegen durch die ländliche Idylle zwischen Niederrhein und Münsterland. Am Wegesrand warten sehenswerte Kulturschätze und Einkehrmöglichkeiten.

Start und Ziel
Startpunkt ist der Wanderparkplatz hinter dem Hotel Haus Mühlenbrock (Weseler Straße 24) am westlichen Ortsrand von Schermbeck. Die PKW-Anfahrt erfolgt auf der A31 Borken–Bottrop, Ausfahrt Schermbeck. Ziel ist die Evangelische Kirche in Drevenack.

Schwierigkeit: leicht - **mittel** - schwer
Dauer: **5:15 h**
Länge: **19,7 km**
Aufstieg **32 hm**
Abstieg **42 hm**

Höhenlinienmodell mit Streckenverlauf

Höhenprofil

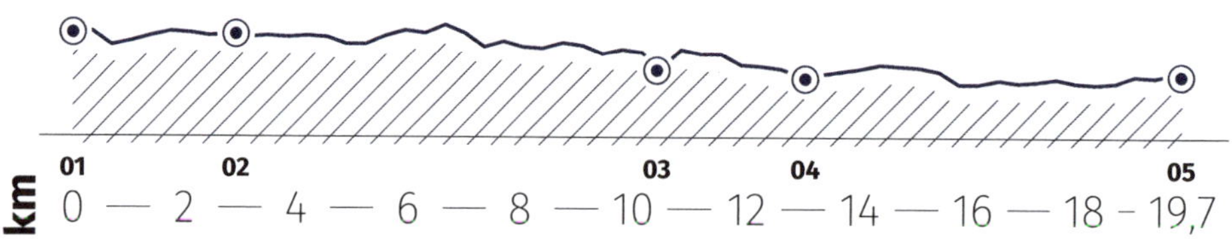

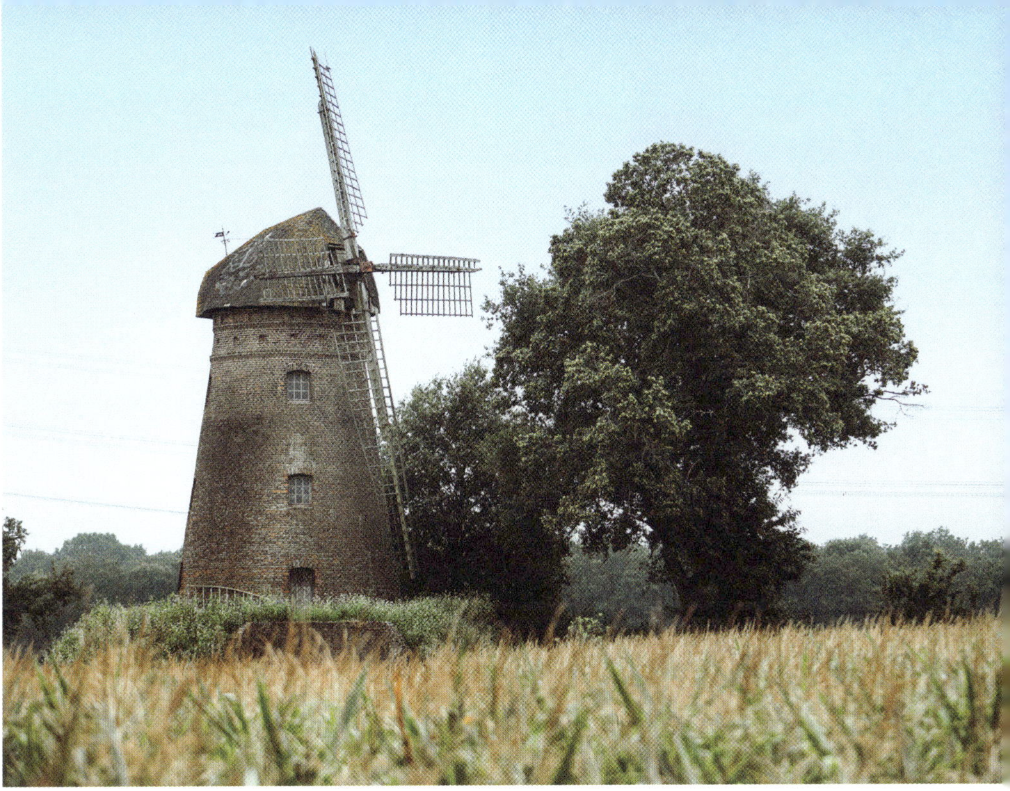

Diese Waldwanderung führt vom Mühlendorf Schermbeck durch den Dämmerwald nach Drevenack.

▶ Vom Wanderparkplatz 170 Waldweg **01** am westlichen Ortsrand von Schermbeck leitet uns die Markierung x11 auf den „Waldweg". Dieser führt durch die Feldmark und tritt beim Naturschutzgebiet Lichtenhagen 📷 in den Dämmerwald ein. Alte Eichen und Buchen begleiten den Waldweg. Bei der Dicken Buche geht es geradeaus (x15) zur Schutzhütte am ehemaligen Jakobsbrunnen **02**, wo Bänke zur Rast einladen. Weiter geht es durch romantische Mischwälder, dann verlässt „x15" in der Nähe des Quarzitblocks Teufelsstein den Wald und folgt der Voshöveler Straße rechts. Auf einem aussichtsreichen Hügel laden Sitzbänke unter Buchen und Eichen zur Rast ein.

Das Landhotel Voshövel **03** bietet eine gepflegte Einkehrmöglichkeit. Nach Überschreiten des Egelsbergs und Passieren des Kapellenhofs erreichen wir im Wald eine x-Verzweigung, von der aus wir rechts den kurzen Abstecher zum Otto-Pankok-Museum **04** (Neueröffnung im Frühjahr 2022 geplant) im Haus Esselt unternehmen können. Vom Pankok-Museum geht es kurz auf derselben Route zurück in den Wald und mit „x13" geradeaus.

Nach einer kurzen Sandpassage im Wald erwarten uns dann wieder asphaltierte Wege in der idyllischen Feldmark. Im Ort Peddenberg gibt es Einkehrmöglichkeit und Geschäfte. Bald darauf erreicht der x-Wanderweg die am Keltenweg gelegene gotische Backsteinkirche (evangelisch) von Drevenack **05**, auf die einst der Teufelsstein geschleudert werden sollte.

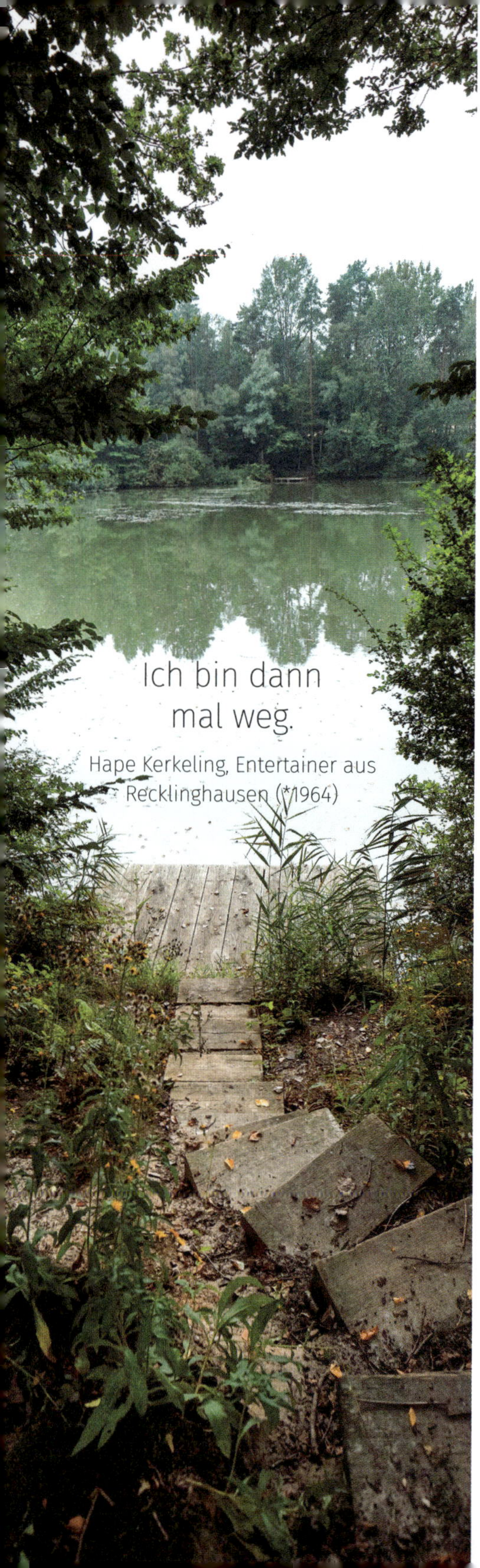

Ich bin dann mal weg.

Hape Kerkeling, Entertainer aus Recklinghausen (*1964)

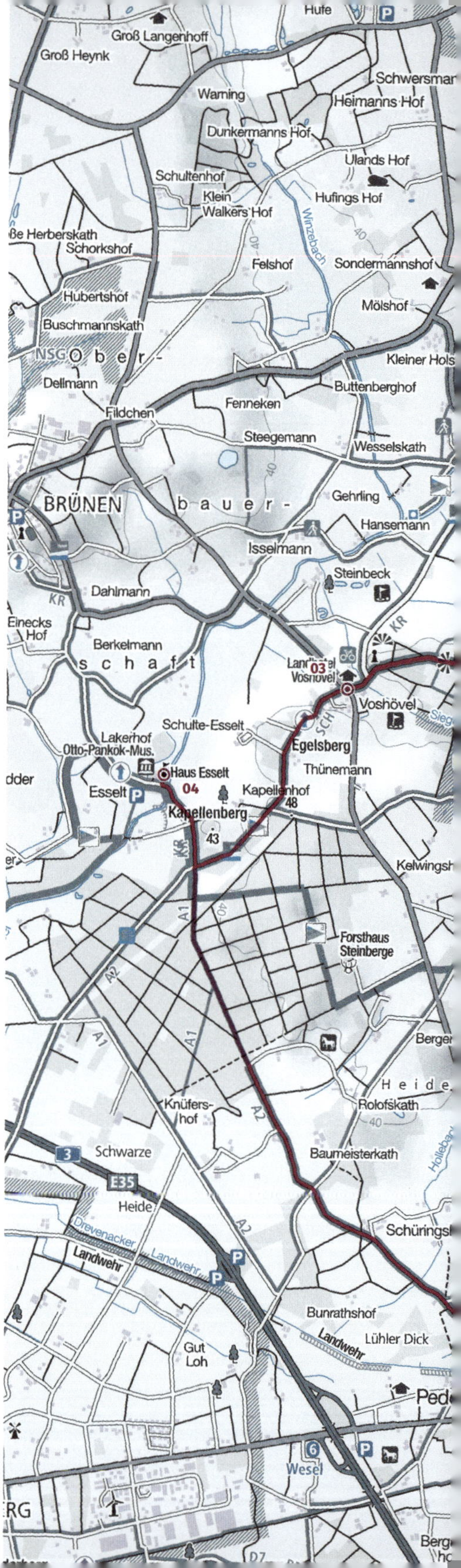

Dein Moment für die Ewigkeit

Weißabgleich

Wer sich etwas mit seiner Kamera beschäftigt, wird auf den „Weißabgleich“ stoßen. Diese Funktion sagt der Kamera, um welche Farbtemperatur es sich handelt. Ist ein Bild zu „kalt“ (leichter Blaustich) oder zu „warm“ (Gelb- bis Orangestich), stimmt dieser Wert nicht. Bei Sonnenlicht ist die automatische Messung sehr gut. In anderen Situationen solltest du manuell nachkorrigieren.

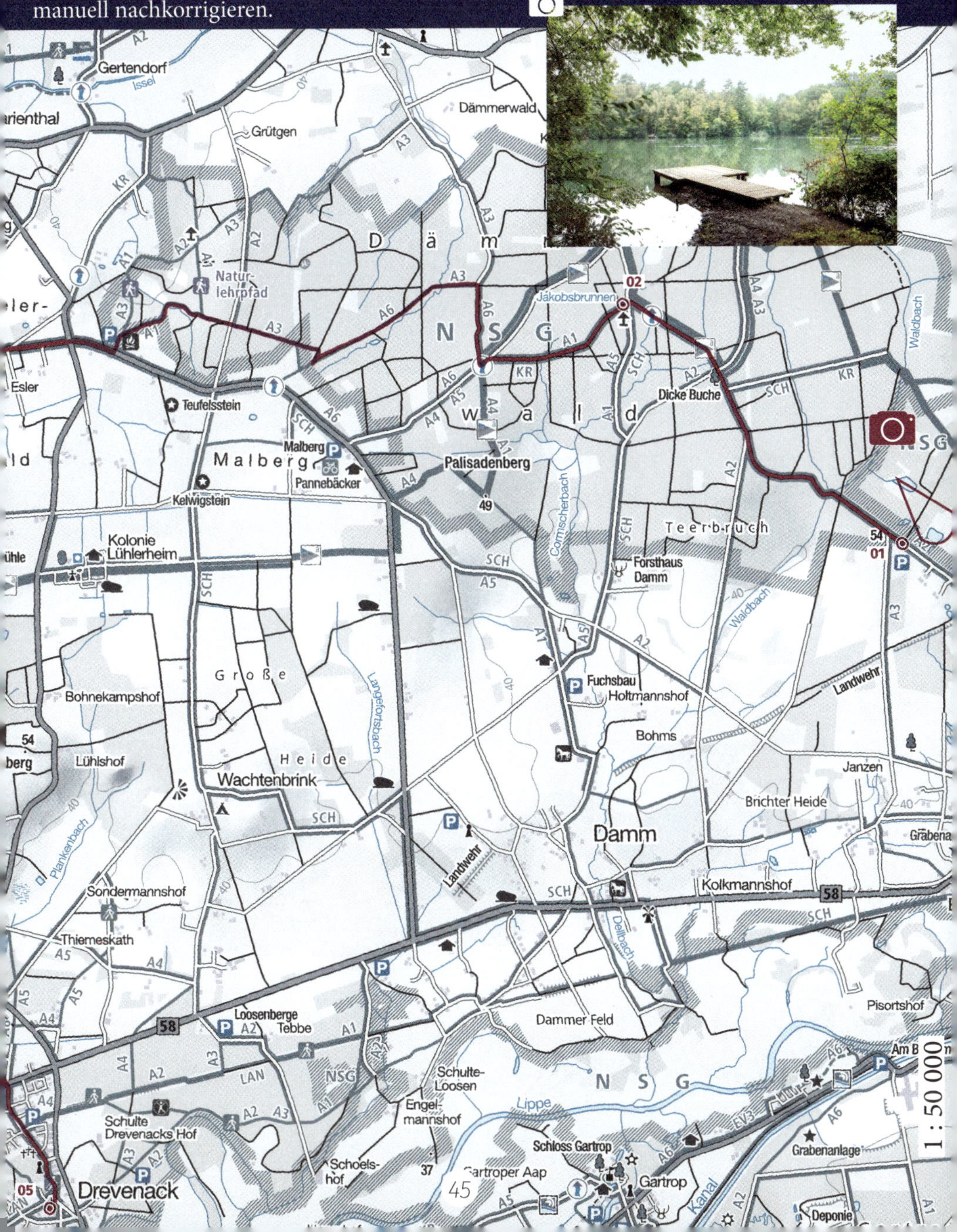

4 Zum prachtvollen Schloss Lembeck

Das beeindruckende Wasserschloss Lembeck prunkt inmitten der Wälder „Der Hagen" und „Kippheide" und ist umgeben von einem Sumpf- und Moorgebiet.

Bilder von: **Maximilian Lehrke @maximilian.lehrke**

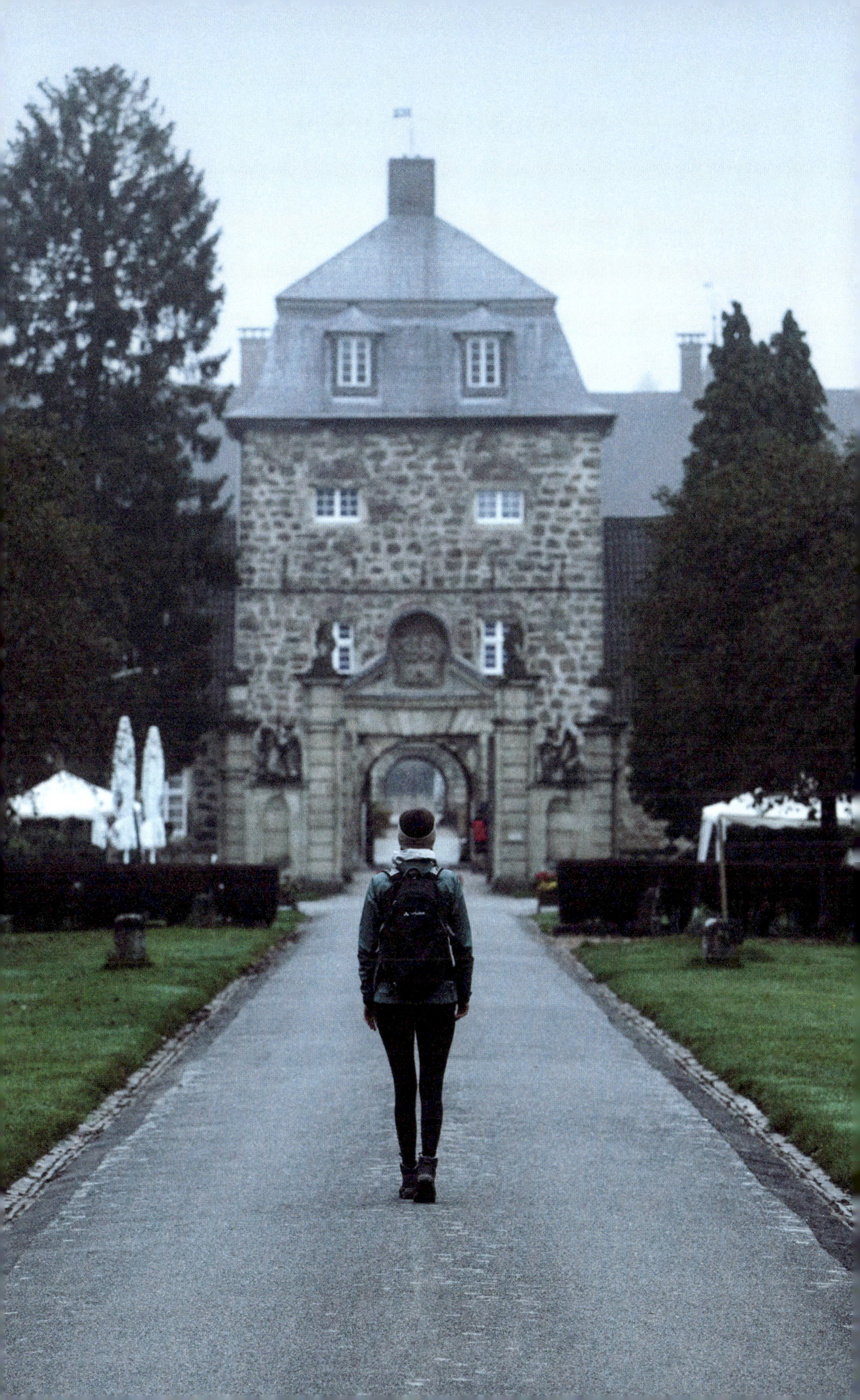

Rhade – Schloss Lembeck

Tourencharakter
Wir unternehmen hier eine ausgedehnte und dennoch eher gemütliche Rundwanderung. Sie führt uns auf fast durchgehend fahrradfähigen Forstwegen und Nebenstraßen teils im Wald, teils aussichtsreich in der Feldflur durch das südliche Münsterland.

Start und Ziel
Der Bahnhof Rhade in Dorsten-Rhade ist an den DB-Nahverkehr angeschlossen. Die Anfahrt mit dem PKW aus dem Ruhrgebiet erfolgt über die A 31, Ausfahrt Lembeck und weiter über die Lembecker Straße Richtung Rhade.

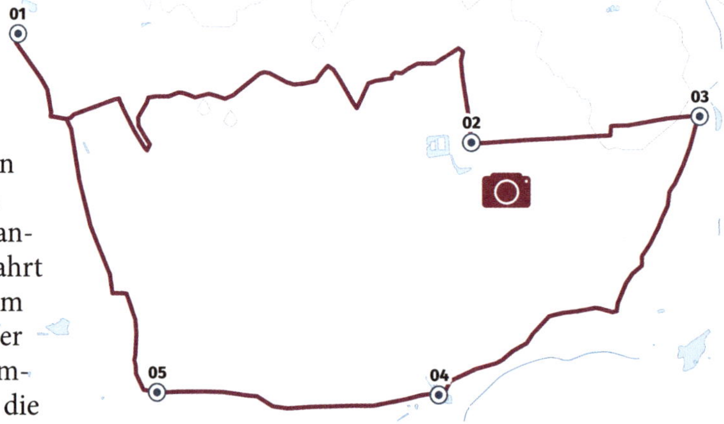

Schwierigkeit: leicht - **mittel** - schwer
Dauer: **4:30 h**
Länge: **18,1 km**
Aufstieg **45 hm**
Abstieg **45 hm**

Höhenlinienmodell mit Streckenverlauf

Höhenprofil

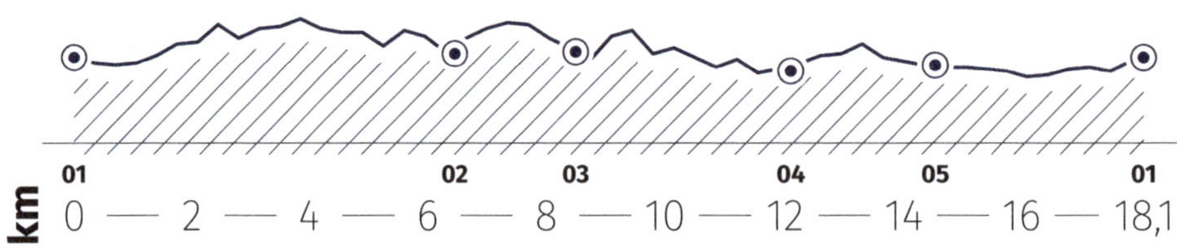

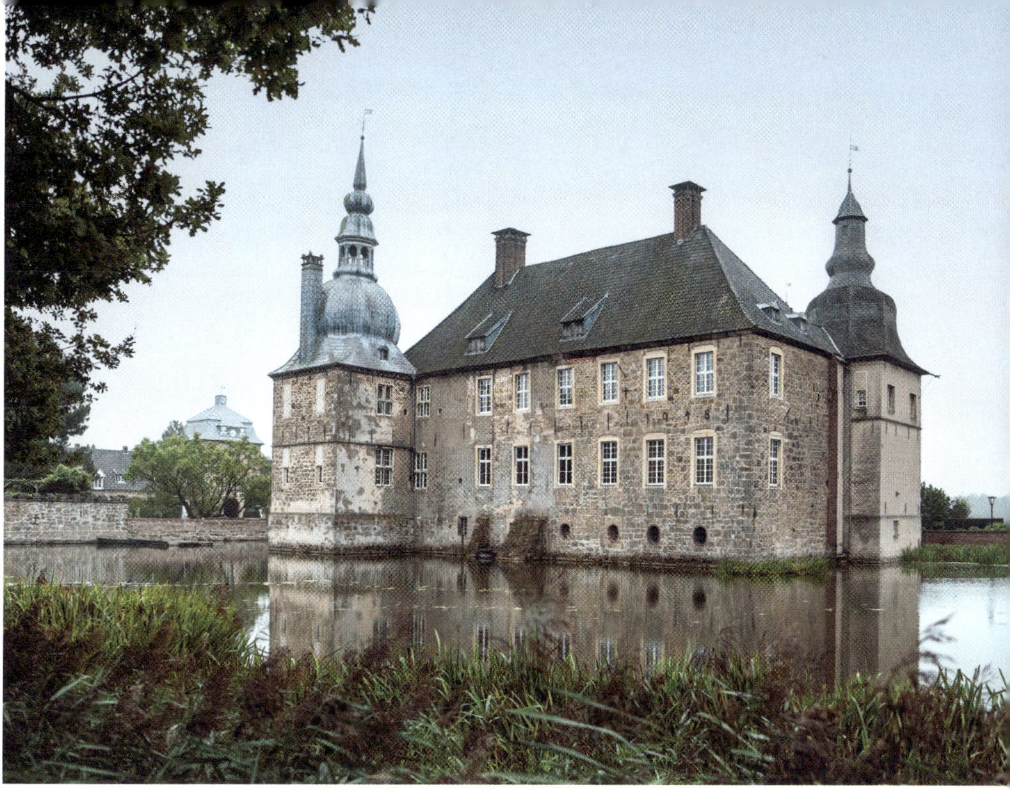

Wenn der Weg schön ist,
lass uns nicht fragen, wohin er führt!

Anatole France, französischer Schriftsteller (1844–1924)

Diese Wanderung führt uns zu einem der schönsten Schlösser im Ruhrgebiet.

▶ Vom Bahnhof Rhade **01** führt uns die x-Markierung zunächst links durch die schmale Gemener Straße in die Wiesen. Kurz nach Passieren der Gaststätte „Hülsdünker“ kommen wir an eine Kreuzung. Hier leitet „x2“ links weiter über die Bahnlinie und dahinter geradeaus zur Straße Rütherweg, die rechts über die Bundesautobahn A 31 führt. Gleich darauf verlässt x2 den Rütherweg auf einem Asphaltweg scharf links, folgt kurz der Autobahn und zweigt dann rechts auf einem Waldweg in die Heidkamp-Mischwälder ab. Auf dem Asphaltweg halten wir uns geradeaus, bis wir an der ersten Straße (Sitzbank bei einem Kreuz) links und beim Ortsschild „Lembeck“ rechts auf dem Forstweg durch die Wälder „Der Hagen“ wandern. An der ersten Kreuzung zweigen die x- und die Schlösser-Route-Markierung links ab und führen in einem rechten Bogen zu einer Verzweigung bei einem Graben und zu einer Wiese mit Schloss-Blick vorbei zur Wulfener Straße. Dieser folgt er auf dem Radweg kurz rechts. Nach Queren der Straße gehen wir rechts zum Wasserschloss Lembeck **02**.

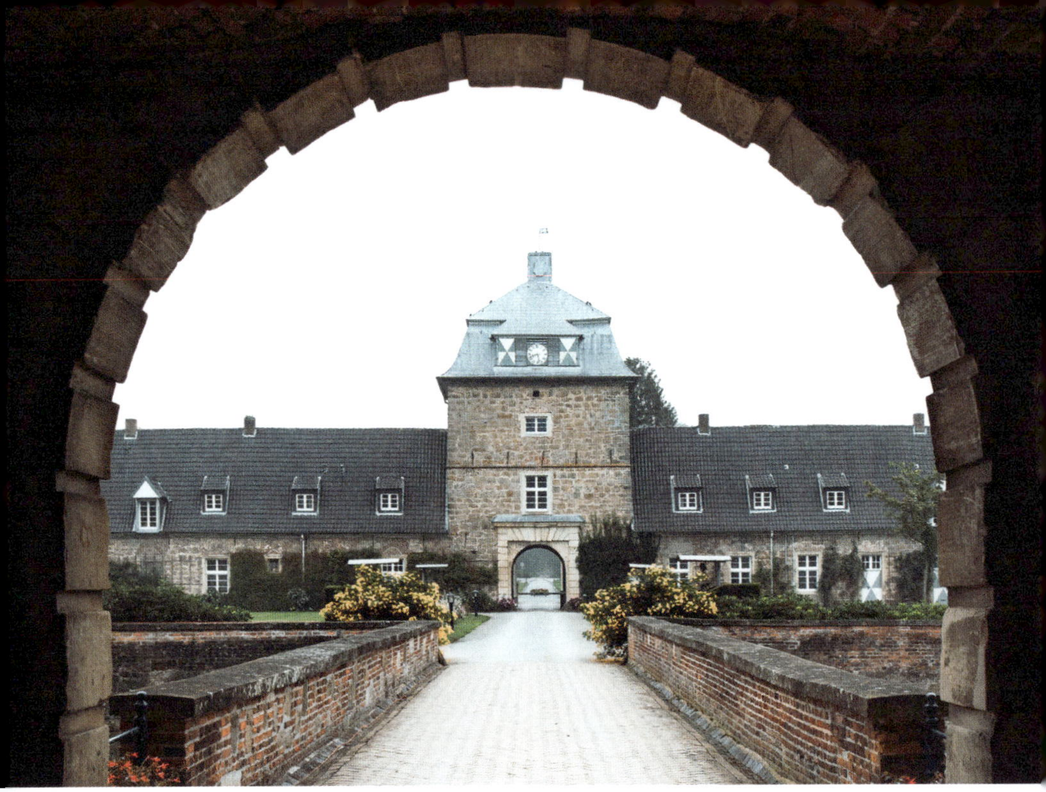

Wer das Schloss und seinen Park besuchen möchte, sollte sich unbedingt nach den aktuellen Öffnungszeiten auf der Homepage www.schlosslembeck.de erkundigen. Zu beachten ist auch, dass der Parkplatz beim Schlosseingang ausschließlich für Besucher des Cafés und des Schlosses reserviert ist.

Vom Wasserschloss gehen wir wieder zur Wulfener Straße und mit der Schloss-Markierung der 100-Schlösser-Route auf einem Forstweg durch die Wälder des Wacholderbuschs weiter. Am Waldrand halten wir uns links (Schlösser-Route) bis zur Kreisstraße und dort rechts auf dem Radweg zum Bahnhof Lembeck. Direkt hinter der Bahnlinie geht es rechts weiter auf dem Wiesenweg und hinter den Bäumen links durch die Felder in die Bauernschaft Beck **03**. Dort halten wir uns rechts, bis hinter dem Bauernhof die Markierung x9 auftaucht, die die Route vorgibt. Anschließend geht es rechts am Waldrand, dann rechts ins Wiesental hinab und vor der gleichnamigen Gaststätte links hinauf in den Wald. Dort gelangen wir am Ende des Feldes links auf den Pfad und anschließend gleich rechts. Bald nach Unterqueren der Bahnlinie auf dem Weg Präsenkamp erreicht der x9-Wanderweg die Landstraße. Er führt links zur Bushaltestelle Wienbecker Mühle **04** und leitet rechts am Mühlteich vorbei auf dem Brosthausener Weg durch die Wälder der Eickelheide. An der Verzweigung nach Verlassen des Waldes müssen wir uns entscheiden: „x" führt uns links auf dem grasigen Feldweg nach Deuten (Bahnhof), während uns der Asphaltweg geradeaus (Brosthausener Weg) in Brosthausen **05** rechts auf den Deutener Weg (Schlösser-Route) wechselt und ihm folgend zurück nach Rhade **01** führt.

Dein Moment für die Ewigkeit

Geplanter Regelbruch

„Wer die Regeln kennt, darf sie brechen." Versucht man normalerweise eine annähernde Drittelung eines Bildes, so wirkt das Bild durch die genaue Teilung in der Mitte. Die Person steht geradlinig zum Schlosseingang. Durch die leitenden Linien des Weges wird der Blick zusätzlich automatisch ins Bild gezogen.

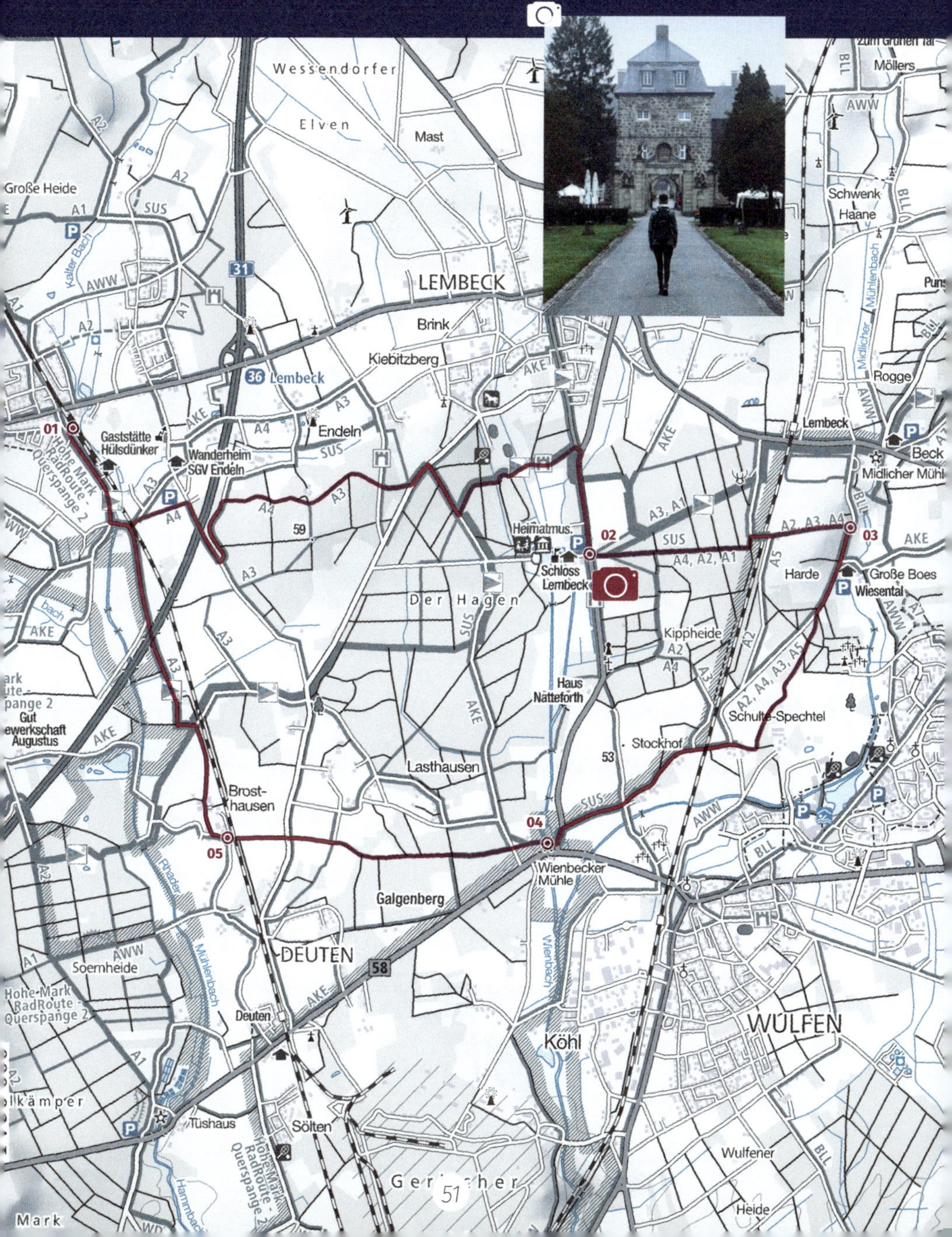

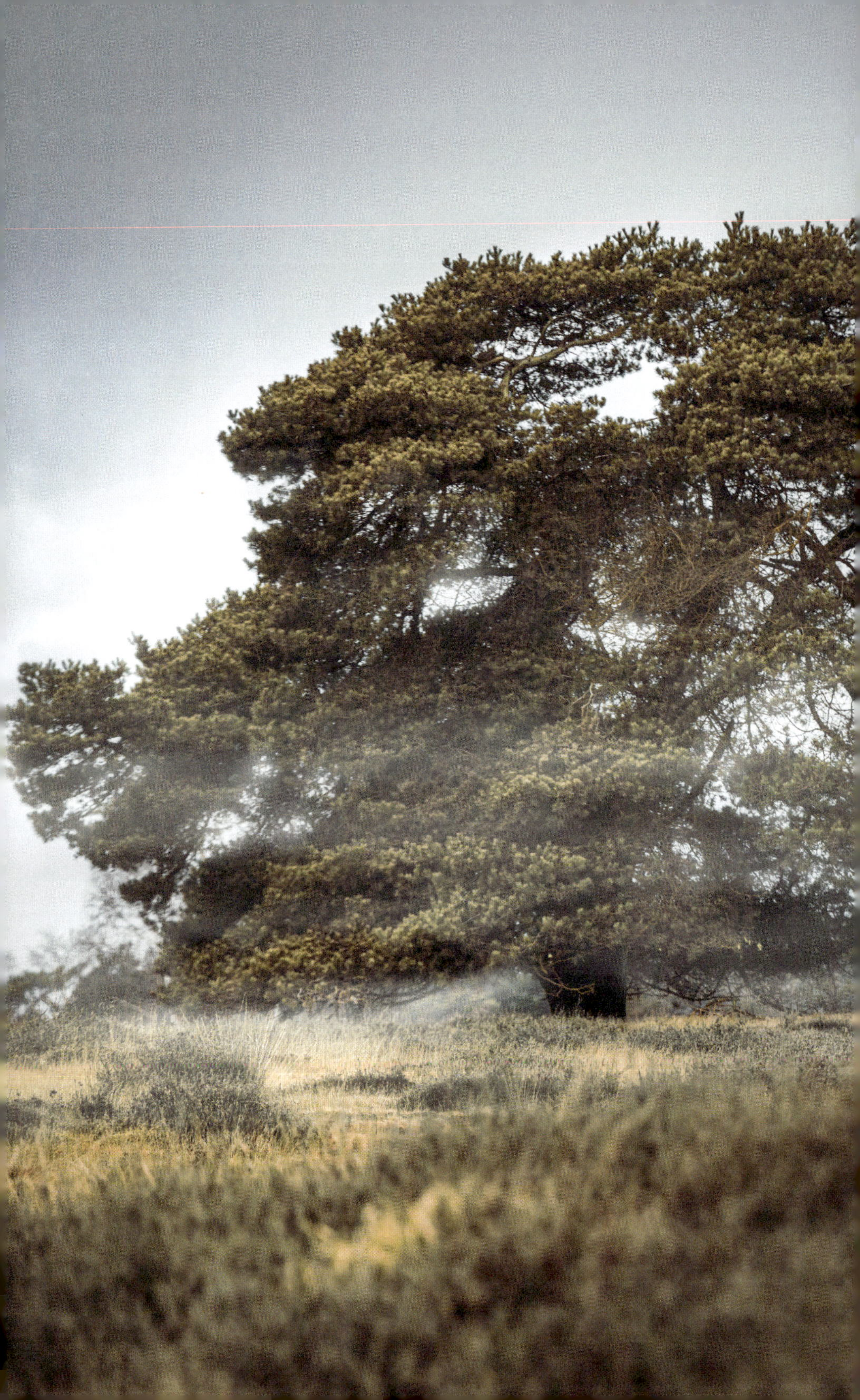

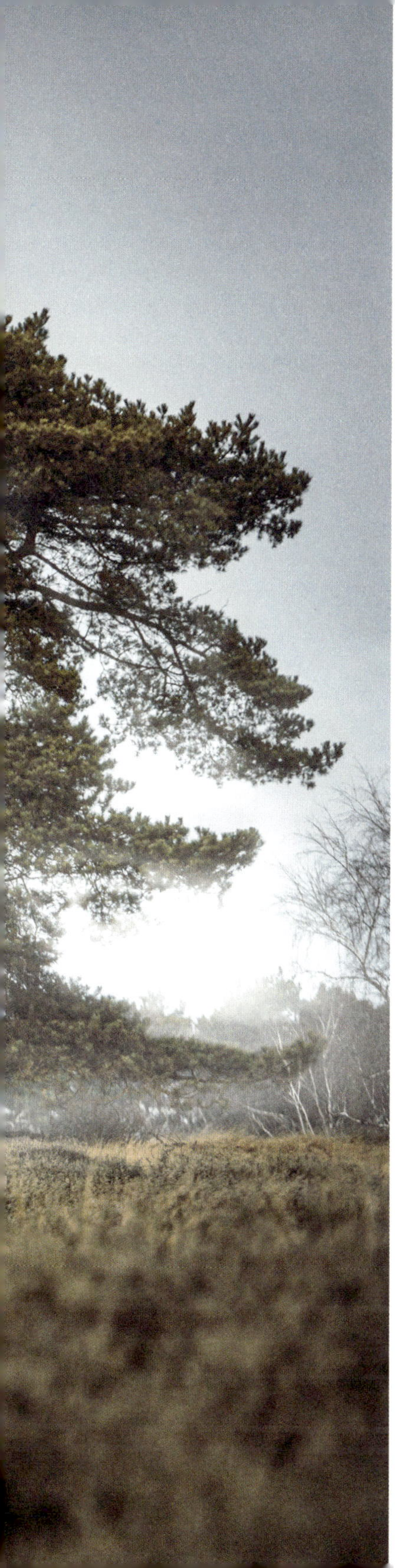

5 Durch die Heide zum Halterner See

Die ausgreifenden Kiefern sind neben den Wacholderbüschen die markantesten Bewohner der Westruper Heide. Hier schmückt sich eine besonders schöne Vertreterin mit einem zarten Nebelschleier und steht Modell für ein atmosphärisch perfektes Foto.

Bilder von: **Pascal Wieczorek @_lightaway_**

Westruper Heide – Halterner See

Tourencharakter

Bei dieser kurzen Rundwanderung auf überwiegend fahrradtauglichen Wegen fehlt es uns an nichts. Vielseitige Landschaftseindrücke von Wald über Heide bis zum See werden abgerundet durch Sehenswürdigkeiten am Wegesrand und nette Einkehrmöglichkeiten.

Start und Ziel

Der Parkplatz Westruper Heide am „Flaesheimer Damm“ beim Halterner Stausee. Die PKW-Anfahrt aus dem Ruhrgebiet erfolgt über die A 43, Ausfahrt Haltern und auf der B 58. Der nächste Bahnhof ist in Haltern.

Schwierigkeit: **leicht** - mittel - schwer
Dauer: **2:00 h**
Länge: **7,1 km**
Aufstieg **5 hm**
Abstieg **5 hm**

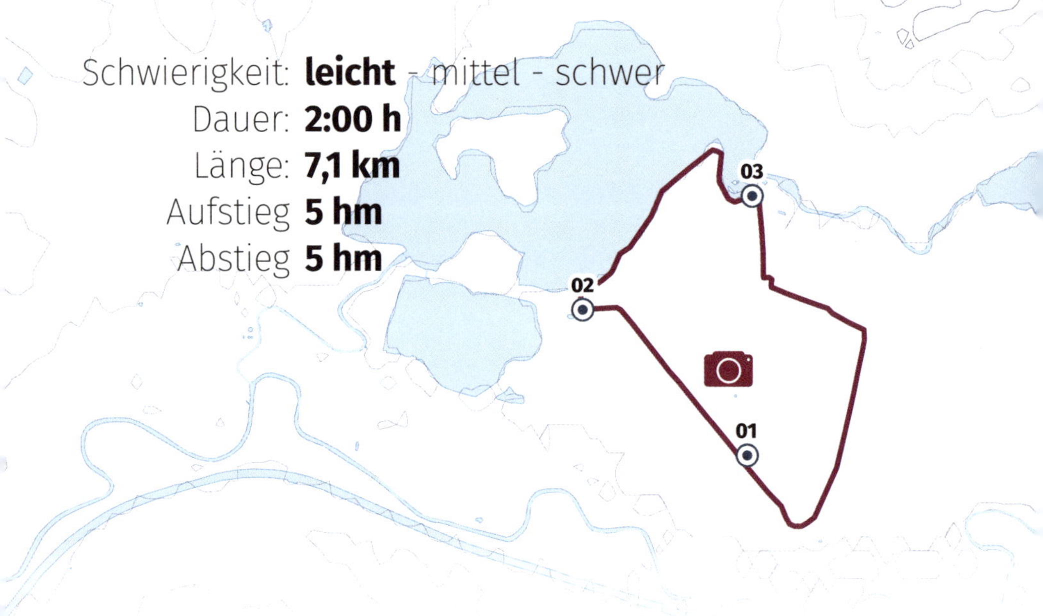

Höhenlinienmodell mit Streckenverlauf

Höhenprofil

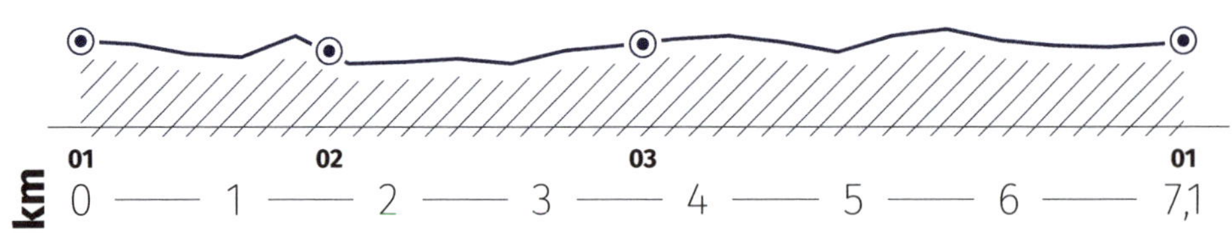

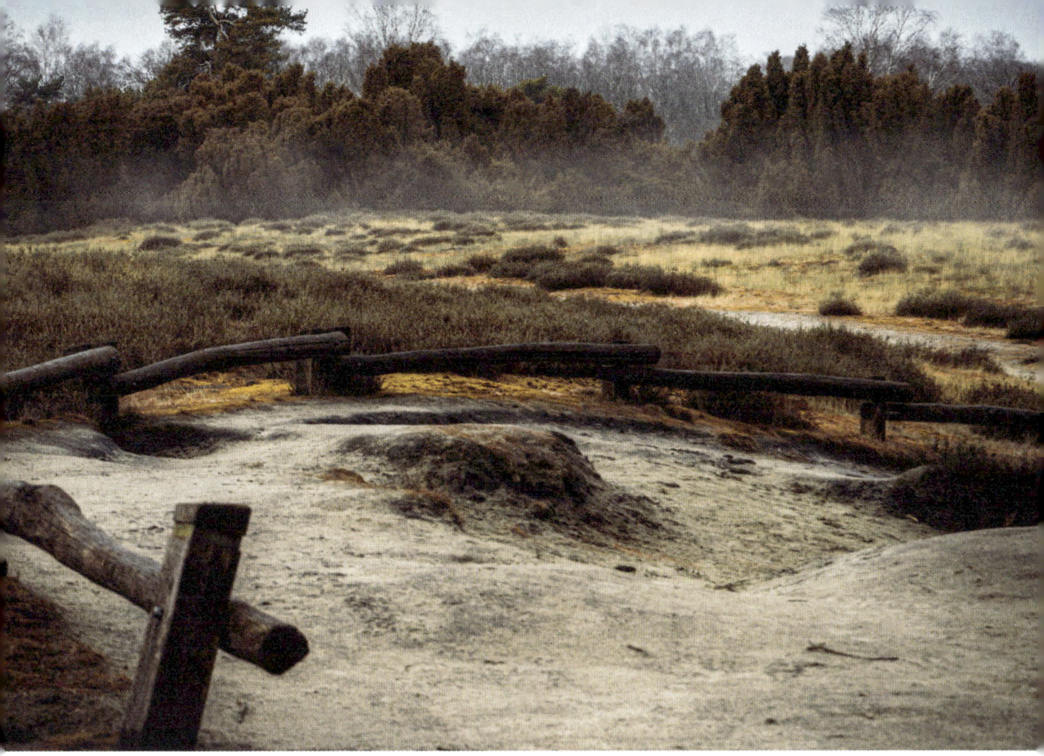

Gehen ist des Menschen beste Medizin.

Hippokrates, griechischer Arzt und Lehrer (um 460–370 v. Chr.)

Diese landschaftlich ausgezeichnete Heide- und Waldwanderung führt durch die Westruper Heide zum Halterner Stausee und berührt zuletzt die Wacholderdüne mit ihren mehr als 300 bis zu 5 m hohen Wacholdern.

An der Einfahrt zum Wanderparkplatz Westruper Heide 01 queren die Rundweg-Markierungen A1/3/5 die Landstraße Flaesheimer Damm und führen geradeaus in die Westruper Heide. Der markierte Weg leitet am Rand dieses eindrucksvollen Heidegebiets mit Wacholdern und alten Einzelkiefern entlang. Mehrfach zweigen Wege in die Heide ab, in der Sitzbänke zur Rast einladen. Geht man durch den Kieferngürtel links, sieht man ein großes Sandabbaugelände. Schließlich erreicht der Weg das Hotel Seehof 02 mit Biergarten am Halterner See. Nach Queren der Bundesstraße am „Seehof“ führen die Markierungen A4 und „x“ kurz aussichtsreich rechts der B 58 entlang. Gleich darauf zweigen A4 und „x“ bei einem Biergarten halblinks in die Wälder am Ufer des Halterner Sees ab. Der Blick schweift auf die Overrather Insel mitten im See, links zeigt sich der Strand, dahinter spitzt der Kirchturm von Haltern aus den Wäldern. An der Verzweigung, wo sich die x-Markierung waldeinwärts wendet, laden Sitzbänke zur gemütlichen Pause ein. Der Rundwanderweg A4 folgt der aussichtsreichen Uferpromemade weiter geradeaus. Am Naturschutzgebiet Seebucht

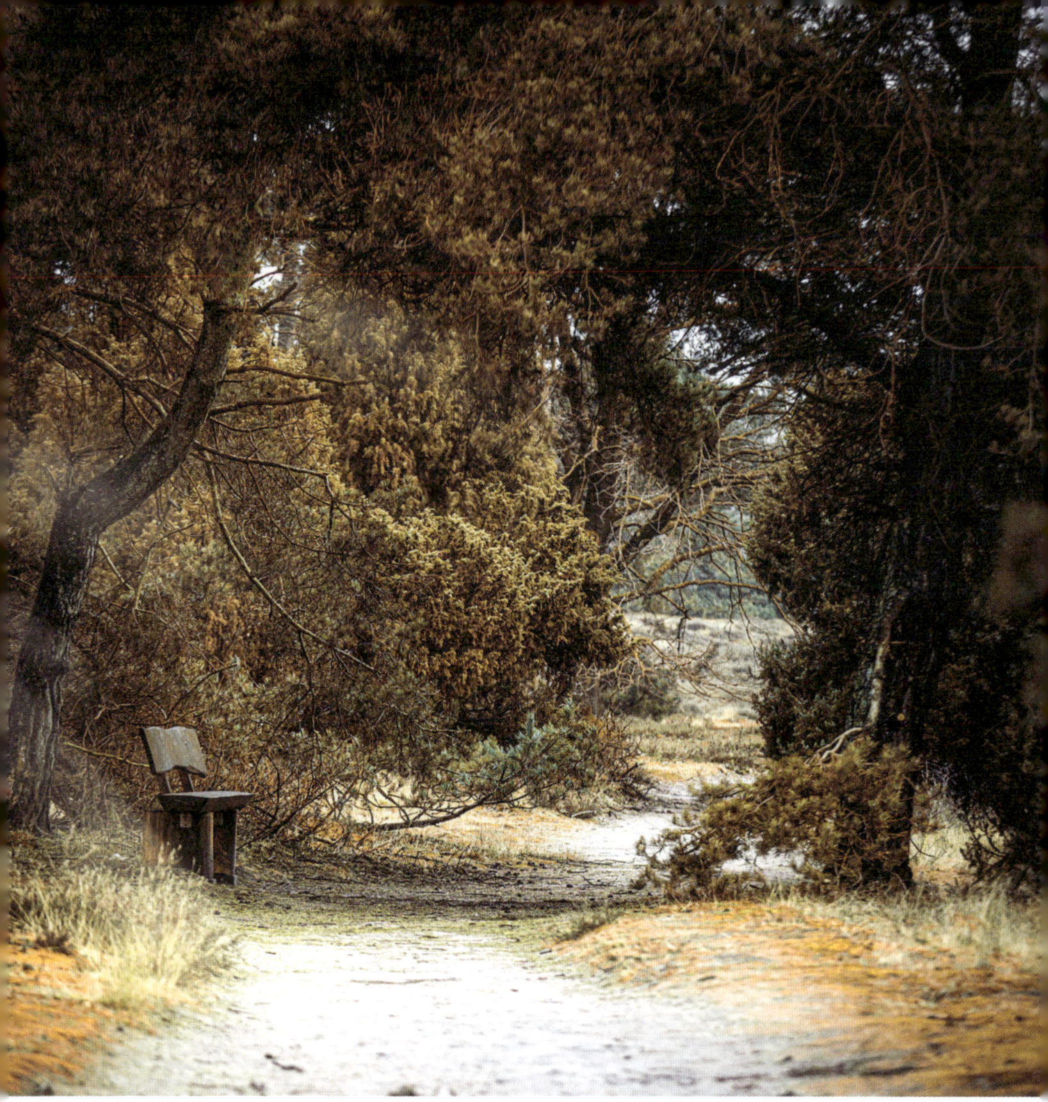

Lauschige Plätze laden in der Westruper Heide zum Verweilen ein.

Hoher Niemen 03 – hier springt in der Nähe der von der weißen Antoniusbrücke überspannten Mündung der Stever eine von Birken bewachsene Landzunge weit in den See vor – schwenkt der A4-Weg rechts zum Parkplatz beim US-Restaurant „Lakeside Inn“ auf die Landstraße Stockwieser Damm (Motorrad- und Wanderparkplatz). Vom Parkplatz beim „Lakeside Inn“ folgt die Markierung x10 der Landstraße im Wald südwärts zur Ampelkreuzung an der B 58. Kurz nach Queren der Bundesstraße zweigen die A-Markierungen links in den Forst hinein ab. Während A1 und A2 gleich nach rechts führen (Abkürzungen), folgen wir der A3 zur im Wald versteckten Wacholderdüne Sebbelheide. Hier wachsen auf einem Dünenkomplex, der sich etwa 10 m über die Umgebung erhebt, rund 300 bis zu 5 m hohe Wacholderbüsche. Von hier leitet die Markierung A3 weiter zum Weiler Westrup und zurück zum Ausgangspunkt 01.

Dein Moment für die Ewigkeit

Perspektivenspiel

Du willst ein einzigartiges Bild schießen, das sich von anderen Darstellungen abhebt? Dann plane dein Motiv entsprechend und nutze auch die Wirkung unterschiedlicher Perspektiven. Durch den tiefen Standpunkt hebt sich der in Nebel gehüllte Baum noch dominater hervor. Die mittige Platzierung macht ihn eindeutig zum Star dieser Aufnahme.

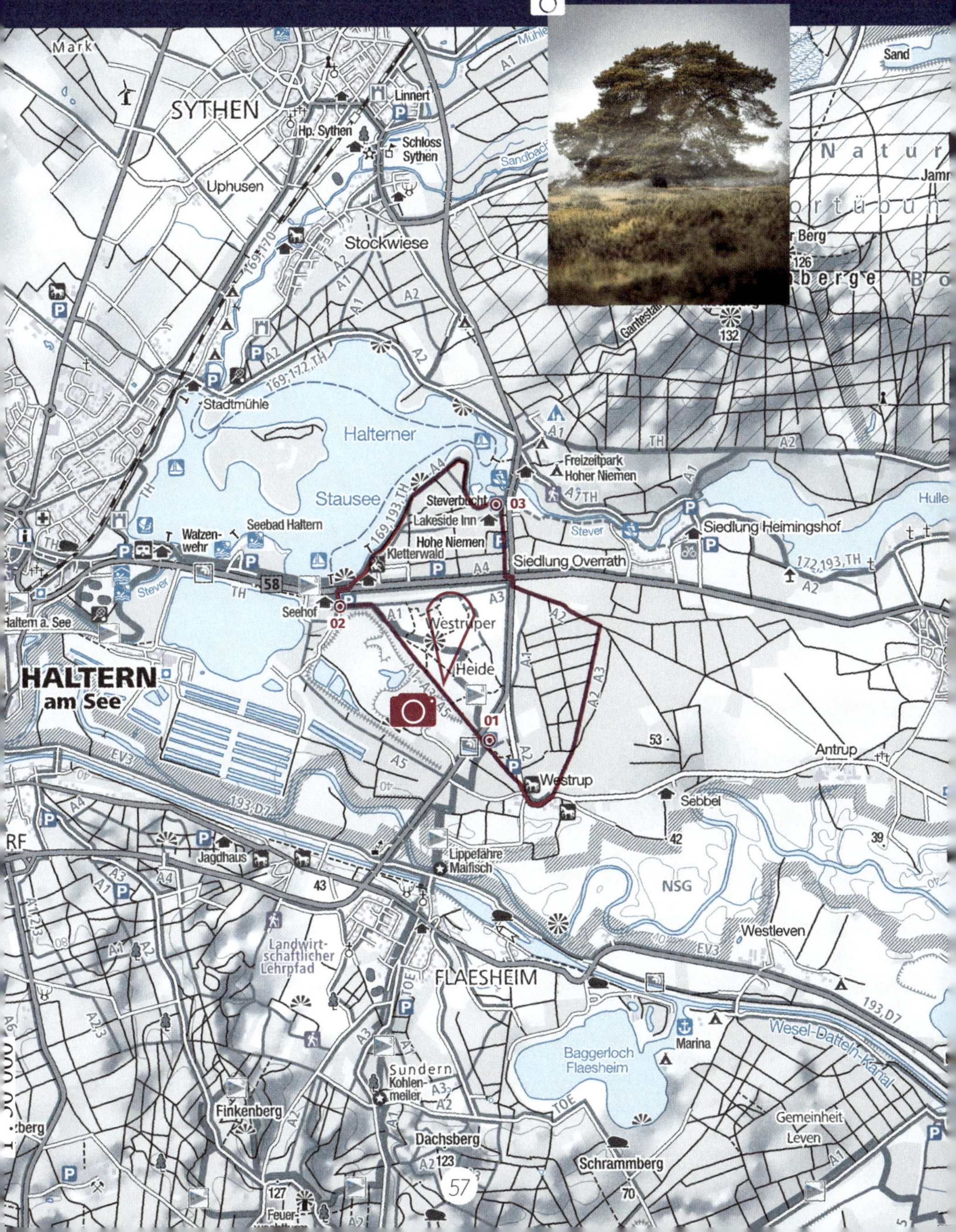

6 Vom Freizeitpark Grafenmühle zum Heidesee

Abseits des quirligen Geschehens rund um das Freizeitgelände Grafenmühle tut sich eine grüne Oase der Ruhe und Erholung auf.

Bilder von: **Maximilian Lehrke**
@maximilian.lehrke

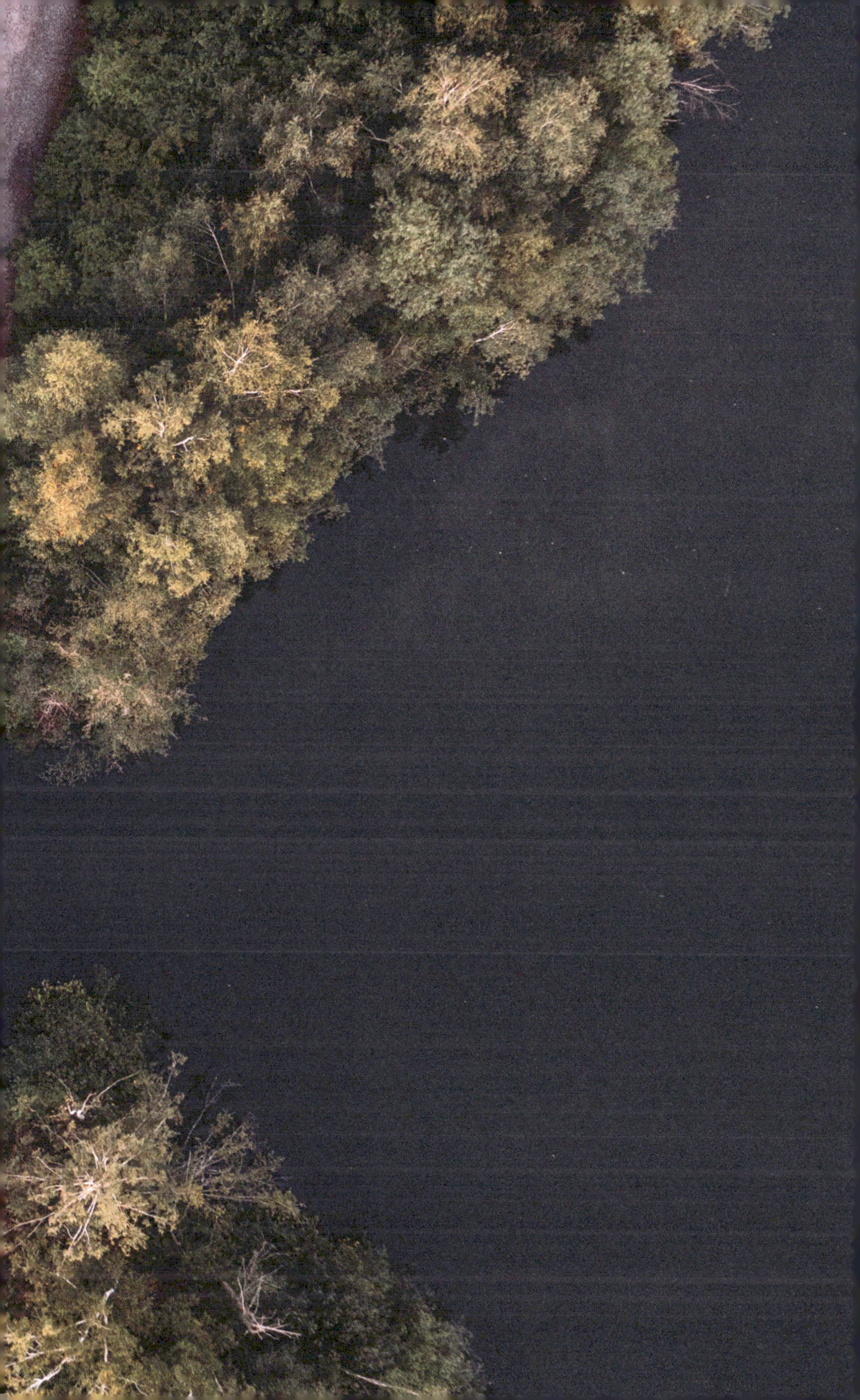

Grafenmühle – Rotbachtal – Heidesee

Tourencharakter
Vom quirligen Freizeitgelände bis zur ruhigen Idylle am Waldsee ist bei dieser einfachen Rundtour alles dabei. Es geht auf fast durchgehend fahrradtauglichen Forstwegen durch ein traditionsreiches Naherholungsgebiet am Rand der Metropolregion.

Start und Ziel
Die Bushaltestellen und Parkplätze der Grafenmühle im Norden von Bottrop. Die Zufahrt erfolgt auf der Straße „Zur Grafenmühle", die Anfahrt mit dem PKW erfolgt auf der A 2 Dortmund–Oberhausen, Ausfahrt Oberhausen/Sterkrade-Nord.

Schwierigkeit: **leicht** - mittel - schwer
Dauer: **4:00 h**
Länge: **18,1 km**
Aufstieg **35 hm**
Abstieg **35 hm**

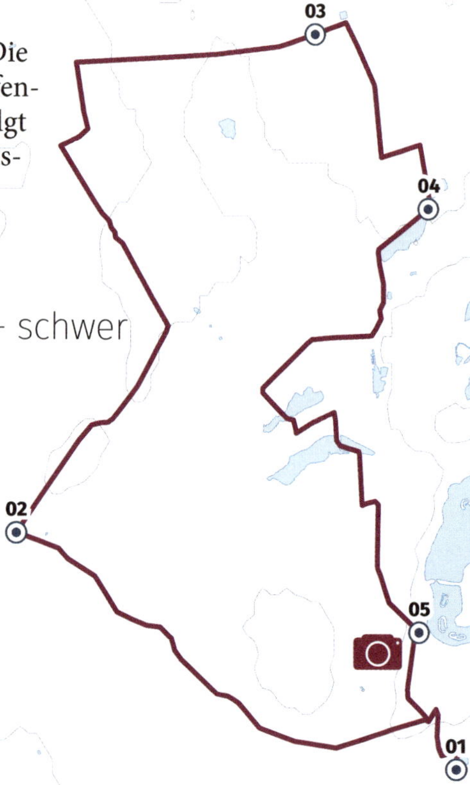

Höhenlinienmodell mit Streckenverlauf

Höhenprofil

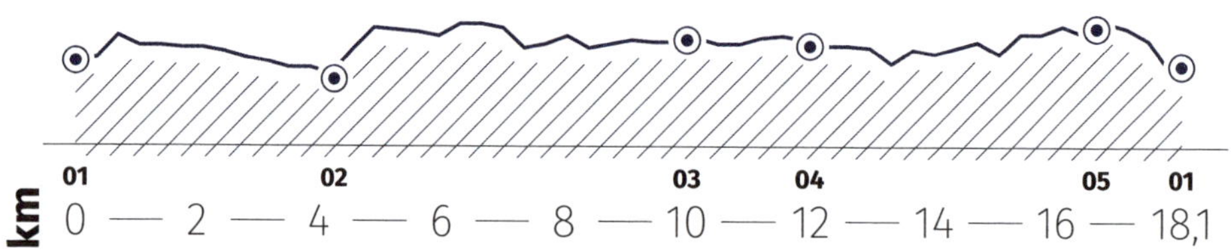

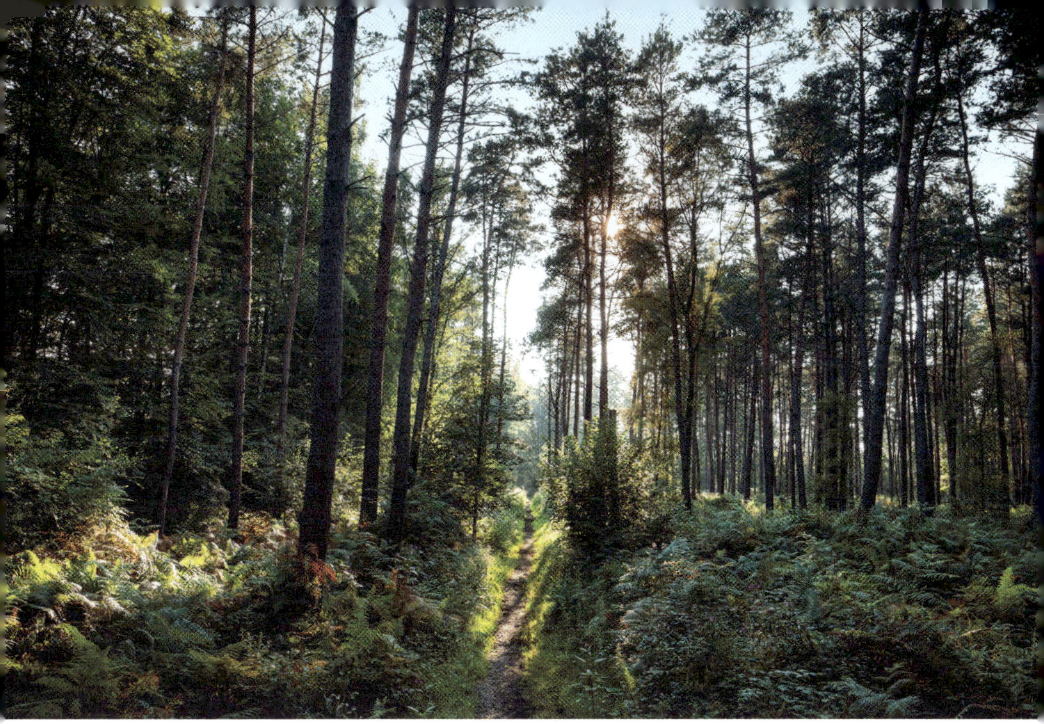

Erwartungen verursachen Enttäuschung, Enttäuschung verursacht Befürchtung, und Befürchtung ist ja wieder Erwartung.

Hape Kerkeling, Entertainer aus Recklinghausen (*1964)

Vom Freizeitzentrum Grafenmühle führt diese Wanderung durch die Kirchheller Heide zum Flugplatz Schwarze Heide, zum Kletterpoth und zum Heidesee.

▶ Beim Freizeitzentrum Grafenmühle **01** im Rotbachtal befinden sich unter anderem zwei große Teiche, drei Minigolfanlagen sowie Bogenschießstände, Mini-Car-Bahn und Trampoline. Für das leibliche Wohl sorgen Restaurants und Imbissstände. Von der Grafenmühle führt die x-Markierung nordwärts durch den Alten Postweg, bis am Wanderparkplatz an der Landstraße der mit dem Zeichen x21 markierte Wanderweg links in das bewaldete Rotbachtal abzweigt. Die auch als Radwanderweg angelegte „Rotbachroute" zählt zu den Highlights zwischen dem Südwestrand des Naturparks Hohe Mark und dem Rhein. Der Rotbach mündet bei Voerde in den Rhein. Kurz nach der Einmündung des Schwarzbachs zweigt beim PIWY'S BBQ Smokehouse am Abzweig Sträterei **02** die Markierung x12 rechts hinauf in den Wald ab.

Wenn der fahrradtaugliche Forstweg auf die Bergerstaße (Landstraße) trifft, geht es kurz rechts, bis die x-Markierung links am Waldrand in die schmale Straße Schwarze Heide hineinleitet. Nach Passieren des Forsthauses Hünxerheide geht es unmarkiert rechts ab und auf einem Feldweg – auf den bald die Markierung x11 einmündet – zum Flugplatz 03 Schwarze Heide. Vom kleinen Flugplatz leitet x11 südwärts dem Wald zu und erreicht den Heidhofsee 04. Malerisch liegt dieser Heideweiher in einem Birkenbruchwald, er steht unter Naturschutz. Da Baden verboten ist, beschränken sich die zahlreichen Besucher an seinem Ufer aufs Sonnenbaden.

Vom Heidhofsee führt x11 auf fahrradfreundlichen Forstwegen weiter, durchquert das Schwarzbach- und das Elsbachtal und erreicht den Kirchheller Heidesee 05, einen aus drei Gewässern bestehenden ehemaligen Kiesgrabungskomplex, der größtenteils für die stille Erholung und für den Biotop- und Artenschutz gestaltet wurde. Zentral liegt ein großer, in Nord-Süd-Richtung gestreckter See mit mehreren Inseln, dessen Ufer größtenteils abgesperrt bzw. bepflanzt und der natürlichen Entwicklung überlassen sind. Kleinere Uferabschnitte dienen als Liegewiese. Das Baden im See ist verboten. Vom Heidesee leitet der Weg x11 zurück zum Ausgangspunkt, dem Freizeitzentrum Grafenmühle 01.

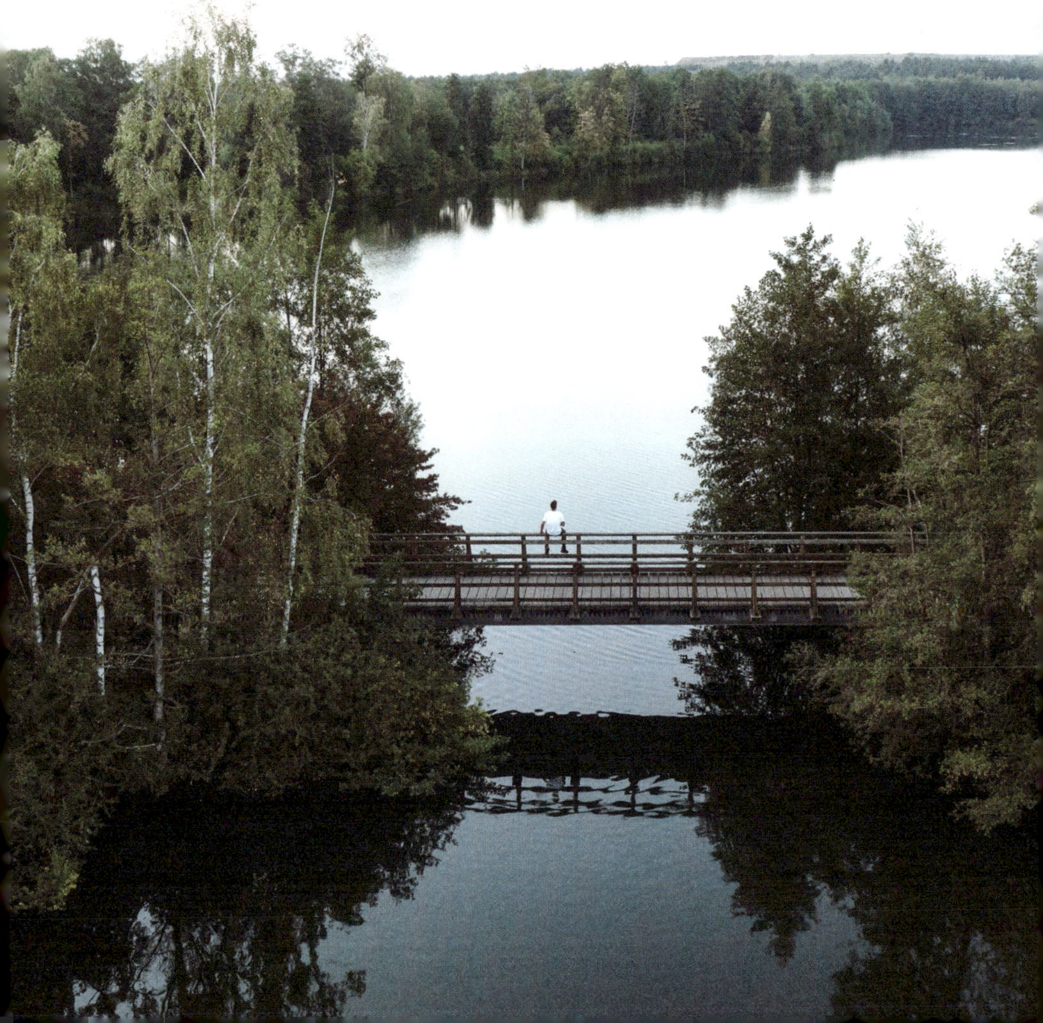

Dein Moment für die Ewigkeit

Drohnenaufnahmen

Eine Drohne ist schnell gekauft und ermöglicht vollkommen neue Perspektiven. Die rechtlichen Voraussetzungen sollten aber je nach Modell, Zweck und Flugraum genau geprüft werden. Danach entscheidet sich ob die Drohne angemeldet/bewilligt gehört, ob sie versichert sein muss, wo, wie hoch und wie weit man fliegen darf.

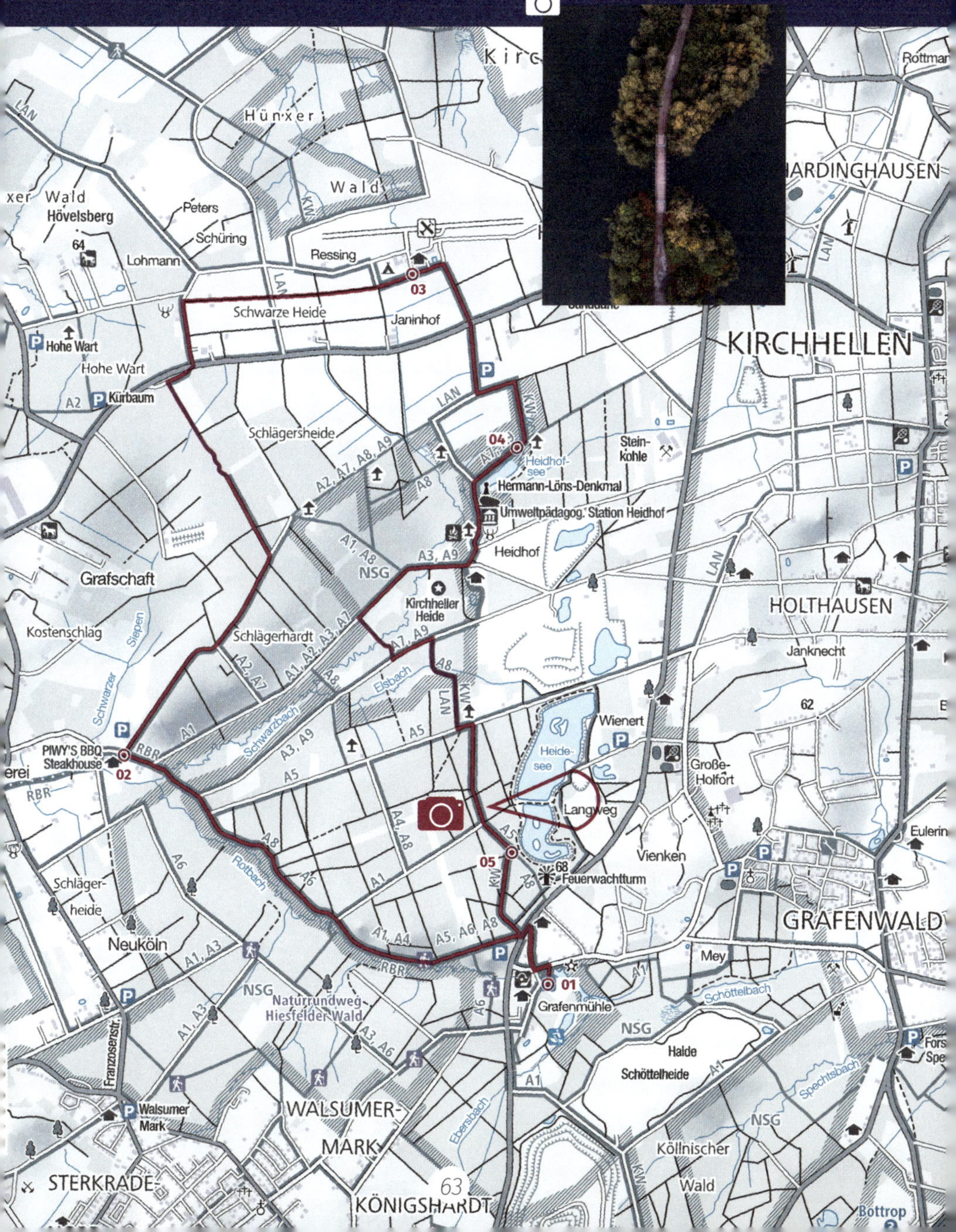

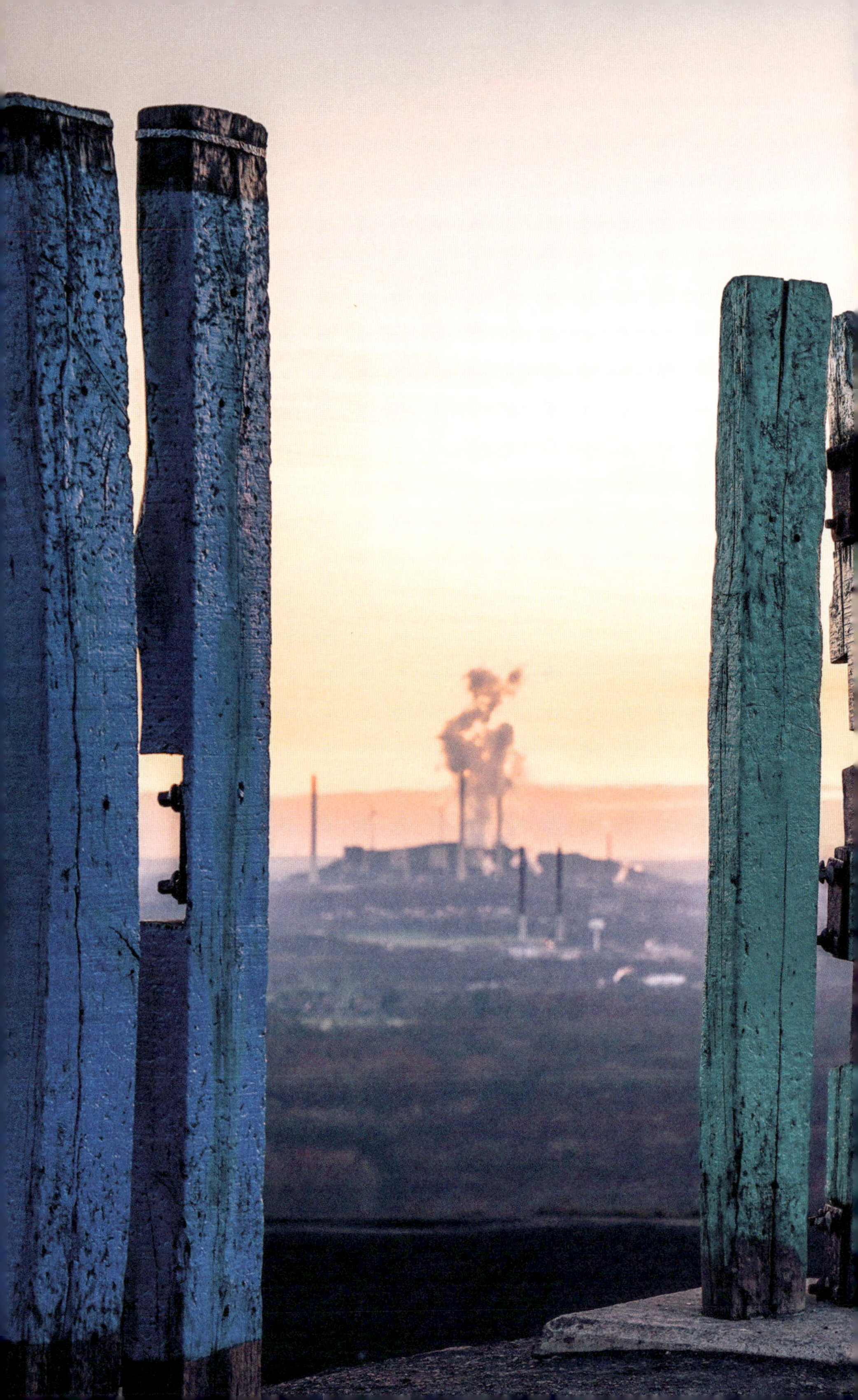

7 Kunst auf dem künstlichen Berg

Papst Johannes Paul der II. kam am 2. Mai 1987 zu Besuch zur Zeche Prosper-Haniel. Damals war der Steinkohleabbau noch im vollen Gange. Seit 2018 wurde das Bergwerk stillgelegt. Auf dem Plateau der Halde befindet sich heute ein Amphitheater und 100 farbenfrohe Totems.

Bilder von: **Maren Hildebrand**
@marenclaudine

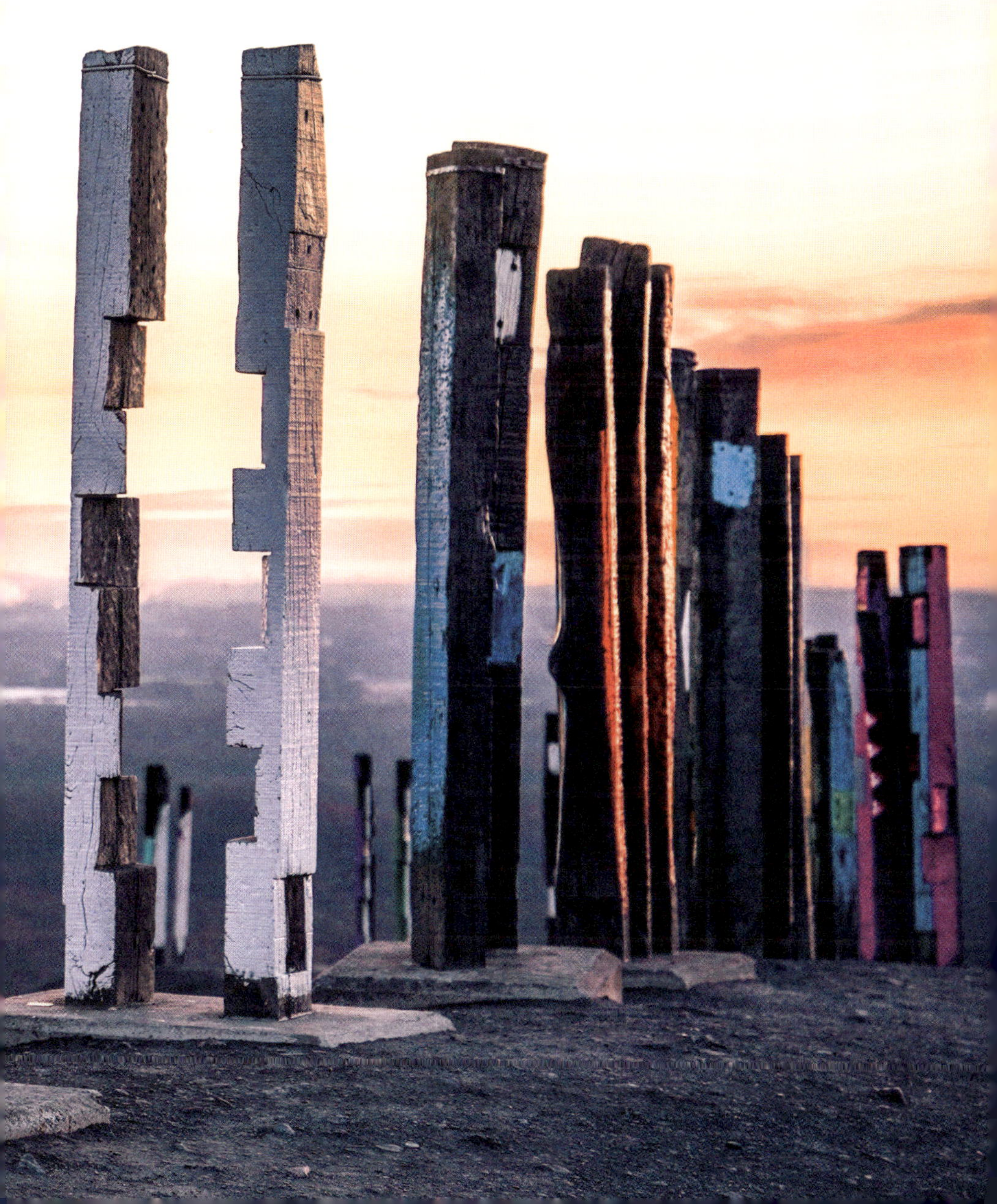

Auf die Halde Haniel

Tourencharakter
Auf dieser „Haldenbergtour“ warten spannende Eindrücke von Natur und Industriekultur. Unterwegs sorgen Kunstinstallationen, Spuren der Geschichte und landschaftliche Highlights für viel Abwechslung. Die Tour kann an vielen Stellen variiert und abgekürzt werden.

Start und Ziel
Parkplatz an der Bushaltestelle Everslohstraße. Weitere Parkplätze befinden sich etwa 100 m nördlich an der Kirchhellener Straße. Die Anreise mit Öffis erfolgt per Buslinie 952 von und nachdem Bahnhof Oberhausen Sterkrade.

Schwierigkeit: leicht - **mittel** - schwer
Dauer: **2:30 h**
Länge: **7,4 km**
Aufstieg **260 hm**
Abstieg **260 hm**

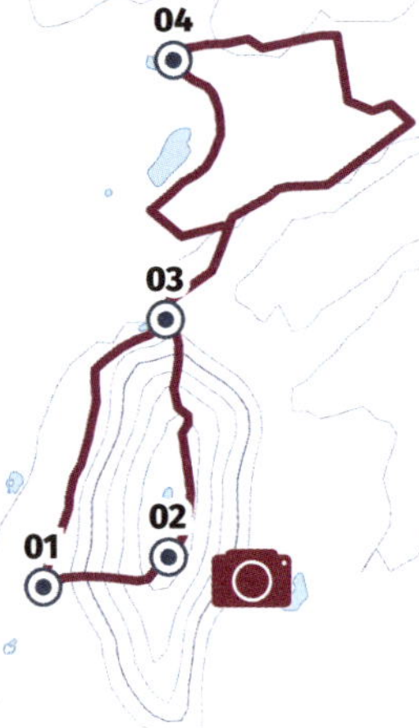

Höhenlinienmodell mit Streckenverlauf

Höhenprofil

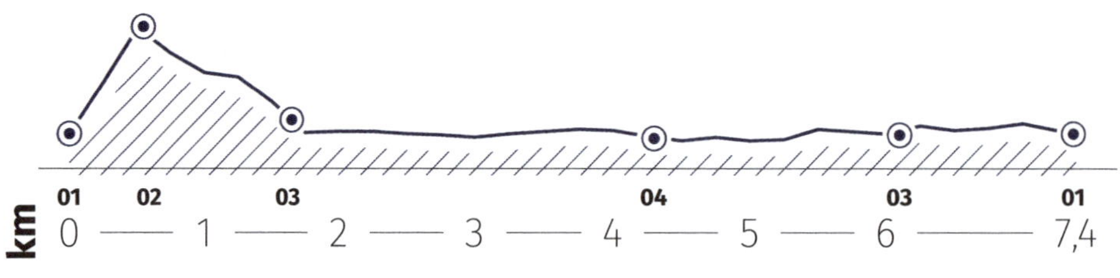

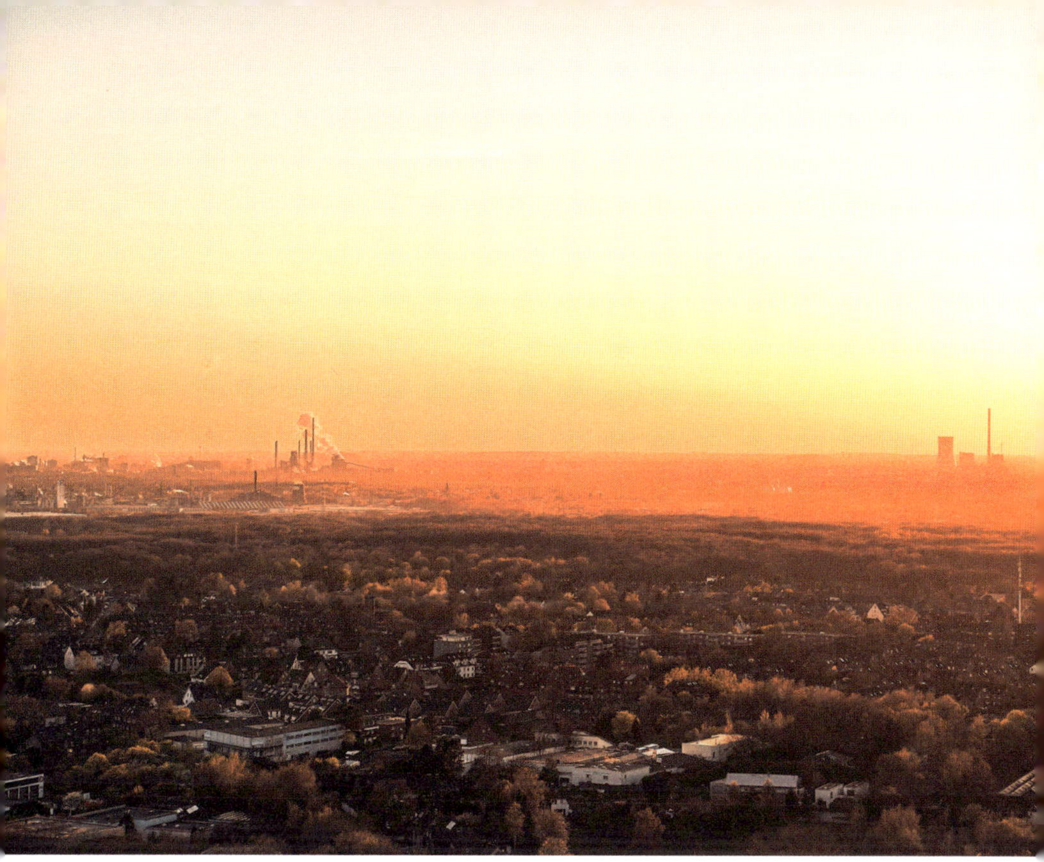

Mit etwa 118 Metern Höhe über der Umgebung ist die Halde Haniel die höchste ständig zugängliche Halde im Ruhrgebiet. Das und ihre zentrale Lage an der Stadtgrenze von Bottrop und Oberhausen verspricht eine äußerst lohnende Aussicht. Wir erklimmen die Halde gleich zu Beginn und drehen dann zur Vertiefung der Eindrücke eine Runde durch das Naturschutzgebiet Grafenmühle zu ihren Füßen.

▶ Startpunkt ist die Haltestelle Everslohstraße mit dem Parkplatz **01**, von wo wir rechts abbiegen und uns direkt auf die Halde zubewegen. Es gibt hier mehrere Aufstiegsmöglichkeiten zur Auswahl. Nehmen wir die direkte, sportliche und kurze Variante, sind wir in schweißtreibenden 10 bis 15 Minuten oben auf dem Plateau **02** angekommen 📷. Dort erblicken wir erst die Greifer-Skulptur, dann, ganz oben, das Amphitheater, das wie ein kleiner Vulkankrater in den Gipfel eingelassen ist. Wir umrunden den „Krater" gegen den Uhrzeigersinn und genießen eine umwerfende Aussicht.

Es geht nun leicht bergab und wir kommen an dem kleinen See vorbei, der sich hier oben nach und nach bildet. Wir halten uns weiter an der rechten Seite an der Oberkante des Plateaus, um an seine Nordseite zu gelangen. Dort kreuzen wir zwei breite Fahrwege, bevor wir vom Plateau absteigen. Auch hier gibt es wieder mehrere Möglichkeiten, wir wählen wieder den direkten, steileren Trampelpfad.

Die Totems auf der Halde wurden 2002 von Agustín Ibarolla, einem baskischen Künstler, installiert. Die bemalten Totems sind aus alten Eisenbahnschwellen gefertigt.

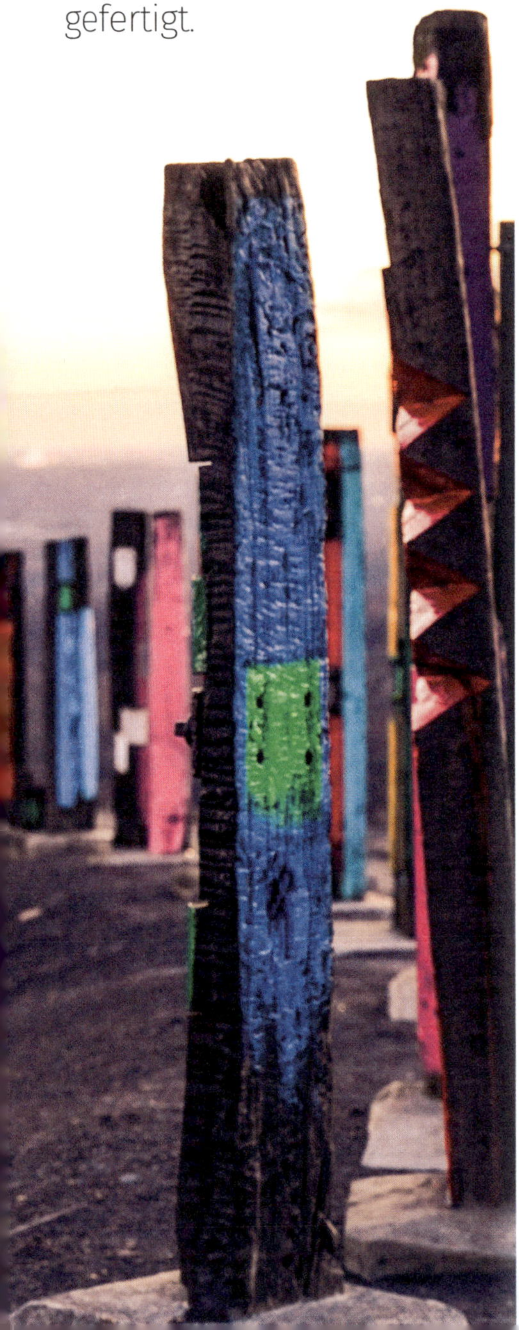

Hier sind weniger Mountainbiker unterwegs als auf den flacheren Querwegen.

Unten angekommen könnten wir die Tour beenden, indem wir einfach am Fuß der Halde 03 links zurück zum Ausgangspunkt wandern. Es empfiehlt sich aber, die folgende Schleife noch mitzunehmen und das Erlebnis richtig „rund" zu machen. Wir halten uns also rechts und folgen dem breiten Weg zu einer Kreuzung mit Infotafel. Hier geradeaus weiter, sodass wir links an der Halde Schöttelheide vorbeigehen. Etwa 1,3 km legen wir am Fuß der Halde zurück, bis wir an einer Abzweigung links auf den Wanderweg X22 in das NSG Grafenmühle abbiegen. Wir folgen dann dem X22 nun durch den Grafenwald.

Kurz vor der Straße „Zur Grafenmühle" halten wir uns links und parallel zur Straße im Wald, dem Waldweg Richtung Grafenmühle folgend. Die Grafenmühle und der Teich 04 laden zur Rast oder Einkehr ein.

Unser Weg biegt vor dem Grafenmühler Teich scharf links ab und folgt als Drei-Bäche-Pfad mehreren Bachverläufen. Zwei kleine, dicht aufeinanderfolgende Abzweigungen lassen wir links liegen, bevor wir nach weiteren etwa 400 m links abbiegen. Wir befinden uns nun auf dem Weg zur Halde Schöttelheide und treffen an deren Fuß auf unseren Hinweg. Wir folgen diesem bis zum Fuß der Halde Haniel 03, die wir nun links liegen lassen und dem breiten, flachen Weg oder dem leicht auf- und abführenden Pfad am Hangfuß folgen. Beide führen uns zurück zum Parkplatz an der Kirchhellener Straße 01.

Dein Moment für die Ewigkeit

Dämmerung

Fotografieren in der Dämmerung stellt deine Kamera vor eine Herausforderung. Es wird schwer ein perfekt ausgeleuchtetes Bild zu bekommen. Du musst dich entscheiden ob du eher die hellen oder die dunklen Stellen zeigen willst. Auf dem Foto wurde die Belichtungsmessung auf dem dunklen Totem angesetzt. Das Foto wird dadurch stärker belichtet. Der Himmel erscheint jedoch leicht überbelichtet.

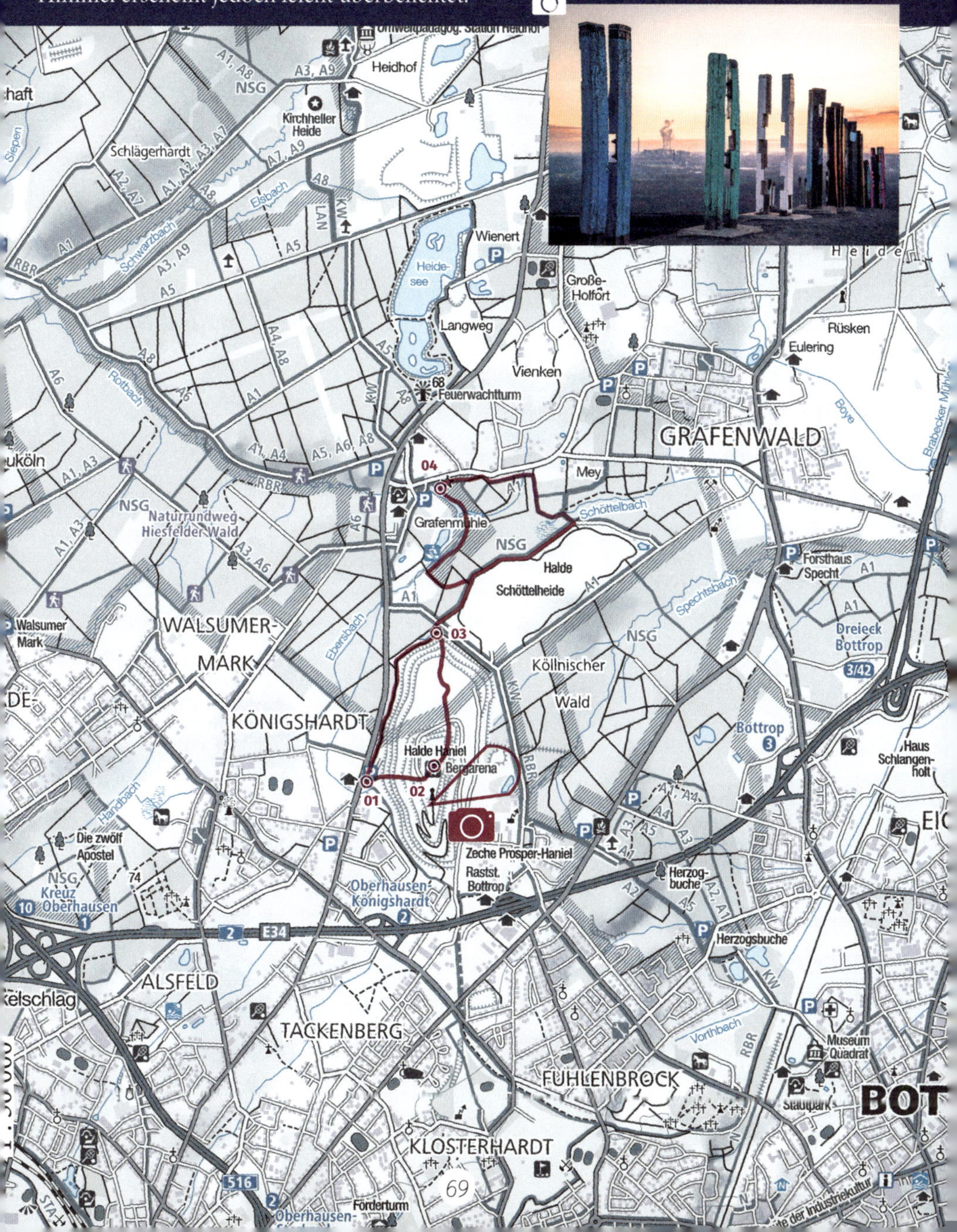

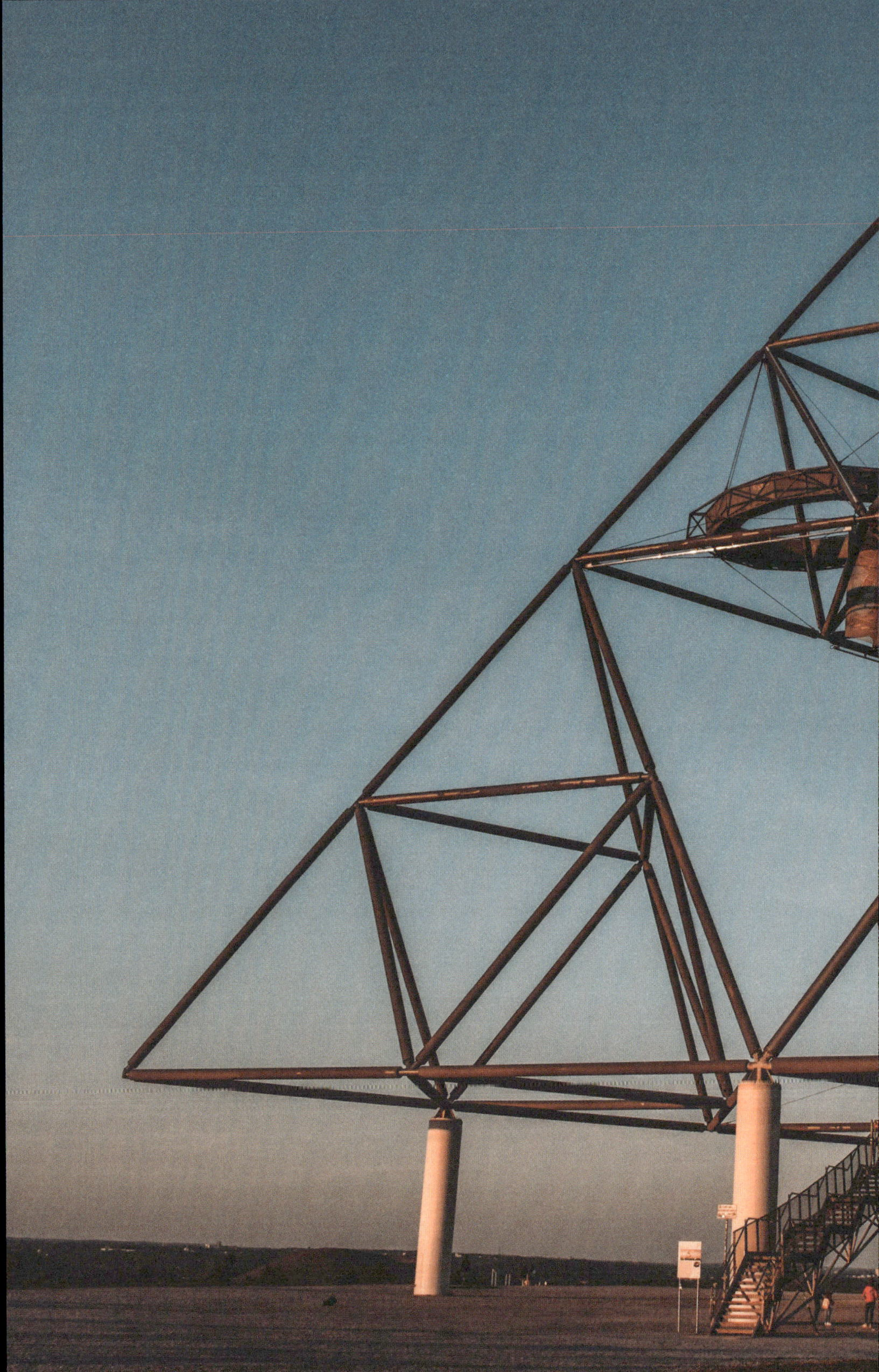

8 Symbol des Strukturwandels

Der begehbare Tetraeder ist seit seinem Bau 1995 zu einem Wahrzeichen des Ruhrgebiets geworden. So wie die Lichter und Feuer der Industrie beeindruckt auch er vor allem nachts, wenn er leuchtet und zu schweben scheint.

Bilder von: **Maren Hildebrand @marenclaudine**

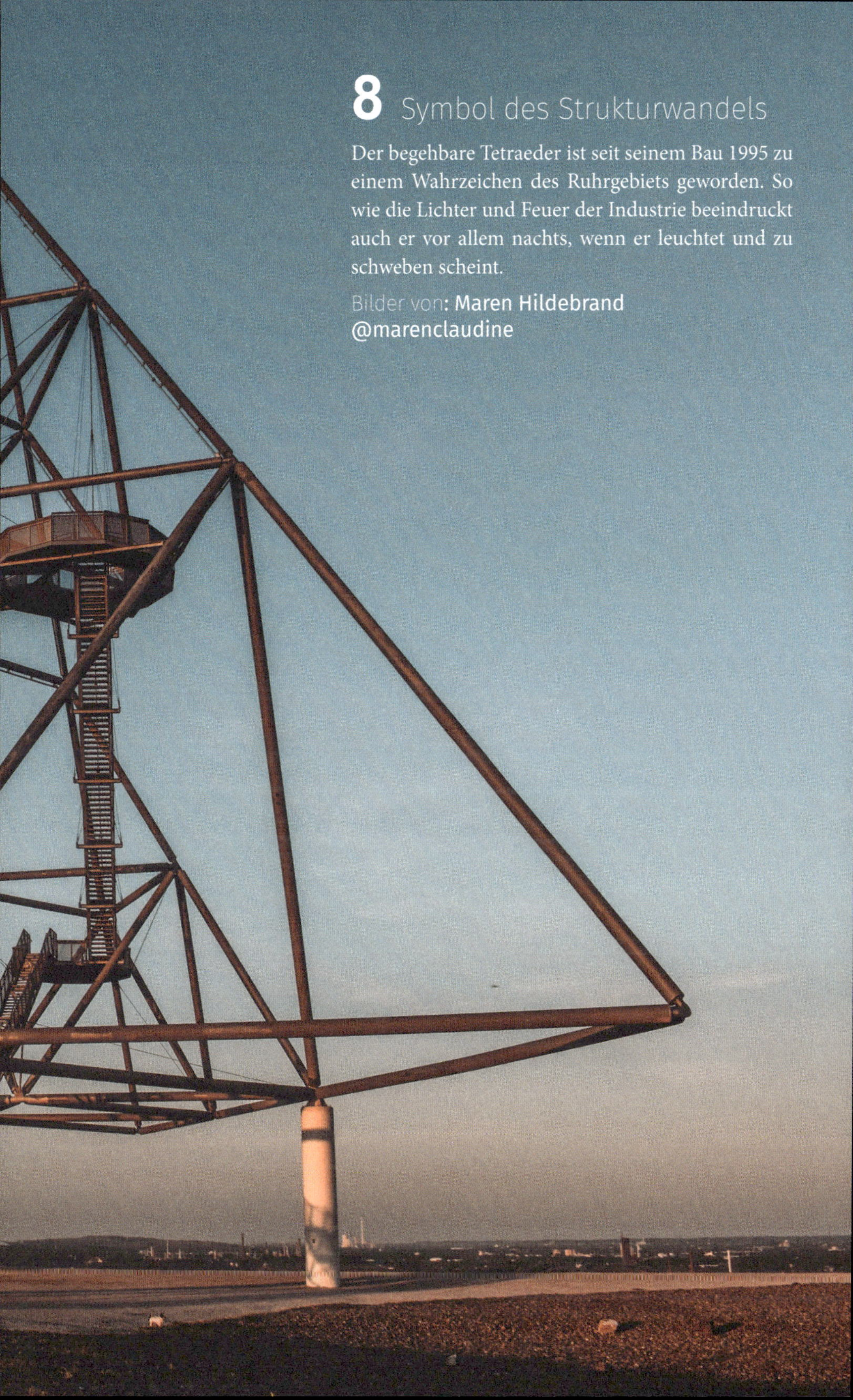

Bottrop Tetraeder

Tourencharakter
Es erwartet uns ein ausgedehnter Spaziergang durch städtische Grünanlagen um und auf die Halde Beckstraße. Der Tourenverlauf kann an vielen Stellen variiert werden.

Start und Ziel
Die Bushaltestelle Borsigweg in der Batenbrockstraße 103, Bottrop, ist Ausgangspunkt und Ziel der Tour. Vom ZOB Bottrop fahren mehrere Buslinien hierher. Alternativ ist der Bahnhof Bottrop-Boy in etwa 10 Minuten zu Fuß erreichbar.

Schwierigkeit: **leicht** - mittel - schwer
Dauer: **1:30 h**
Länge: **3,4 km**
Aufstieg **80 hm**
Abstieg **80 hm**

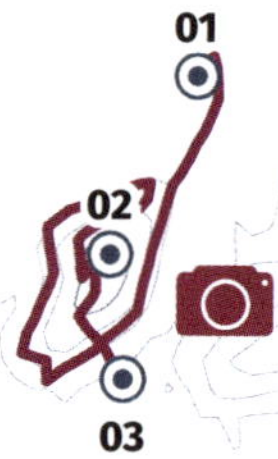

Höhenlinienmodell mit Streckenverlauf

Höhenprofil

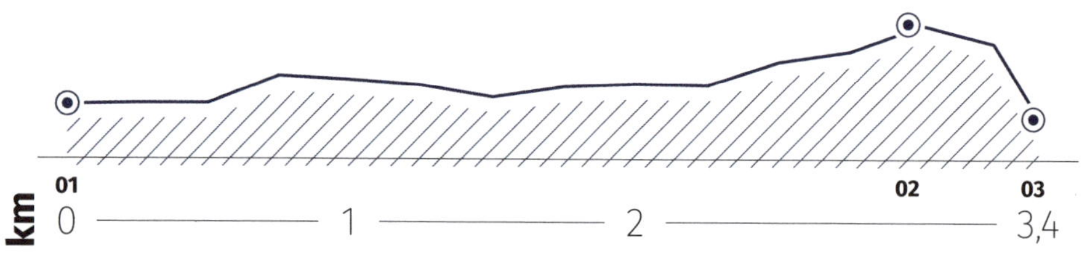

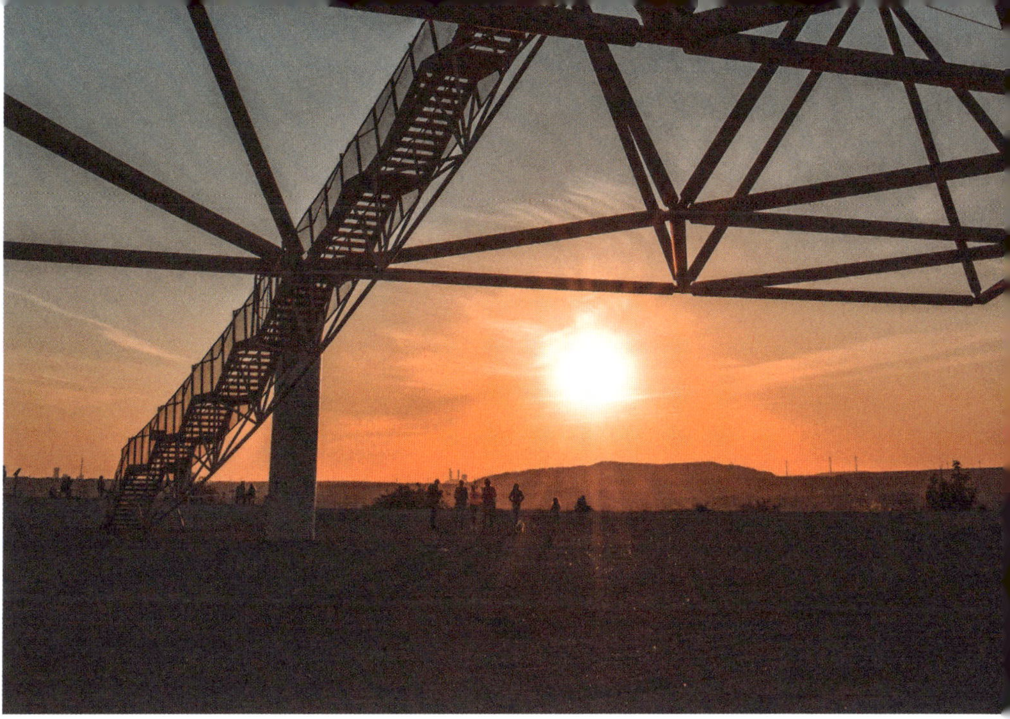

Zwischen Rhein und Weser, das Herz der Welt, Hier bist Du keine Nummer, keiner sieht auf Dein Geld, Eine grüne Oase zwischen Kohle und Stahl.

Wolfgang Petry, deutscher Musiker (*1951)

Die Tour kann auch an anderen Haltestellen wie beispielsweise dem Alpincenter an der Südseite gestartet werden. Unser Tourenverlauf ist so gewählt, dass wir einen guten Öffi-Anschluss haben und die spannenden Aussichten von jeder Seite aus genießen können.

▶ Wir starten bei der Bushaltestelle Borsigweg **01** und laufen uns zunächst noch ein bisschen warm, bevor wir den Anstieg auf die Halde in Angriff nehmen. Zuerst folgen wir noch einige Meter der Batenbrockstraße nordostwärts, dann biegen wir rechts in den Weg neben der stillgelegten Bahntrasse ein. Wir passieren einen Sportplatz und haben dann die Halde Beckstraße rechts vor uns. Wir folgen dem Kiesweg, der vor den Bahngleisen einen Rechtsknick macht und auf der Südostseite der Halde den Nierfeldweg überquert. Er dreht noch zwei weitere Rechtskurven, dann trifft er auf den asphaltierten Serpentinenaufgang, dem wir aufwärts folgen. An der dritten Kehre biegen wir links auf den unbefestigten Pfad ab und folgen ihm auf gleichbleibender Höhe um eine weitere Ecke der Halde. An ihrer „Nordostecke" folgen wir dann dem Weg direkt an der Kante aufwärts, bis wir auf dem dritten Querwegs rechts einbiegen. Auf ihm umrunden wir den oberen Haldenteil nochmals zur Hälfte, stoßen wieder auf den as-

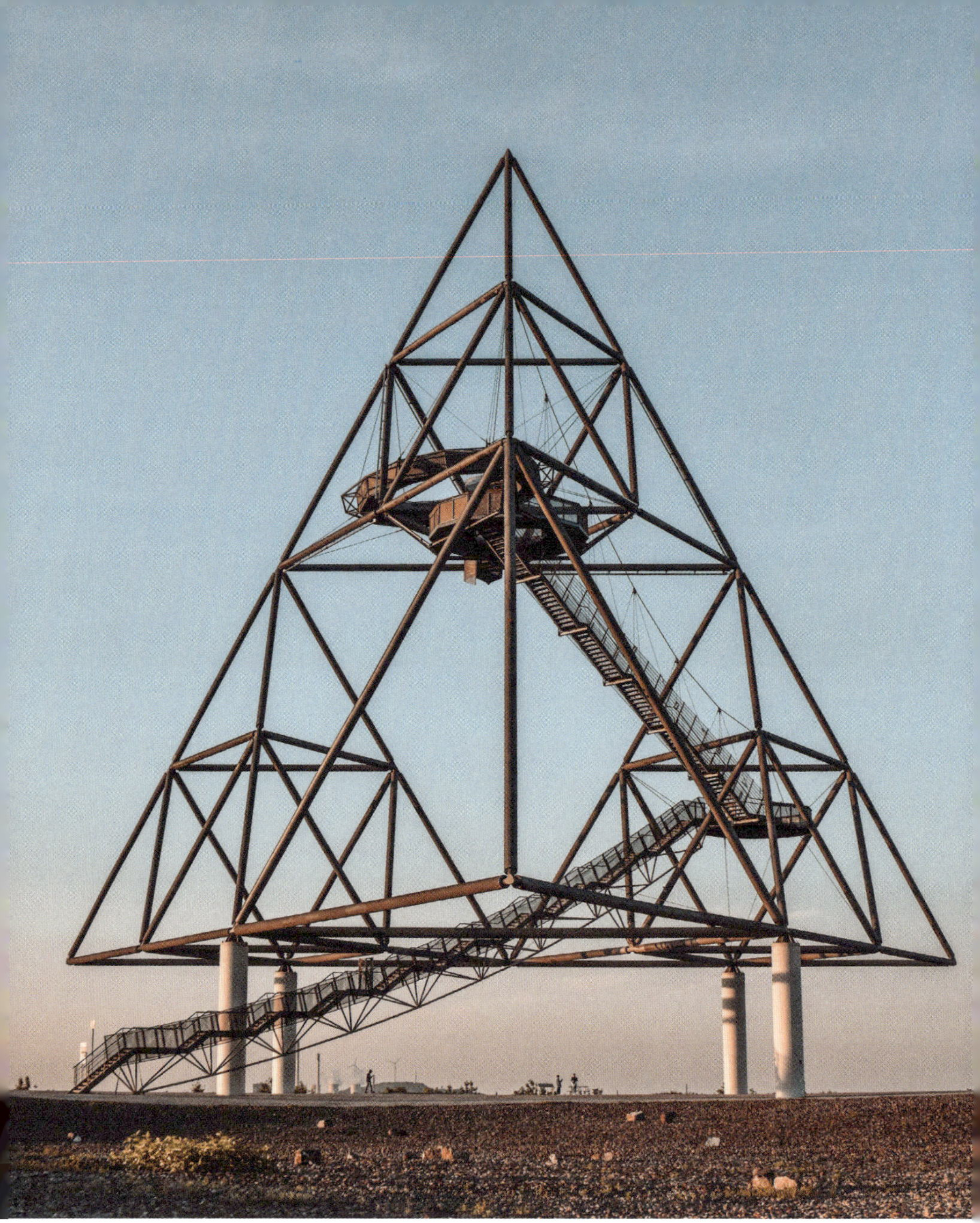

phaltierten Serpentinenweg und erreichen über einen Rechtsbogen das „Gipfelplateau“ samt Tetraeder 02 . Nach dem Genießen der Aussicht treten wir den Abstieg nun auf direktem Wege an. Wir folgen dem Kamm der Halde südwärts und nehmen den halblinks abzweigenden Treppenabgang an der Südostseite. Die Treppe führt uns auf das Alpincenter samt Bushaltestelle 03 zu. Dort können wir die Tour beenden oder den Rückweg auf bekannter Route zum Borsigweg antreten.

Dein Moment für die Ewigkeit

Schön geometrisch

In der Fotografie neigt man dazu, vetraute, geometrische Formen zu integrieren. Das Auge erkennt diese Formen und kann so viel schneller Motive erfassen. Das erzeugt ein positives Gefühl beim Betrachter – und welches Motiv würde sich dafür besser eignen, als der Tetraeder!?

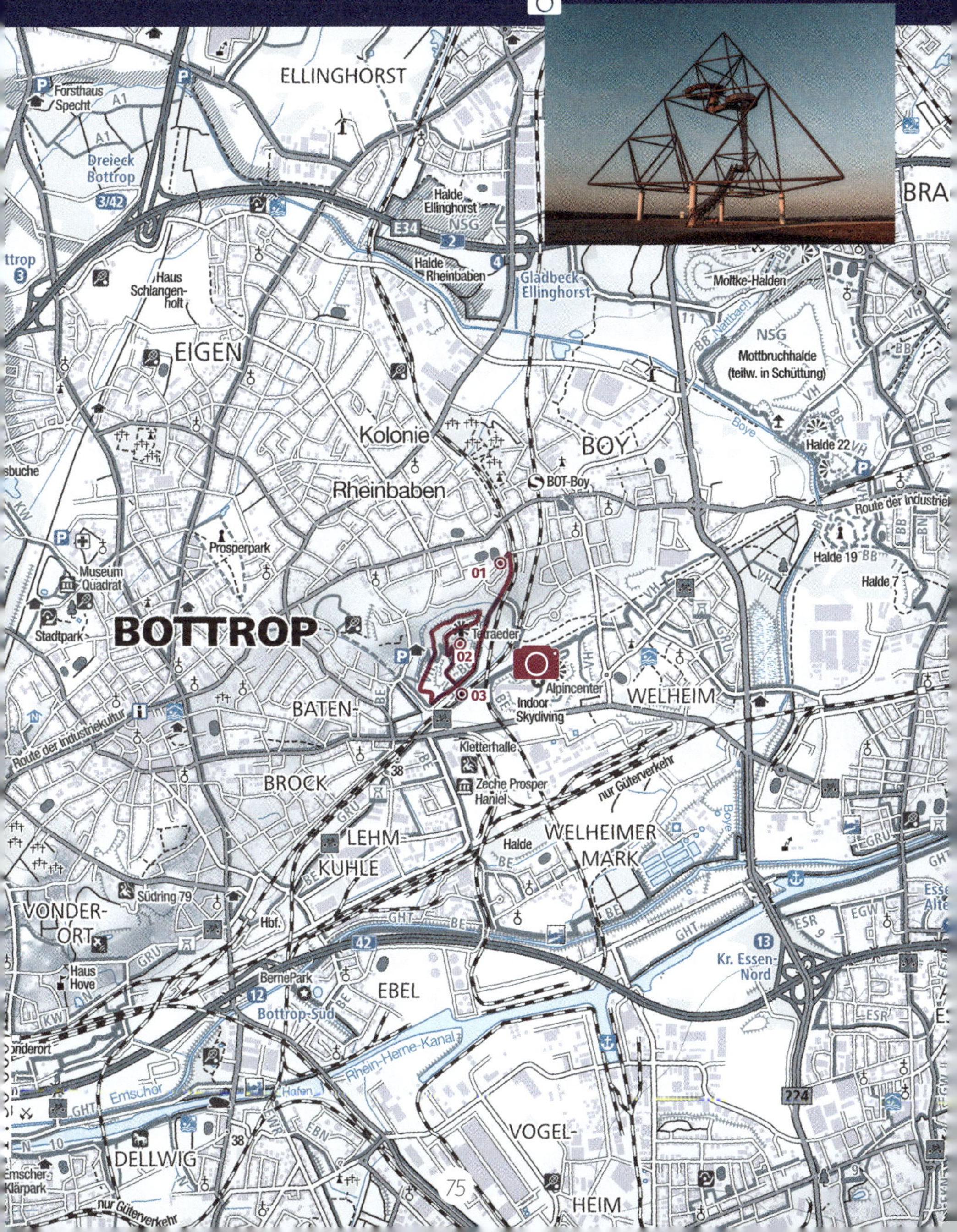

9 Den Bogen überspannt?

Dezent ist die Doppelbogenbrücke über den Rhein-Herne-Kanal wohl eher nicht, ein Blickfang ist sie aber allemal. Die 1996 für die Bundesgartenschau erbaute Brücke im Nordsternpark ist Teil eines Ensembles von fünf außergewöhnlichen Bauwerken aus Stahl.

Bilder von: **Oliver Hitzegrad**
@oliverhitzegrad

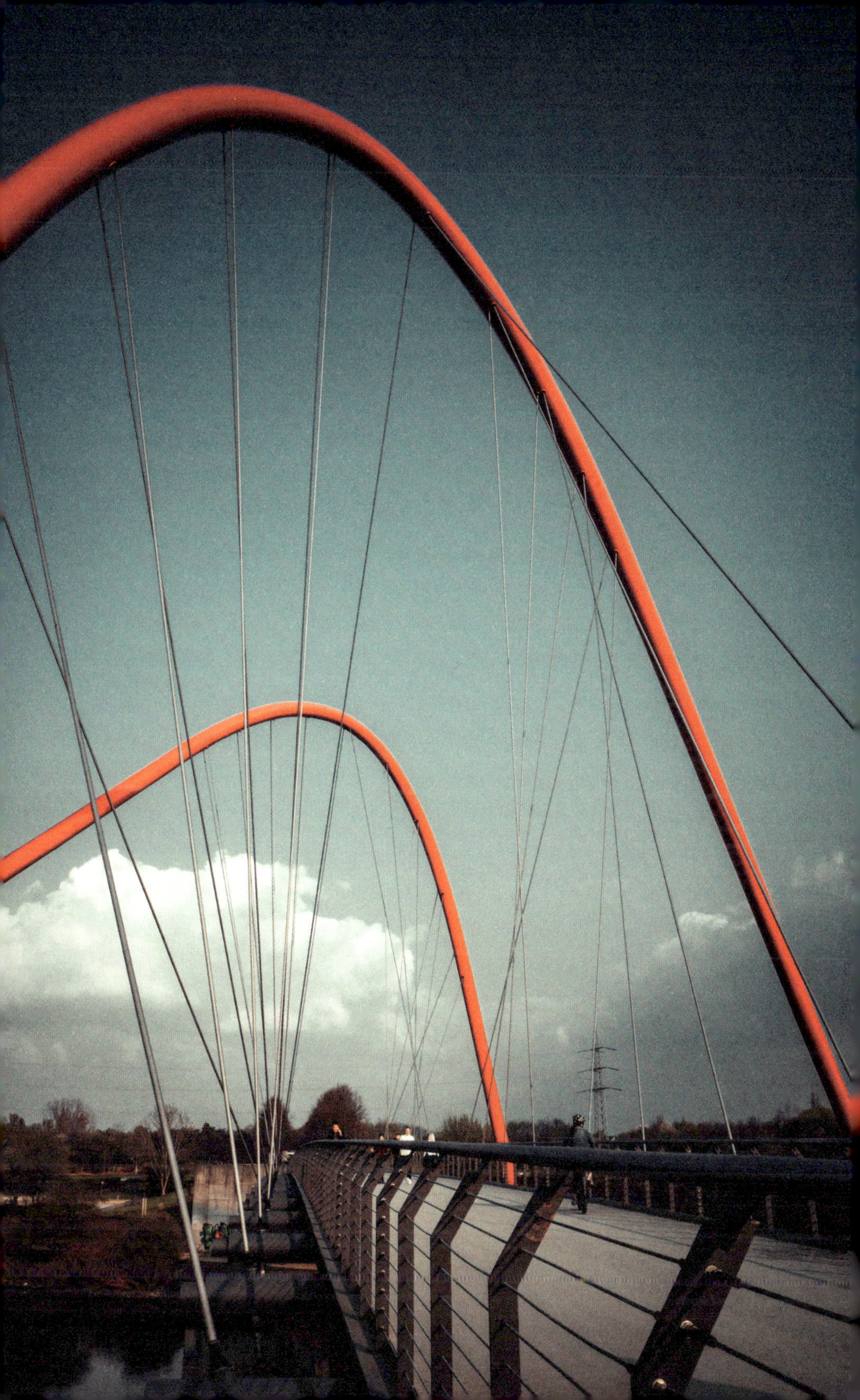

Gelsenkirchen – Karnap

Tourencharakter
Diese kurze und spannende Streckenwanderung führt uns abwechslungsreich durch urbane und naturnahe Winkel inmitten des Ruhrgebiets. Es geht zumeist auf bequem ausgebauten, größtenteils fahrradfähigen Wegen voran.

Start und Ziel
Startpunkt ist der U-Bahnhof Ruhrzoo in Gelsenkirchen. Die PKW-Anfahrt dorthin erfolgt über die A 42 Dortmund–Oberhausen, Ausfahrt Gelsenkirchen-Bismarck. Am Ziel, der Bushaltestelle Arenbergstraße, besteht Bus- und U-Bahn-Anschluss.

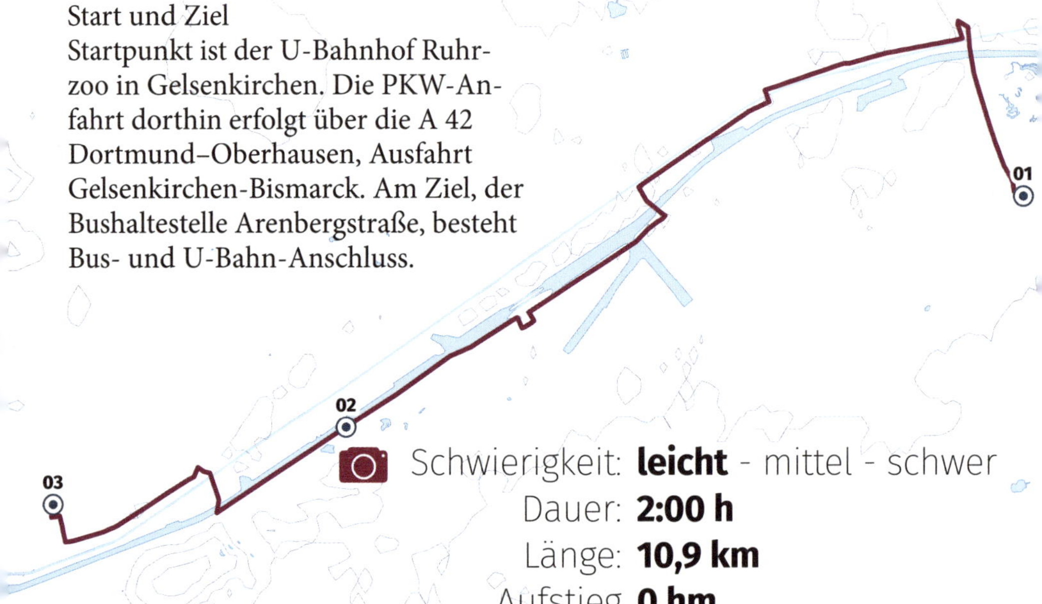

Schwierigkeit: **leicht** - mittel - schwer
Dauer: **2:00 h**
Länge: **10,9 km**
Aufstieg **0 hm**
Abstieg **15 hm**

Höhenlinienmodell mit Streckenverlauf

Höhenprofil

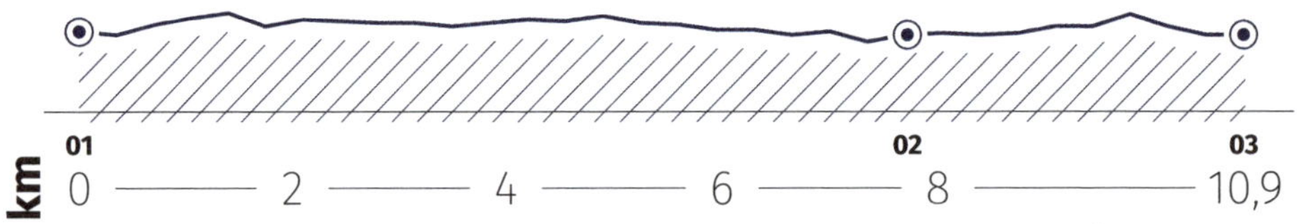

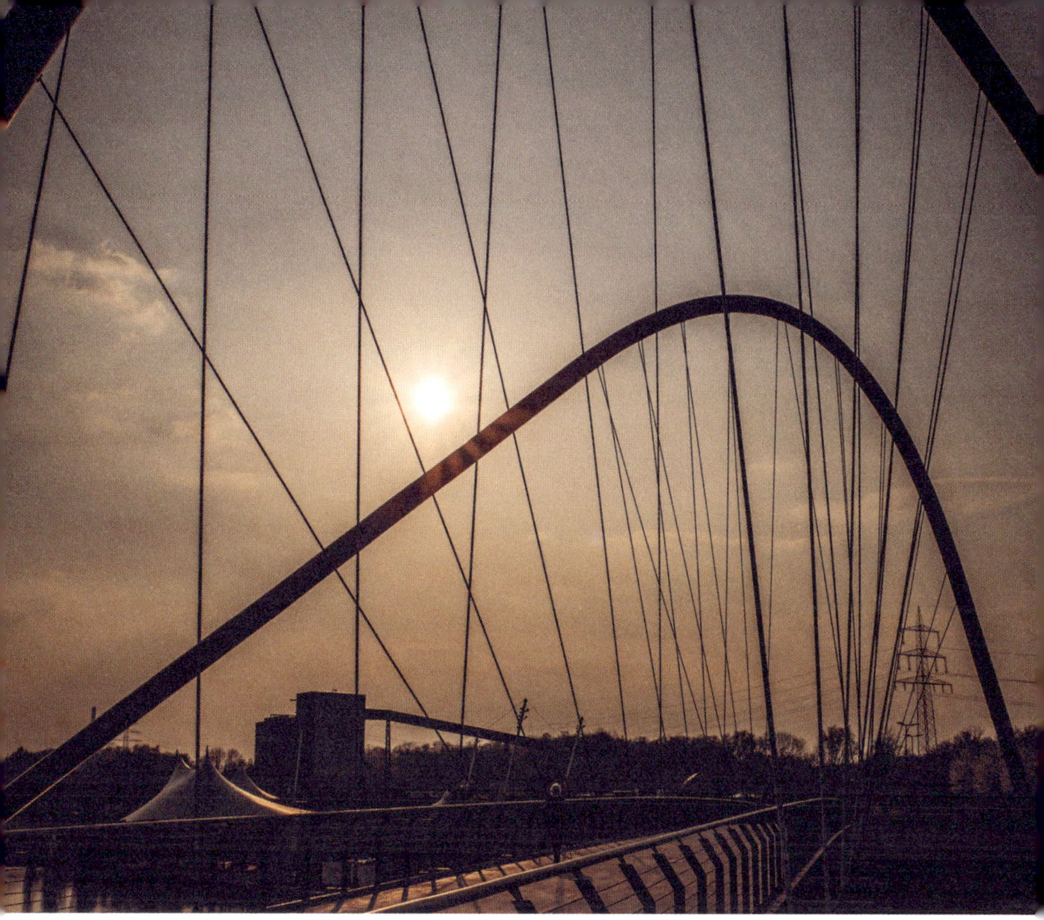

Montach is wie sonne Art Gelsenkirchen vonne Woche.

Ruhrgebietsweisheit unbekannten Ursprungs

Vom Ruhrzoo („Zoom Erlebniswelt") in Gelsenkirchen führt der Emscher-Park-Wanderweg längs des Rhein-Herne-Kanals zum Nordsternpark sowie an der aussichtsreichen Landmarke und Halde Schurenbach vorbei zum Emscher-Park in der Essener Gartenstadtsiedlung Karnap.

▶ Vom U-Bahnhof Ruhrzoo **01** in Gelsenkirchen führt die Markierung x7 an der Münsterstraße (B 227) entlang nordwärts zum Rhein-Herne-Kanal, wo der Emscher-Park-Wanderweg (xE) am südlichen Kanalufer die Route links vorgibt. An der ersten Straßenbrücke zeigt sich rechts ein farblich gestalteter Hochdruckgasbehälter.

Über die zweite Straßenbrücke (Kurt-Schumacher-Straße) wechselt der Weg ans nördliche Kanalufer und führt an den Bunan-Kleingartenanlagen vorbei zur Schleuse Gelsenkirchen, wo der nächste Uferwechsel erfolgt. Hinter der nächsten Straßenbrücke (Bogenbrücke) beginnt

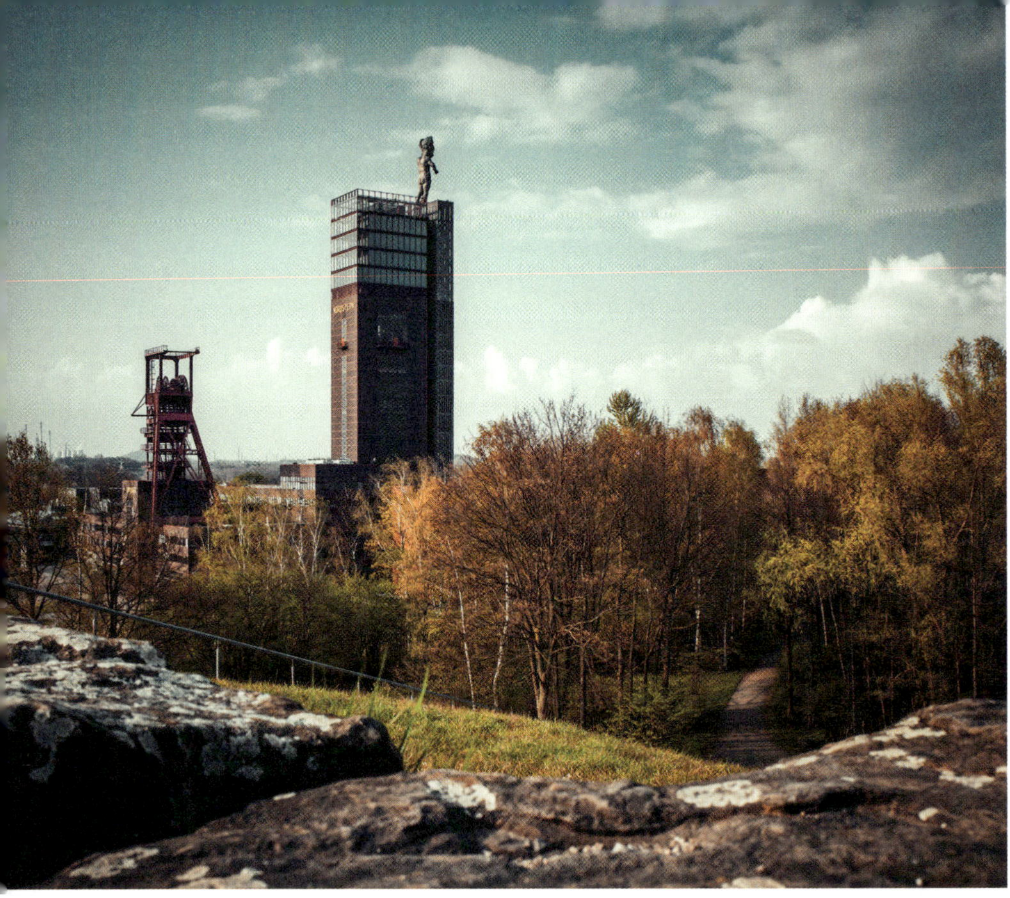

der Nordsternpark 02 auf dem Gelände der Bundesgartenschau von 1997 (am gegenüberliegenden Ufer die Kanalbühne). Dahinter erhebt sich – in Altenessen in Essen – die begrünte Halde Schurenbach, gekrönt von der Landmarke Bramme, die der US-amerikanische Bildhauer Richard Serra entworfen hat. Die Halde bietet einen beeindruckenden Rundblick auf das nördliche Ruhrgebiet (Abstecher mit Wanderweg-Markierung „<“). Schon vor der etwa 50 m hohen Halde überquert der Emscher-Park-Wanderweg den Rhein-Herne-Kanal und die Emscher, der er durch den Emscherpark zur Karnaper Straße in Karnap 03 folgt. Dort befindet sich rechts die Bushaltestelle Arenbergstraße.

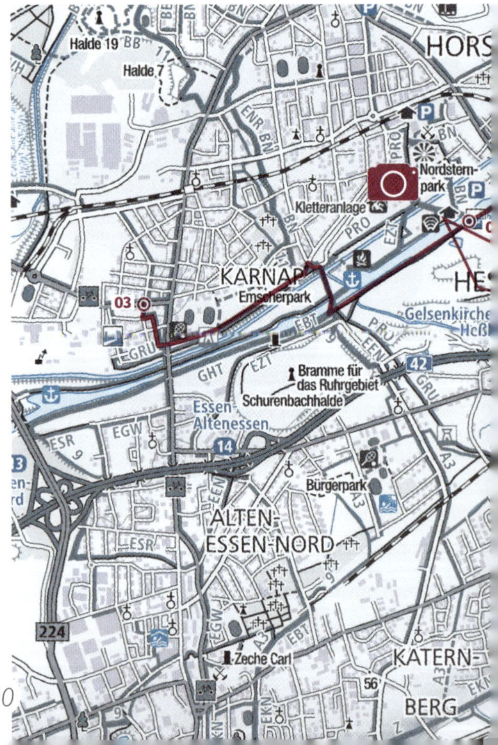

Dein Moment für die Ewigkeit

Zoom mal ran!

Überleg dir was du zeigen willst und passe den Bildausschnitt danach an. Setze den Fokus auch mal anders, verändere die Brennweite oder wähle einen anderen, ungewöhnlichen Blickwinkel. Du wirst sehen, dass so spannende Bilder mit ganz neuen Motiven entstehen.

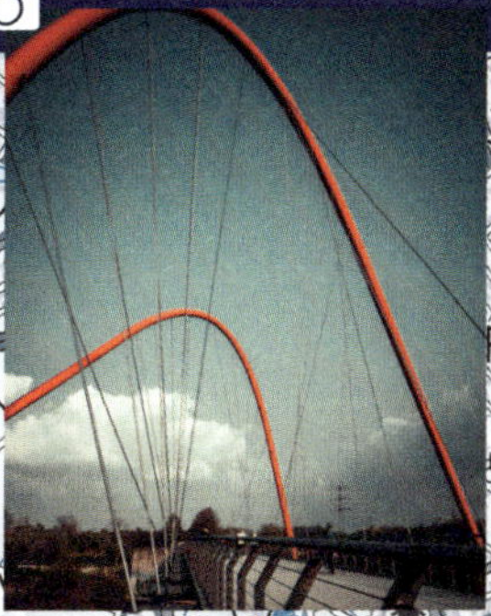

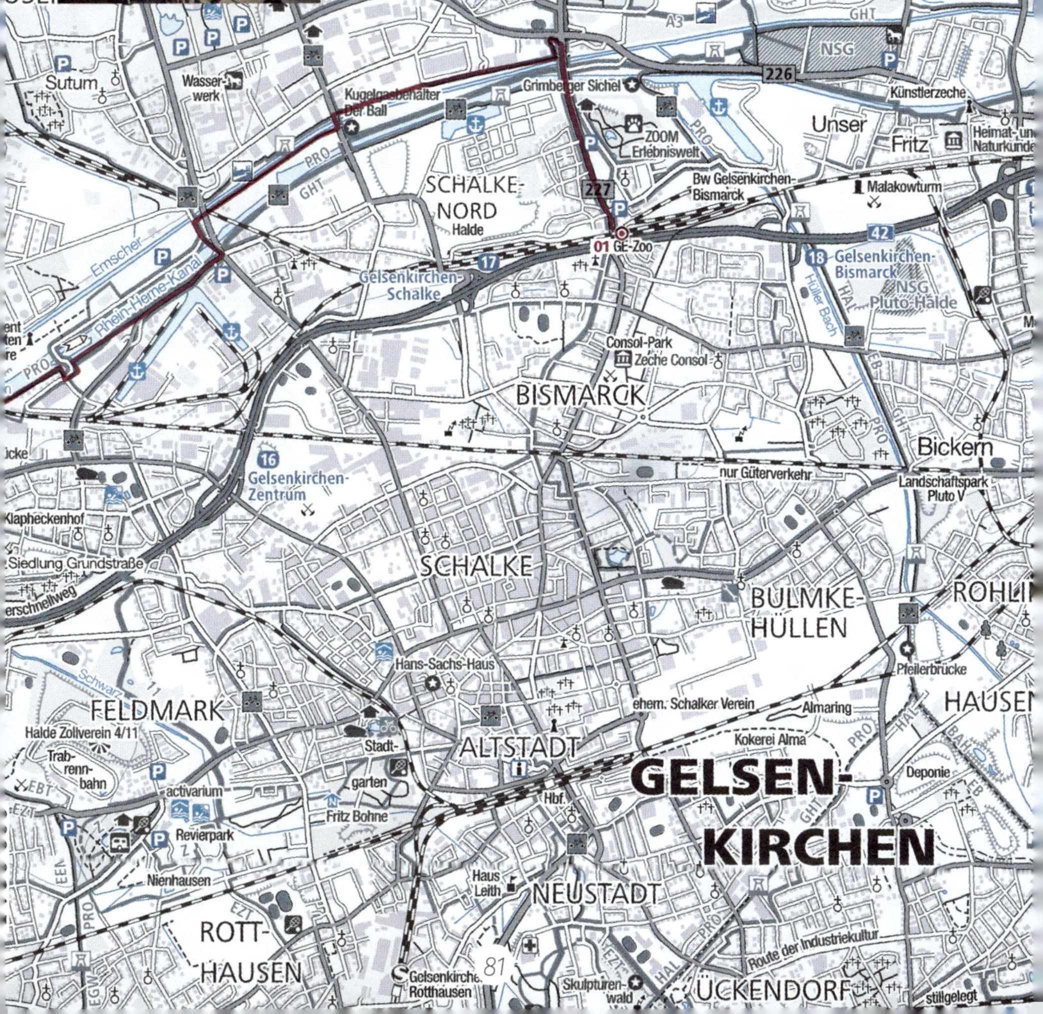

10 Horizonterweiterung inklusive

Die Horizontbögen auf der Halde Hoheward sind selbst unter den spektakulären Installationen des Ruhrgebiets eine Besonderheit. Es handelt sich bei ihnen um Kalenderbauwerke, mit denen der Verlauf der Sonne und der Sterne, die Sonnenwenden und die Jahreszeiten beobachtet werden können.

Bilder von: **Maren Hildebrand @marenclaudine**

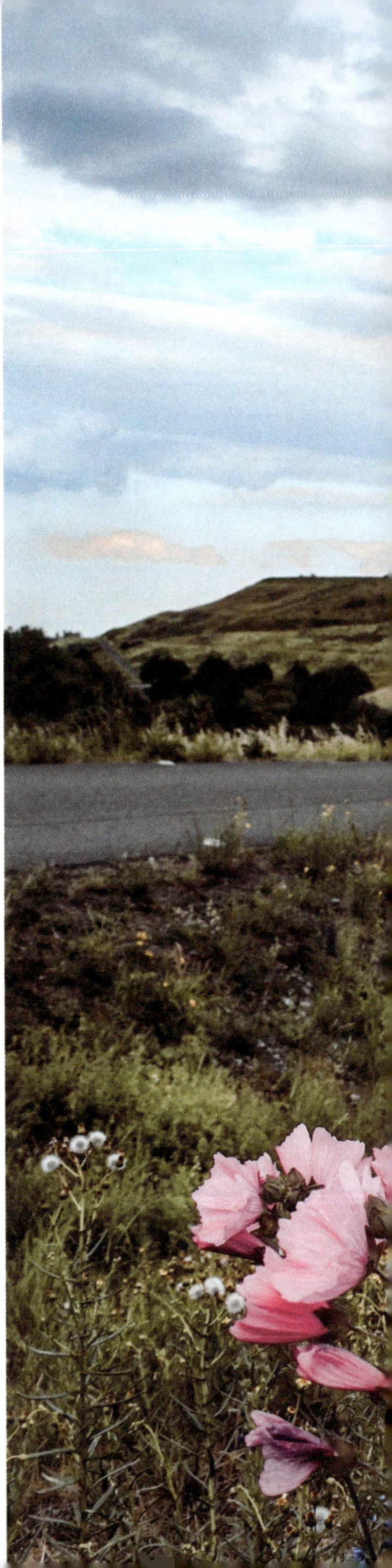

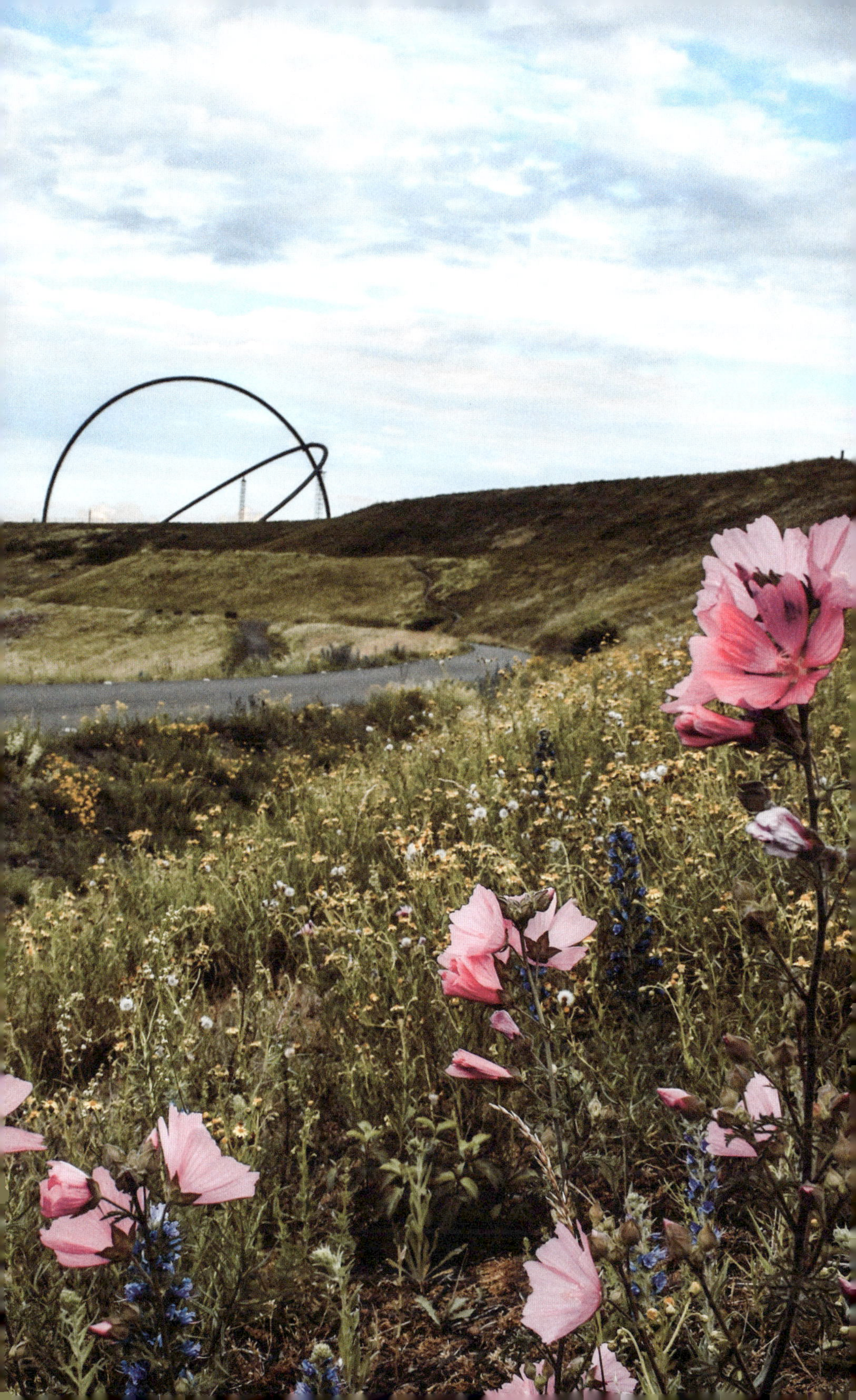

Um die Zeche Ewald

Tourencharakter
Ruhrpott pur kann man zu dieser geballten Ladung Industriekultur in Kombination mit einem spannenden Landschaftserlebnis nur sagen. In dieser flotten Runde sind alle Aspekte enthalten, die den heutigen Reiz des ehemaligen Kohlereviers ausmachen.

Start und Ziel
Parkplätze an der Zeche Ewald, Werner-Heisenberg-Straße 1 in Herten. Die Anreise mit Öffis ist von der Haltestelle Bergwerk Ewald 1/2 mit dem Bus SB27 von und nach Wanne-Eickel oder Recklinghausen möglich.

Schwierigkeit: leicht - **mittel** - schwer
Dauer: **2:15 h**
Länge: **8,4 km**
Aufstieg **220 hm**
Abstieg **220 hm**

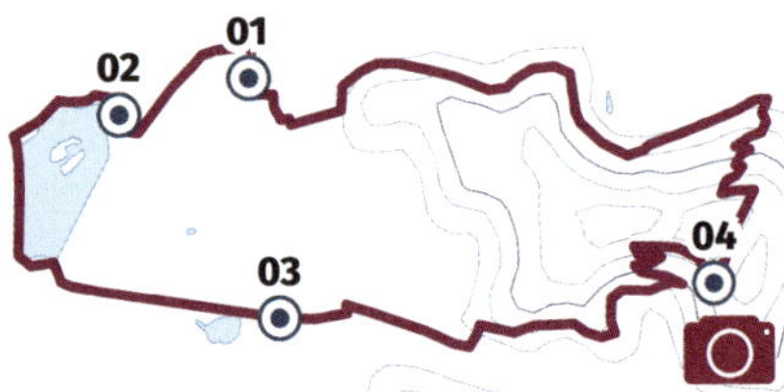

Höhenlinienmodell mit Streckenverlauf

Höhenprofil

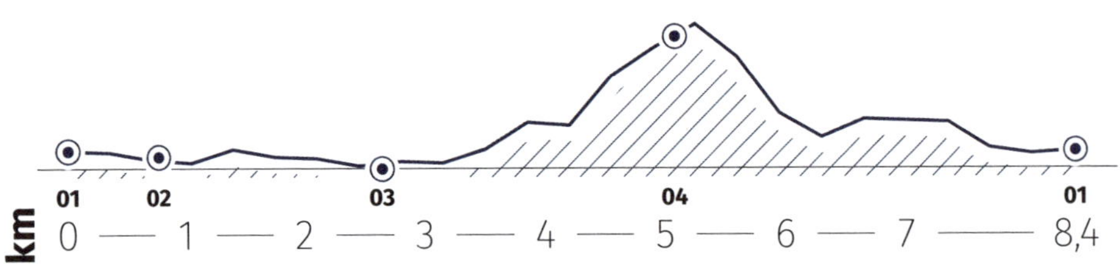

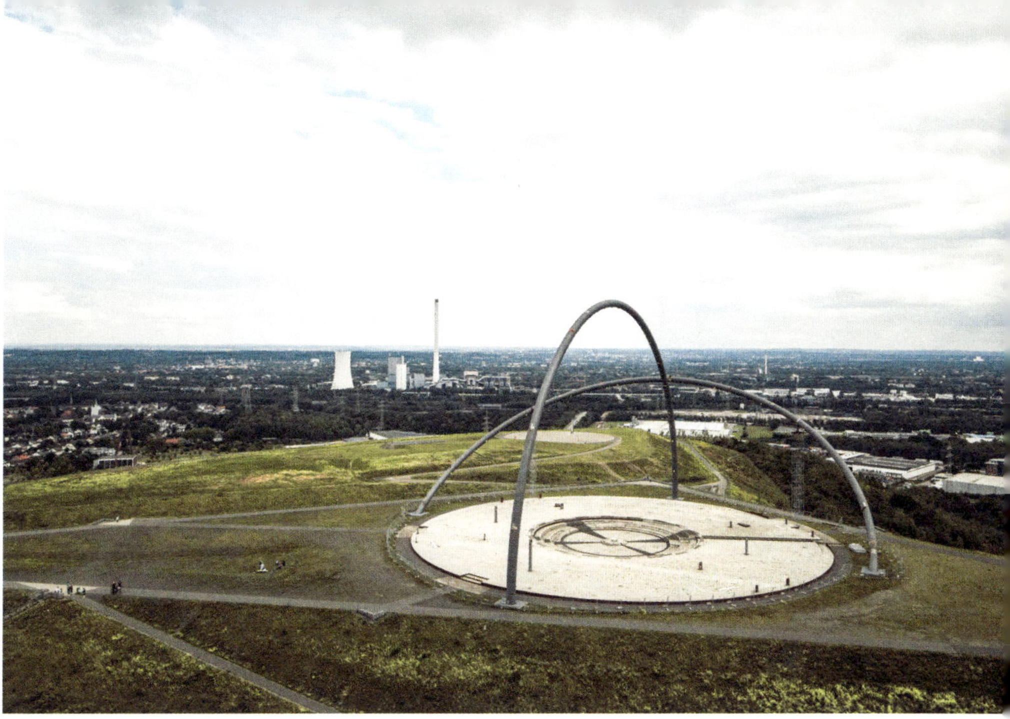

Mutta, hol mich vonne Zeche. Ich kann dat Schwatte nich mehr sehn!

Unbekannter Kumpel, der genug von der Maloche im Schacht hatte.

Nach dem Motto „das Beste zum Schluss" fangen wir diese Tour mit einer gemütlichen Einstimmungsrunde um den Ewaldsee an. Danach machen wir eine Beinahe-Bergtour auf die Halde Hoheward, die zusammen mit der benachbarten Halde Hoppenbruch die größte Haldelandschaft Europas bildet. Zuletzt, wenn wir den Kopf schön frei für viele Eindrücke haben, nehmen wir die Zeche Ewald genauer unter die Lupe. Auf deren Gelände und in den einstigen Werkshallen ist heute jede Menge Kultur und Spektakel geboten.

▶ Wir starten an einem der zahlreichen Parkplätze auf dem Zechengelände **01** und begeben uns zum Besucherzentrum in der Ewaldstraße, der wir anschließend etwa 100 m nach rechts (Norden) bis zur Bushaltestelle Bergwerk Ewald 1/2 folgen. Wer mit öffentlichen Verkehrsmitteln angereist ist, kommt direkt hier an.

Wir folgen nun dem kleinen Weg gegenüber dem Zechengelände in den Wald hinein, bis er auf den breiteren Weg zum Ewaldsee **02** trifft. Diesem Weg geradeaus und zuletzt in einem Rechtsbogen bis zum Seeufer folgen. Wir umrunden den See auf schmalen Wegen dicht am Ufer und freuen uns an den schönen Blicken, die er dank seiner beiden kleinen Inseln bietet. Bei der Aussichtsplattform verlassen wir den See, indem wir rechts abbie-

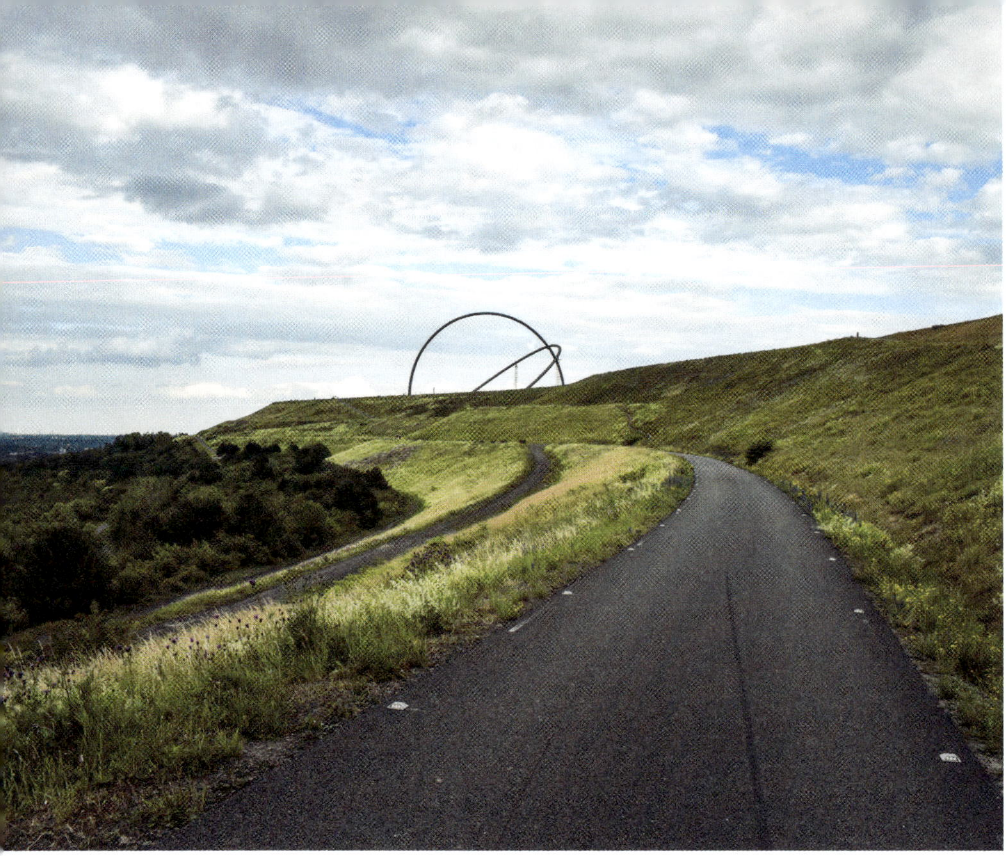

gen. Wir treffen auf den breiten Forstweg und folgen ihm nach links. Er führt uns ein langes, schönes Stück durch den Wald, bis wir auf die Ewaldstraße 03 treffen und sie überqueren.

Weiter geradeaus treffen wir bald auf den Mondsee, den wir linksseitig passieren. An einer Infotafel halten wir uns links und nehmen bei erster Gelegenheit die Halde Hoheward schräg links hinauf in Angriff. Wir halten uns zunächst auf der Südseite der Halde, auf der Höhe der Balkonpromenade bleibend. Dadurch können wir die Panoramabrücke und die Himmelsbrücke „mitnehmen", bevor wir, nach nochmals etwa 400 Metern auf gleicher Höhe, einem Serpentinenweg folgend den „Gipfelanstieg" meistern. Unser Ziel, das Horizontobservatorium 04, ist unübersehbar.

Nach der tollen Aussicht und der Gipfelrast nehmen wir den Abstieg auf der gegenüberliegenden Seite in Angriff. Wir steigen – je nach Wunsch steil und direkt oder flacher und in Serpentinen – wieder bis auf die Ebene der Balkonpromenade und folgen dieser linksseitig. Nach einem langen Spaziergang um die Nordseite der Halde erreichen wir wieder das Gelände der Zeche Ewald. Wir folgen dem Weg Richtung Doncasterplatz und haben nun die freie Auswahl, was wir uns auf dem Weg zum Auto oder zur Haltestelle noch anschauen. Für eine kleine Stärkung zum Abschluss stehen uns das Ewald Cafe oder der Biergarten zur Verfügung 01.

Dein Moment für die Ewigkeit

Setze Gegensätze

Im Vordergrund die bunte Blumenwiese und im Hintergrund prangen die Bögen des Horizontobservatoriums. Zwei völlig verschiedene Welten prallen auf diesem Bild aufeinander. Genau dieses Spannungsfeld lässt das Bild wirken.

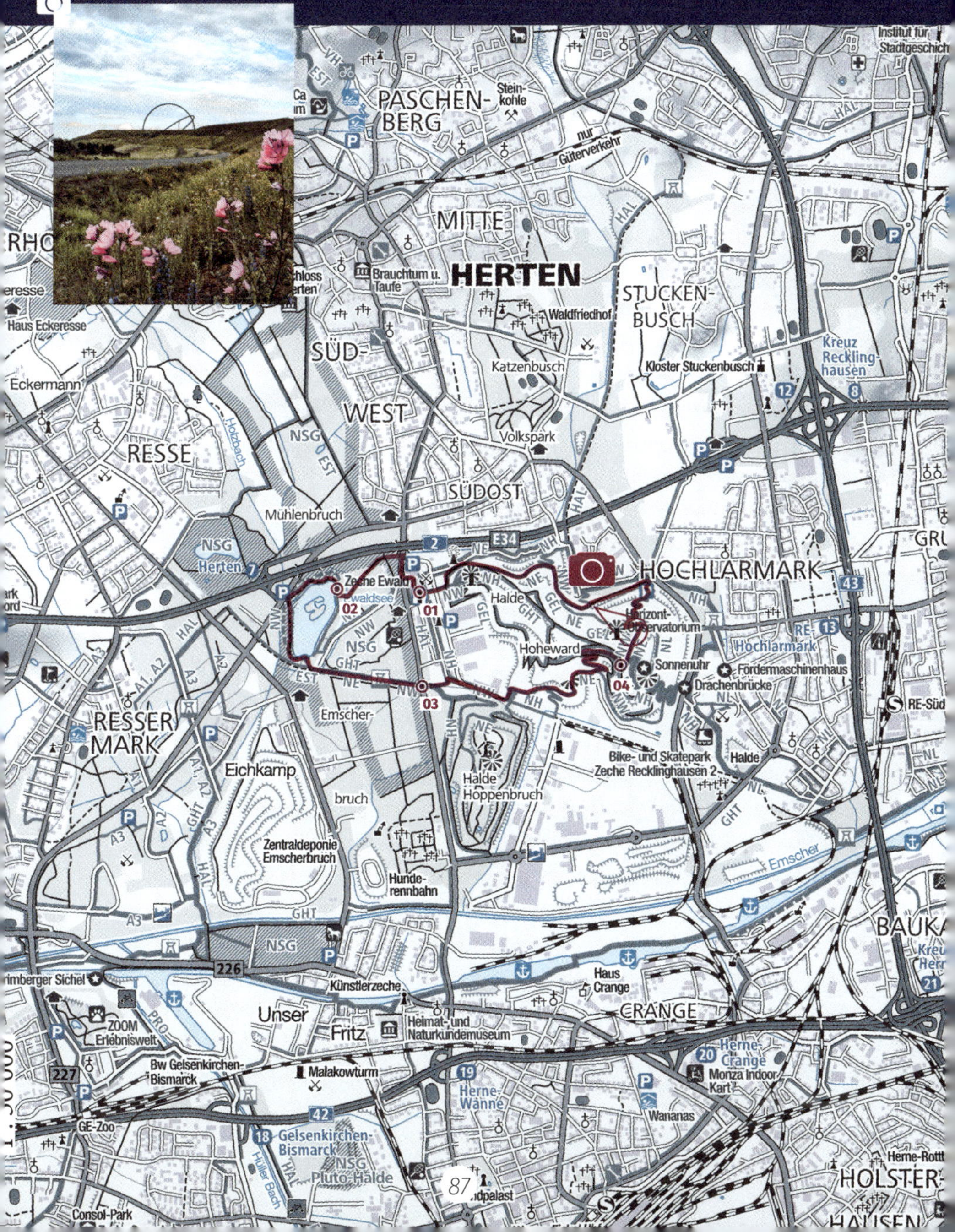

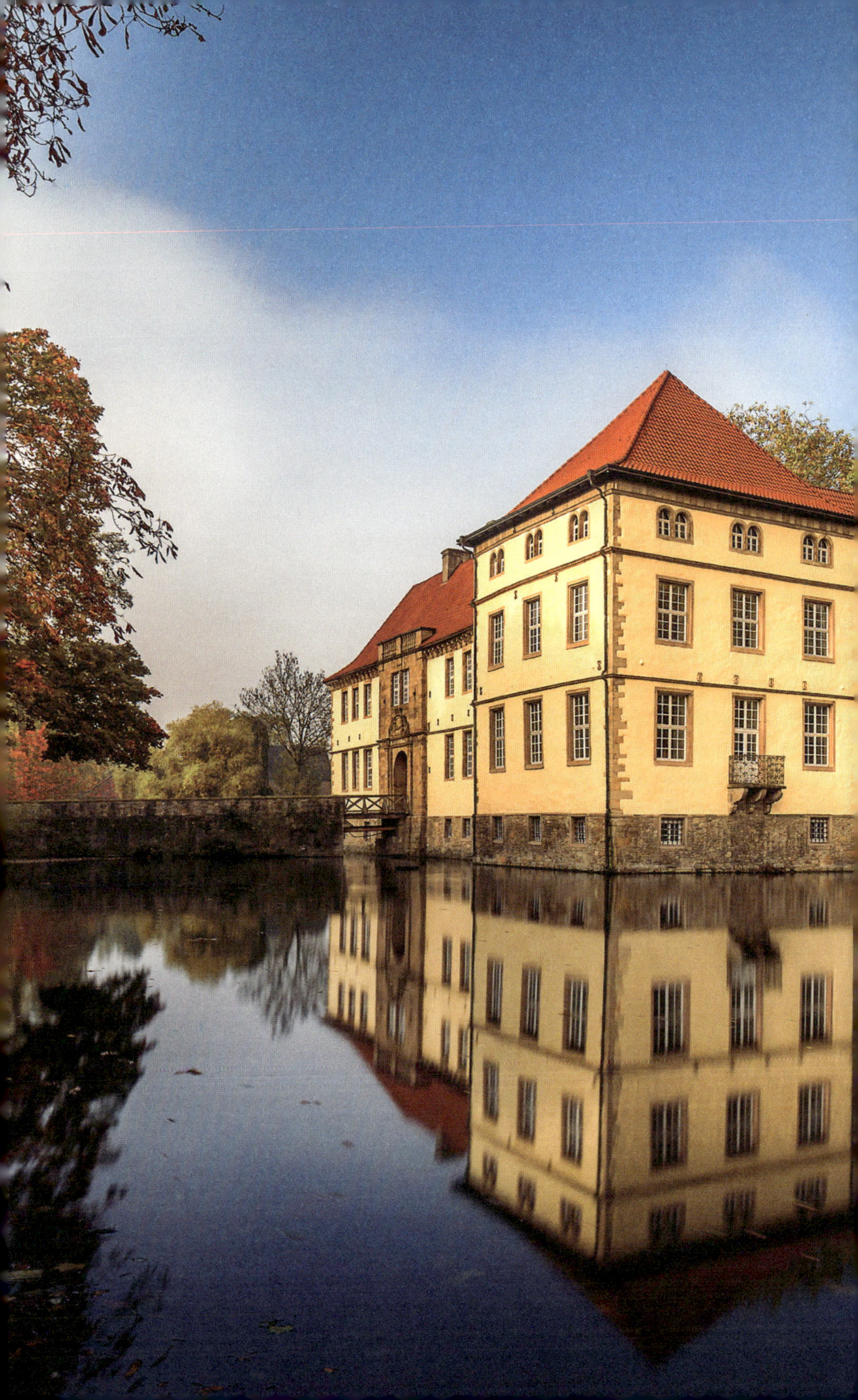

11 Zeit zum Reflektieren…

Die perfekte Spiegelung des Wasserschlosses Strünkede schafft Wanderern und Spaziergängern eine Oase der Stille mitten im Lärm der Großstadt. Und lädt so vielleicht auch zu eigenen Reflexionen ein.

Bilder von: **Ruben Becker @revierstrolch**

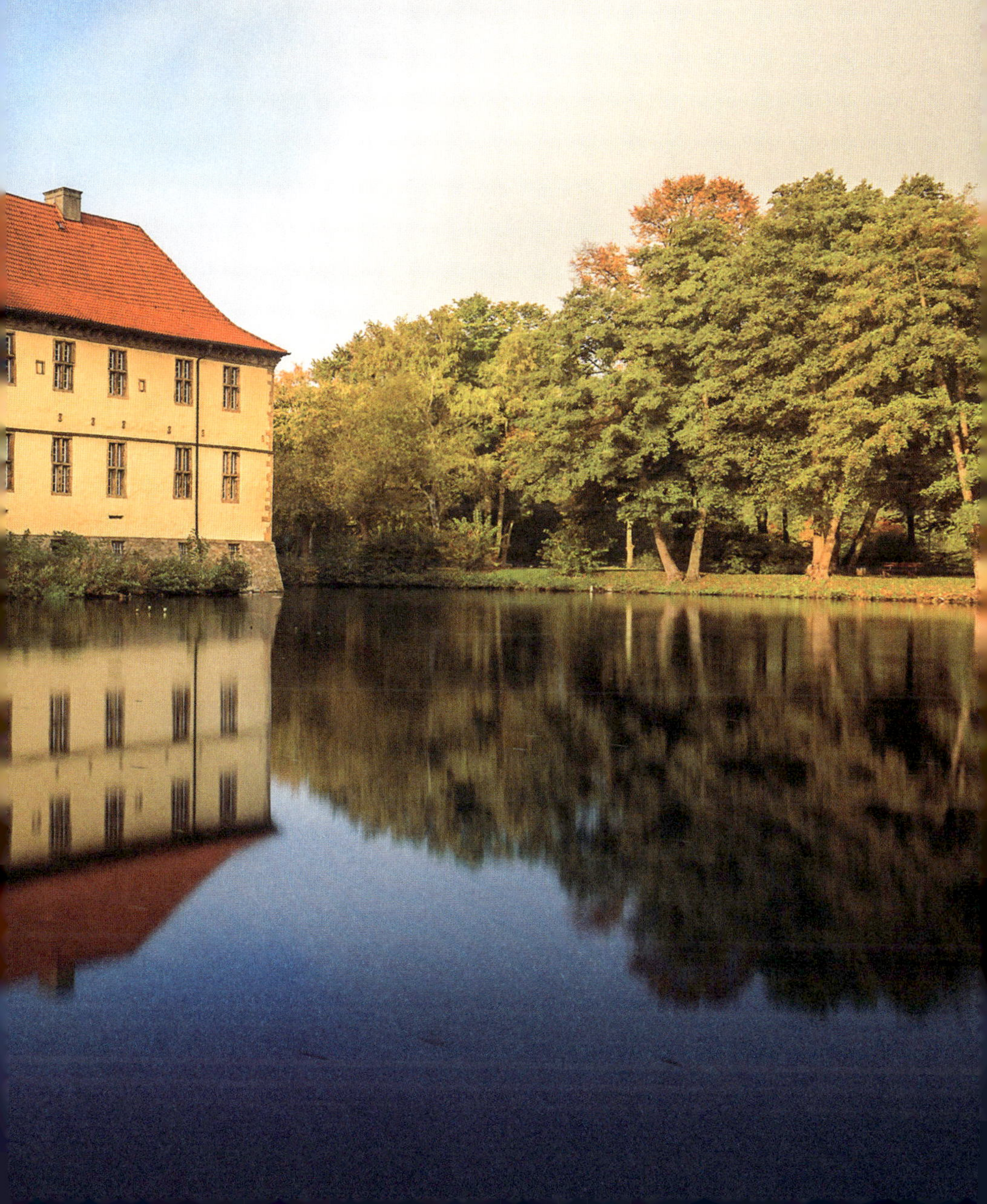

Herne – Zoom Erlebniswelt

Tourencharakter
Urbane Räume, alte Kulturschätze und Gewässerlandschaft erwarten uns auf dieser leichten, aber vielseitigen Streckentour durch grüne Inseln im Herzen des Ruhrgebiets. Die gut ausgebauten Wege sind zumeist fahrradtauglich.

Start und Ziel
Startpunkt ist der Bahnhof Herne. Die PKW-Anfahrt erfolgt auf der A 42 (Emscherschnellweg) Dortmund–Oberhausen, Ausfahrt Herne-Baukau. Ziel ist die Straßen- und U-Bahn-Station „Zoom Erlebniswelt" in Gelsenkirchen.

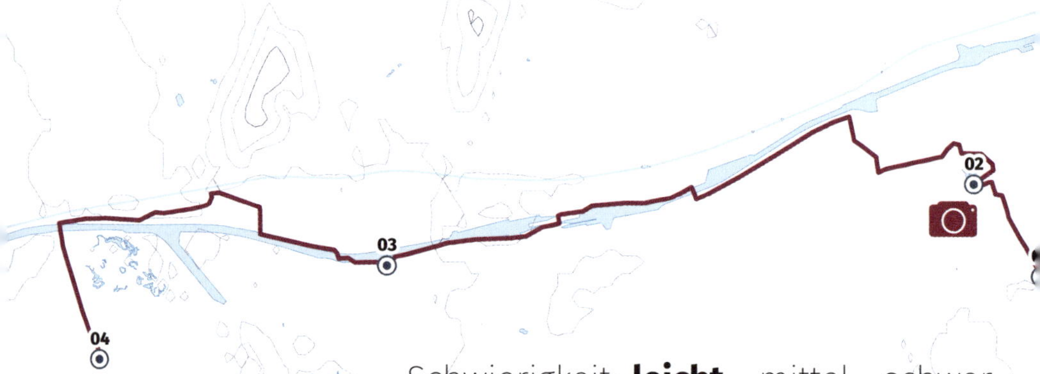

Schwierigkeit: **leicht** - mittel - schwer
Dauer: **2:00 h**
Länge: **11,2 km**
Aufstieg **0 hm**
Abstieg **10 hm**

Höhenlinienmodell mit Streckenverlauf

Höhenprofil

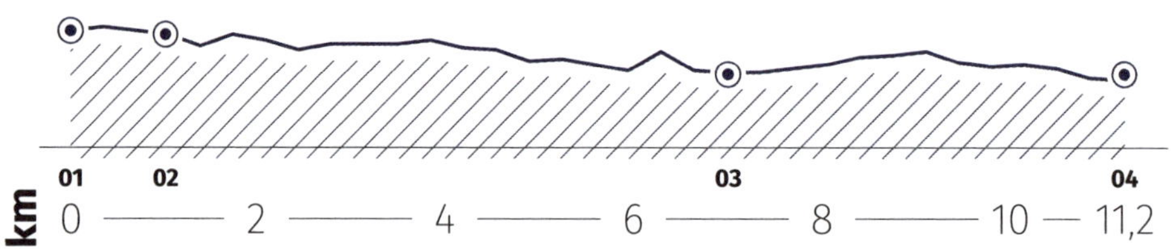

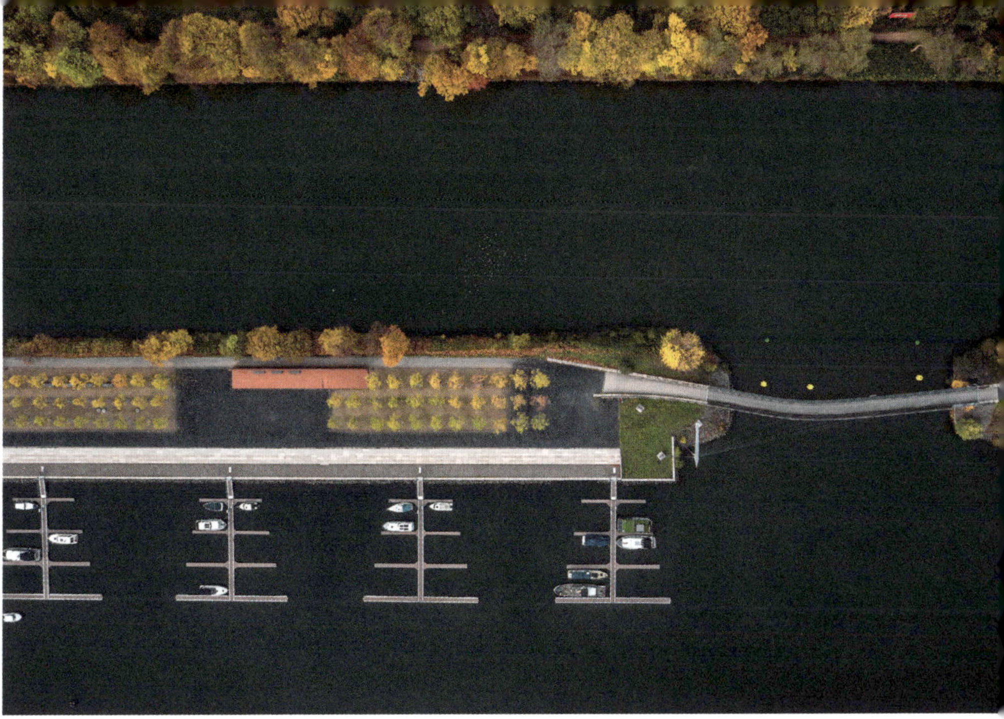

Kannst du nicht wie der Adler fliegen, klettre nur Schritt für Schritt bergan; wer mit Mühe den Gipfel gewann, hat auch die Welt zu Füßen liegen.

Victor Blüthgen, deutscher Dichter (1844–1920)

Der Emscher-Park-Wanderweg leitet uns von Herne zum Emschertalmuseum im Wasserschloss Strünkede und längs des Rhein-Herne-Kanals durch eine interessante Hafen- und Schleusenlandschaft zum Ruhrzoo in Gelsenkirchen.

Vom Bahnhof Herne 01 führt der Emscher-Park-Wanderweg (xE) durch die Bahnhofstraße nordwärts und erreicht nach Unterqueren des Emscherschnellwegs (A 42) das von einem Park umgebene Schloss Strünkede 02 mit dem Emschertalmuseum. Nach Passieren des Fußballstadions von Westfalia-Herne und Überqueren des Westrings gehen wir geradeaus durch Lackmanns-Hof zu einer Kleingartenanlage und halten uns hinten rechts. Nach kurzem Gang längs der A 43 wechselt der Emscher-Park-Wanderweg auf den Uferweg neben dem Rhein-Herne-Kanal und unterquert die A 43 und die Bahnlinie Wanne-Eickel–Münster. Auf der ersten Straßenbrücke erfolgt ein Wechsel auf die Nordseite des Kanals. An der Schleuse Wanne-Eickel gehen wir zurück auf die Südseite im Stadtteil Crange, wo alljährlich im Sommer die Cranger Kirmes stattfindet.

Weiter am Hafen Wanne-West entlang erreichen wir das Heimatmuseum Unser Fritz 03, das, benannt nach der Zeche „Unser Fritz" in

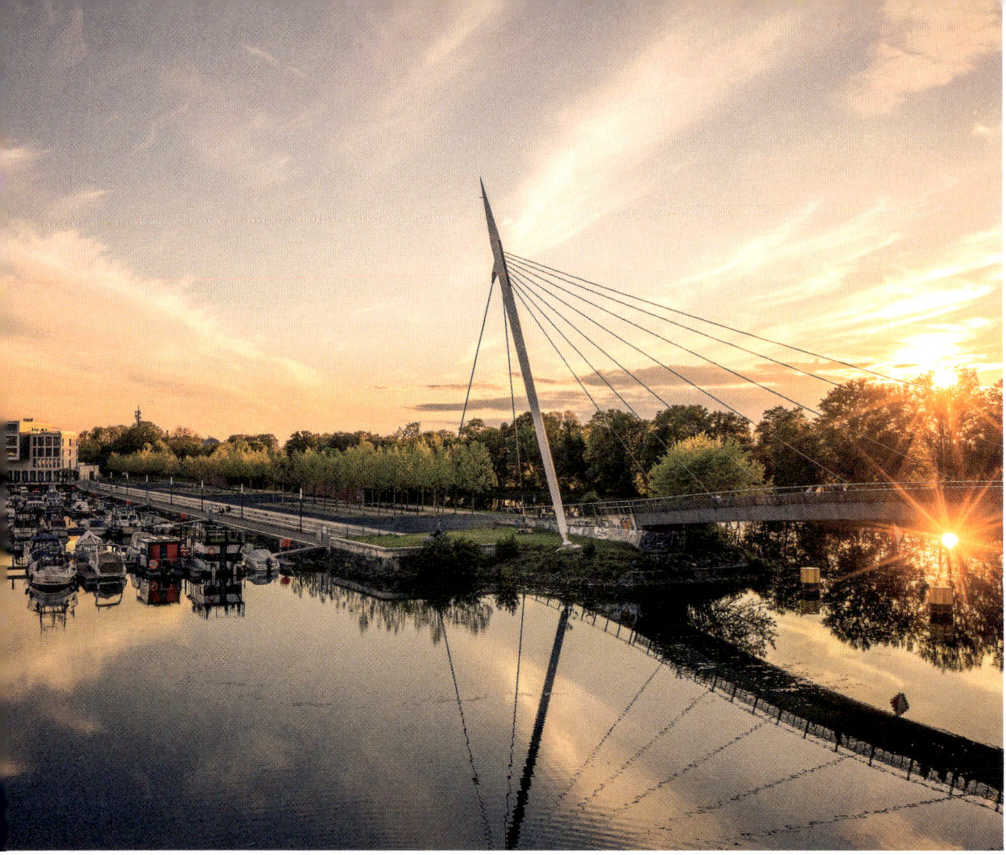

Wanne, in einer ehemaligen Schule untergebracht ist und unter anderem ein Bergwerksmuseum beherbergt.

Interessant sind hier auch die Jugendstil-Trinkhalle sowie eine Bäckerei und eine Apotheke von 1905. Wenig später wechselt der Emscher-Park-Weg erneut auf die Nordseite des Kanals und tritt am Rand eines Waldstücks in der Resser Mark von Herne auf Gelsenkirchener Stadtgebiet über, die Grenze wird markiert von der Fleuthe-Brücke. Die danach folgende Kanalbrücke (B 227) ist zugleich eine Wanderwegekreuzung. Während der Emscher-Park-Wanderweg nun auf der Südseite weiter dem Kanal folgt, schließen wir uns den Markierungen „x" (x7) und Dreieck an und folgen ihnen südwärts zur ZOOM Erlebniswelt **04**. Dort befindet sich auch der gleichnamige U-Bahnhof.

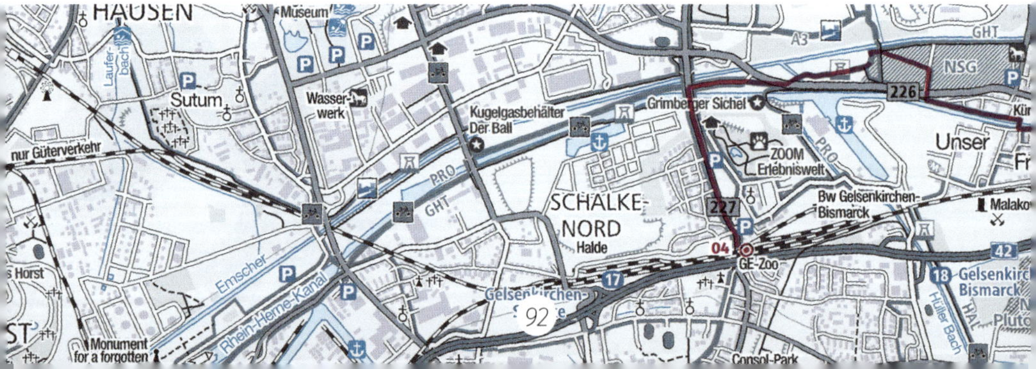

Dein Moment für die Ewigkeit

Spiegelung

Wähle bei einer Seespiegelung die Belichtung so, dass die hellen Bereiche (meist der Himmel am Horizont) nicht überbelichtet sind. Dadurch bekommst du ein intensives Blau. Mit einer offenen Blende erzeugst du zusätzlich eine durchgängige Schärfe.

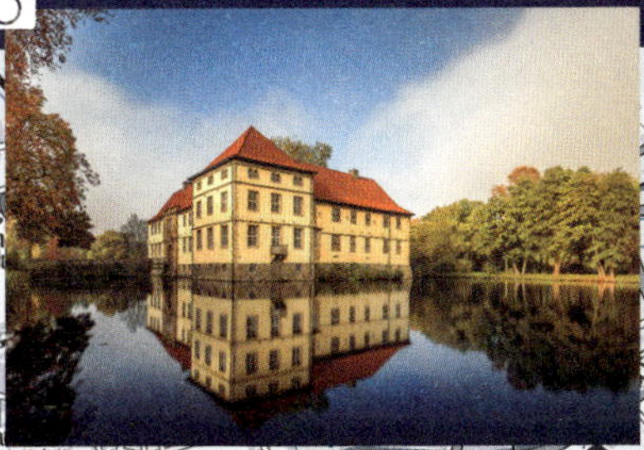

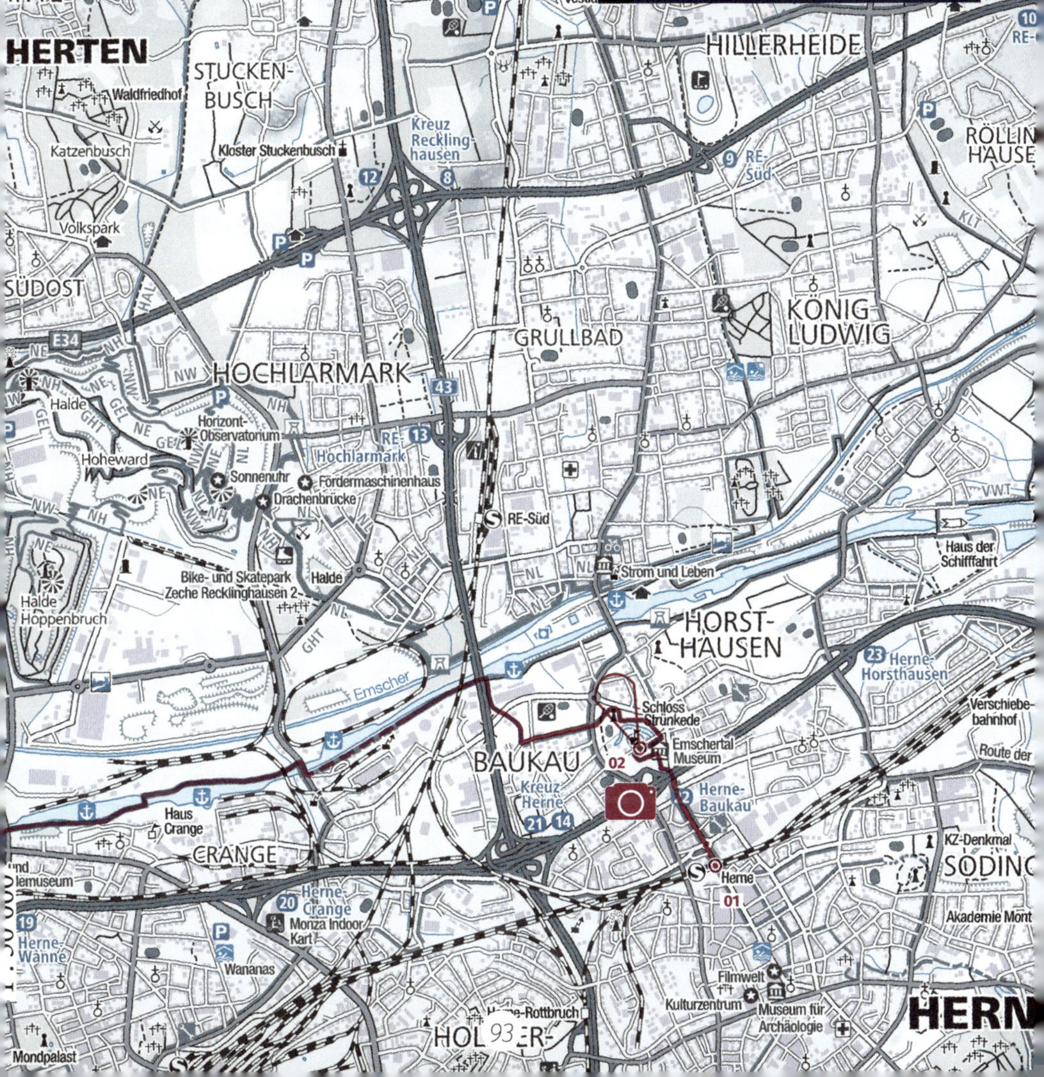

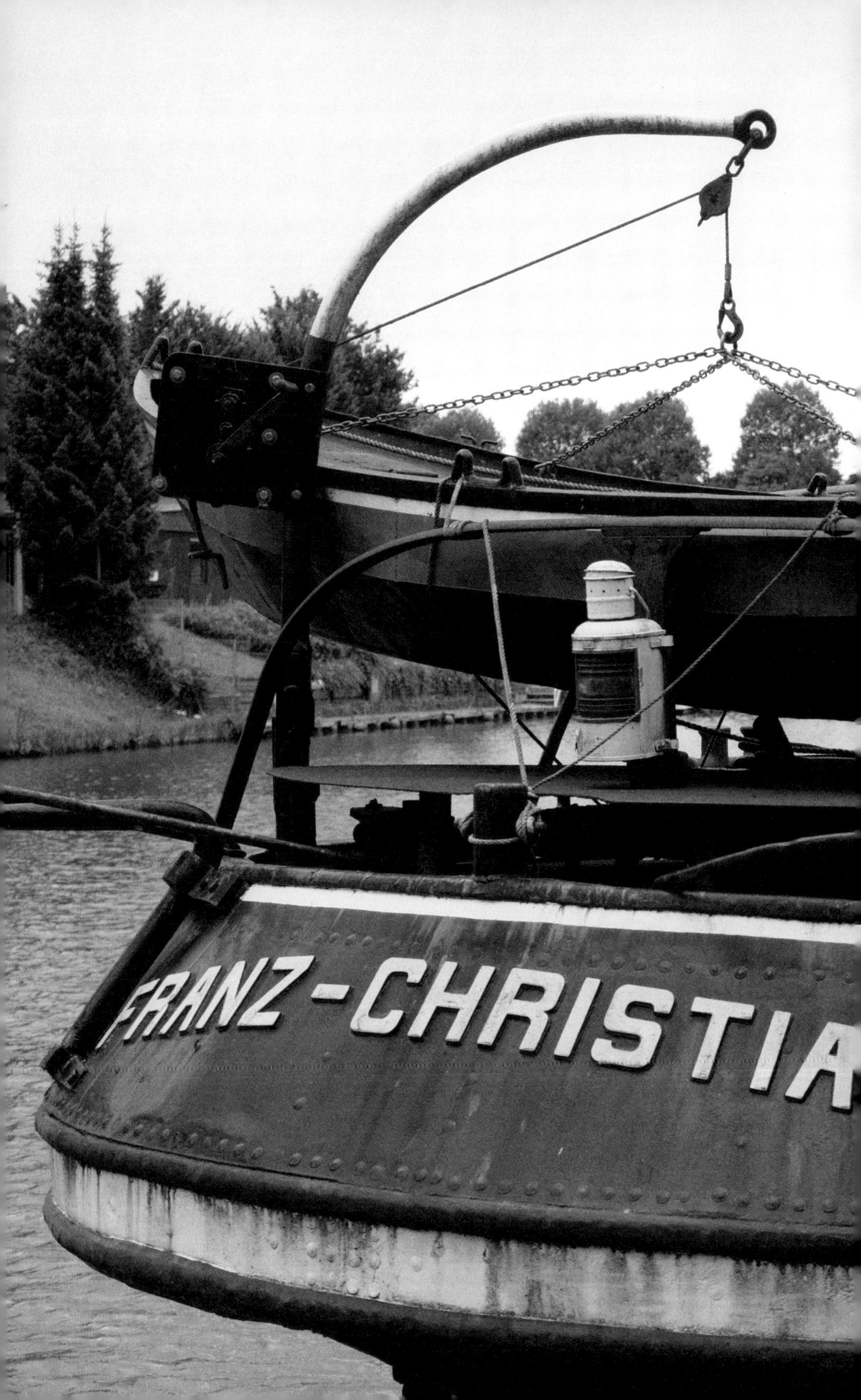
FRANZ-CHRISTIA

12 Impressionen am Dortmund-Ems-Kanal

Viele Besucher des Ruhrgebiets sind auch heute noch überrascht von der Vielseitigkeit, die ihnen hier vielerorts begegnet. Wenn Einheimische von der Schönheit ihres „Reviers" schwärmen, denken sie fälschlicherweise, es sei ironisch gemeint - dabei gibt es hier nicht nur industrielle Sehenswürdigkeiten zu bewundern, sondern auch weite Grünflächen.

Bilder von: **Oliver Hitzegrad**
@oliverhitzegrad

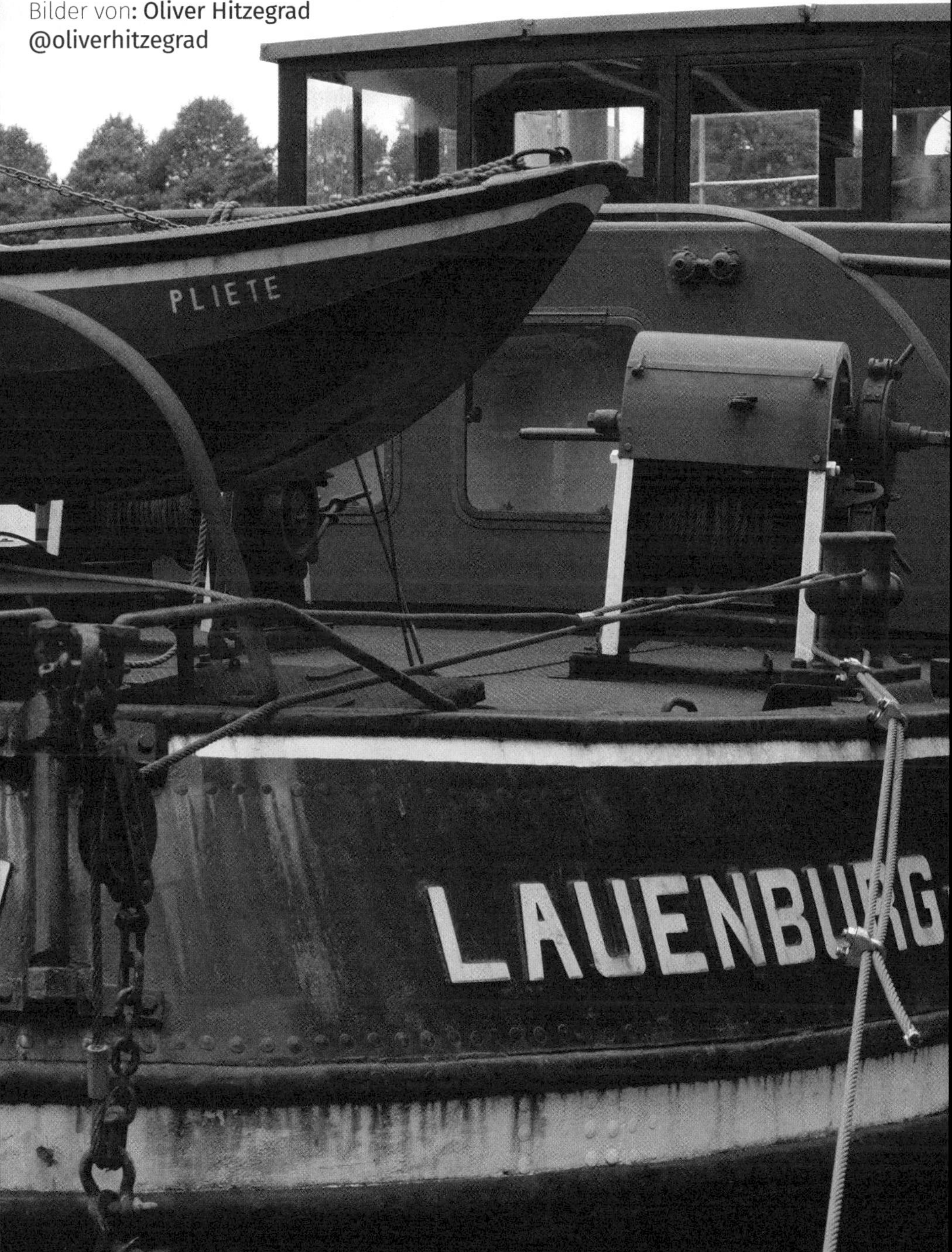

Industriemuseum Schiffshebewerk

Tourencharakter
Diese schöne Streckentour führt uns entlang des Dortmund-Ems-Kanals. Wir durchwandern Feld und Flur in einem ländlich wirkenden Teil des Ruhrgebiets. Es geht auf bequemen, überwiegend unbefestigten Spazierwegen ohne Höhenunterschiede voran.

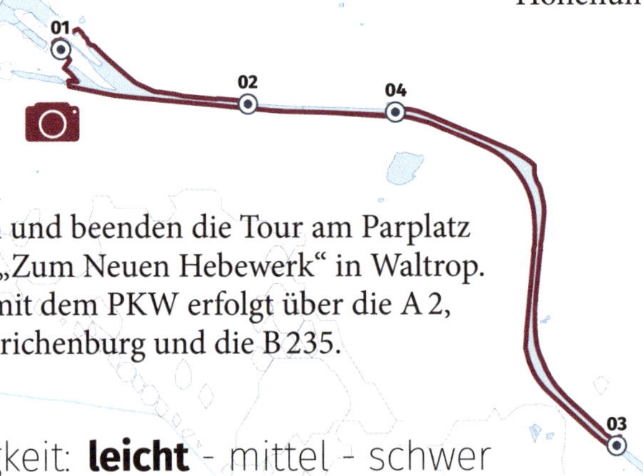

Start und Ziel
Wir beginnen und beenden die Tour am Parplatz in der Straße „Zum Neuen Hebewerk“ in Waltrop. Die Anfahrt mit dem PKW erfolgt über die A 2, Ausfahrt Henrichenburg und die B 235.

Schwierigkeit: **leicht** - mittel - schwer
Dauer: **3:30 h**
Länge: **13,3 km**
Aufstieg **40 hm**
Abstieg **40 hm**

Höhenlinienmodell mit Streckenverlauf

Höhenprofil

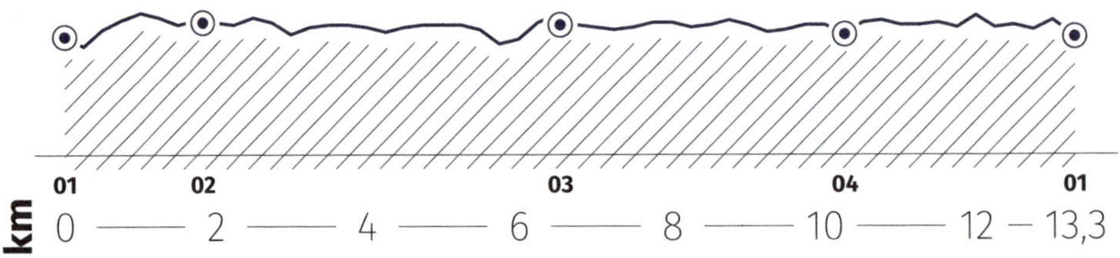

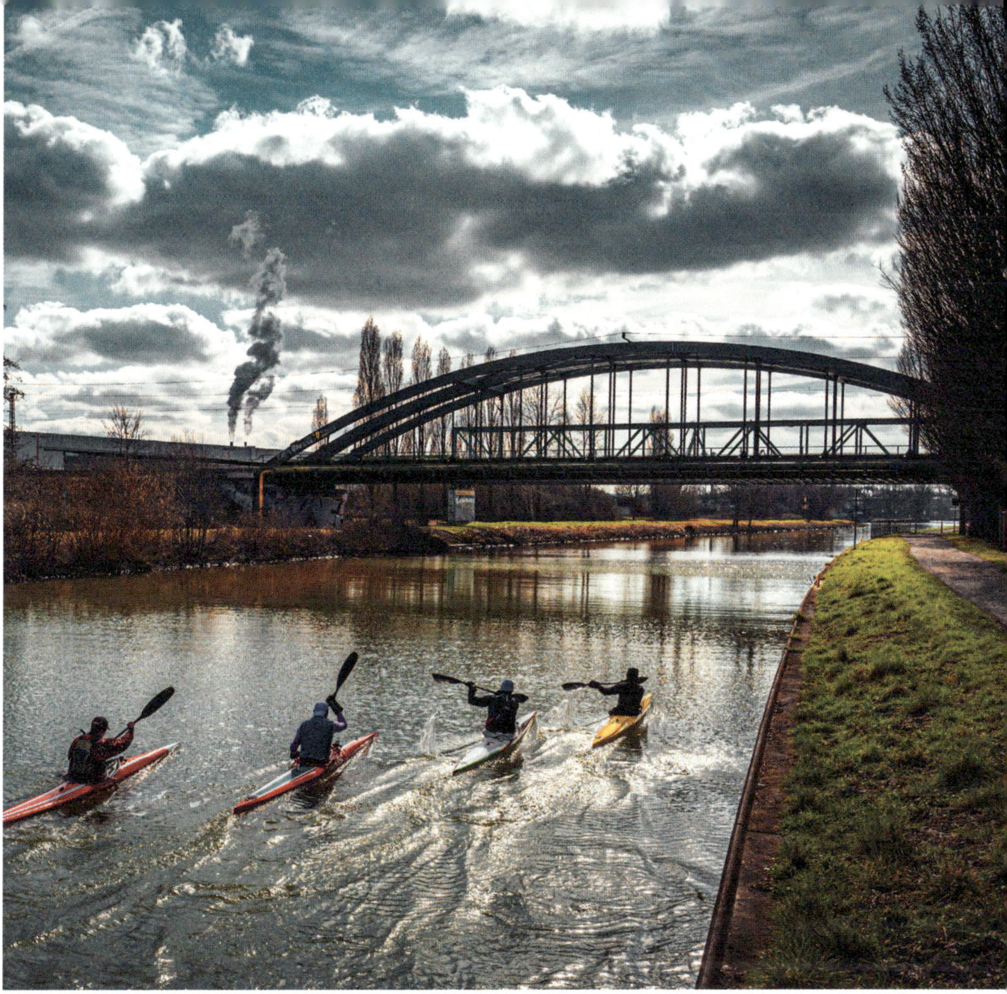

Dat schönste am Wein is dat Pilsken danach.

Ruhrgebietsweisheit, Ursprung unbekannt

Je nach Gusto und Kondition können wir das Alte Schiffshebewerk vor oder nach der Wanderung besichtigen. Es befindet sich ein paar Hundert Meter abseits unserer Route in südwestlicher Richtung. Unsere Wandertour erkundet den Verlauf des Dortmund-Ems-Kanals einige Kilometer in Richtung Dortmund. Die Wege entlang des Kanals sind bei Spaziergängern, Wanderern und Radfahrern gleichermaßen beliebt. Sie verlaufen abseits großer Straßen und bieten erholsames Erleben der Wasser-, Wald- und Feldlandschaft. Auf manchen Wiesen und Grünstreifen tummeln sich im Sommer viele Familien und Sonnenanbeter.

▶ Vom Parkplatz **01** aus gehen wir vorbei an der „Ausstellungshalle Wasserstraßen und Schifffahrt" 📷 zur Recklinghäuser Straße und folgen dieser nach rechts. Wir

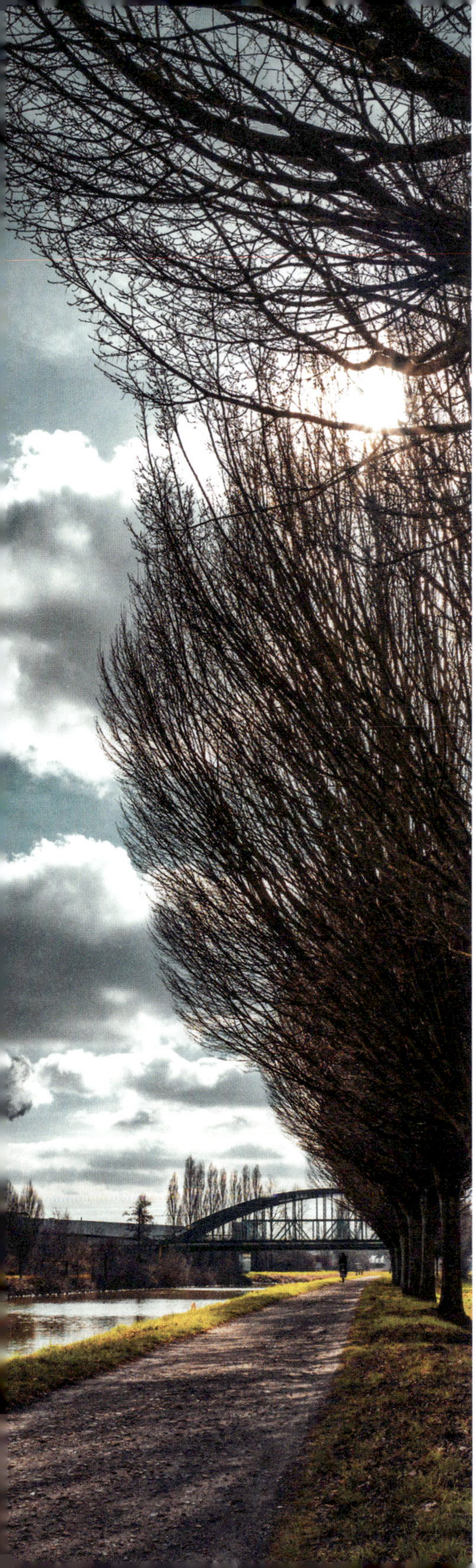

überqueren zwei Brücken und folgen dem Fußweg nach rechts in eine kleine Siedlung. Zwischen den Häusern hindurch gelangen wir zur Oberwieser Stiege, der wir scharf rechts abbiegend folgen. Nach 50 Metern zweigt links ein Weg ab, der in einigen Stufen zu einem Seitenbecken des Kanals führt. Dort treffen wir auf einen gepflasterten Weg, der dem Becken und schließlich dem Kanal folgt.

Unser nun unbefestigter Wanderweg verläuft immer direkt am Kanalufer, bis wir nach gut eineinhalb Kilometern auf die Oberwieser Brücke **02** treffen, über die wir die Kanalseite wechseln. Wir bleiben auf dem unbefestigten Fahrradweg und gehen nach einem weiteren Kilometer an der Schülken-Brücke vorbei. Immer weiter den Kanal entlangwandernd passieren wir noch die Waltroper Hafenbrücke, bevor wir nach insgesamt etwa eindreiviertel Stunden den Umkehrpunkt, die Drucksbrücke **03**, erreichen. Auf ihr wechseln wir die Kanalseite.

Auf der gegenüberliegenden Seite bleiben wir auch wieder den ganzen Weg über immer direkt am Kanalufer. An der Schülkenbrücke **04** wechseln wir erneut die Seite, um dem angenehmeren Rad- und Wanderweg zu folgen. An der Oberwieser Brücke queren wir hingegen diesmal nicht, sondern peilen stattdessen geradeaus das Gelände des Schiffshebewerks an. Dort schlagen wir den kürzesten Rückweg ein, indem wir an der kleinen Brücke vor der Schleuse rechts den Kanalarm Oberwasser überqueren und dem Fahrradweg zurück zum Parkplatz **01** folgen. Alternativ können wir geradeaus weitergehen und die Tour mit der Besichtigung des Alten Schiffshebewerks abschließen.

Dein Moment für die Ewigkeit

Schwarz-Weiß

Schwarz-Weiß-Fotografie hat einen ganz besonderen Reiz und manche Motive eignen sich dafür auch besonders gut. Ein Tipp beim Fotografieren in Schwarz-Weiß ist, den niedrigsten ISO-Wert zu wählen – ein Rauschen im Bild lässt sich bei Schwarz-Weiß-Bildern in der Nachbearbeitung nur schwer retten.

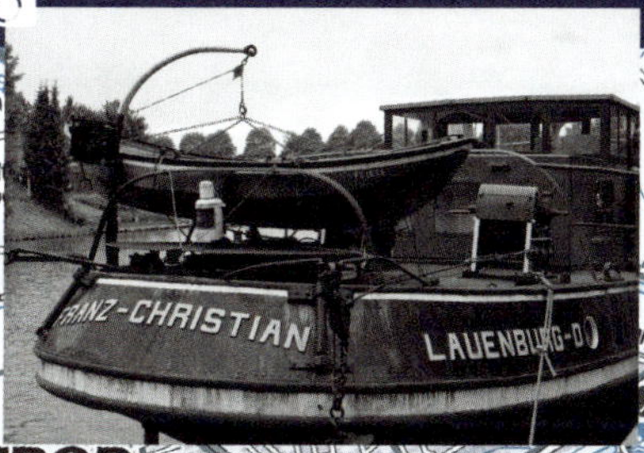

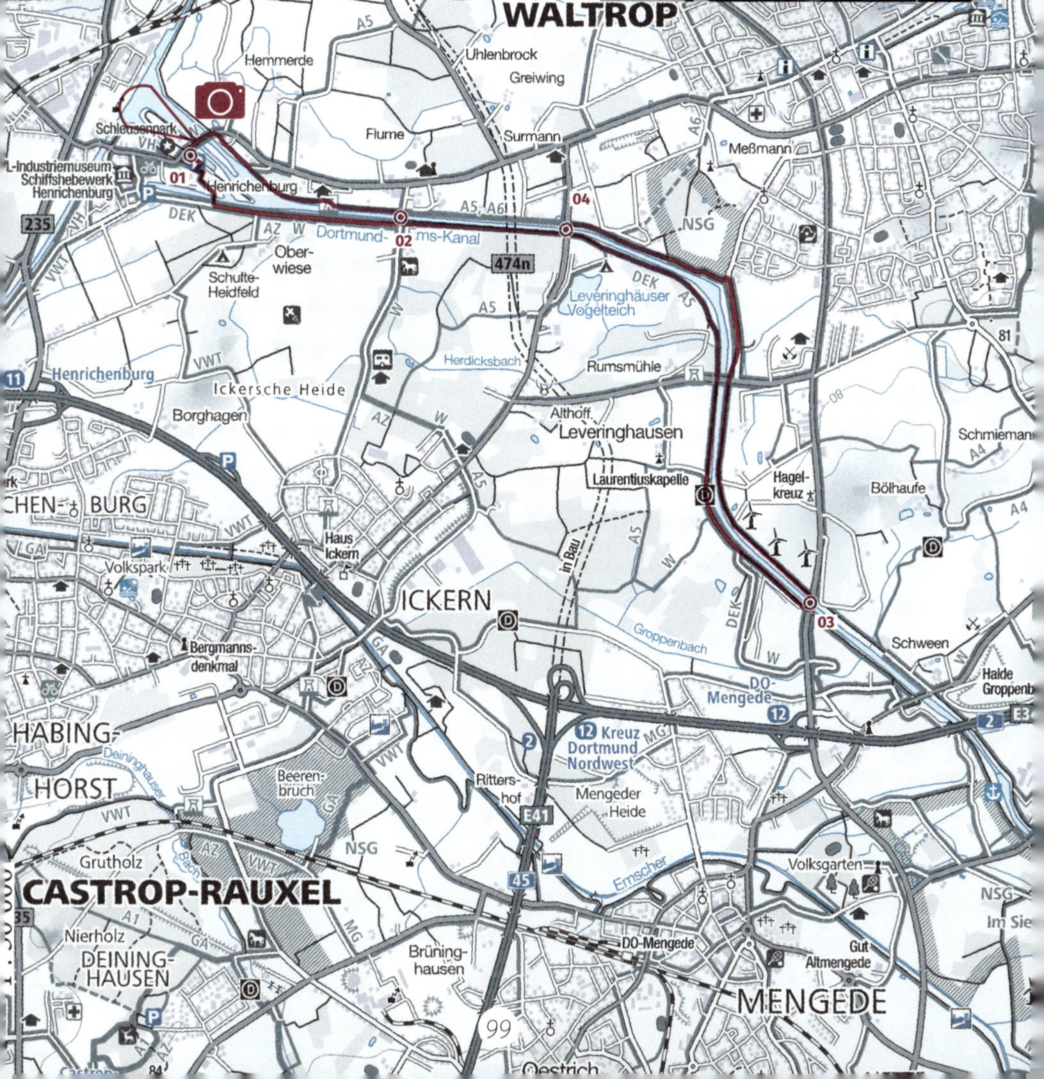

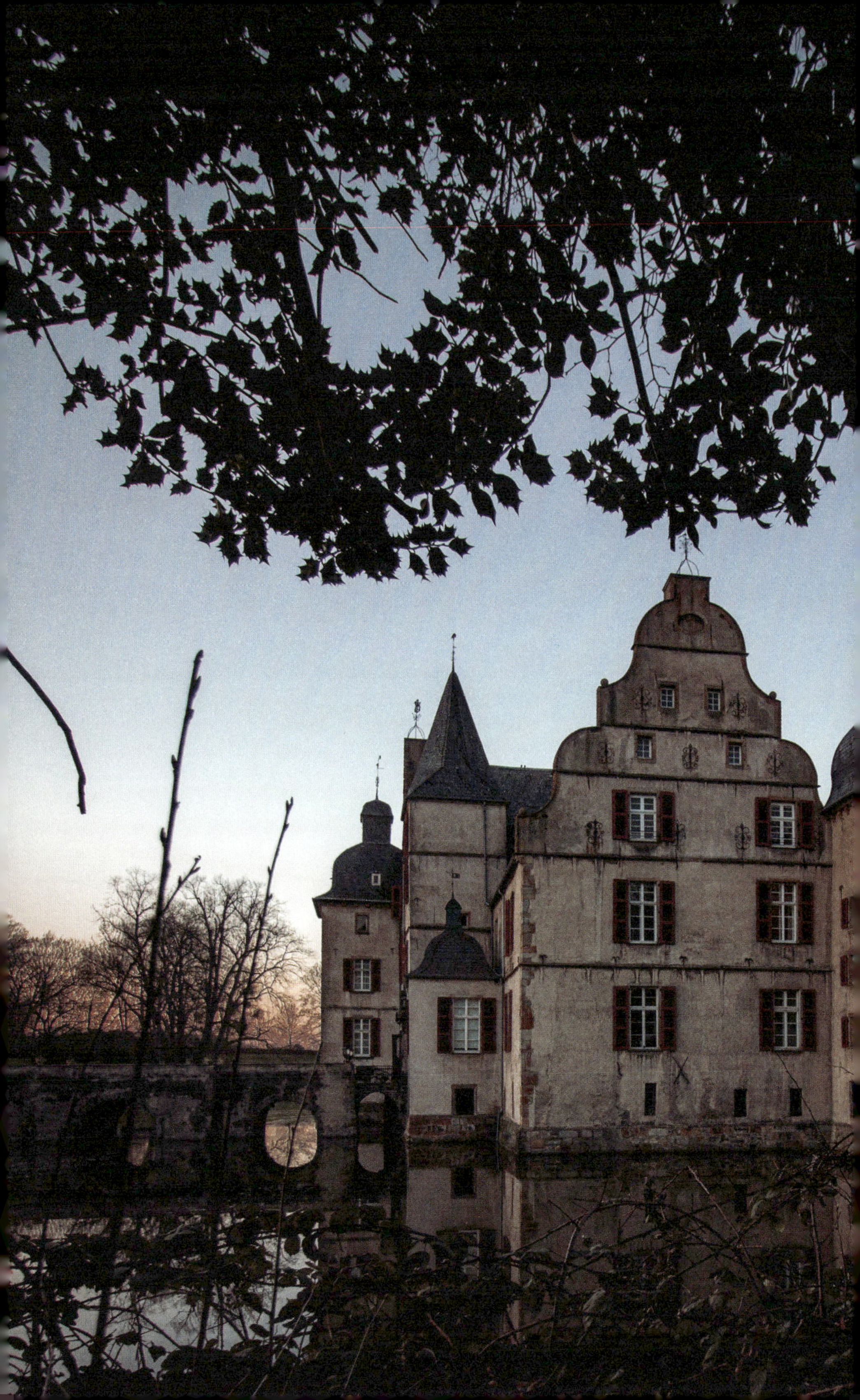

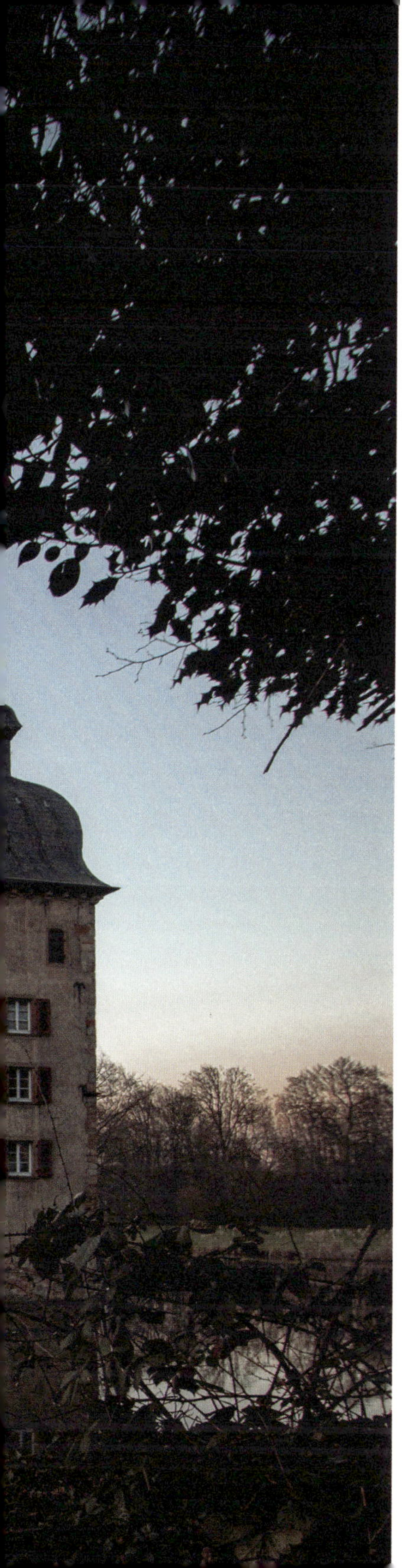

13 Industrie, Kultur und Natur um Dortmund

Je nach Jahreszeit erschafft das Wasserschloss Bodelschwingh im Zusammenspiel mit seinem Park eine andere – und immer faszinierende – Atmosphäre. Abends im Spätherbst präsentiert sich die sonst eher liebliche Renaissanceanlage in einer etwas mysteriösen Düsternis.

Bilder von: **Lisa Gehring**
@lisas_landscapes

Mengede – Deininghausen – Castrop

Tourencharakter
Durch Park- und Flusslandschaft vorbei an historischen und kulturellen Stätten führt uns diese entspannte Streckentour im Dortmunder Nordwesten. Wir folgen einer großteils fahrradtauglichen Route auf alten Eisenbahntrassen sowie Wald- und Feldwegen.

Start und Ziel
Startpunkt ist der S-Bahnhof Dortmund-Mengede mit dem PKW erreichbar über die A 2 Hannover–Oberhausen, Ausfahrt Dortmund-Mengede. Zielpunkt ist das Castroper Forum mit guter Busanbindung zum Bahnhof und in den Verkehrsverbund Rhein-Ruhr.

Schwierigkeit: **leicht** - mittel - schwer
Dauer: **2:30 h**
Länge: **9,7 km**
Aufstieg **40 hm**
Abstieg **30 hm**

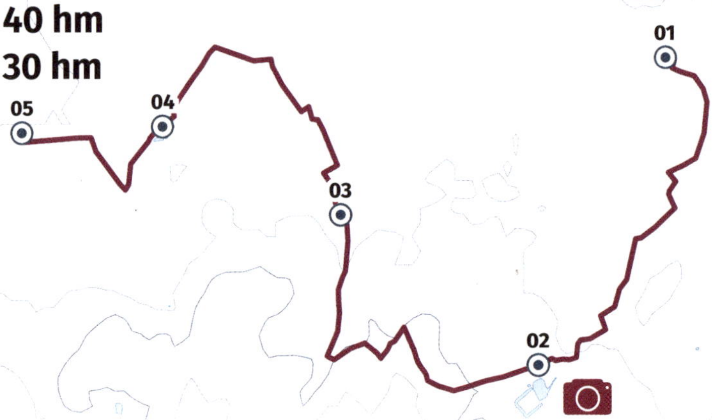

Höhenlinienmodell mit Streckenverlauf

Höhenprofil

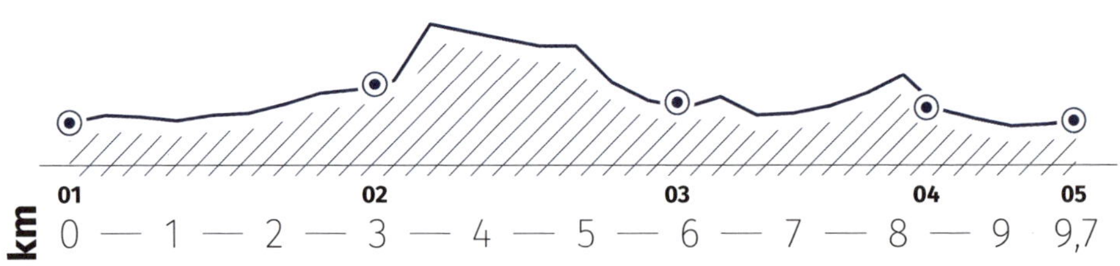

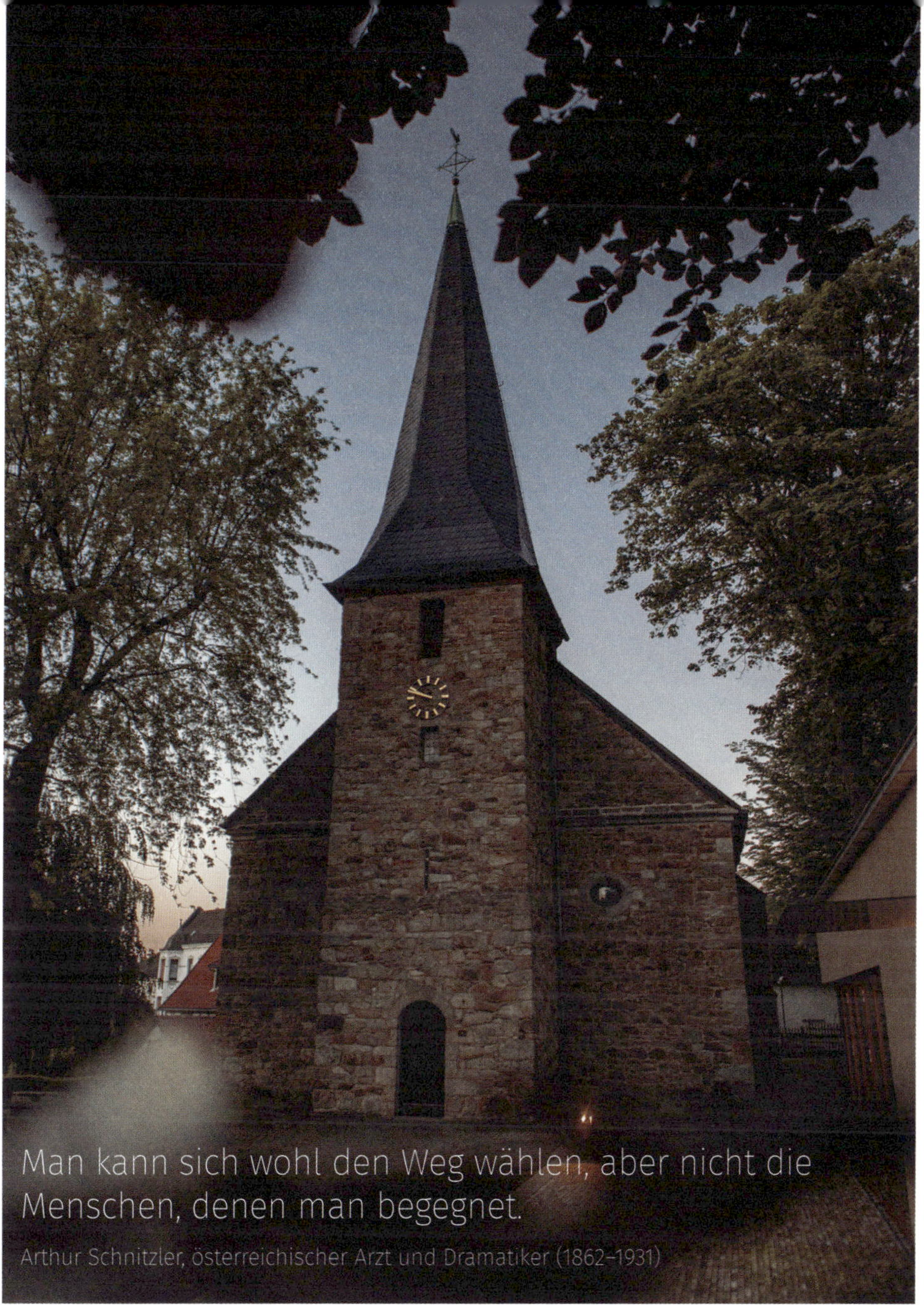

Der Emscher-Park-Wanderweg führt von Mengede im Dortmunder Nordwesten an Schloss Bodelschwingh vorbei und durch das Tal des Deininghauser Bachs zum Castroper Forum.

▶ Vom S-Bahnhof Dortmund-Mengede **01** folgen wir dem „xE“ des Emscher-Park-Wanderwegs am denkmalgeschützten Verwaltungs- und Kauengebäude der ehemaligen Zeche Hansemann vorbei und durch den sogenannten Hansemann-Park, dann geht es auf einer ehemaligen Bahntrasse in den Ortsteil Dortmund-Bodelschwingh. Nach Verlassen der Ortslage liegt links das Wasserschloss Bodelschwingh 02, der Stammsitz der Familie Bodelschwingh (privat). Nach Überqueren der A 45 taucht der Weg in einen Wald ein und geht nach Überqueren der Landstraße auf das Stadtgebiet von Castrop-Rauxel über. An Haus Dorloh (privat) vorbei leitet er zur Fuckmühle 03 im Tal des Deininghauser Bachs, in dem eine der größten Renaturierungsmaßnahmen im Emschereinzugsgebiet durchgeführt wurde. Nach Unterqueren des Emscherschnellwegs (A 42) und Passieren der Häuser von Deininghausen wandern wir im Bogen durch das Nierholz zum Wildgehege 04 am Klöppersberg.

Über Feldwege gehen wir weiter zum Castroper Forum, dem Stadtzentrum 05 mit Europahalle, Rathaus und Stadthalle. Hier bzw. nach Queren der Bahnhofstraße befinden sich mehrere Bushaltestellen.

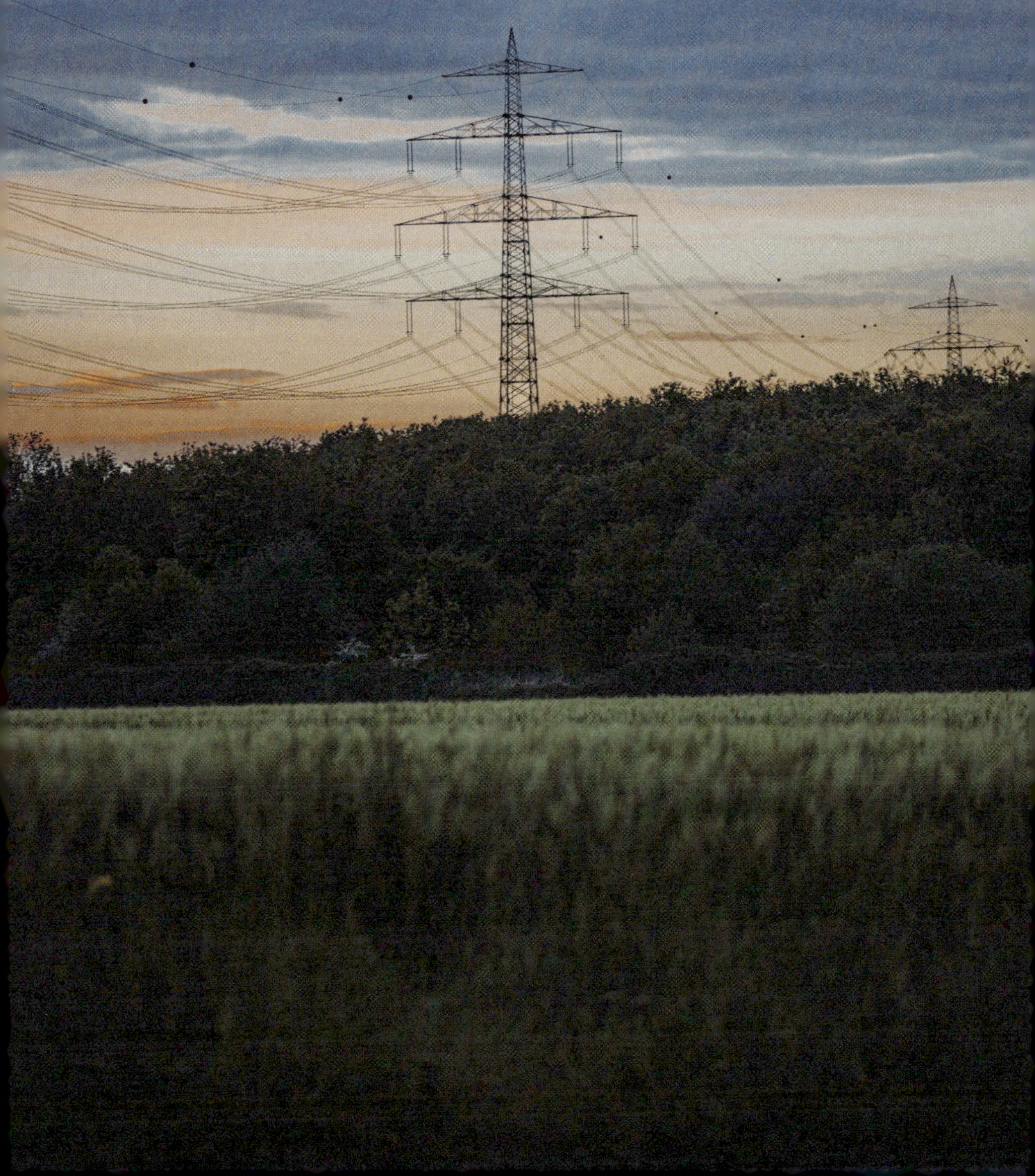

Dein Moment für die Ewigkeit

Belichtungsdreieck

Blende, Belichtungszeit und ISO, diese drei Faktoren bedingen sich gegenseitig und du kannst ihre Beziehung nutzen, um auch bei schwierigen Lichtverhältnissen gute Ergebnisse zu erzielen. Öffnest du die Blende, hier f/4,5, fällt mehr Licht durch die Linse, dementsprechend niedriger kannst du die Belichtungszeit ansetzen oder die ISO, das heißt die Lichtempfindlichkeit des Sensors verringern.

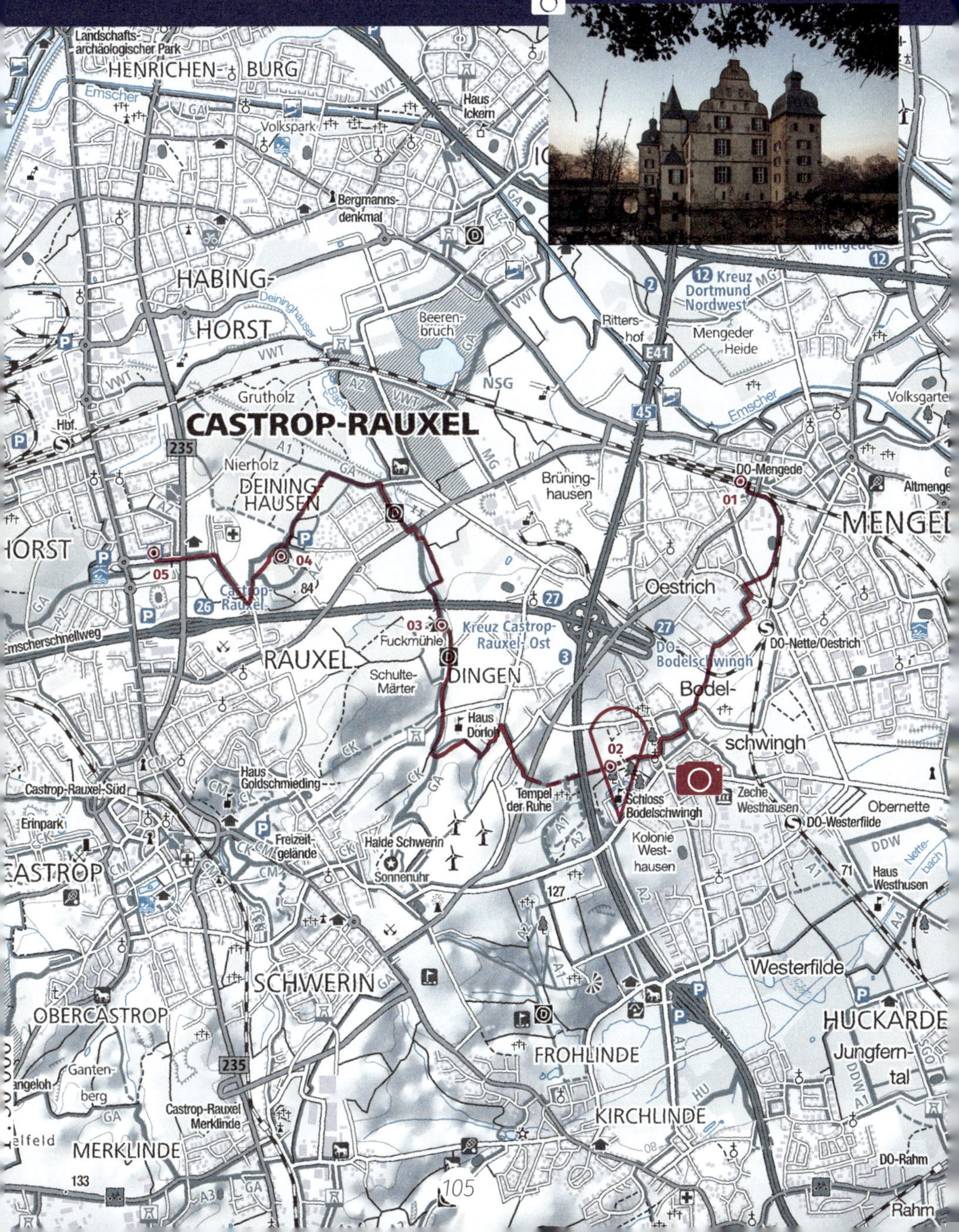

14 Von der Industriezone zum Freizeitmekka: Dortmund-Ems-Kanal

Das alte Hafenamt mit dem markanten Uhrenturm ist eines der wenigen verbliebenen wilhelminischen Gebäude in Dortmund. Dass der Dortmunder Hafen einer der größten Binnenhäfen Europas ist und über eine eigene „Wasserpolizei" verfügt, ist selbst im Ruhrgebiet kaum bekannt.

Bilder von: **Ruben Becker**
@revierstrolch

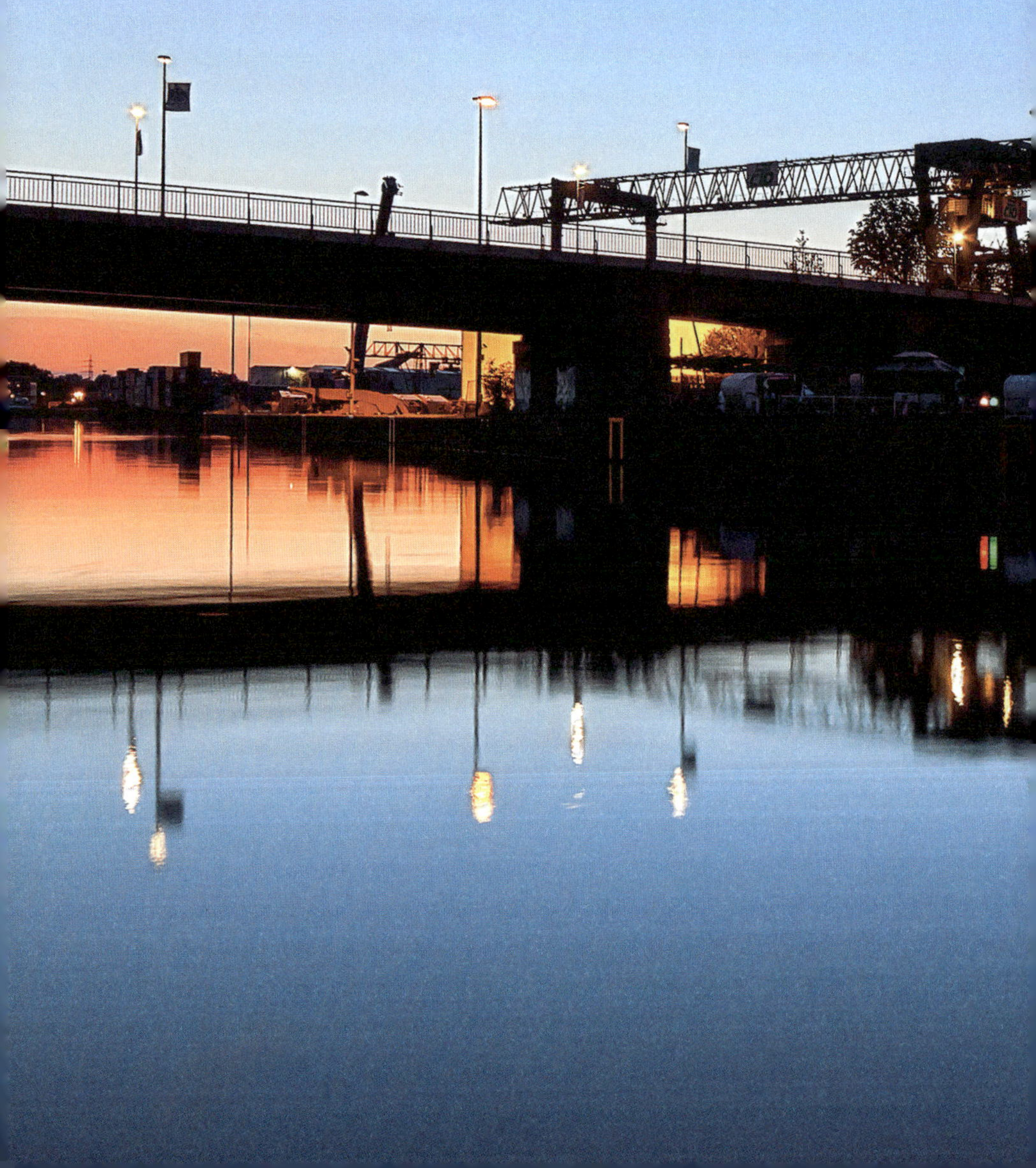

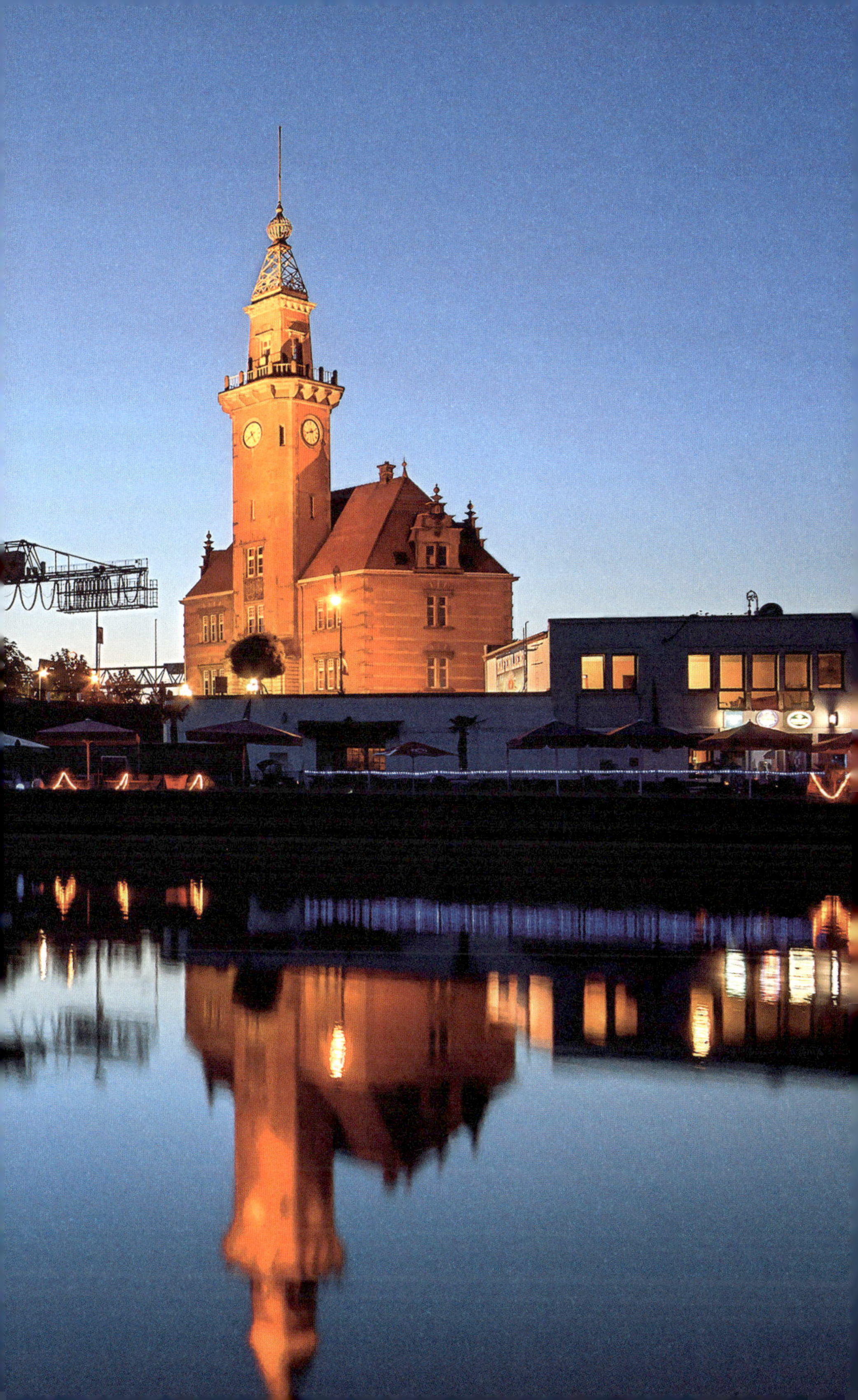

Fredenbaumpark – Schwieringhausen

Tourencharakter
Die entspannte Rundtour führt als Park-, Wald- und Kanaluferwanderung über meist gut ausgebaute und fahrradfähige Wege. Viel Grün und Natur verbindet sich hier im Dortmunder Norden mit alter Industrie- und Kulturlandschaft.

Start und Ziel
Start- und Zielpunkt ist der U-Bahnhof Fredenbaum an der B 54. Parkplätze befinden sich beim Naturkundemuseum und am Ende der Schützenstraße, am Südeingang des Fredenbaumparks. Die PKW-Anfahrt erfolgt vom Kreuz Dortmund–Unna über die B 1 und die B 54.

Schwierigkeit: **leicht** - mittel - schwer
Dauer: **3:00 h**
Länge: **13,7 km**
Aufstieg **5 hm**
Abstieg **5 hm**

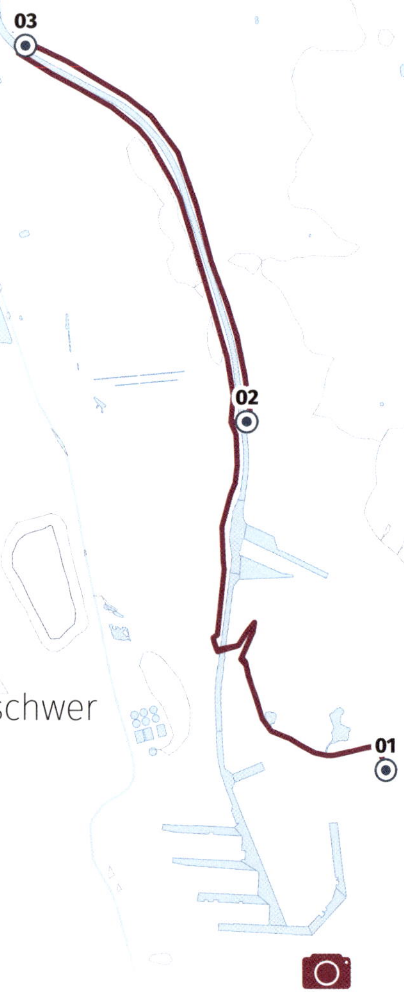

Höhenlinienmodell mit Streckenverlauf

Höhenprofil

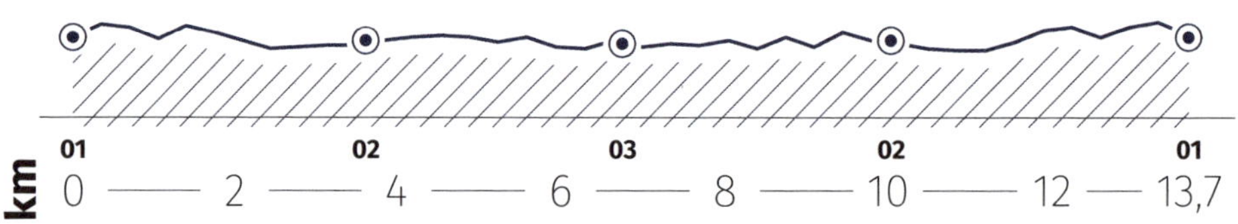

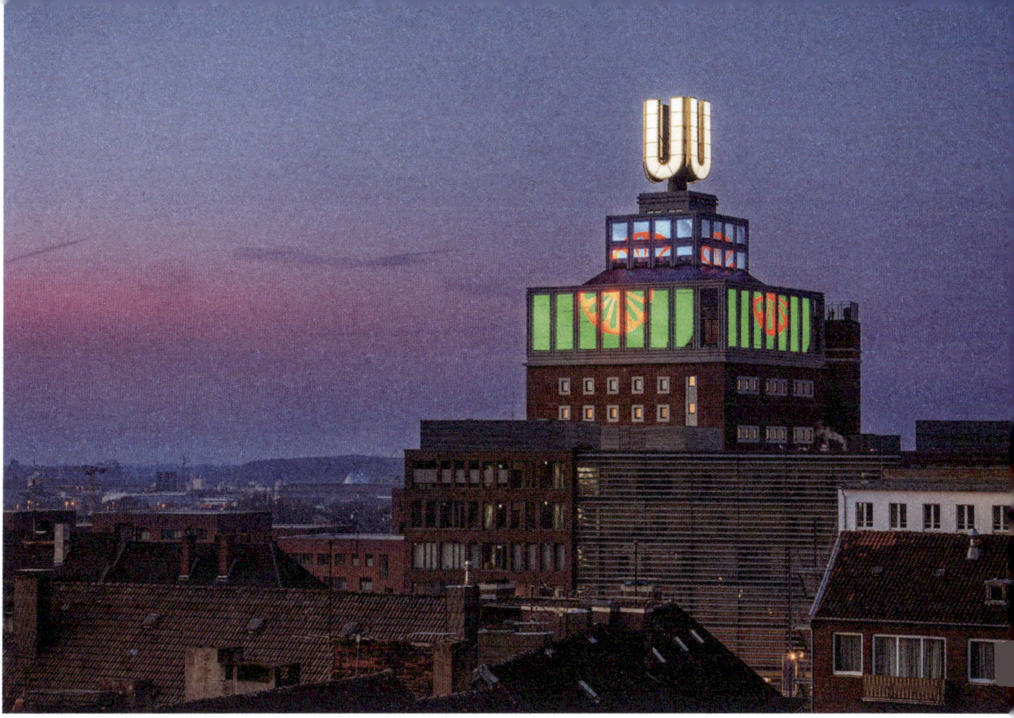

Hier bei uns im tiefen Westen ist man gerne geradeaus.
Um den heißen Brei zu reden, ist für uns ein wahrer Graus.

Norbert van Tiggelen, Dichter aus dem Ruhrgebiet (*1964)

Der fast durchgehend zwischen Wäldern und Wiesen verlaufende Dortmund-Ems-Kanal erfüllt nicht nur wirtschaftliche Bedürfnisse, sondern in hohem Maße auch Freizeitfunktionen: Ausflugsschiffe, Yachten und Bootswanderer nutzen den 1899 eröffneten Kanal, der auch ein beliebtes Angelgewässer ist und von Campingplätzen und Sportboothäfen flankiert wird. Die auto- und straßenkreuzungsfreien Uferwege sind hervorragende Fuß- und Radwanderwege.

Vom Großparkplatz starten wir in Verlängerung der Schützenstraße **01** in den Fredenbaumpark und gehen dort links zum Großen Teich. Der Fredenbaum ist der Naherholungs- und Freizeitpark der Dortmunder Nordstadt. Alte Baumbestände, Wälder, Wiesen- und Wasserflächen sowie ein Rosengarten und zahlreiche Freizeiteinrichtungen liegen hier zwischen Hafen, Kanal und Naturkundemuseum auf dem Gebiet des ehemaligen Grenzwaldes Westerholt. Ein (Schlag-)Baum markierte bis 1835 den Beginn der Dortmunder Stadtfreiheit, dieser „Freiheitsbaum" (Fredenbaum) wurde namensgebend für den Fredenbaum, den ältesten und mit 68 ha zweitgrößten Dortmunder Stadtpark. Vom Kleinen Teich leiten die Schilder der Dortmund-Ems-Kanal-Route durch die Wälder des Parks und hinter dem Bahnübergang

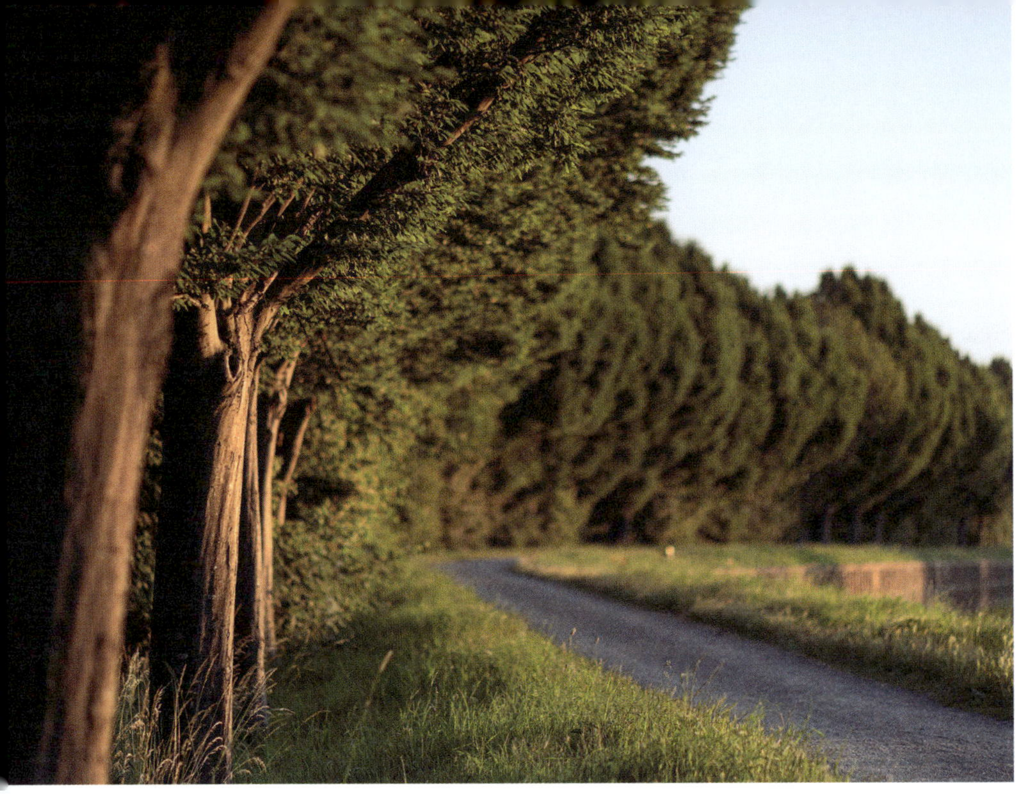

rechts zur Weidenstraße. Auf ihr gelangen wir links hinauf zur aussichtsreichen Brücke über den Dortmund-Ems-Kanal.

Nach Überqueren des Kanals auf der Weidenstraßenbrücke halten wir uns rechts (Alter Erlenweg) und gleich wieder rechts zum autofreien Uferweg westlich des Kanals. Rechts fällt der Blick auf den Industrie- und den Hardenberghafen, links des Kanals liegt vor Unterqueren der ersten Eisenbahnbrücke das Kaltwasserfreibad Hardenberg in Deusen. Nach Unterqueren der ersten Straßenbrücke, der Ellinghauser Brücke **02**, führt uns der Uferweg aussichtsreich durch offenes Land mit Wiesen und Gehölzen. Die als ungeteerter Parkweg gestaltete Promenade wird an Wochenenden rege frequentiert von Radlern, Wanderern, Anglern, Sonnenhungrigen und Badenden. Auf der östlichen Kanalseite stehen Zelte und brennen Grillfeuer. Vom Sperrtor Holthausen folgen wir dem Uferweg weiter im Grünen neben dem Kanal. Die Grünländer und Gehölze westlich des alten Zechenhafens von Schwieringhausen stehen unter Naturschutz. Auf der Schwieringhauser Brücke **03**, der nächsten Straßenbrücke, wechseln wir ans Ostufer des Kanals. Hier verläuft der Emscherparkwanderweg (xE), der sich im Gehölz am Ihländer Bach ostwärts verabschiedet.

Der Kanaluferweg führt uns weiter Richtung Dortmund, passiert am Sperrtor Holthausen die Kornbrennerei Krämer und erreicht bald darauf wieder die Ellinghauser Brücke **02**. Auf ihr gehen wir zurück ans Westufer und wie zu Beginn der Wanderung durch den Fredenbaumpark zurück zum Parkplatz an der Schützenstraße **01**.

Dein Moment für die Ewigkeit

Stativ

Wann braucht man eigentlich ein Stativ? Das hängt von der Belichtungsdauer ab. Als Kennwert sollte man sich die doppelte Brennweite merken. Das heißt bei einer Brennweite des Objektives von 50 mm sollte man eine Belichtung von 1/100 nicht unterschreiten, sonst ist ein Stativ gefragt um gestochen scharfe Bilder zu bekommen. Will man absichtlich länger belichten, braucht man definitiv ein Stativ.

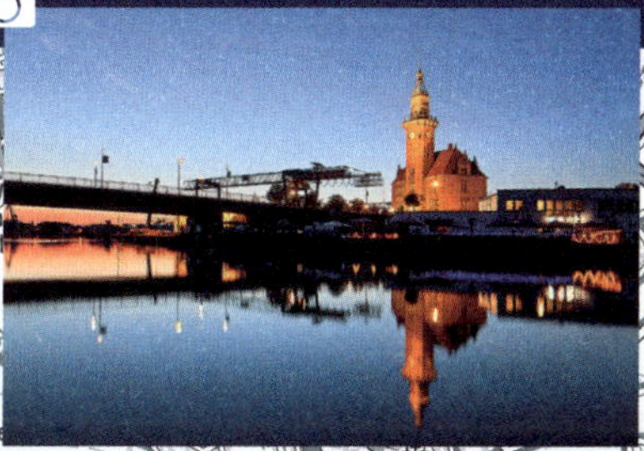

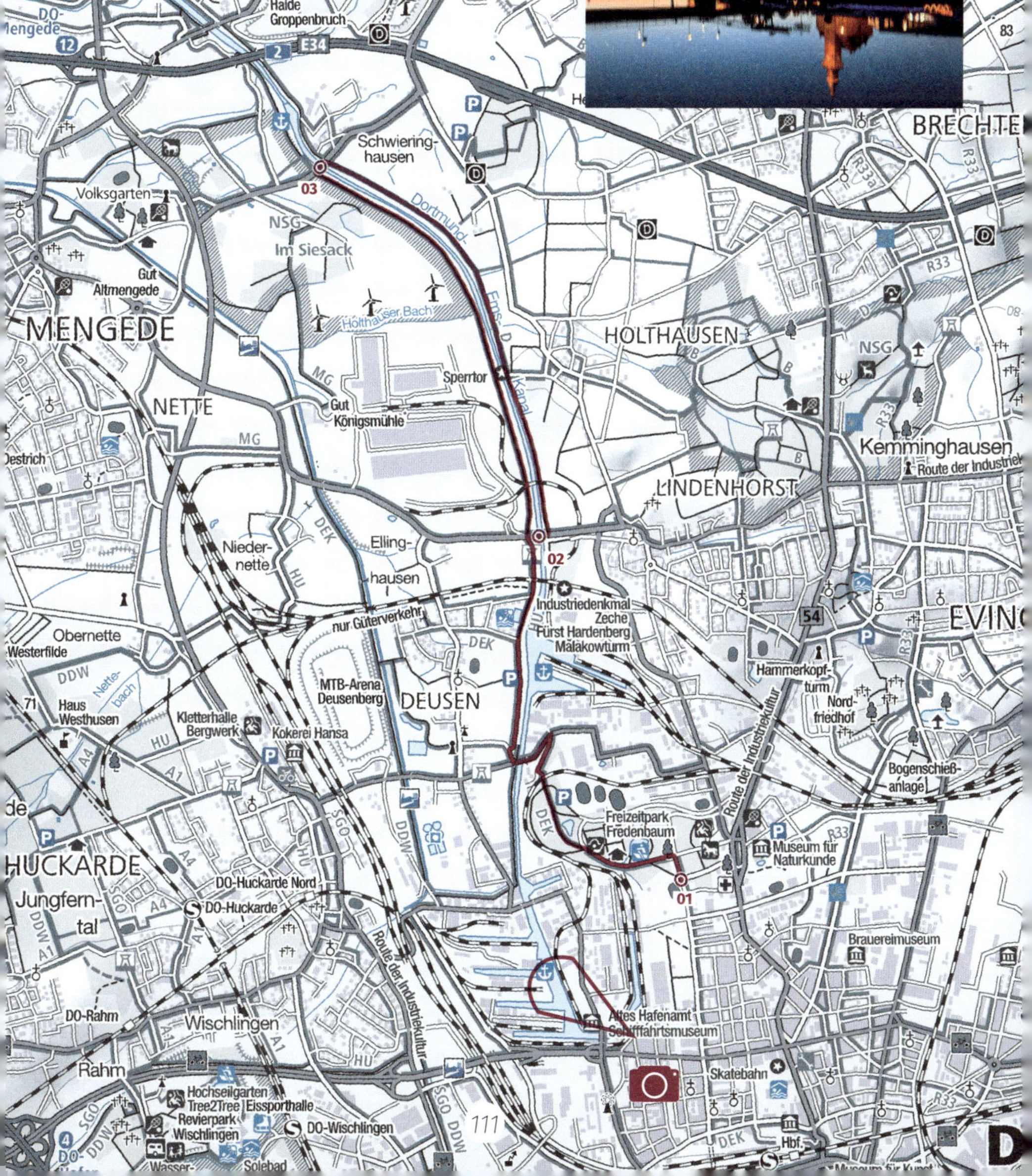

15 Dortmund: Die Weiten des Westfalenparks

Die Bäume stehen Spalier und die Kirschblüten formen einen Baldachin, wenn Spazier- und Müßiggänger den Rombergpark im Frühjahr durchstreifen. Auch später im Jahr grünt und blüht es in den Dortmunder Vorzeigeparks in allen Farben und Formen.

Bilder von: **Lisa Gehring @lisas_landscapes**

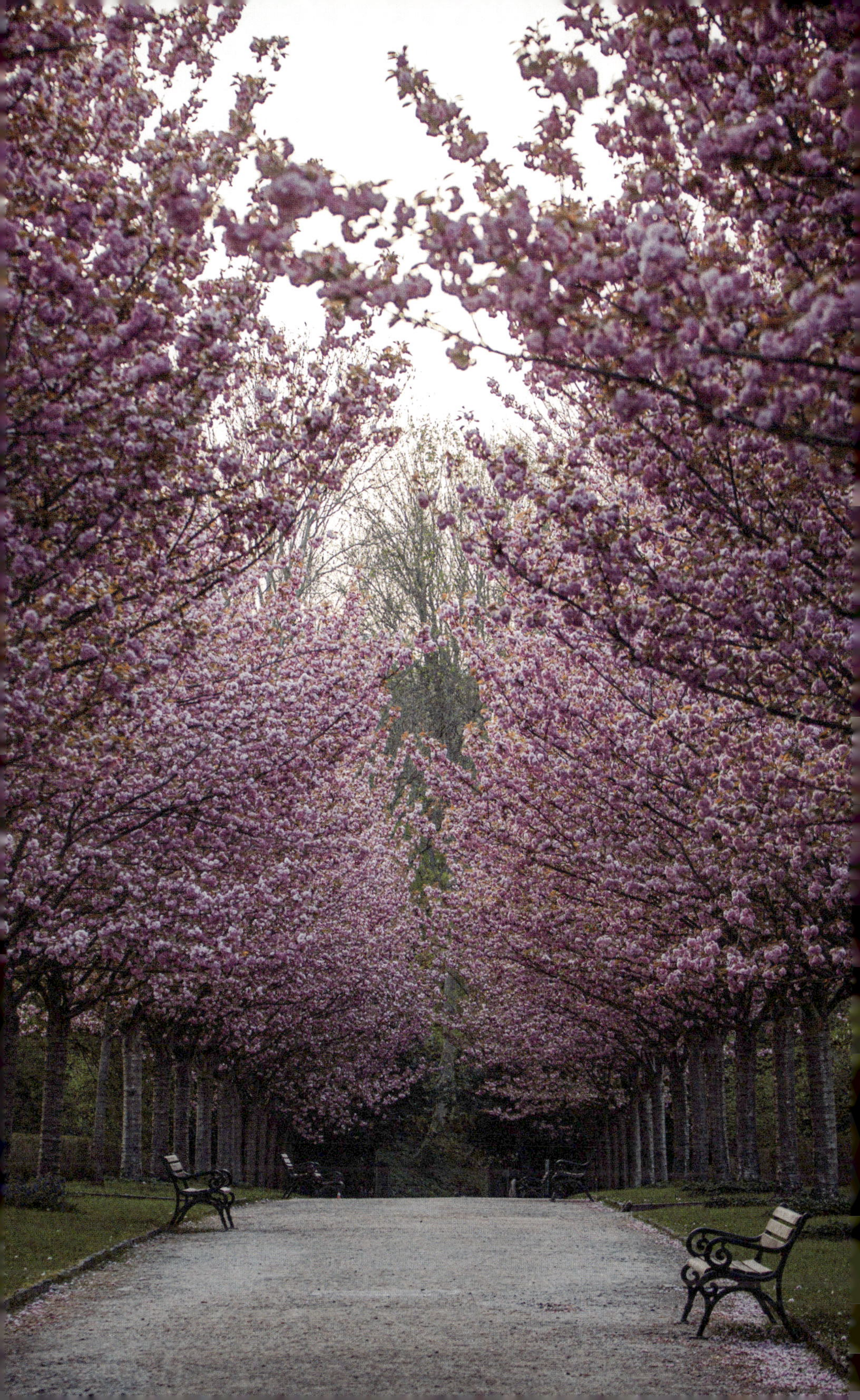

Westfalenpark – Rombergpark

Tourencharakter
Die Rundtour ist eine bequeme Park-, Kleingarten- und Promenadenwanderung durch den weitläufigen und verwinkelten Westfalenpark. Abgesehen von einigen Höhenmetern in kurzen Auf- und Abstiegen stellt die Tour keine nennenswerten Anforderungen.

Start und Ziel
Start- und Endpunkt ist der Eingang Blütengärten im Südwesten des Westfalenparks an der Straße „An der Buschmühle“ in Dortmund. Hier befinden sich auch die Großparkplätze F1 und F2 sowie der U-Bahnhof Westfalenpark.

Schwierigkeit: **leicht** - mittel - schwer
Dauer: **2:30 h**
Länge: **8,5 km**
Aufstieg **120 hm**
Abstieg **120 hm**

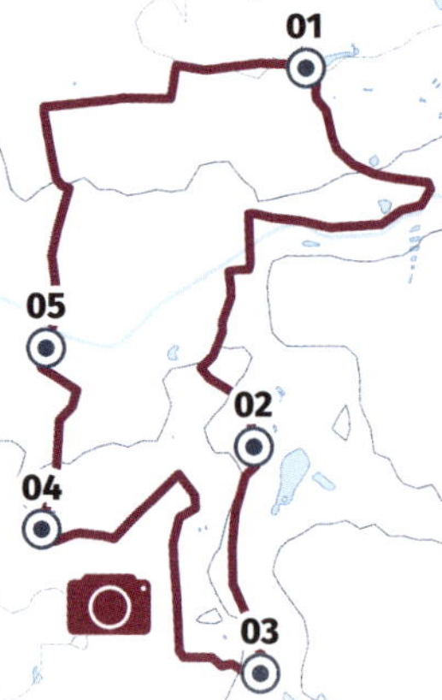

Höhenlinienmodell mit Streckenverlauf

Höhenprofil

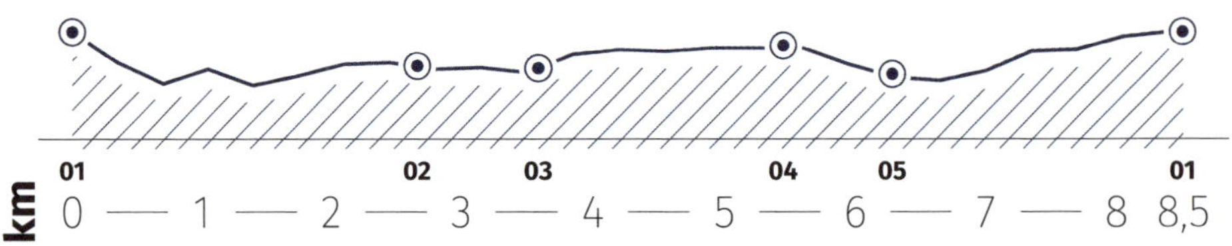

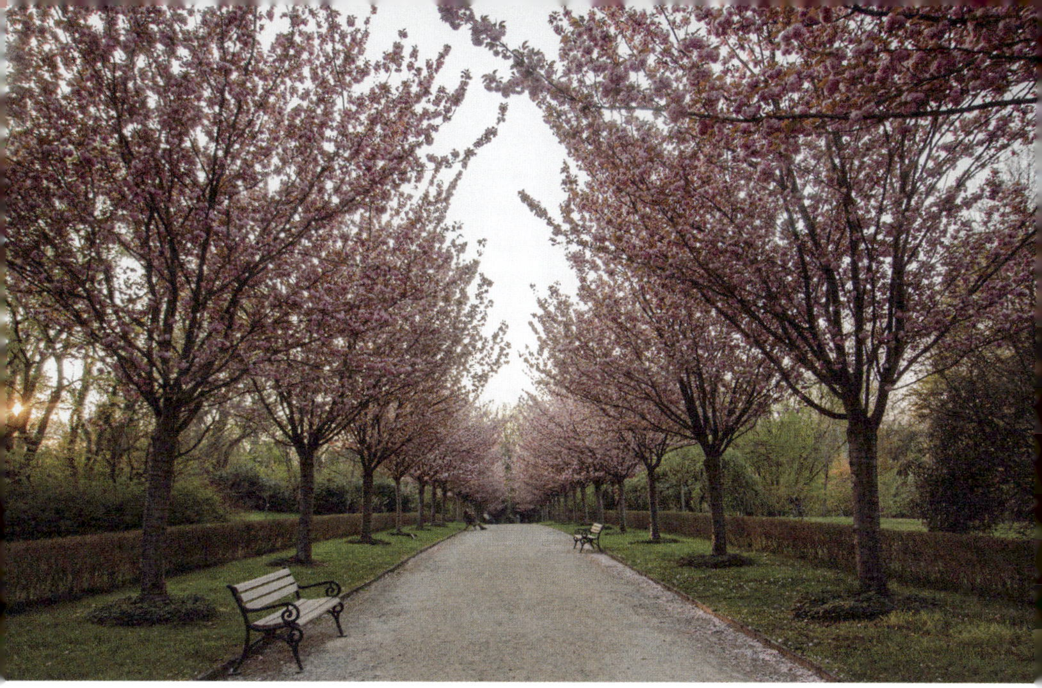

Mit dem Westfalenpark und dem Botanischen Garten Rombergpark verbindet diese Tour zwei der schönsten Parks im östlichen Ruhrgebiet. An den Rombergpark schließt außerdem der Dortmunder Tierpark an. Der Rückweg unserer Tour führt durch die Buchenwälder der Bolmke.

> Kein Wunder, dass zwischen Dortmund und Duisburg, wo Weiß nur ein Traum ist, die Brieftaube ihre besten Freunde hat.
>
> Heinrich Böll, deutscher Schriftsteller (1917–1985)

▶ Der Eingang Blütengärten befindet sich an der Straße „An der Buschmühle" auf der Westseite des Westfalenparks **01**. Ziel der beliebig variierbaren Runde durch den Park ist der Eingang Buschmühle an der Südseite. Vom Eingang gehen wir die Straße „An der Buschmühle" entlang bis zur Eisenbahnunterführung am gleichnamigen Parkplatz. Nach Unterqueren der Eisenbahnlinie folgt der autofreie Steinklippenweg der Emscher in parkartiger Umgebung und führt uns am Vogelschutzgehölz entlang. Nach Unterqueren der Bundesstraße 54 wandern wir links über die Emscher, dann zuerst rechts in den Wald hinein und hinter der Eisenbahnunterführung links durch das Gelände einer Kleingartenanlage. An der Stufenanlage im Süden der Kleingartenkolonie zweigt links ein Weg ab, der unter der Eisenbahnbrücke hindurch und über die Brücke zum Eingang des Rombergparks **02** führt.

Am Südende des von der Schondelle durchflossenen Parks befindet sich der Tierpark **03**. In Verlängerung des Tierparkausgangs nehmen wir den Fußweg, der aufwärts nach Westen (Rechteck-Markierung) und kurz parallel zur Mergelteichstraße verläuft, bis die Rechteck-Markierung vor der Eisenbahnlinie rechts auf einen Parkweg wechselt, der am Bahnhaltepunkt Dortmund-Tierpark vorbei dem Westrand des Rombergparks folgt. Am Ende folgen wir der Rechteck-Markierung der Straße „Am Rombergpark“ links hinauf, zweigen hinter der Ampelkreuzung rechts in die ruhige Straße „Klüsenerskamp“ ab und tauchen hinter der Gesamtschule Brünninghausen rechts in die Buchenwälder der Bolmke 04 ein. Bei der Herz-Jesu-Kirche halten wir uns links und gleich wieder rechts, um hinab zur Emscher 05 zu gelangen Nach deren Überquerung führt uns die Rechteck-Markierung geradeaus auf dem Bolmker Weg zum Bahnhof Stadion, überquert den Bahnkörper und leitet geradeaus zum Bahnhof Westfalenhallen. Nach Unterqueren der Bahnlinie durchqueren wir den Park ostwärts und kehren zurück zum Ausgangspunkt, dem Eingang Blütengärten am Westfalenpark 01.

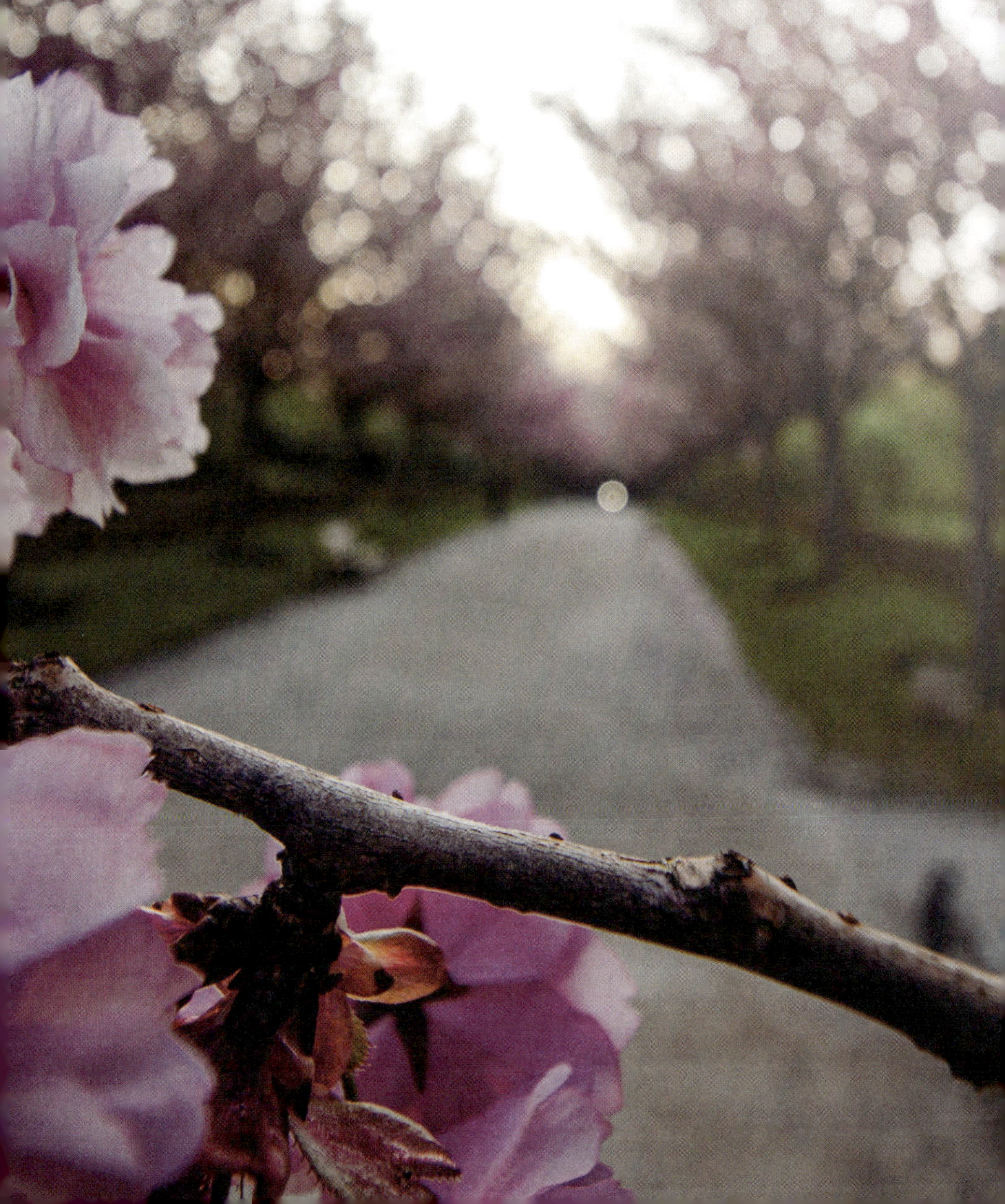

Dein Moment für die Ewigkeit

Die Kirschblüten-Allee

Fotografierst du eine Allee, hast du mehrere Optionen deinen Fokus zu legen. Der Autofokus kann dir dabei helfen, links und rechts die Bäume der Allee zu fokussieren, das Ende der Allee wird unscharf. Schaltest du auf den manuellen Fokus oder aktivierst nur das mittlere Fokusfeld, kannst du auf das Ende der Allee scharf stellen.

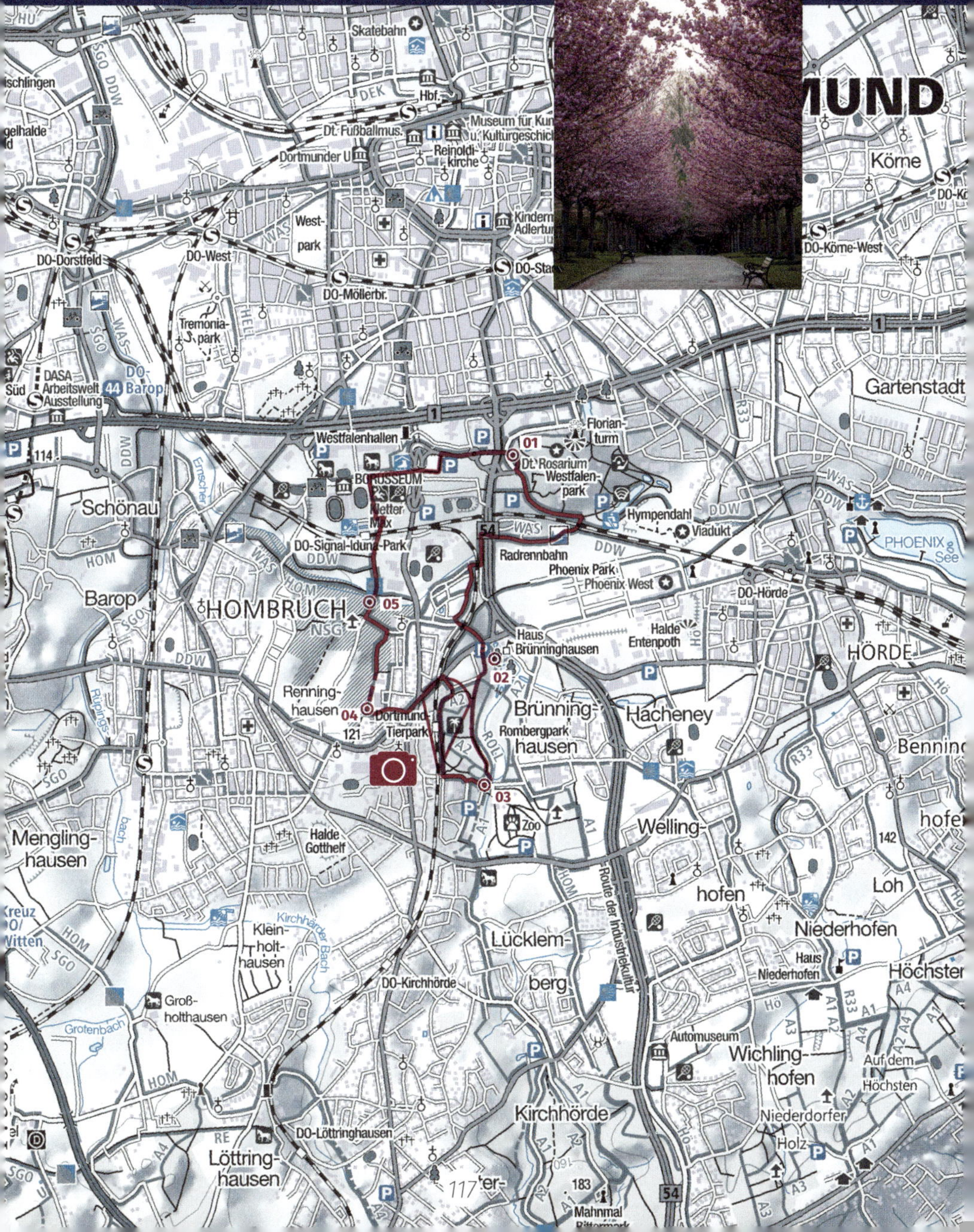

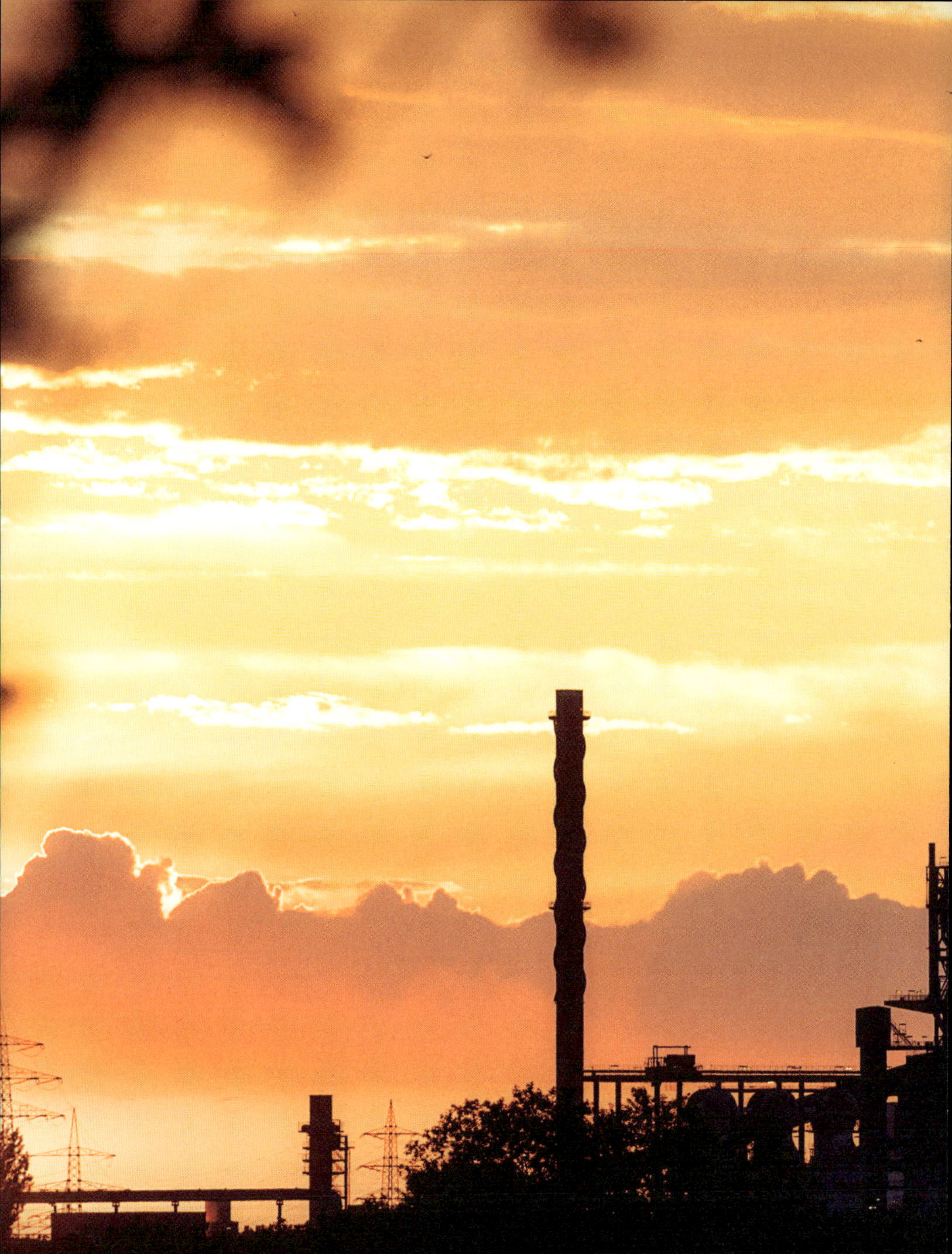

16 Industrie-Nostalgie

Ein Nebeneinander von stillgelegter und noch aktiver Industrie ist in solch beeindruckenden Dimensionen wohl nur in Duisburg zu sehen. Im Vordergrund die Hochöfen, die heute zum Landschaftspark Duisburg Nord gehören, im Hintergrund der dampfende Kühlturm des Kraftwerks Duisburg Walsum.

Bilder von: **Pascal Wieczorek**
@_lightaway_

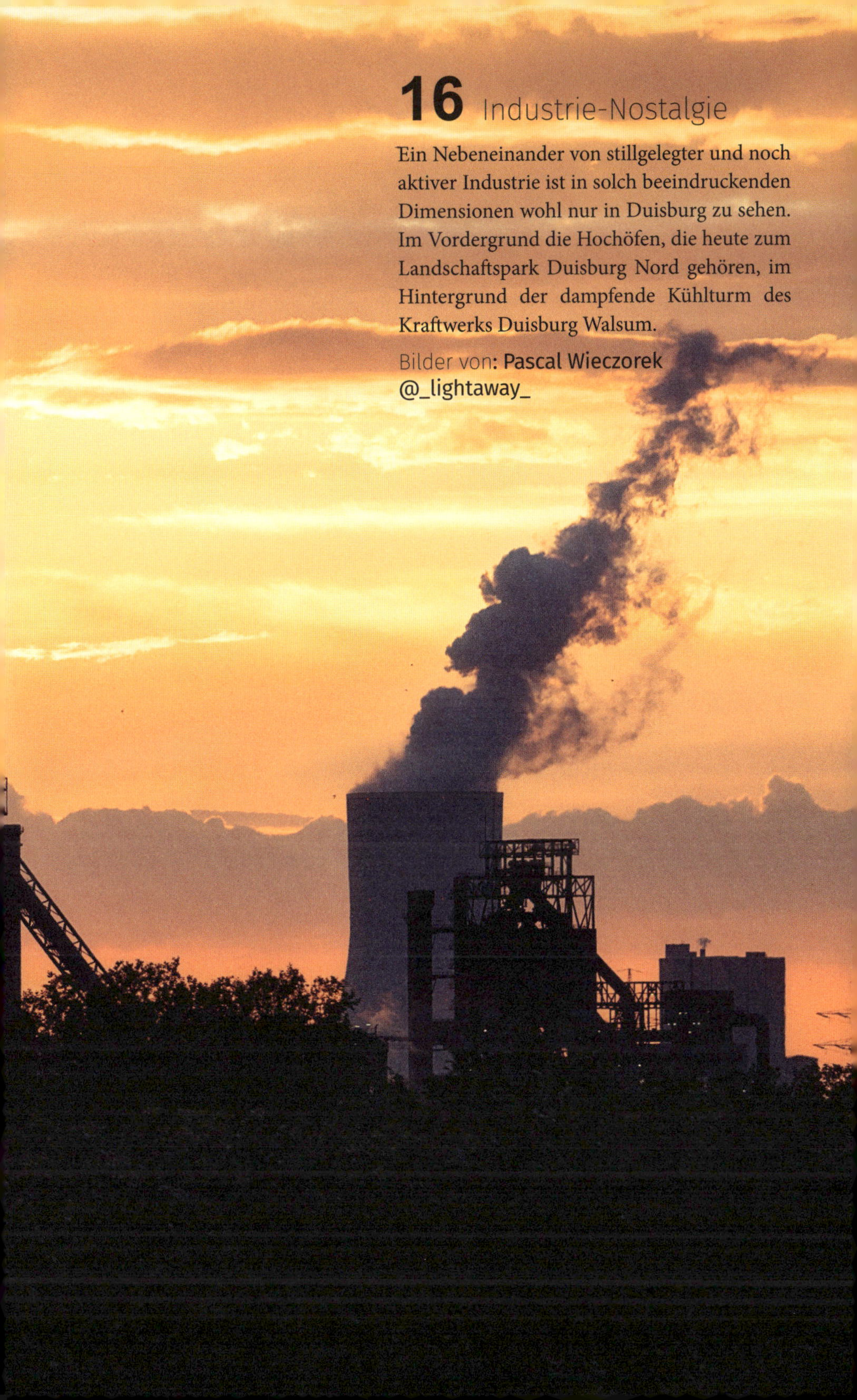

Landschaftspark Duisburg

Tourencharakter
Es wartet eine variierbare und familientaugliche Rundtour durch gewaltige Industrieanlagen und zunehmend renaturierte Wald- und Wiesenlandschaft. Nach Erkundung der Anlagen erfolgt eine Runde ins Grüne, bevor erneut Industrie-Impressionen beeindrucken.

Start und Ziel
Der Eingang Hüttenwerk des Landschaftsparks Nord in Duisburg. Parkplätze befinden sich etwa 100 m links (nördlich) in der Emscherstraße. Die Anreise mit Öffis ist via Tram 903 von und nach Duisburg-Hauptbahnhof möglich.

Schwierigkeit: **leicht** - mittel - schwer
Dauer: **1:30 h**
Länge: **6,2 km**
Aufstieg **40 hm**
Abstieg **40 hm**

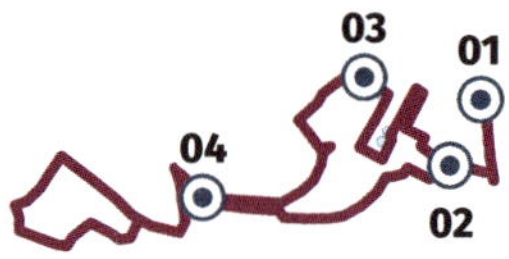

Höhenlinienmodell mit Streckenverlauf

Höhenprofil

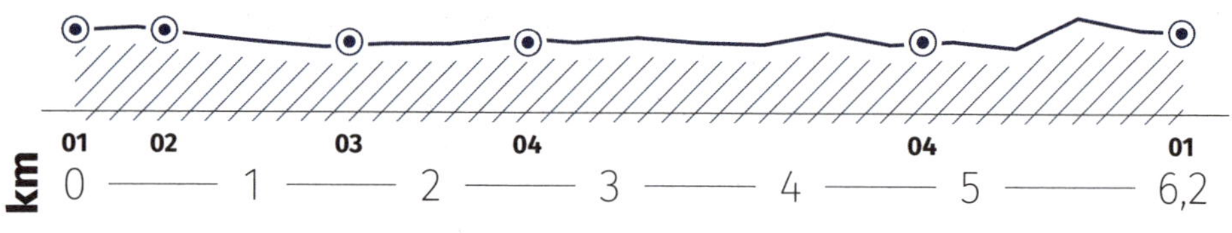

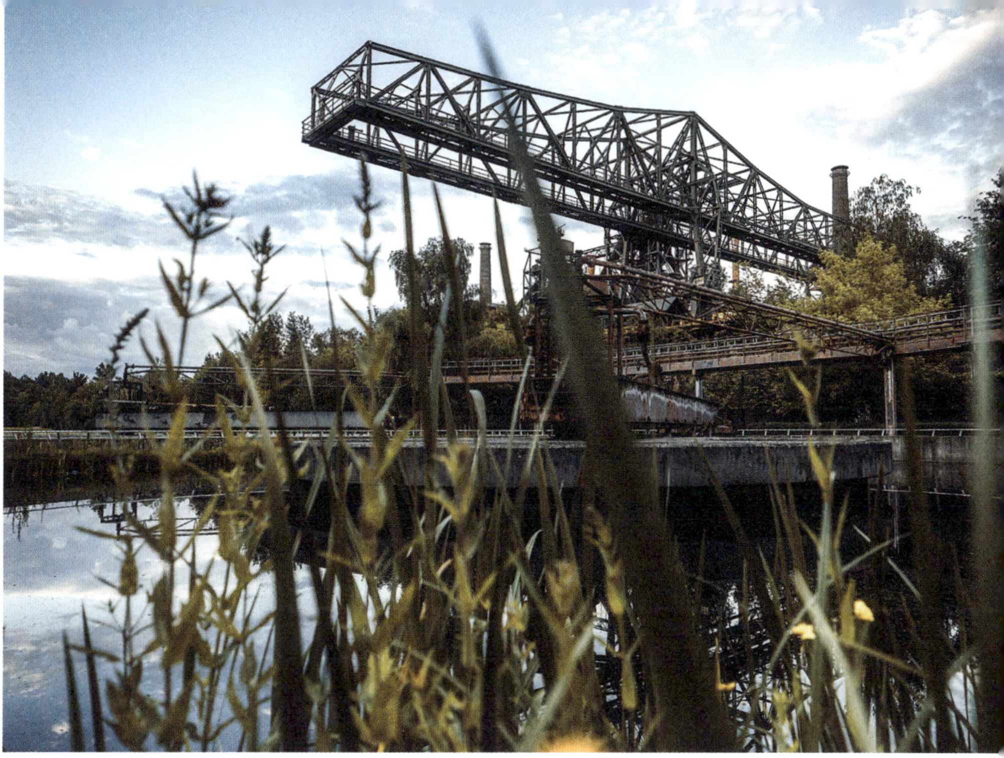

Ich bin ein Kind des Ruhrgebiets. Da antwortet man auf die Frage nach der Nationalität Schalke, Dortmund oder Bochum.

Leon Goretzka, Fußballprofi (*1995)

Der Landschaftspark Duisburg-Nord bietet eine der wohl spektakulärsten Industriekulissen weltweit [Foto]. Heutzutage ist er zu einer Kultur- und Freizeitarena geworden, deren Ausmaß und Vielfalt ebenfalls spektakulär ist. Auf dieser kurzen Rundwanderung erkunden wir die alten Industrieanlagen und das umgebende Gelände, das sich von der Industriebrache immer mehr zum Naturraum entwickelt. Den Rundgang durch die alten Anlagen kann man beliebig variieren. Unsere Tour nimmt möglichst viele Highlights mit und hebt sich den sprichwörtlichen Höhepunkt – die Besteigung von Hochofen 5 – für den Schluss auf.

Wir starten beim Eingang Hüttenwerk **01** und passieren das Besucherzentrum vor der gewaltigen Kraftzentrale. Wir halten auf die Gleisanlagen zu, wo es in der „Bunkertasche" beeindruckende Graffiti zu sehen gibt. Hinter den Schienen **02** halten wir uns rechts, um einen Blick auf die Kletteranlagen und den Klettersteig des Deutschen Alpenvereins zu werfen.

Auf dem parallel verlaufenden Weg kehren wir zurück und drehen eine Runde um die Klärbecken. Nun erkunden wir die weiten Grünflächen des Außengeländes. Auch diesen weiteren Wegverlauf durch den

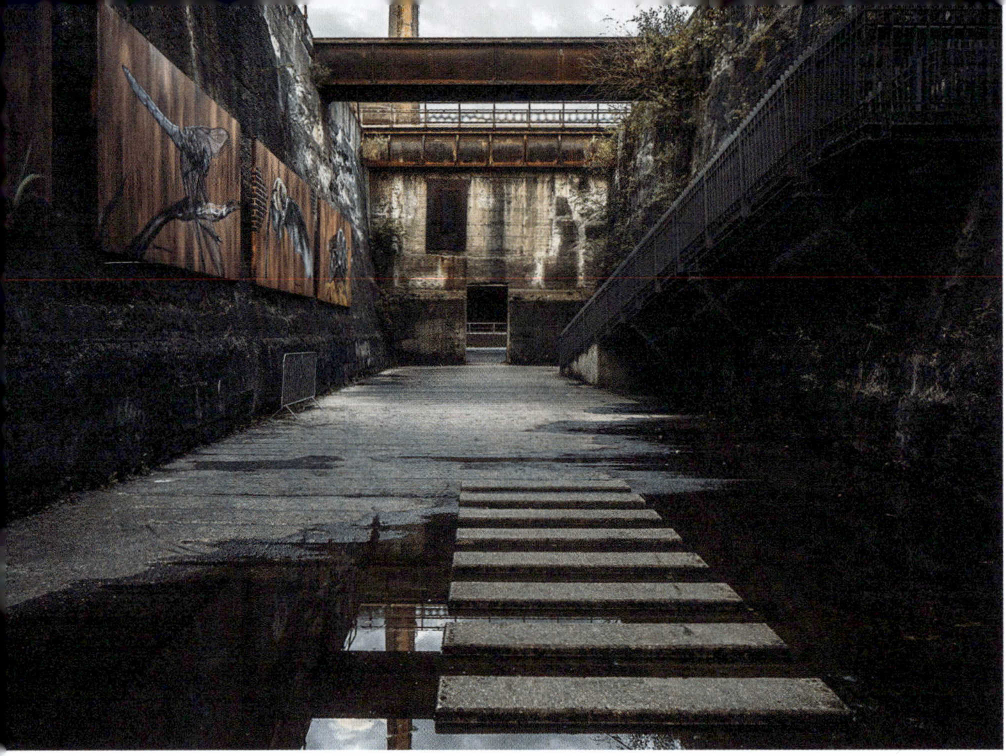

Park kann man problemlos anders variieren als hier vorgeschlagen – unsere Wegführung ist wegen der naturbelasseneren Wege und der größeren Distanz zu den Schnellstraßen ausgewählt. Auf der Höhe vom Sinterplatz biegen wir dann links ab. Wir passieren den Sinterplatz **03** rechtsseitig am Fuße der liebevoll „Monte Schlacko" genannten Halde. Wer will kann den Monte Schlacko bezwingen, wer nicht will, biegt direkt links ab und folgt dem Parkrundweg auf der aussichtsreichen Anhöhe in die Gegenrichtung. Bald ist der Stadtrandgarten erreicht, den wir durchqueren, um dann für etwa 100 m dem Weg in Richtung Mitte des Landschaftsparks zu folgen. An seiner Einmündung in den Hauptweg biegen wir rechts ab. Wir folgen dem bequemen Spazierweg bis zum Westeingang **04** des Landschaftsparks. Dort biegen wir links in die Hamborner Straße ein, um nach knapp 200 m wieder rechts in einen weiteren Teil des Landschaftsparks abzubiegen. Von hier aus drehen wir eine Runde von etwa 1,5 km gegen den Uhrzeigersinn durch das Gelände. Mehrere ehemalige Zechen und Schächte verbergen sich hier.

Die Runde endet an der Hamborner Straße, der wir wieder zurück zum Westeingang **04** des Landschaftsparks folgen. Diesmal geht es direkt entlang der Bahngleise auf direktem Wege an der in Blickrichtung rechten Seite des Parks zurück zu den alten Industrieanlagen. Bald haben wir den Hochofen 5 rechts vor uns. Wir folgen der Beschilderung und lassen uns auf ihn hinaufführen. Der Aufstieg ist schon beeindruckend, wird aber vom Ausblick oben nochmals in den Schatten gestellt. Definitiv ein würdiger Ausklang einer vielseitigen Rundtour, bevor wir zum Eingang Hüttenwerk **01** zurückkehren.

Dein Moment für die Ewigkeit

Abendstund'

Wenn die Sonne untergeht beugen sich die Lichtstrahlen. Das tief stehende Licht streut sich an kleinen Partikeln in der Luft . Der Smog der Großstadt ist somit mitverantwortlich für ein intensives Abendrot.

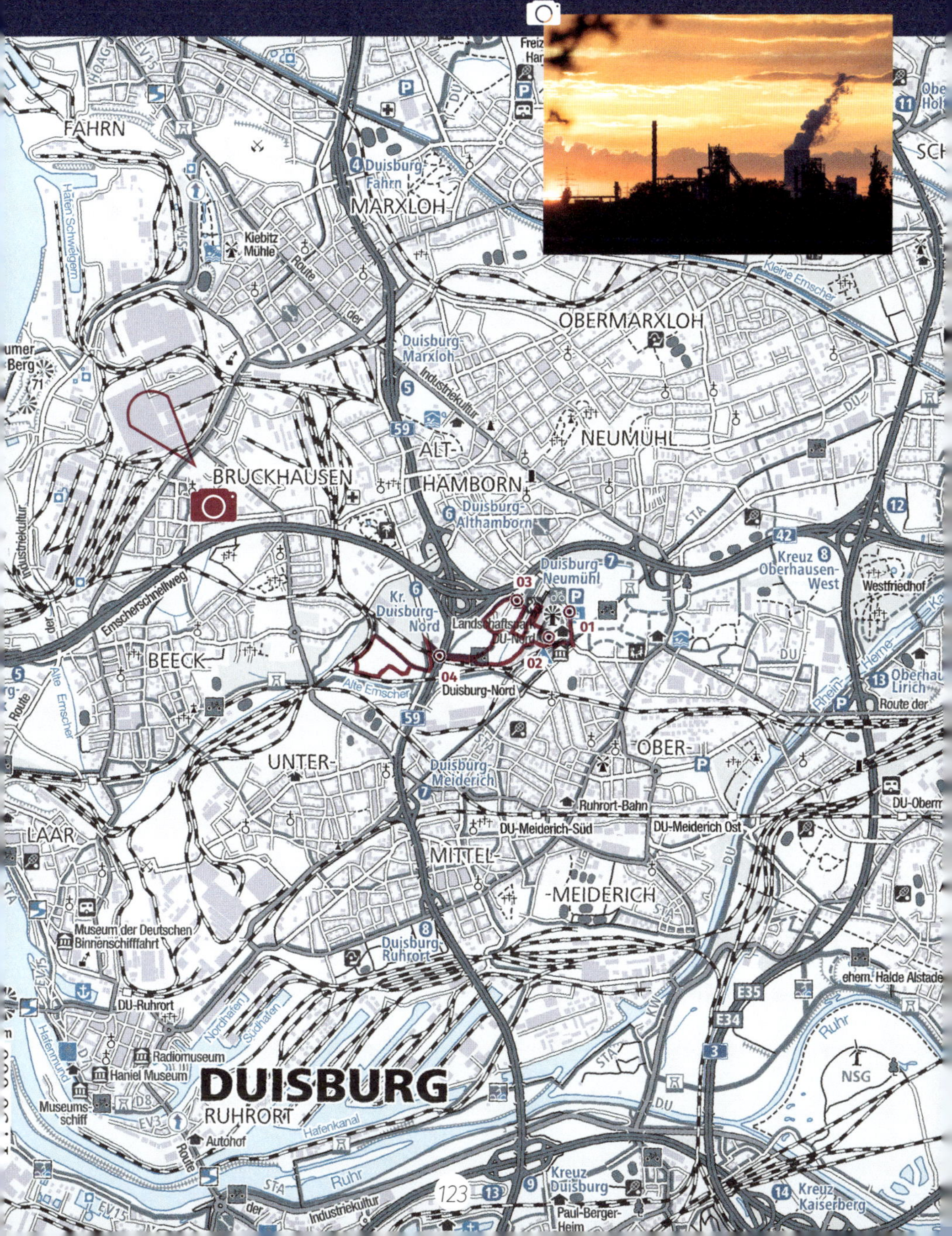

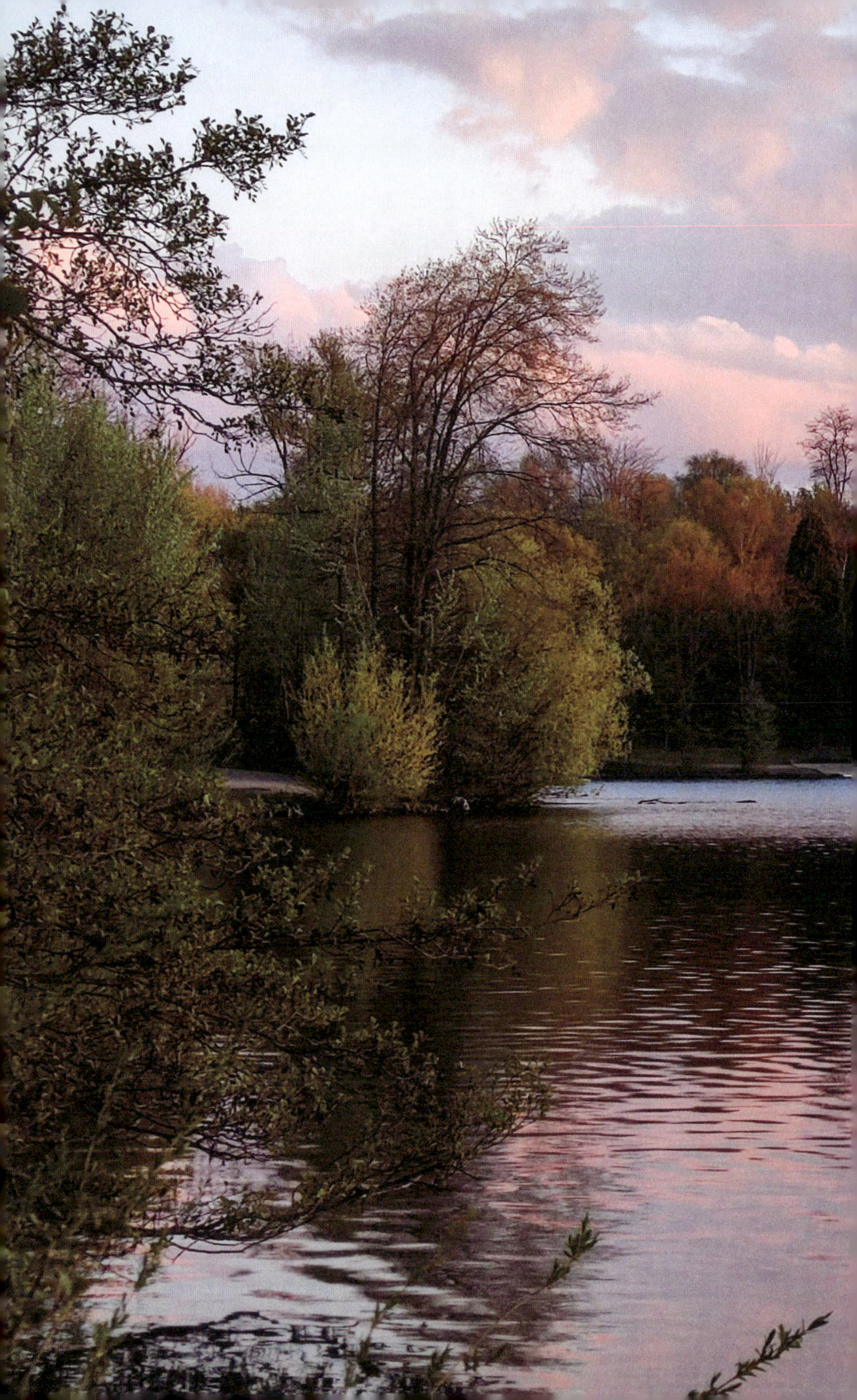

17 Stählerner Wachposten

Der 23 Meter hohe Aussichtsturm auf dem 1967 aufgeschütteten Wolfsberg hat nicht nur die Sechs-Seen-Platte fest im Blick, sondern auch weite Teile der Umgebung. Und er wird sich vermutlich länger halten als sein aus Holz gefertigter Vorgänger, der 2002 einer Brandstiftung zum Opfer fiel.

Bilder von: **Silke Kloer**
@kloe_likes

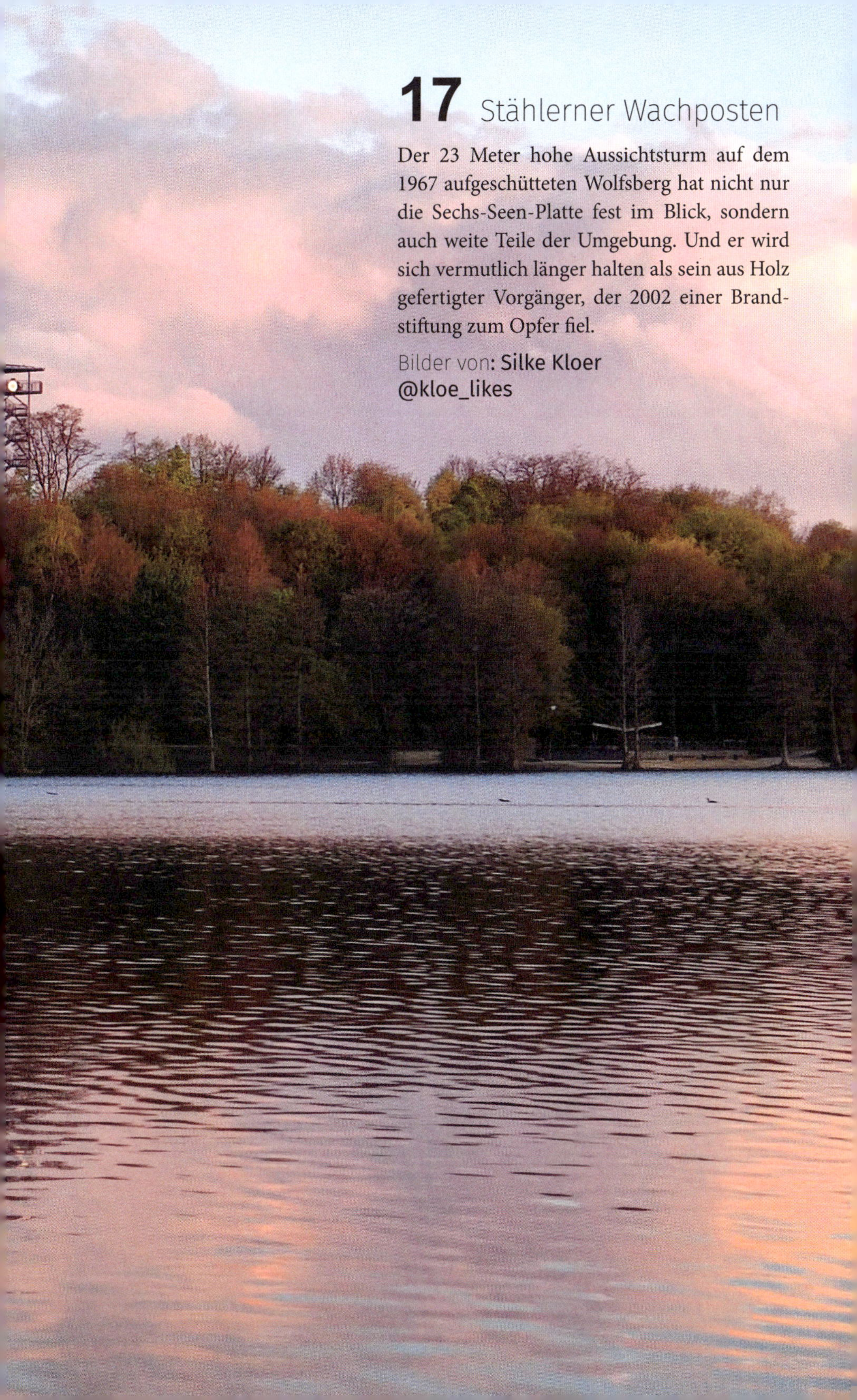

Duisburger Sechs-Seen-Platte

Tourencharakter
Wir drehen eine kurze und leichte Schleife durch die bewaldete Duisburger Seenplatte und die Ruhrauen. Die aussichtsreiche Park- und Waldwanderung verläuft auf größtenteils bequemen Spazierwegen.

Start und Ziel
Ausgangspunkt und Ziel ist der Bahnhof Duisburg-Entenfang. Parkmöglichkeiten finden sich rund um den Entenfang-See. Die Anreise mit dem PKW erfolgt über die A 3, Ausfahrt Duisburg-Wedau und die Bissigheimer Straße. Die Öffi-Anreise ist per Bus möglich.

Schwierigkeit: **leicht** - mittel - schwer
Dauer: **1:45 h**
Länge: **8,2 km**
Aufstieg **20 hm**
Abstieg **20 hm**

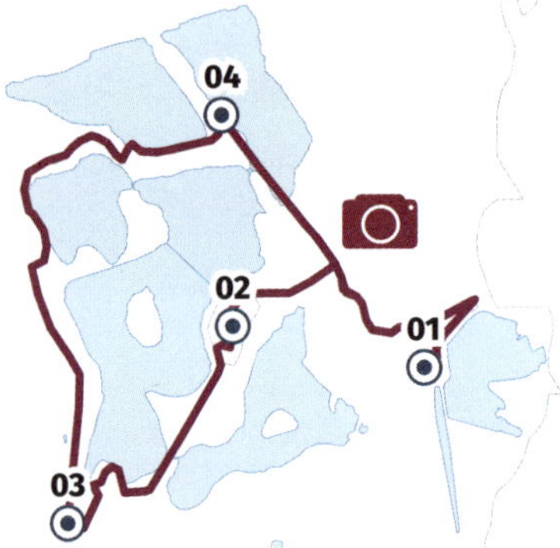

Höhenlinienmodell mit Streckenverlauf

Höhenprofil

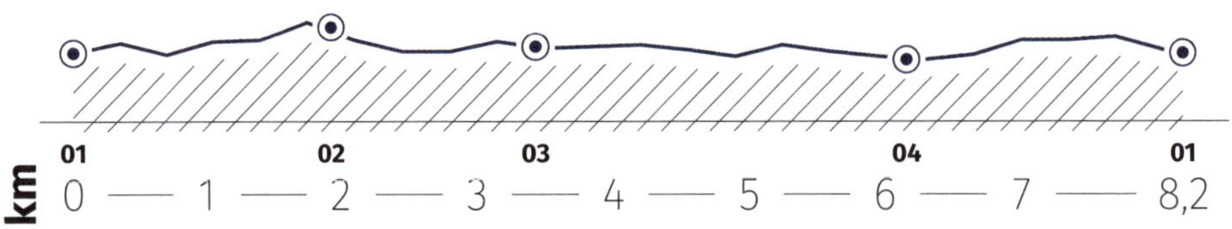

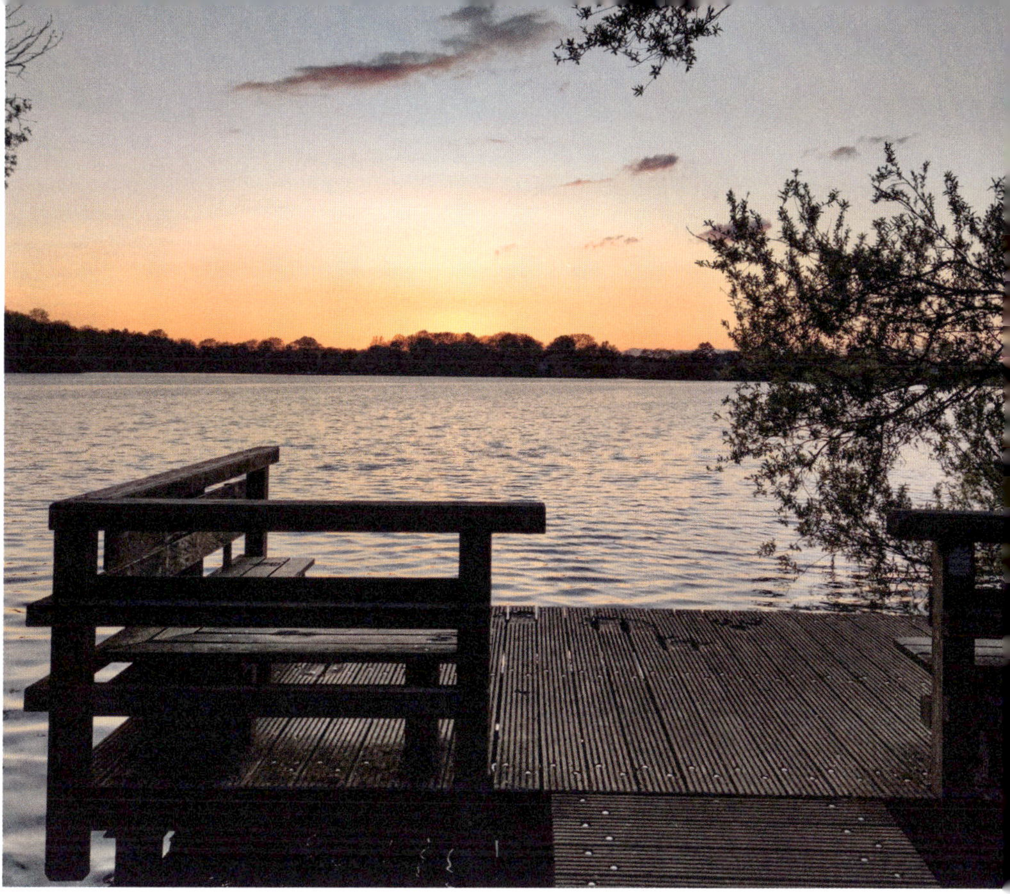

Die Sechs-Seen-Platte im Duisburger Süden ist ein von Wald umgebenes Erholungs- und Wassersportzentrum mit Möglichkeiten zum Surfen, Segeln, Schwimmen und Rudern sowie für erholsame Spaziergänge und zur Naturbeobachtung. Insgesamt stehen 18 km Wanderwege zur Verfügung, davon 9 km an den Ufern. Hinzu kommt der 18 m hohe Aussichtsturm auf dem Wolfsberg mit seiner exzellenten Übersicht.

▶ Am stillgelegten Bahnhof Duisburg-Entenfang **01** starten wir und überqueren die Brücke über den Gleiskörper zur Masurenallee auf der Westseite des Bahngeländes vor dem Wald. Am Ende der Brücke halten wir gleich links auf die Stufenanlage zu, die in den Wald hinabführt und sich als Weg neben dem Wambach fortsetzt. An der ersten Verzweigung gehen wir im Wald links weiter Richtung „Aussichtsturm". Der Weg überquert den Wambach, und an der nächsten Wegkreuzung lohnt sich links der kurze Abstecher zum Aussichtspunkt am Haubachsee. Zurück zum Weg Richtung „Aussichtsturm": Er hält auf die bewaldete Kuppe zu, führt in den Nordhang über dem Wolfsee – dort befindet sich am Ufer eine Grillstelle –, dann ist der Schlussanstieg zum Aussichtsturm **02** angezeigt. 2006 wurde der 23 m hohe stählerne Turm als Nachfolger eines Holzturms eingeweiht, der in Brand geraten war. Der Wanderweg schlängelt sich am Ufer des Wildförstersees weiter, passiert mehrere Naturbeobachtungsstellen sowie eine Liegewiese am Ufer und mündet vor dem Golfplatz auf den Weg neben dem Dickelsbach 03. Dieser führt rechts weiter.

Kurz vor der Unfallklinik wechselt der Weg die Bachseite. Eine verblasste Dreieck-Markierung leitet am Böllertsee entlang, auch hier befindet sich eine Naturbeobachtungsstelle. Dann Wandern wir am Ufer des Wambachsees und am Strandbad Wolfssee 04 entlang weiter zum Kalkweg. Dieser leitet rechts weiter. Nach Überqueren der aussichtsreichen Stegbrücke zwischen Masuren- und Wolfssee sowie nach Passieren der Gaststätte „Haus Seeblick“ ist wieder der bekannte Weg in den Wäldern im Wambachtal erreicht. Geradeaus haltend und zuletzt links geht es zurück zum Ausgangspunkt am Bahnhof Duisburg-Entenfang 01.

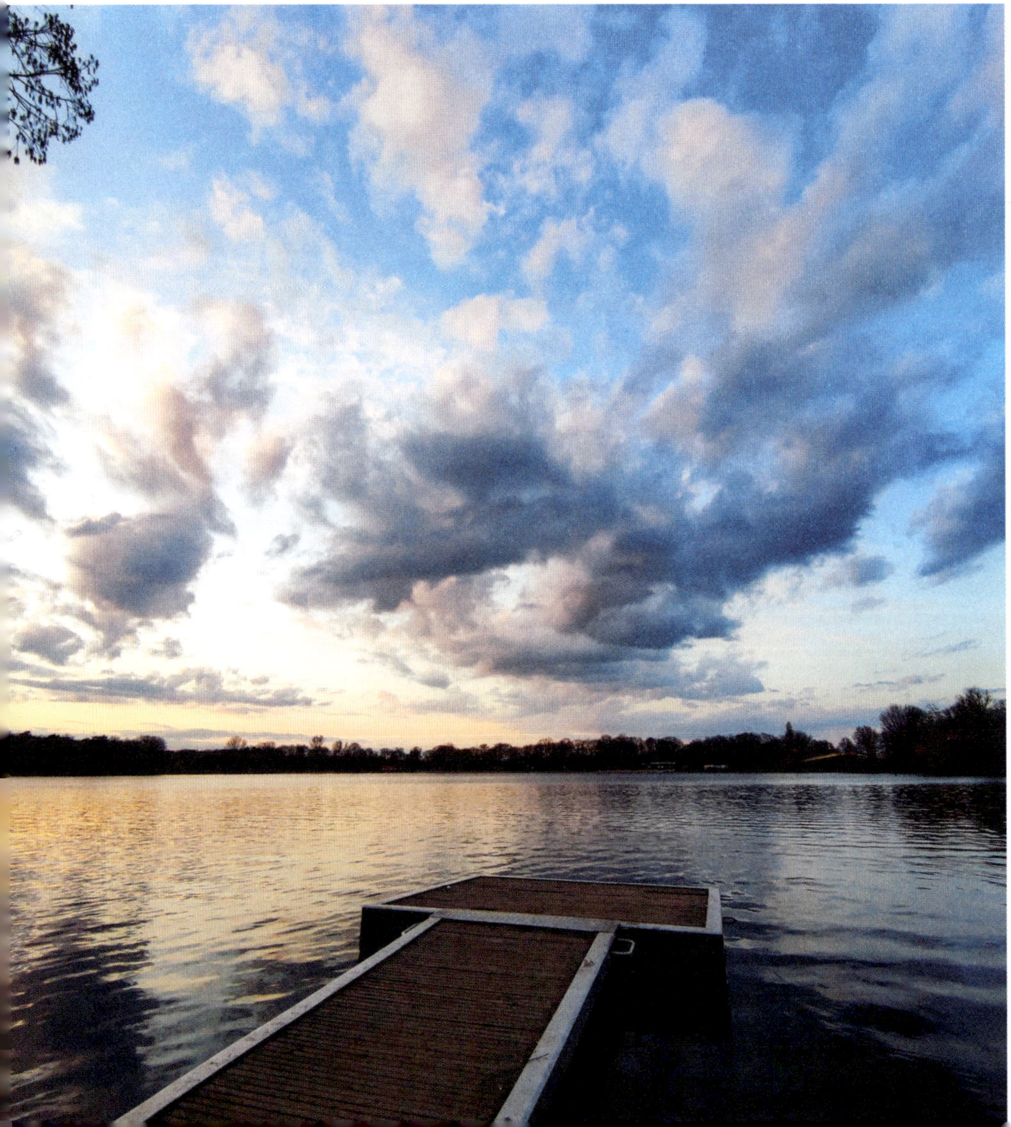

Dein Moment für die Ewigkeit

Zur richtigen Zeit am richtigen Ort

Die Überschrift verrät zwei der wichtigsten Faktoren für ein gelungenes Foto. Jeder Ort hat seine Besonderheiten was die Zeit betrifft. Das kann sowohl die Tageszeit als auch die Jahreszeit sein. Auf dem Bild sieht man das romantische Farbenspiel eines sommerlichen Abendrots über demWolfssee.

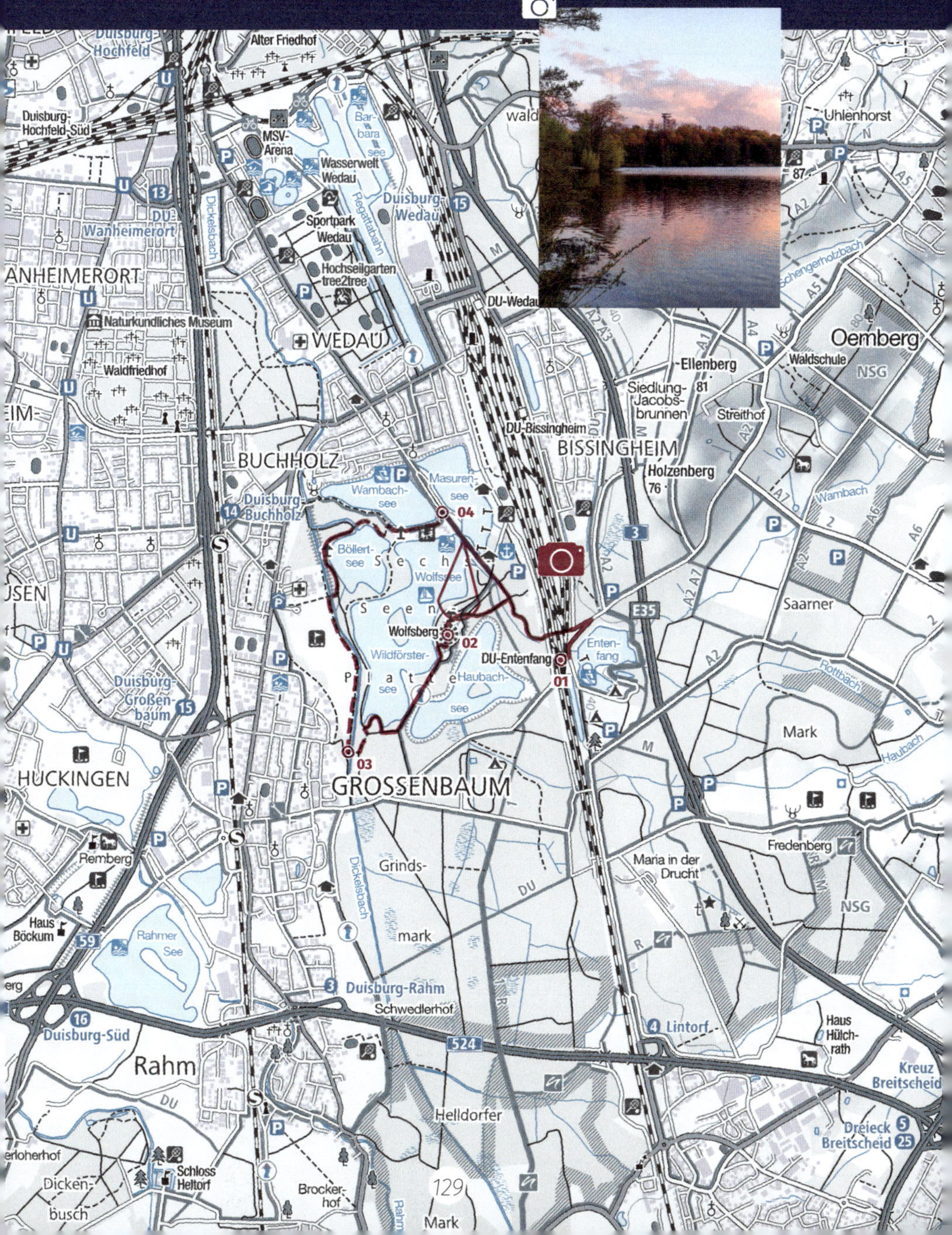

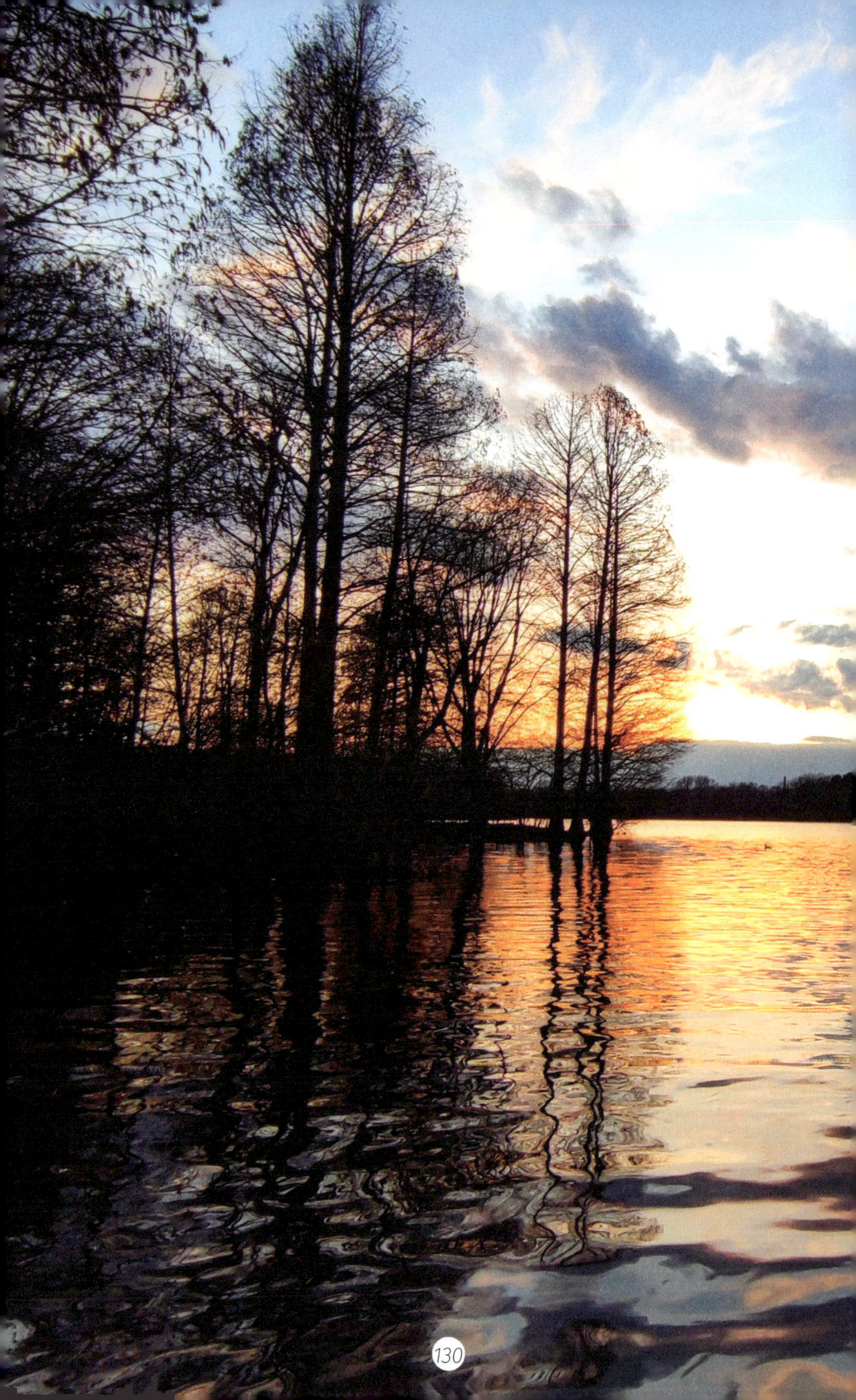

Was quatschst du mich so blöd an, du Spießer, nur weil ich ,ne Fahne habe?

Götz George als Kommissar Schimanski im Duisburger „Tatort“

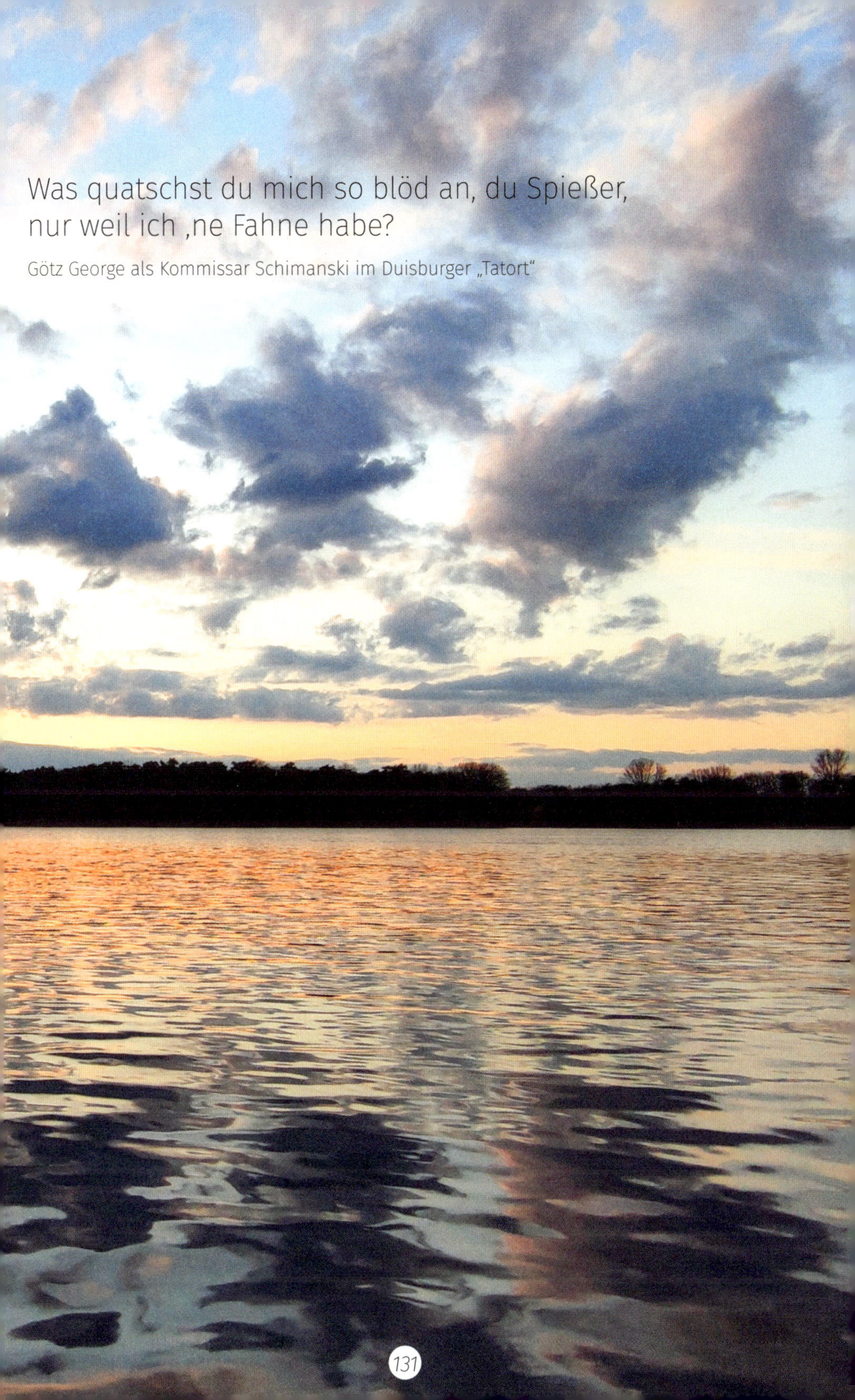

18 Tiger and Turtle – die Achterbahnskulptur

Im Duisburger Angerpark steht die derzeit wohl ausgefallenste Großskulptur des Ruhrgebiets: Tiger and Turtle – Magic Mountain. Die aus verzinktem Stahl erbaute Installation ist einer Achterbahn nachempfunden, bis auf den Looping sind die meisten Teile begehbar. Da sie sich auf einer Halde befindet, bietet sie eine umfassende Aussicht.

Bilder von: **Maren Hildebrand @marenclaudine**

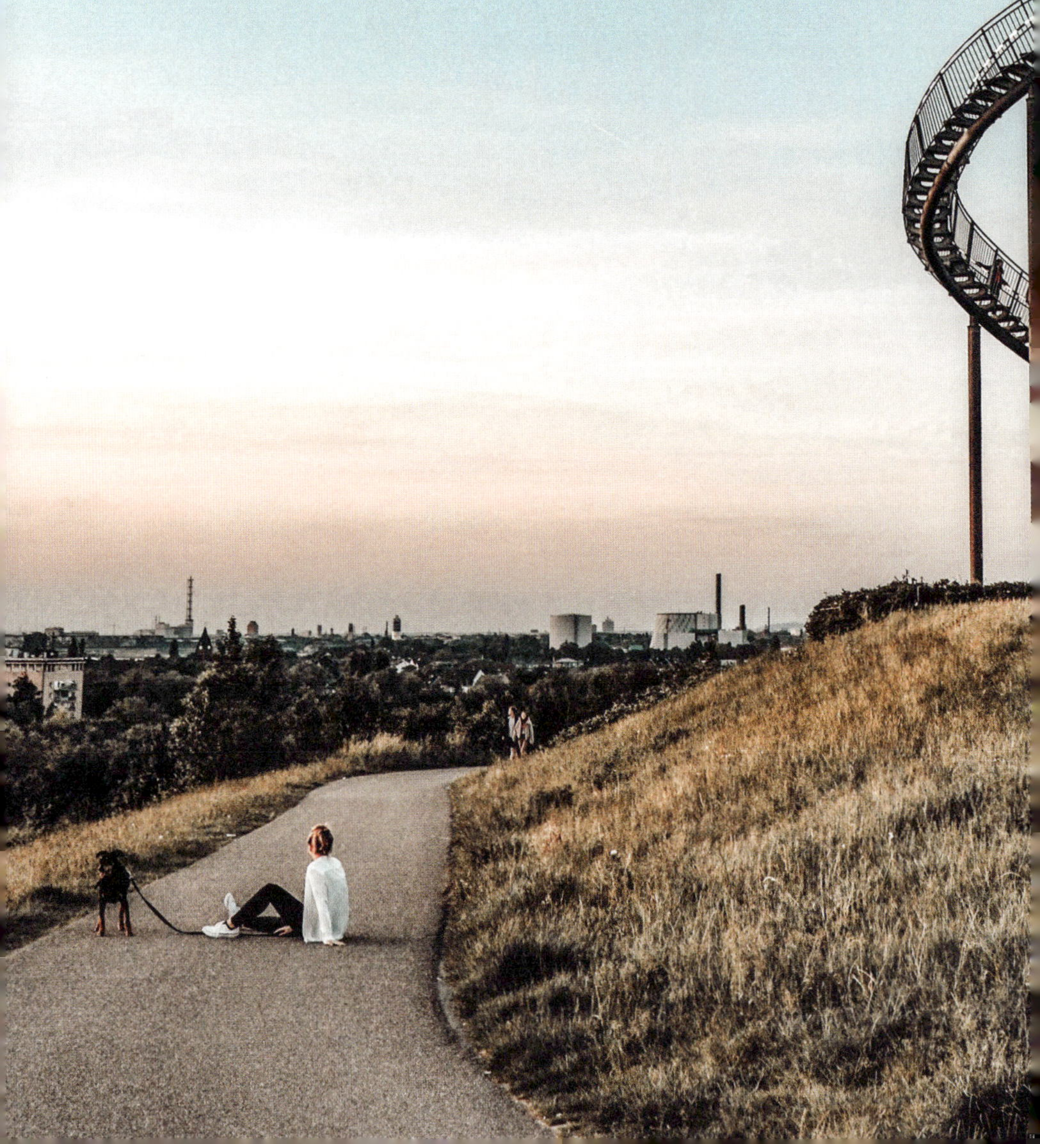

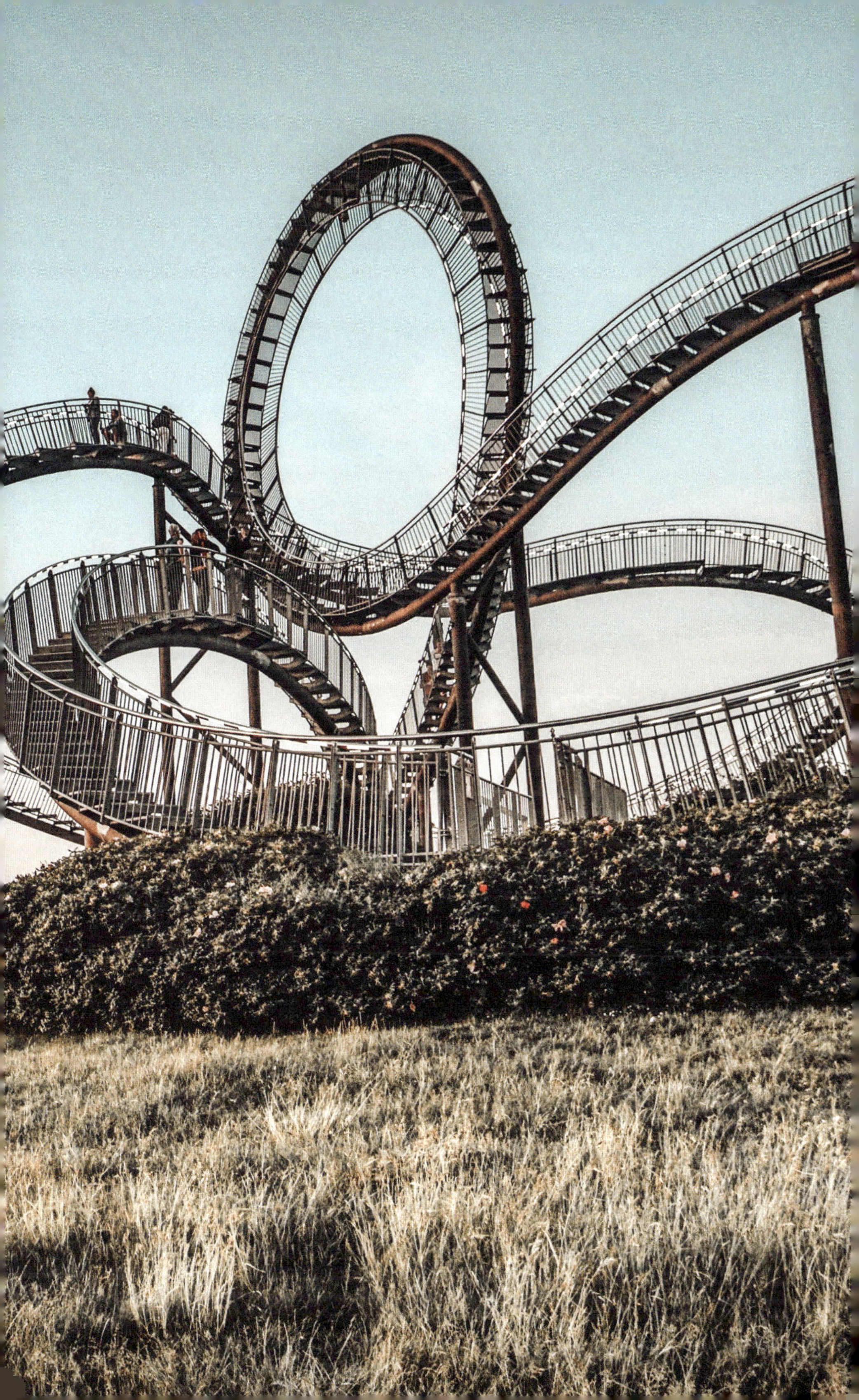

Tiger and Turtle im Angerpark

Tourencharakter
Es handelt sich um einen entspannten und zugleich anregenden Spaziergang im Duisburger Angerpark. Höhepunkt ist die Begehung der spektakulären Großskulptur. Die Tour führt über bequeme, teils befestigte, teils unbefestigte Wege.

Start und Ziel
Die Tram- und Bushaltestelle Mannesmann Tor 1 in Duisburg-Süd ist Ausgangspunkt und Ziel unserer Runde. Es besteht eine direkte Tramanbindung (Linie 903) an den Hauptbahnhof Duisburg. Die Anfahrt mit dem PKW erfolgt über die A 59, Ausfahrt Großenbaum.

Schwierigkeit: **leicht** - mittel - schwer
Dauer: **1:00 h**
Länge: **2,7 km**
Aufstieg **20 hm**
Abstieg **20 hm**

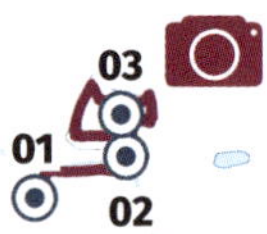

Höhenlinienmodell mit Streckenverlauf

Höhenprofil

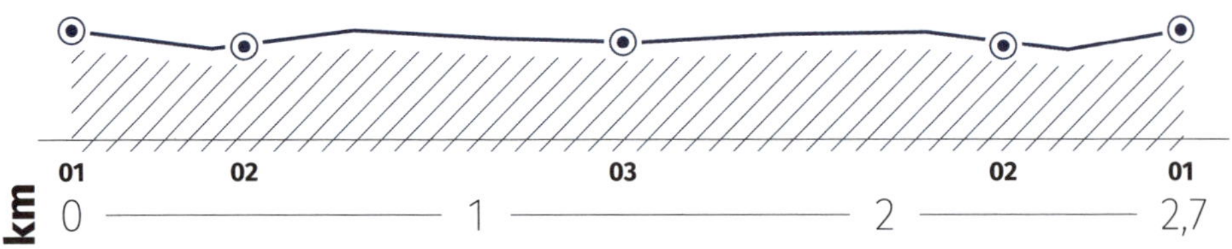

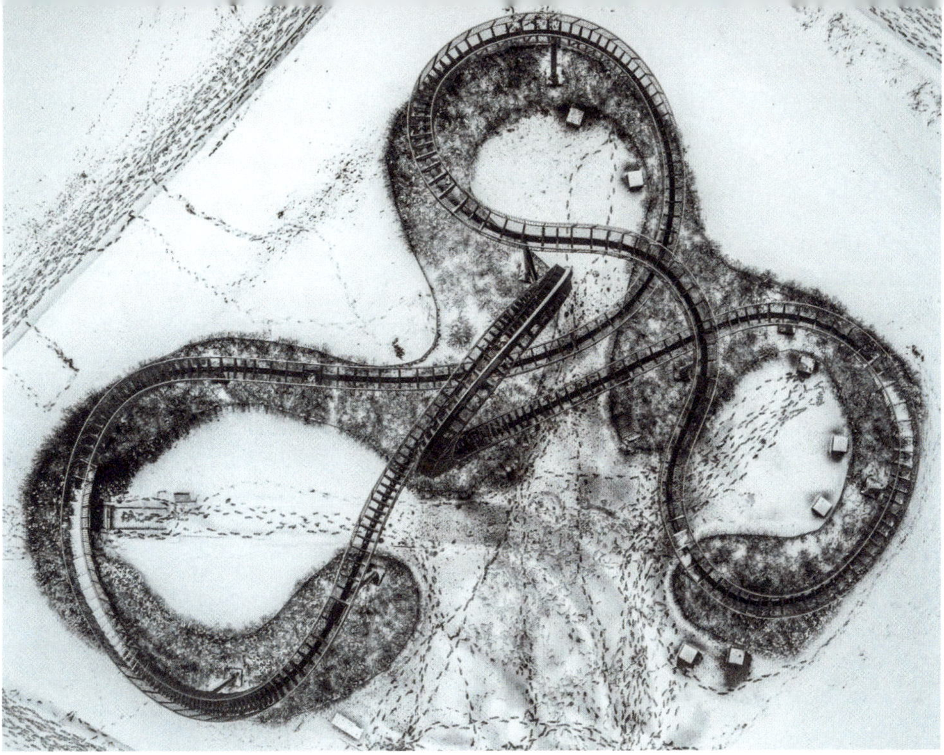

Diese „Gipfeltour“ führt uns auf das begehbare Kunstwerk Tiger & Turtle auf der Heinrich-Hildebrand-Höhe im Duisburger Angerpark. Dass die Skulptur „Tiger & Turtle“ heißt, rührt von ihrer Erscheinungsform her, die an einen Tiger erinnert. Der Besucher begeht sie währenddessen langsam wie eine Schildkröte. Die in ihr verbauten Materialien Zink und Stahl stellen einen historischen Bezug zum Standort her, denn bis 2005 war hier noch eine Zinkhütte in Betrieb.

Wir beginnen die Tour in der Schulz-Knaudt-Straße 01, einer Seitenstraße der Ehinger Straße bei den Tram-Haltestellen am Mannesmann Tor 1. Hier zweigt die Straße „Am Mühlstein“ ebenfalls als Seitenstraße ab. Ihr folgen wir, bis sie als Weg am Angerbach herauskommt. Wir halten uns rechts und gehen dem Bach entlang, bis wir ihn links auf einer Brücke überqueren können. Die Brücke führt uns in den Angerpark 02, wo wir geradeaus die Fahrradstraße entlangspazieren. Sie vollzieht eine Rechts- und dann zwei Linkskurven um die Heinrich-Hildebrand-Höhe herum. Hinter der zweiten Linkskurve zweigt links bzw. geradeaus ein schmalerer befestigter Weg ab, dem wir nun folgen. Wir umrunden auf ihm leicht aufsteigend die Halde eineinhalbmal und gelangen so auf spiralförmiger Route zur Achterbahnskulptur auf dem Gipfel 03. Nun können wir – mit Ausnahme des Loopings – die „Achterbahn“ begehen und die tollen Blicke auf das Industriepanorama des westlichen Ruhrgebiets genießen.

Für den Rückweg können wir dem Hinweg folgen. Alternativ können wir an der Hildebrand-Höhe auf Querwegen zwischen den „Spiralarmen“ direkt absteigen und die Tour somit etwas abkürzen.

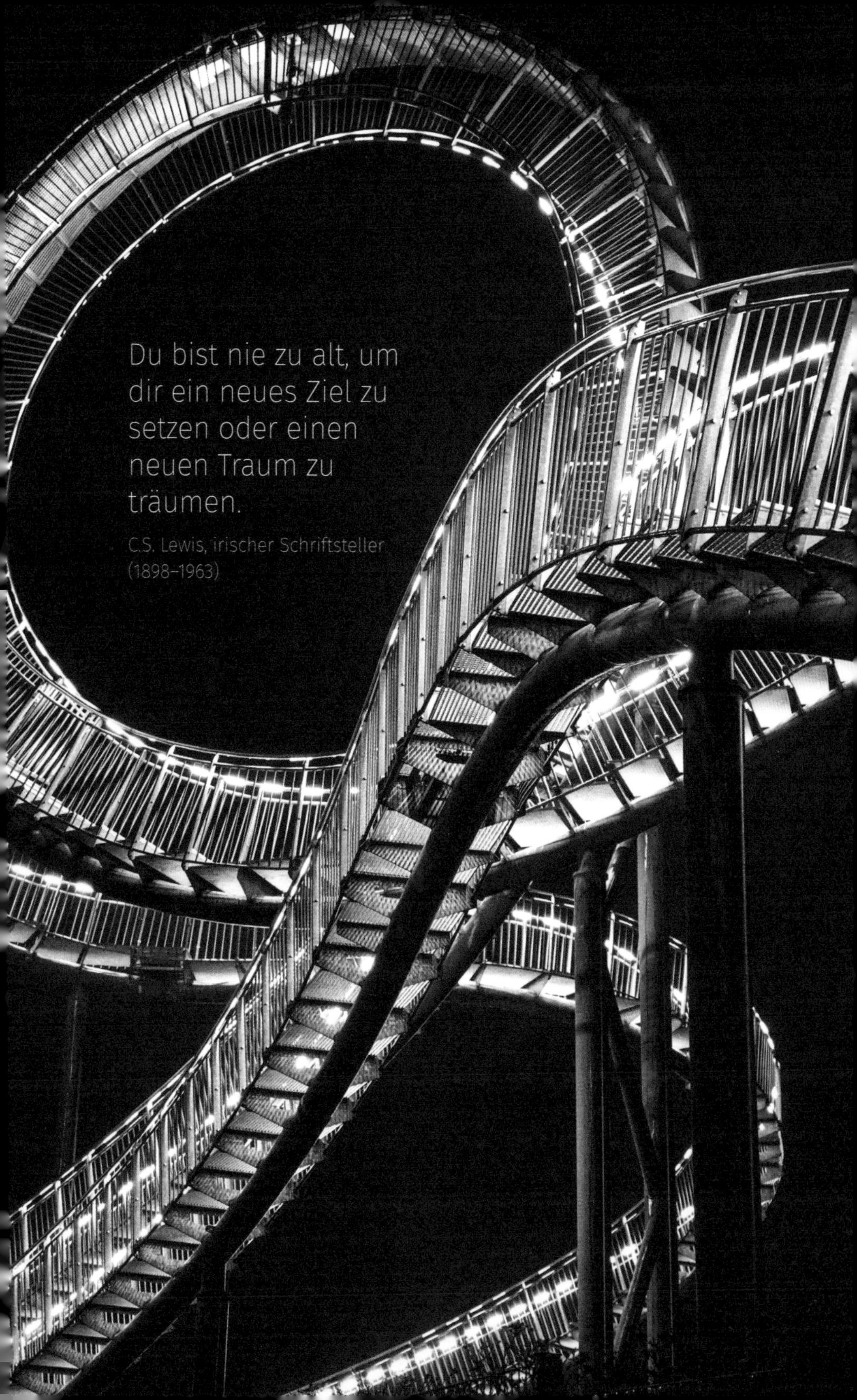

Du bist nie zu alt, um dir ein neues Ziel zu setzen oder einen neuen Traum zu träumen.

C.S. Lewis, irischer Schriftsteller (1898–1963)

Dein Moment für die Ewigkeit

Heb dich ab

Beliebte Motive sind 1000-fach immer gleich abgelichtet. Bring Abwechslung in dein Bild, das macht es interessant und hebt es von der Masse ab. Hier zum Beispiel wird die berühmte Achterbahnskulptur nur zum Nebendarsteller neben dem geschickt platzierten Model mit Hund und dem Weitblick über die Stadt.

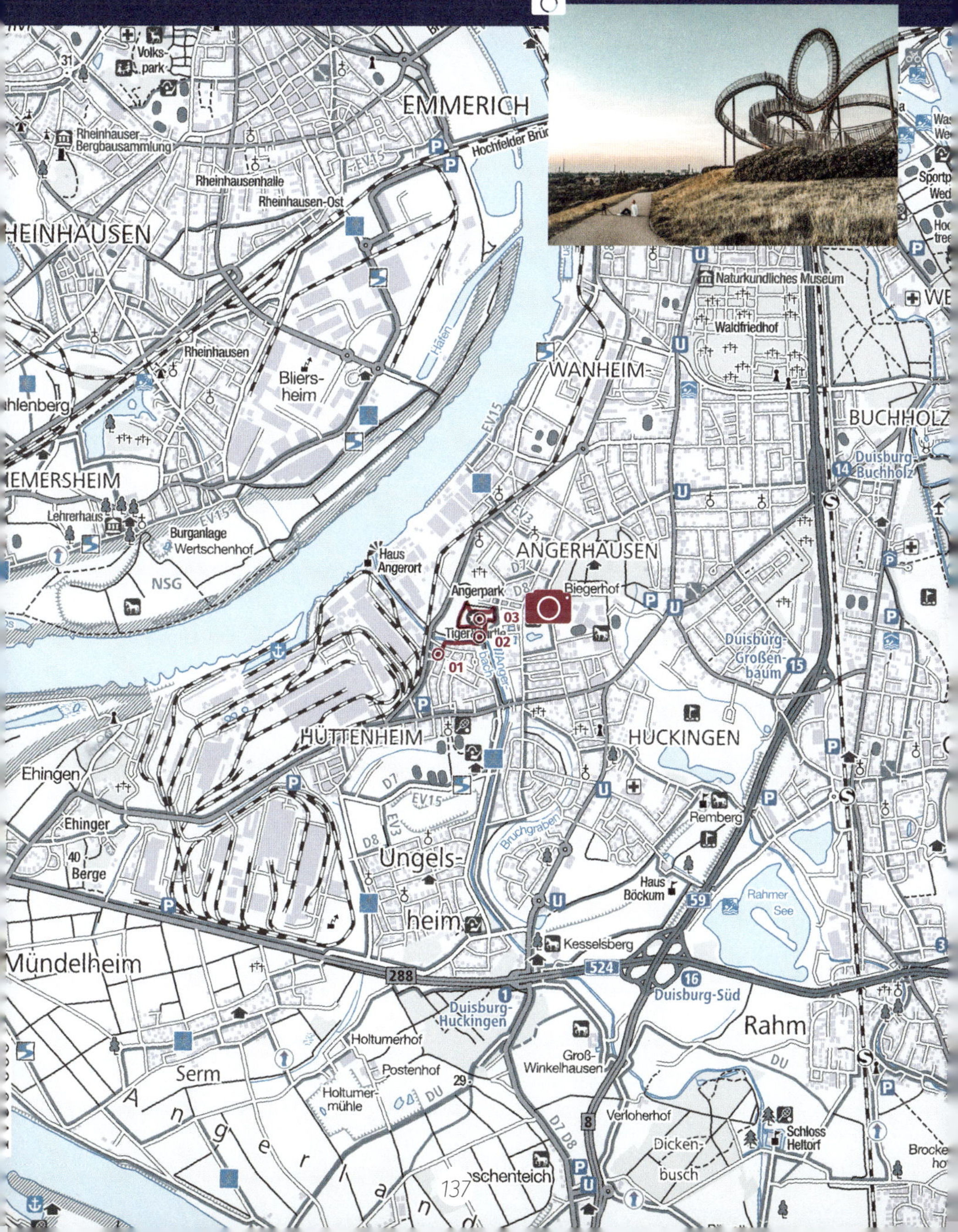

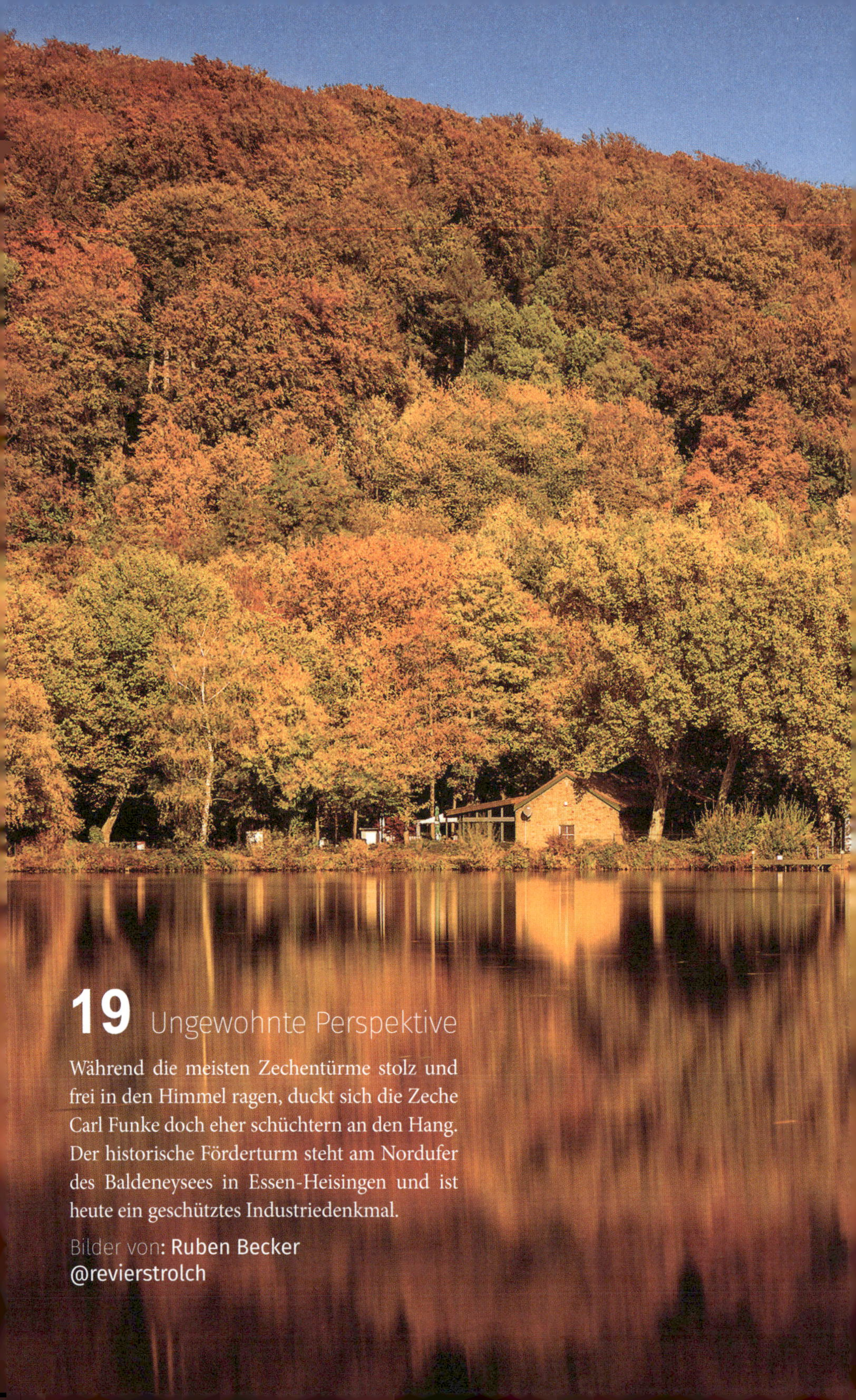

19 Ungewohnte Perspektive

Während die meisten Zechentürme stolz und frei in den Himmel ragen, duckt sich die Zeche Carl Funke doch eher schüchtern an den Hang. Der historische Förderturm steht am Nordufer des Baldeneysees in Essen-Heisingen und ist heute ein geschütztes Industriedenkmal.

Bilder von: **Ruben Becker**
@revierstrolch

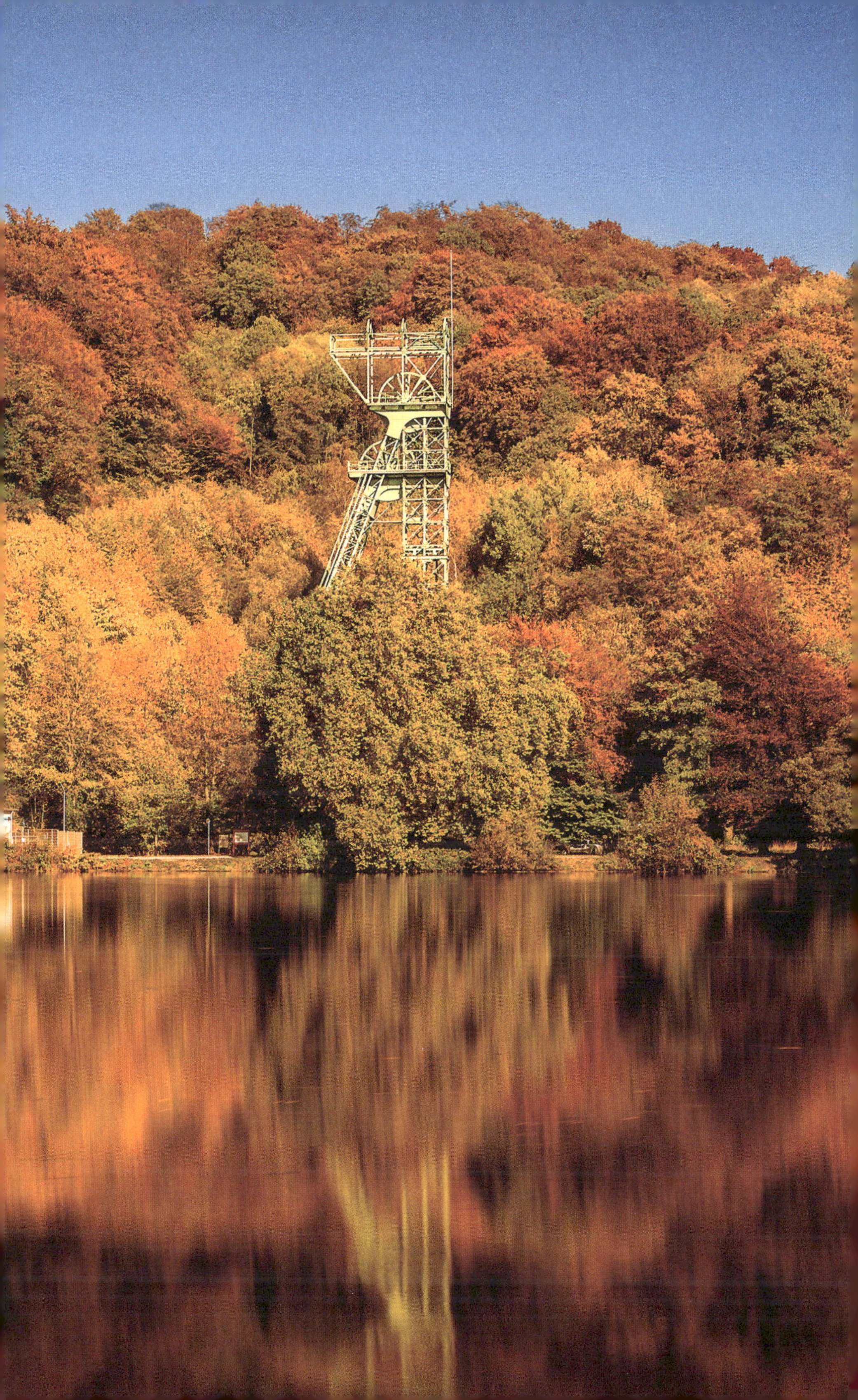

Steele – Bredeney – Werden

Tourencharakter

Diese etwas längere Streckentour durch den Essener Süden ist eine hügelige Wald- und Aussichtswanderung. Es warten meist gut ausgebaute Wege und ein munteres Auf und Ab mit recht vielen Höhenmetern, die solide Kondition erfordern

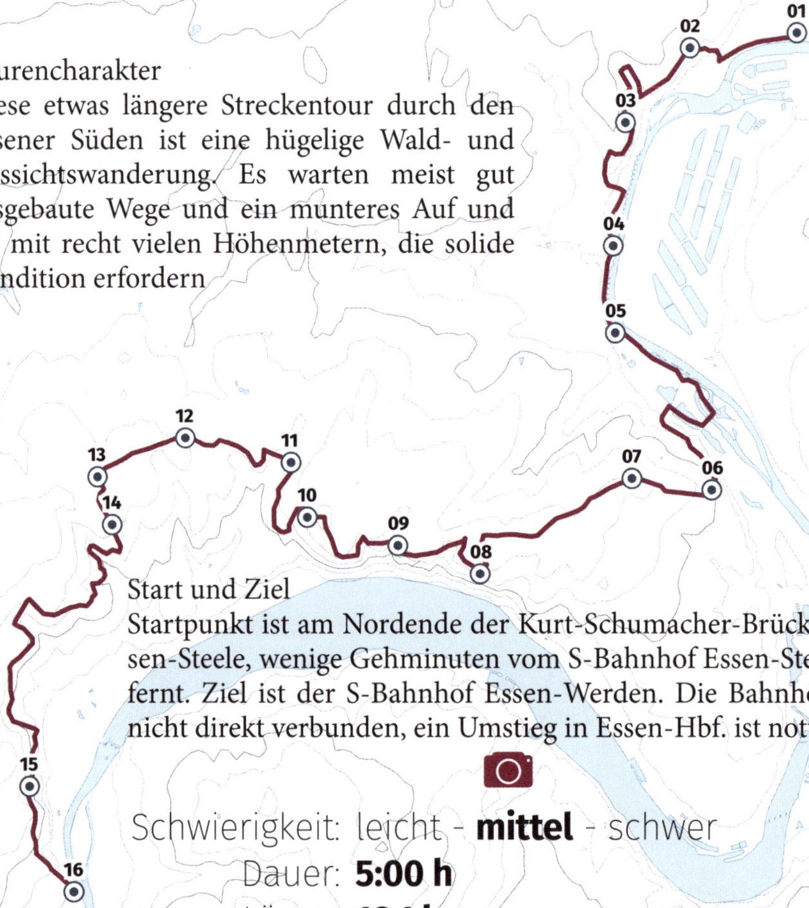

Start und Ziel

Startpunkt ist am Nordende der Kurt-Schumacher-Brücke in Essen-Steele, wenige Gehminuten vom S-Bahnhof Essen-Steele entfernt. Ziel ist der S-Bahnhof Essen-Werden. Die Bahnhöfe sind nicht direkt verbunden, ein Umstieg in Essen-Hbf. ist notwendig.

Schwierigkeit: leicht - **mittel** - schwer

Dauer: **5:00 h**

Länge: **18,1 km**

Aufstieg **540 hm**

Abstieg **560 hm**

Höhenlinienmodell mit Streckenverlauf

Höhenprofil

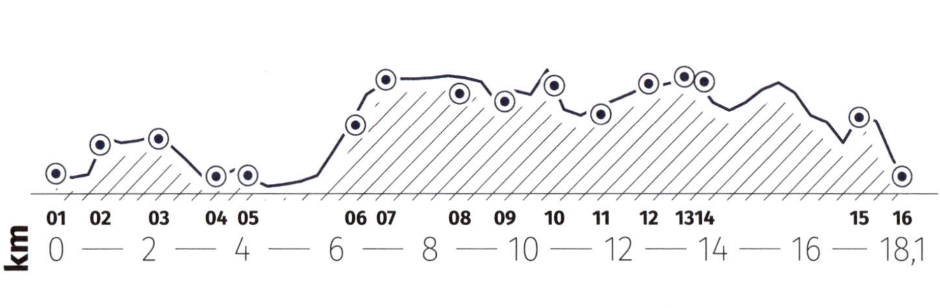

Die Höhenzüge über der Ruhr ermöglichen fantastische Ausblicke auf das Ruhrtal und den Baldeneysee. Weitere Höhepunkte sind die alten Buchen-/Eichen-Wälder im Schellenberger Wald und im Kruppwald bei der Villa Hügel.

Von der Nordseite der Kurt-Schumacher-Brücke in Steele 01 führt der Ruhrhöhenweg ruhrabwärts und schwingt beim Aquapark Steele rechts hinauf, um sich dann dahinter schräg links in die Straße „Am Deimelsberg" zu wenden. Vorbei am ab 1897 angelegten Steeler Stadtgarten wechselt er vor dem Knappschaftskrankenhause links auf einen Höhenweg, der Ausblicke auf das Ruhrtal 02 gewährt. Nach der Stufenanlage halten wir uns am Ende rechts (Spillenburgstraße), dann links und durch die Parkanlage abwärts am Aussichtspunkt „Fünfkirchenblick" 03 vorbei bis wir links durch die Dinnendahlstraße gehen, die bald wieder die Ruhrwiesen erreicht. Dort lädt hinter dem Campingplatz das Drago Restaurant „Zornige Ameise" 04 zur Einkehr. Vorbei an der Adenauer-Brücke quert der Ruhrhöhenweg die Bundesstraße und wechselt auf einer Stufenanlage in die Straße „Hexentaufe". Wo diese rechts schwingt folgen wir dem Ruhrhöhenweg geradeaus weiter. Nach Passieren der Bushaltestelle Sartoriusstraße 05 wandern wir hinauf in den Schellenberger Wald und kommen an einem Ruhrtal-Aussichtspunkt 06 rechts hinauf in den wildreichen Wald. Neben Buchenaltholzbeständen und alten Eichen sind auch viele Stechpalmen („Hülsen") zu sehen. Oberhalb der Häuser von Heisingen 07 führt der Ruhrhöhenweg am Hang zur Korteklippe 08. Von dort folgen wir ihm zurück zur Heisinger Straße, zweigen links in den Wald hinunter ab und gelangen zum Panoramarestaurant Jagdhaus Schellenberg 09. Auf der Zufahrt gehen wir kurz rechts und an der ersten Verzweigung halb links an der Ruine der Isenburg 10 vorbei und bald darauf vor dem Minigolf links zurück zum Wald. An dessen Ende halten wir uns rechts (Baldeney) und nehmen den ersten Waldweg links. Im Wald an der Verzweigung halten wir uns wiederum links. Wenig später führt der Ruhrhöhenweg unvermittelt scharf rechts hinab zur Kleingartenanlage Trappenberg, quert die Lerchenstraße 11 und führt über die Eisenbahnbrücke in den Bredeneyer Stadtwald hinauf. Dort halten wir uns grob links zur Frankenstraße 12, die nun einige Minuten die Route westwärts vorgibt, bis der Ruhrhöhenweg vor den Hochbehältern links abzweigt (Kruppallee 13). Kurz folgen wir dem Weg „Am Tann", dann gehen wir schräg rechts in den Kruppwald 14 hinein. Die dort thronende Villa Hügel und den Hügelpark lassen wir links liegen, während der Ruhrhöhenweg durch den Wald zur B 224 führt. Dahinter im Heissiwald auf einem Hangweg (Anna-Linder-Weg) zum Restaurant Villa Vue 15. Südlich des Restaurants mündet der Ruhrhöhenweg beim Wirtshaus zum Purzel in den Wilhelm-Bernsau-Weg, der links hinab zum S-Bahnhof Essen-Werden 16 führt.

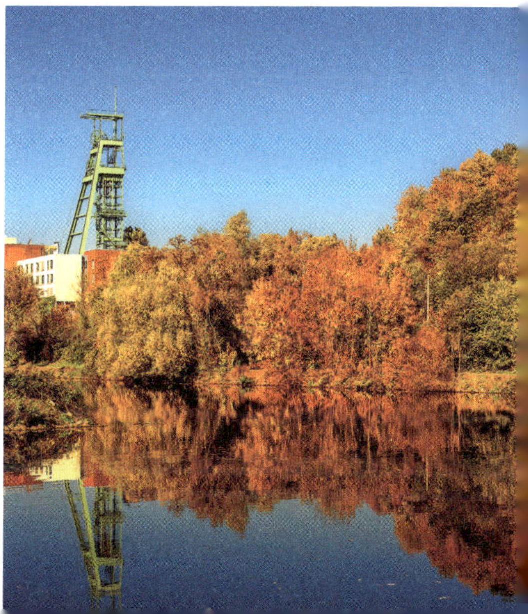

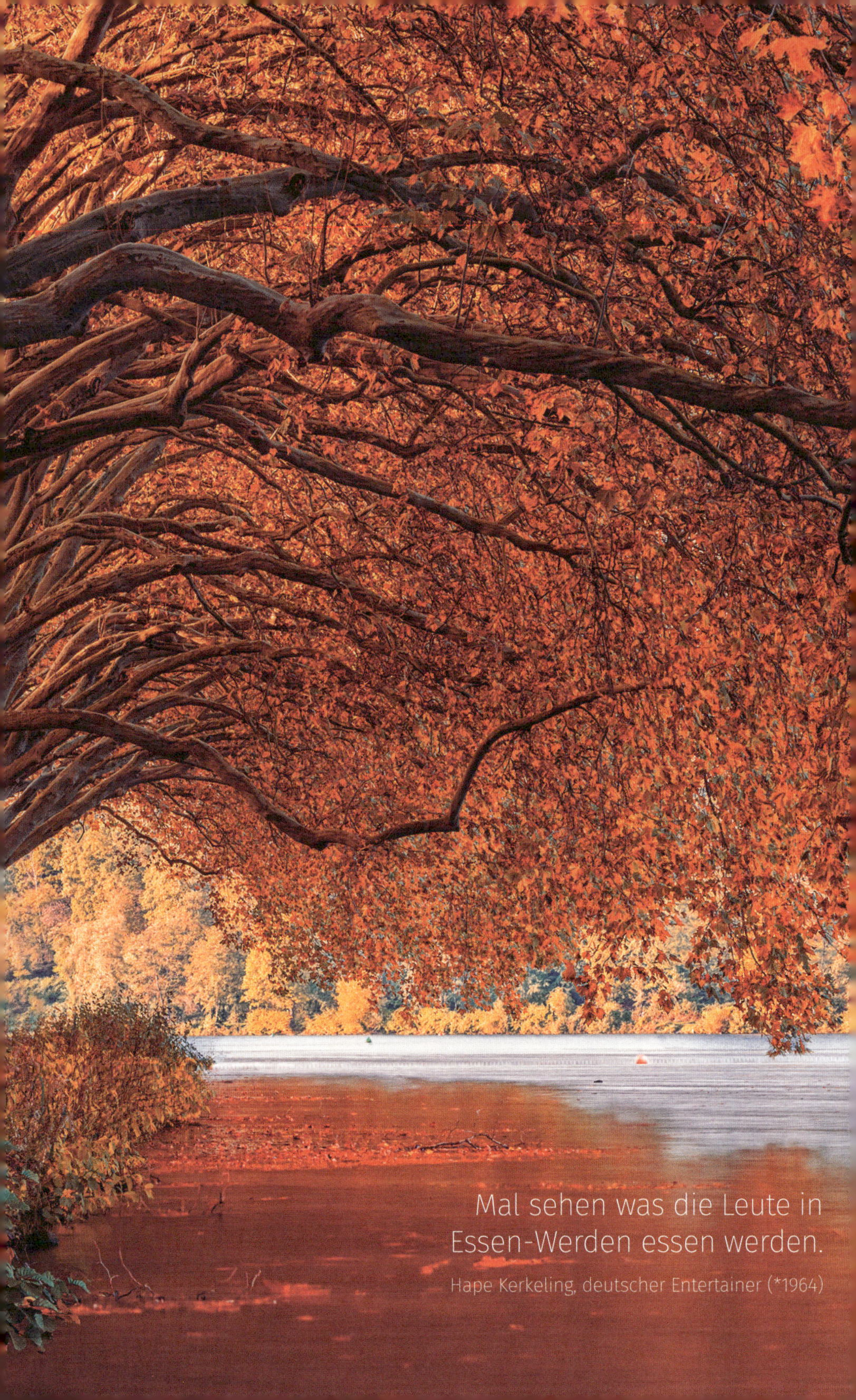

Mal sehen was die Leute in
Essen-Werden essen werden.

Hape Kerkeling, deutscher Entertainer (*1964)

Dein Moment für die Ewigkeit

Golden Times

Ab Oktober nehmen die Blätter wieder goldene Farben an. Diese Farbenpracht bietet sich perfekt für herbstliche Aufnahmen an. Außerdem bietet sich an sonnigen Herbstttagen meist ein sehr stimmungsvolles Licht, das die Farben noch mehr zur Geltung bringt.

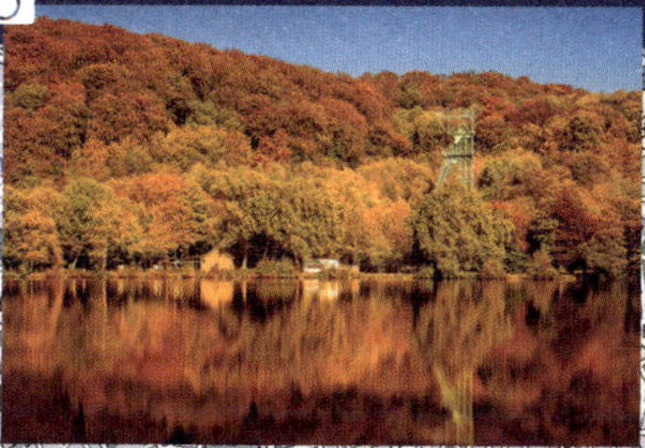

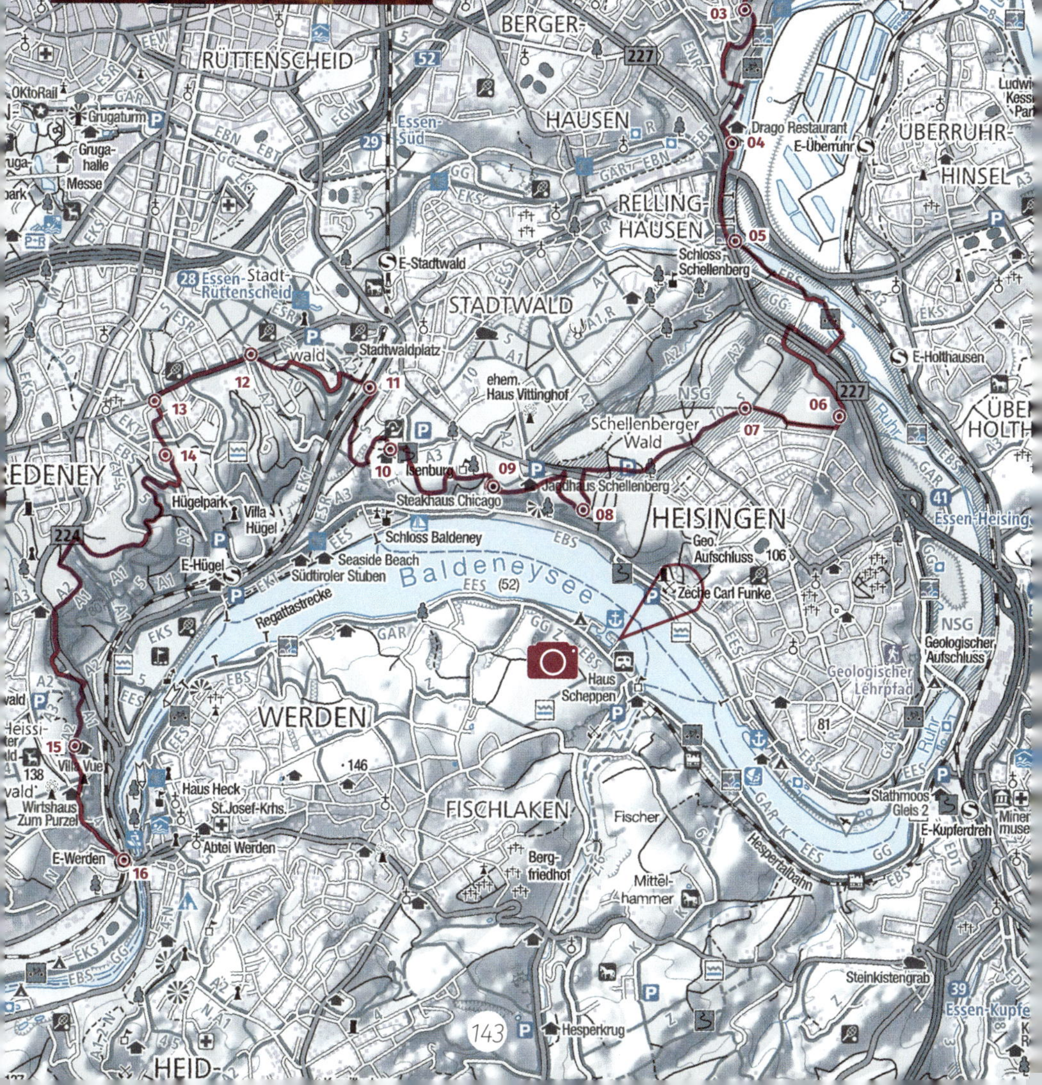

20 Herbstidylle am Baldeneysee

Ortskenner wissen Bescheid, doch „Auswärtige“ sind oft überrascht, wenn sie solche Fotomotive aus dem Ruhrgebiet sehen. Der Baldeneysee bietet mit seiner Umrahmung aus bewaldeten Hängen und seinen vielen Freizeitmöglichkeiten gleich eine ganze Menge davon.

Bilder von: **Pascal Wieczorek**
@_lightaway_

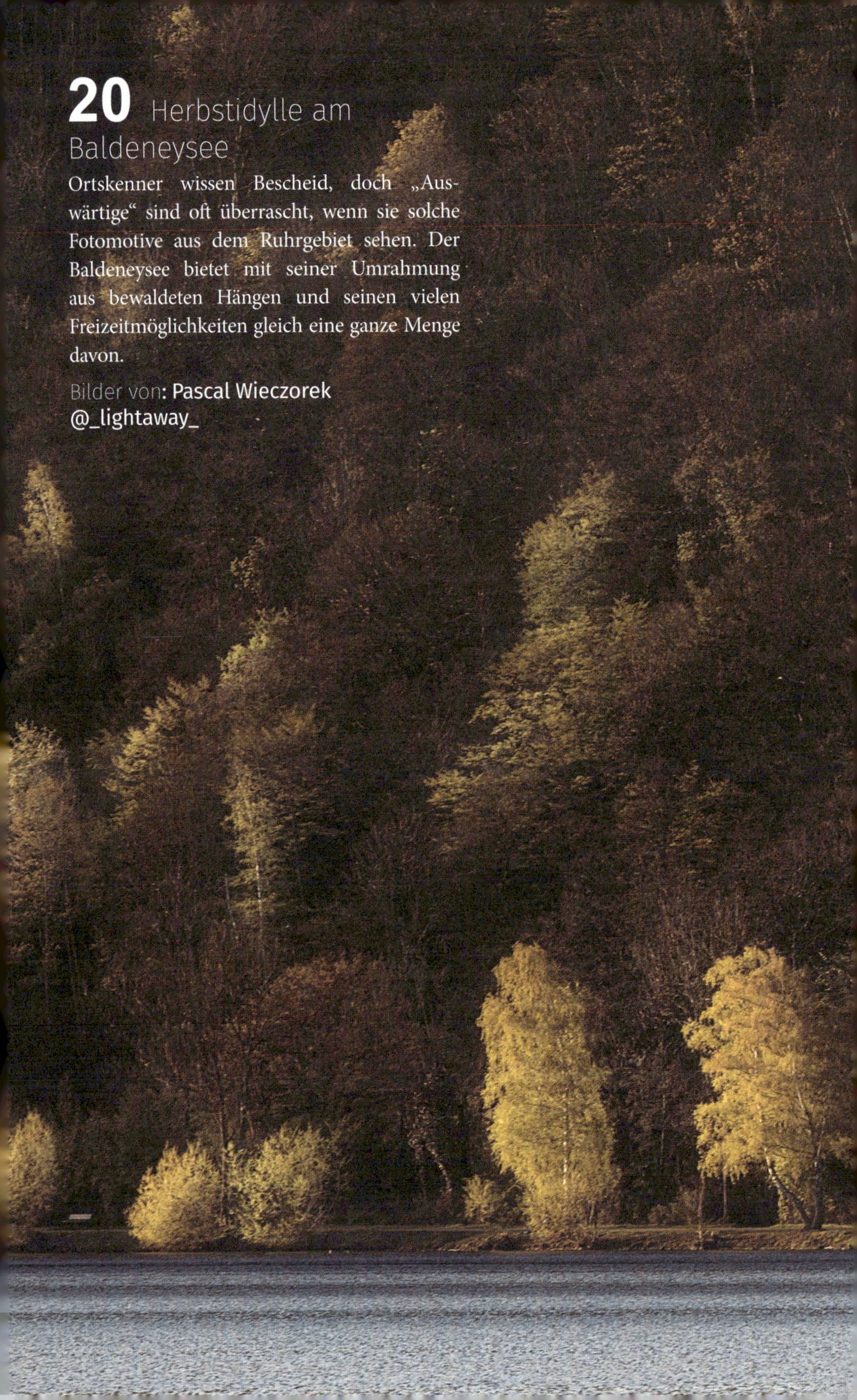

Baldeney – Korteklippe

Tourencharakter
Eine kurze und anregende Rundtour im grünen und hügeligen Essener Süden erwartet uns hier. Von der Seepromenade über schöne Aussichten bis zu Kulturdenkmälern und steilen Waldwegen reicht das abwechslungsreiche Wanderprogramm.

Start und Ziel
Ausgangspunkt und Ziel ist der S-Bahnhof Essen-Hügel. Von hier besteht direkte Anbindung an den Hauptbahnhof Essen. Die PKW-Anfahrt erfolgt über die A 52, Ausfahrt Essen-Haarzopf. Von dort geht es über die L 132, die B 224 und die L 63 nach Essen-Hügel.

Schwierigkeit: **leicht** - mittel - schwer
Dauer: **1:45 h**
Länge: **7,8 km**
Aufstieg **85 hm**
Abstieg **85 hm**

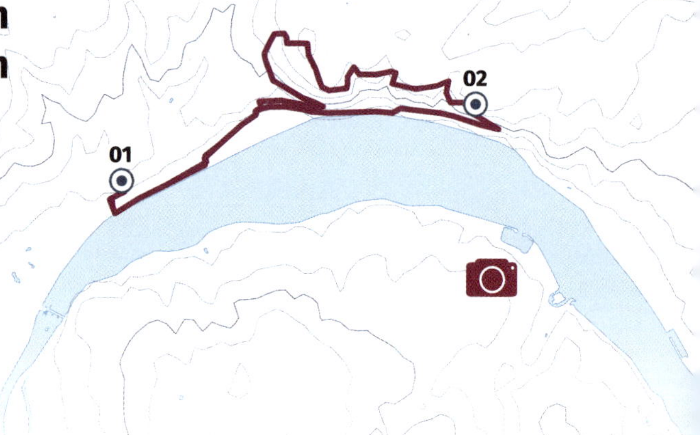

Höhenlinienmodell mit Streckenverlauf

Höhenprofil

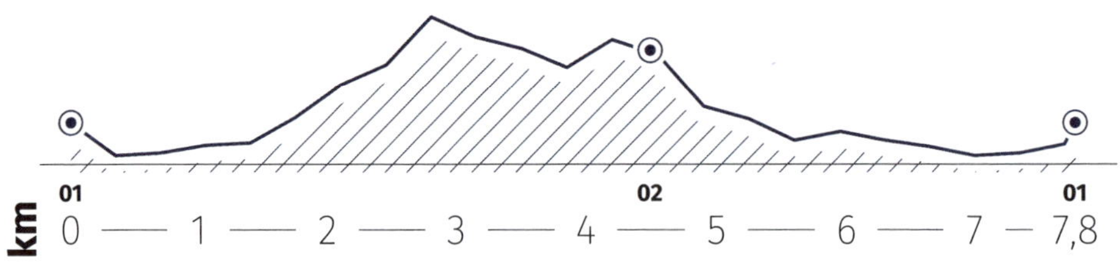

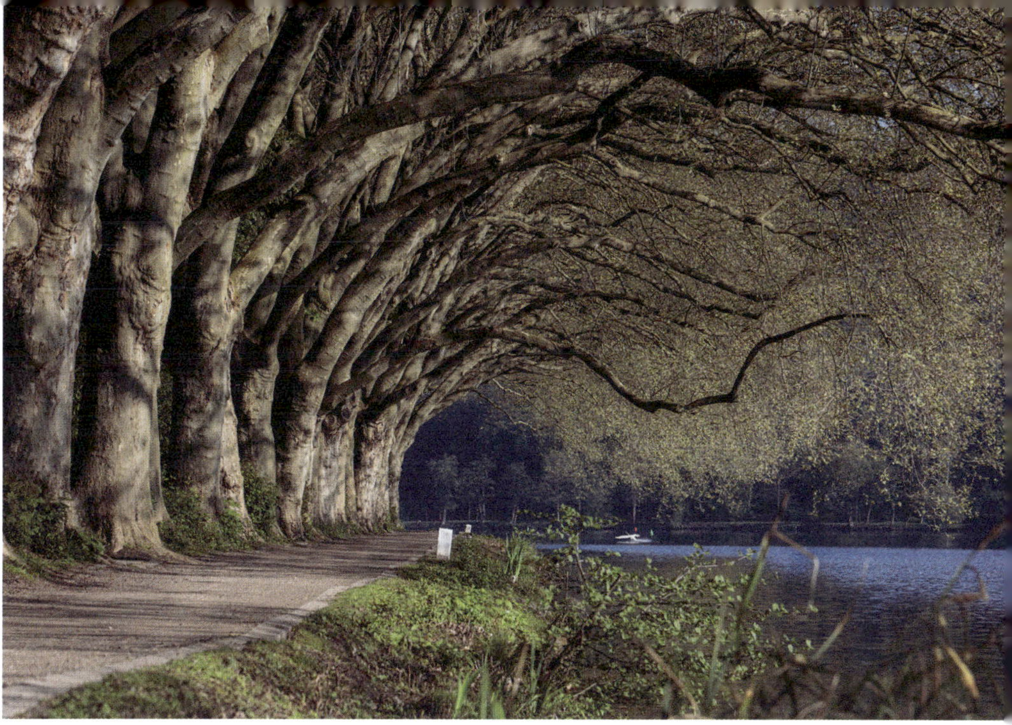

Fremde Laster haben wir vor Augen, die unseren im Rücken!

Seneca, römischer Philosoph (1–65 n. Chr.)

Die Korteklippe ist der schönste Aussichtspunkt über dem Baldeneysee, der sich hier oben von der Staumauer bis zum Übergang in die Ruhrauen westlich von Kupferdreh überblicken lässt.

▶ Vom S-Bahnhof Essen-Hügel **01** bzw. den Parkplätzen längs der Freiherr-vom-Stein-Straße gehen wir hinab zur Fußgängerpromenade, die parallel zur Freiherr-vom-Stein-Straße (und parallel zur Fahrradstrecke) Richtung Schloss Baldeney führt. Unter Bäumen führt sie uns an Einkehrmöglichkeiten und am Seaside Beach Baldeney vorbei zur Verzweigung bei einer Brücke über die Fahrradtrasse. Während es hier geradeaus zum Schloss Baldeney geht, überqueren wir links die Brücke, wenden uns dahinter vor dem Kiosk rechts und zweigen gleich darauf scharf links hinauf ab. Dem mit dem Buchstaben „S" markierten Wanderweg folgen wir im bewaldeten Hang aufwärts, wenden uns nach Überqueren der Höhe rechts und stoßen beim Städtischen Jugendgästehaus auf den Ruhrhöhenweg (Markierung xR). Dieser führt rechts hinab in den mit Stechpalmen gesäumten Wald und wechselt bald links auf einen Hangweg, der zwischen alten Buchen Ausblicke auf den See gewährt.

An der nächsten Wegekreuzung führt uns der Ruhrhöhenweg halb links weiter und unter efeuumrankten Buchen aufwärts. Dann mündet von links oben (nur wenige Meter sind es dort zur Ruine Isen-

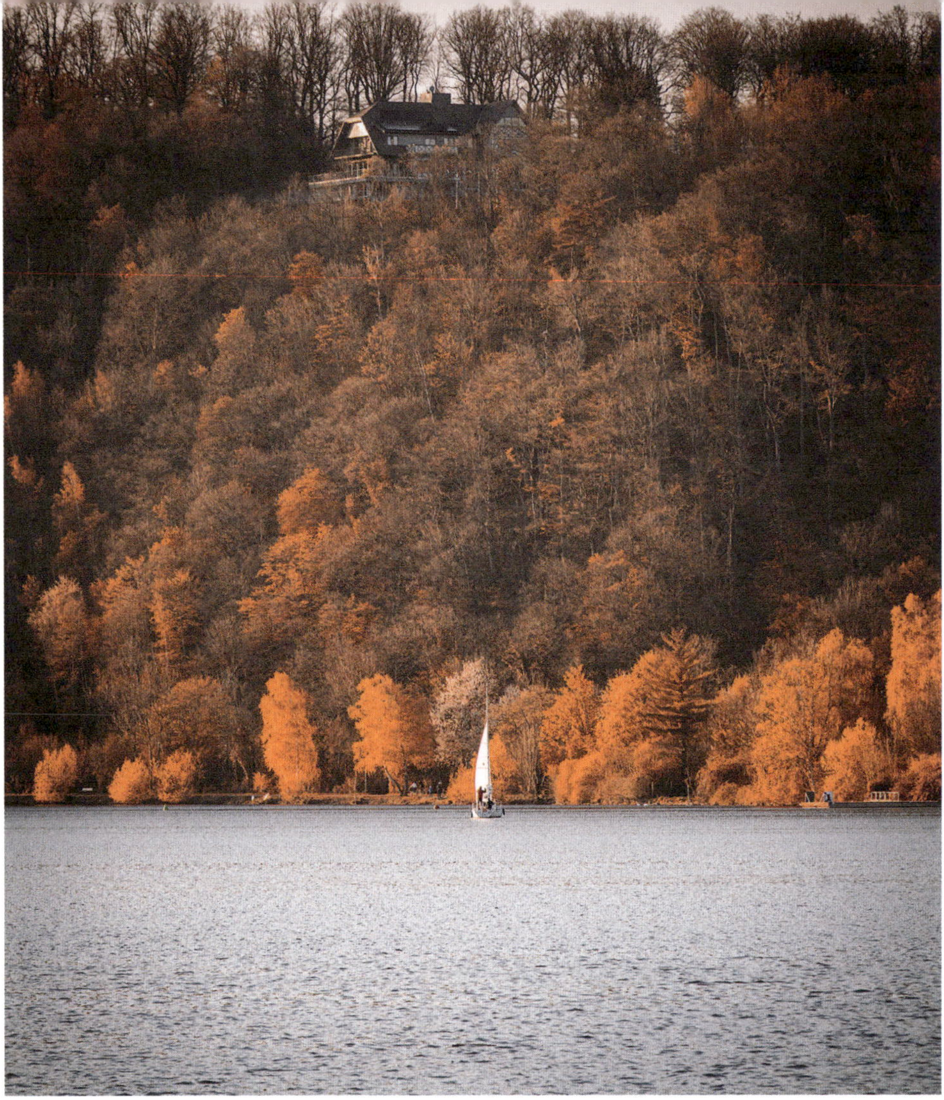

burg, Zugang beim Hinweisschild „Fußweg“) der Bergische Weg (Markierung x29) ein. In gemeinsamer Routenführung geht es nun rechts zum ehemaligen Aussichtsrestaurant Schwarze Lene (aktuell Steakhouse Chicago) und dort links in den Wald hinein, wo gleich darauf eine Sitzbank zu aussichtsreicher Rast einlädt. Gleich darauf führt der Ruhrhöhenweg halb links hinauf zur Straße, dort kurz rechts und sofort rechts in den Wald hinein zur Korteklippe **02**. Auch hier laden Sitzbänke hoch über dem See zur Rast ein. Von der Korteklippe gehen wir den Ruhrhöhenweg kurz zurück, bis der Bergische Weg (Markierung x29) links abzweigt.

Er führt uns hinab zu einem weiteren Aussichtspunkt und dort links weiter auf einem Weg (Pfad) im bewaldeten Steilhang kurz bergauf, dann in Serpentinen hinab zum See. Dort leitet uns die Uferpromenade rechts zurück zum Ausgangspunkt beim S-Bahnhof Essen-Hügel **01**.

Dein Moment für die Ewigkeit

Der Blick fürs Besondere

Welche Bilder sprechen dich an? Als Fotograf muss man seinen Blick schärfen. Schau dir Bilder die dich fesseln genau an und versuche zu verstehen, was das Bild besonders macht. Ein Tipp ist Reduktion. Auch ein simples Motiv kann begeistern.

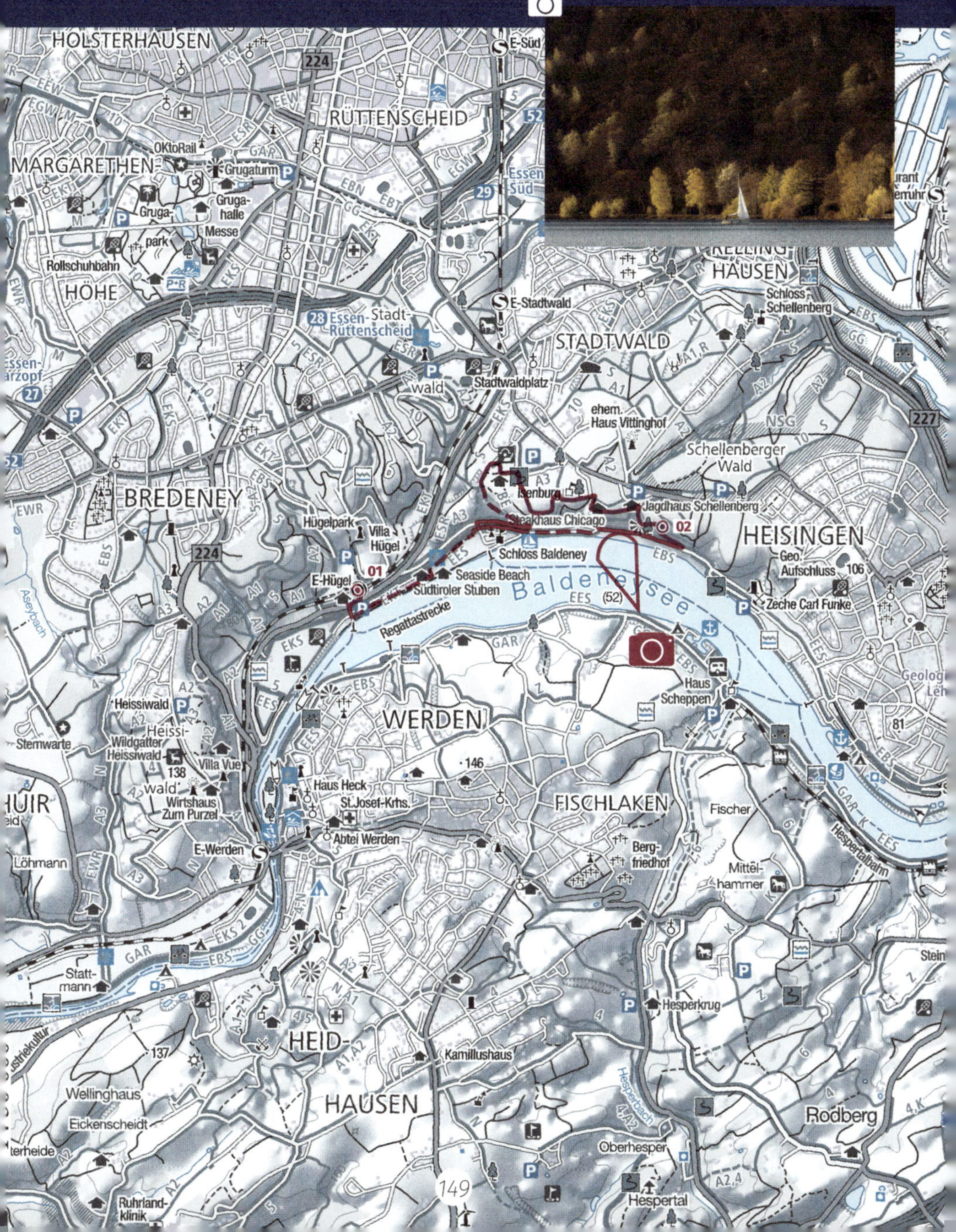

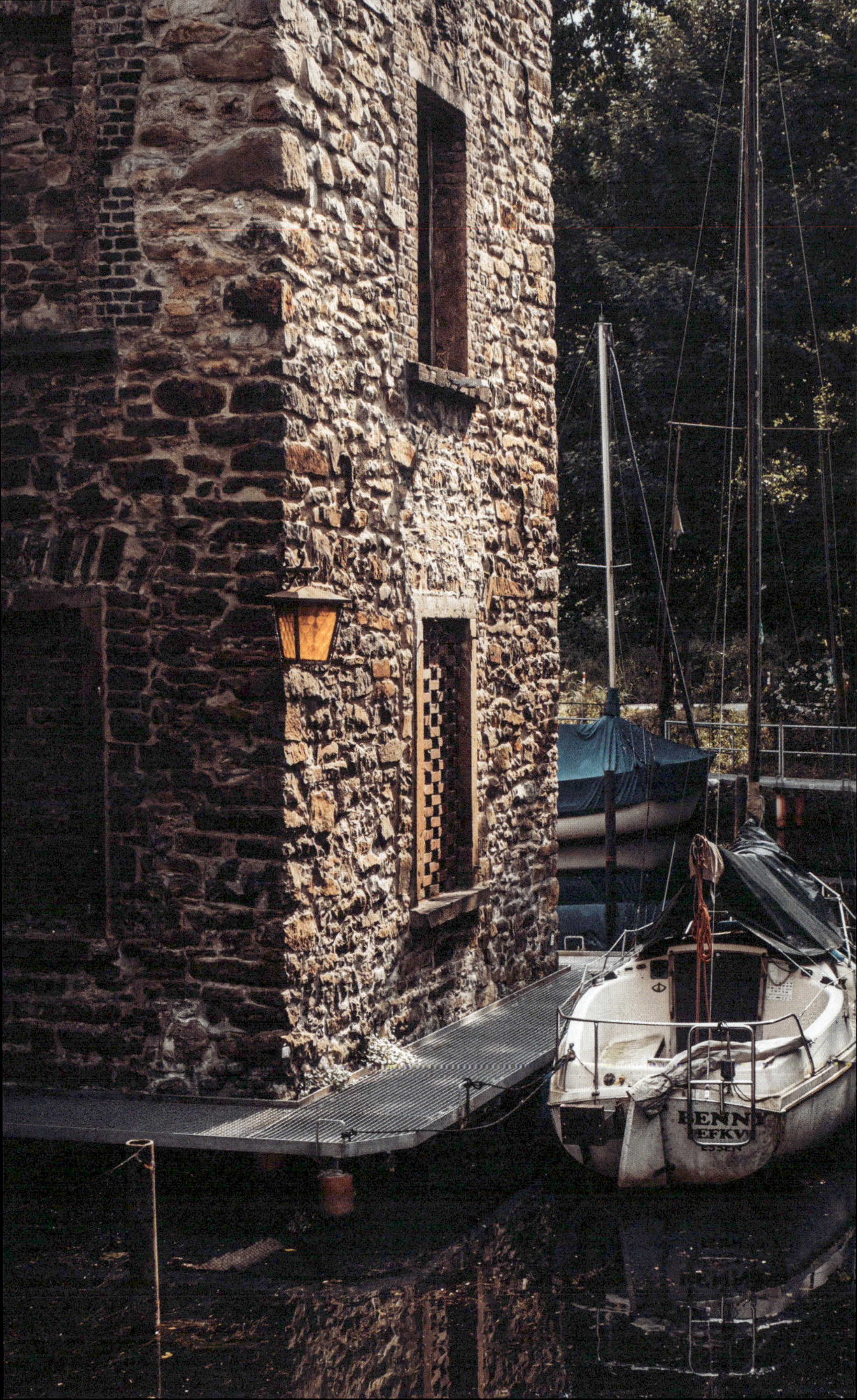
BENNY

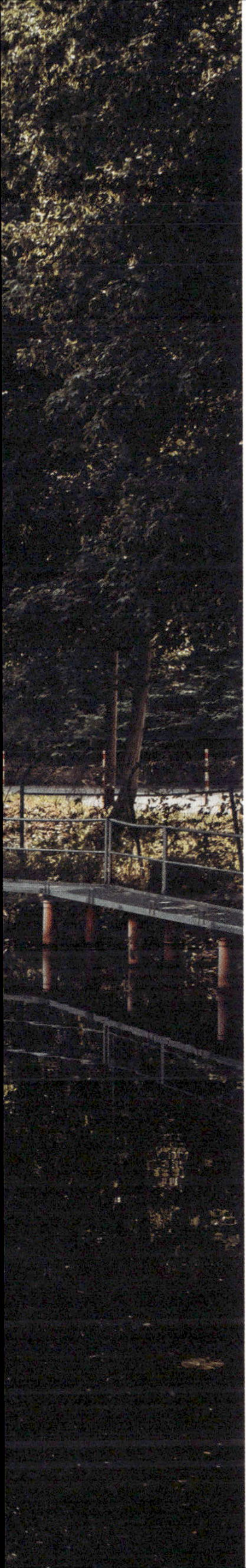

21 Freizeitparadies Baldeneysee

Der Baldeneysee ist bekannt für seine vielen Freizeit- und Sportmöglichkeiten auf dem Wasser. Ob Ausflugsdampfer, Yachten, Segler oder Ruderer – auf dem Stausee herrscht fast immer lebhafter Betrieb. Die regelmäßig stattfindenden Regatten sind Großereignisse.

Bilder von: **Oliver Hitzegrad**
@oliverhitzegrad

Kupferdreh – Scheppen – Baldeney

Tourencharakter
Die entspannte aber durchaus etwas längere Rundtour erkundet auf Seepromenaden und Waldwegen den Baldeneysee. Am Weg warten spannende Kultur- und Industriedenkmäler sowie gemütliche Einkehrmöglichkeiten.

Start und Ziel
Ausgangspunkt und Ziel ist der Alte Bahnhof Kupferdreh in Essen. Die Anfahrt mit dem PKW erfolgt auf der A 52, Ausfahrt Essen-Bergerhausen und auf der B 227 bis Kupferdreh. Es besteht eine Busanbindung an den Essener Hauptbahnhof.

Schwierigkeit: **leicht** - mittel - schwer
Dauer: **3:00 h**
Länge: **14,8 km**
Aufstieg **2 hm**
Abstieg **2 hm**

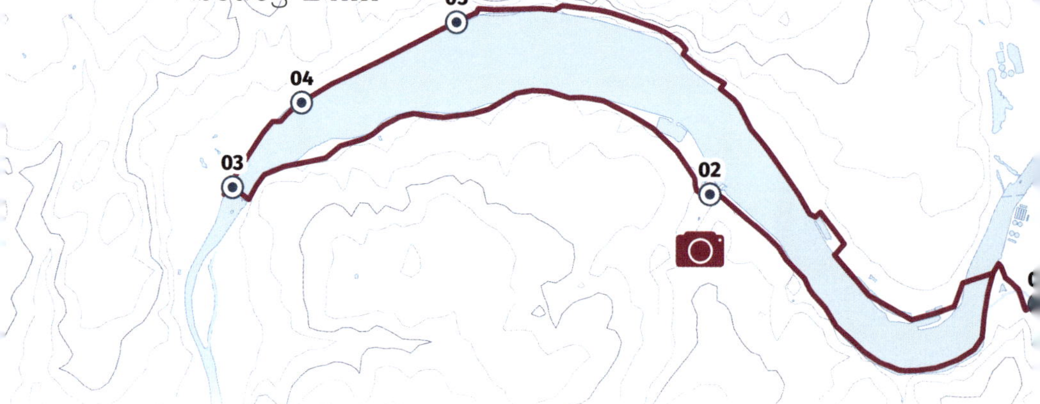

Höhenlinienmodell mit Streckenverlauf

Höhenprofil

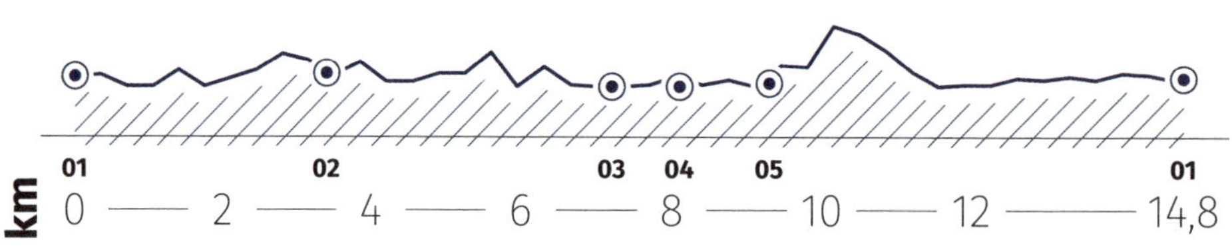

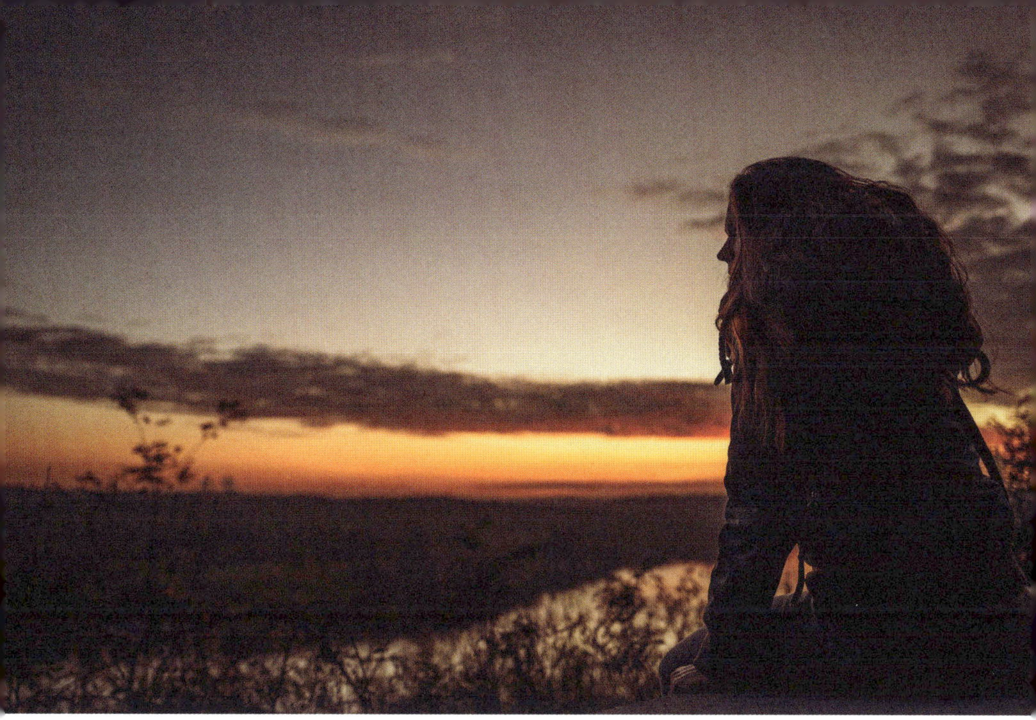

Der Baldeneysee ist als Surf-, Bade- und Segelparadies eines der bedeutendsten Erholungs und Wassersportzentren im Ruhrgebiet. Der größte Ruhrstausee erstreckt sich auf gut 8 km Länge und bis zu 650 m Breite zwischen bewaldeten Hügeln im Essener Süden. Gesäumt wird er von Liegewiesen, Rad-, Inlineskating- und Wanderwegen, Strandbädern, Schiffsanlegestellen und Gastronomie. Der Seaside Beach Baldeney auf dem Gelände eines ehemaligen Freibades bietet karibische Atmosphäre im Herzen des Ruhrgebiets.

Nur wer seinen eigenen
Weg geht,
kann von niemandem
überholt werden.

Marlon Brando (1924–2004)

▶ Vom Alten Bahnhof Kupferdreh 01 führt die Prinz-Friedrich-Straße hinab zur Sporthalle (Parkplätze) gegenüber dem Hespertalbahnhof, in dem die Gaststätte „Gleis 2" untergebracht ist. In der Rechtskurve beim Bahnhof zweigen wir links auf den autofreien Uferweg (Hardenbergufer) rund um den Baldeneysee ab. Der Uferweg führt parallel zur Trasse der Hespertalbahn (Museumsbahn) zur Schiffsanlegestelle beim Haus Scheppen 02 📷.

Der ehemalige Rittersitz aus dem 13. Jh. ist durch die Aufstauung des Baldeneysees unfreiwillig zur Wasserburg geworden. Die im 16./17. Jh. zu einer Vierflügelanlage erweiterte Burg beherbergt heute eine Gaststätte (Motorradtreff, Kiosk, Endbahnhof der Hespertalbahn). Am Campingplatz vorbei folgen wir dem autofreien Hardenbergufer weiter westwärts, wobei sich als markanter Blickfang auf dem gegenüberliegenden Höhenrücken die Villa Hügel zeigt. Am Stauwehr 03 queren wir hinüber zum Nordufer und kommen dort am Golfplatz, am Zielturm der Regattastrecke – dahinter befindet der S-Bahnhof Essen-Hügel 04 – sowie am Sandstrandgelände Seaside Beach vorbei zur Schiffsanlegestelle am Schloss Baldeney 05. Weiter auf dem Uferweg gelangen wir zur Anlegestelle Heisingen und durchqueren das Naturschutzgebiet Heisinger Bogen, ein Rückzugsgebiet für zahlreiche Vogelarten. Zuletzt überqueren wir auf einer Fußgänger- und Fahrradbrücke die Ruhr und kehren zurück zum Ausgangspunkt am Alten Bahnhof Kupferdreh 01.

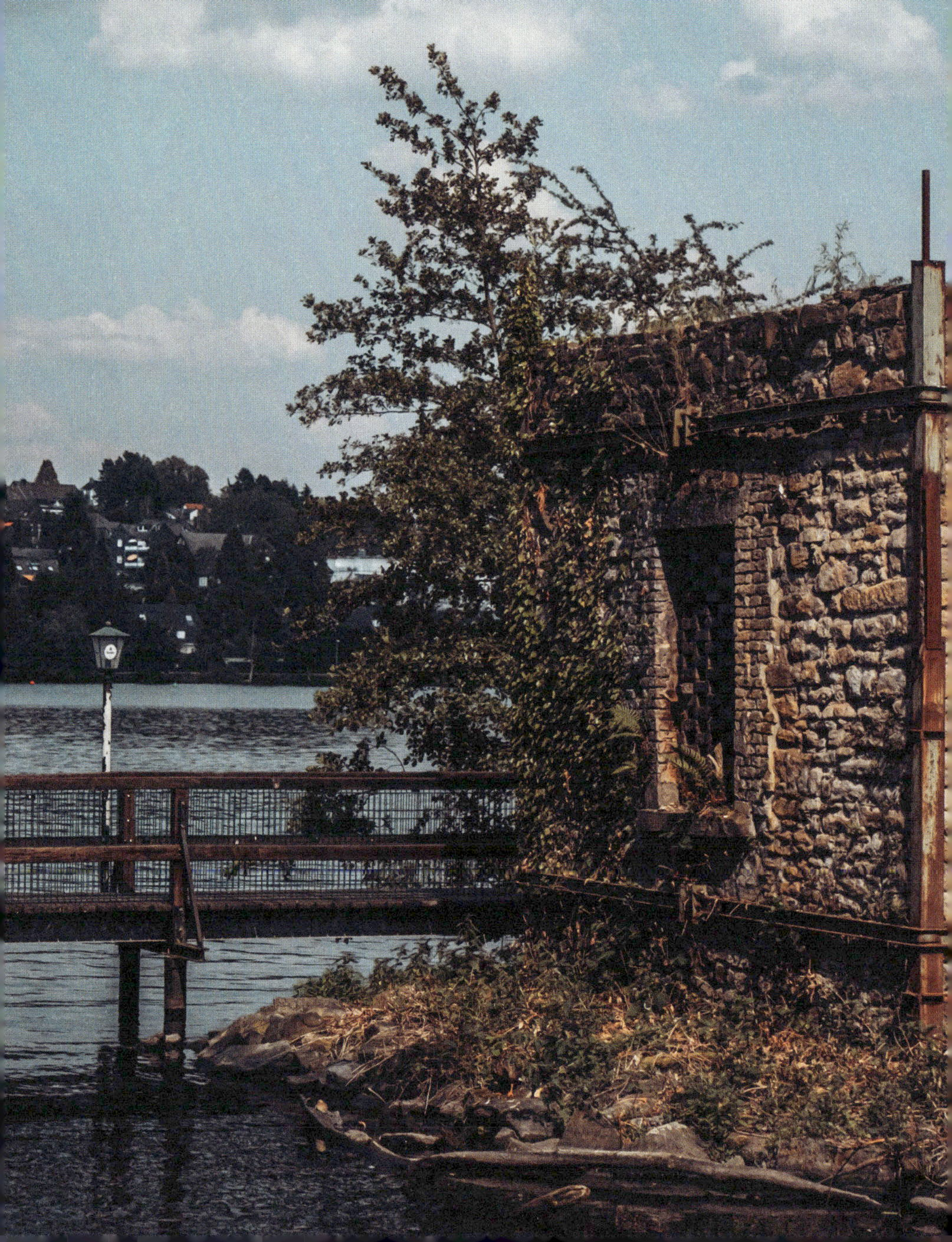

Dein Moment für die Ewigkeit

Nachbearbeitung

Wenn du dich ernsthaft mit Digital-Fotografie beschäftigst, wirst du um die Bildbearbeitung nicht herumkommen. Fotografiere im RAW-Format. Einem Bildformat, das mehr Information speichert als JPEG. Sobald du die Möglichkeiten der RAW-Bearbeitung kennenlernst wirst du merken, dass es eine Interpretation und ein Herausarbeiten der Bildinformation ist.

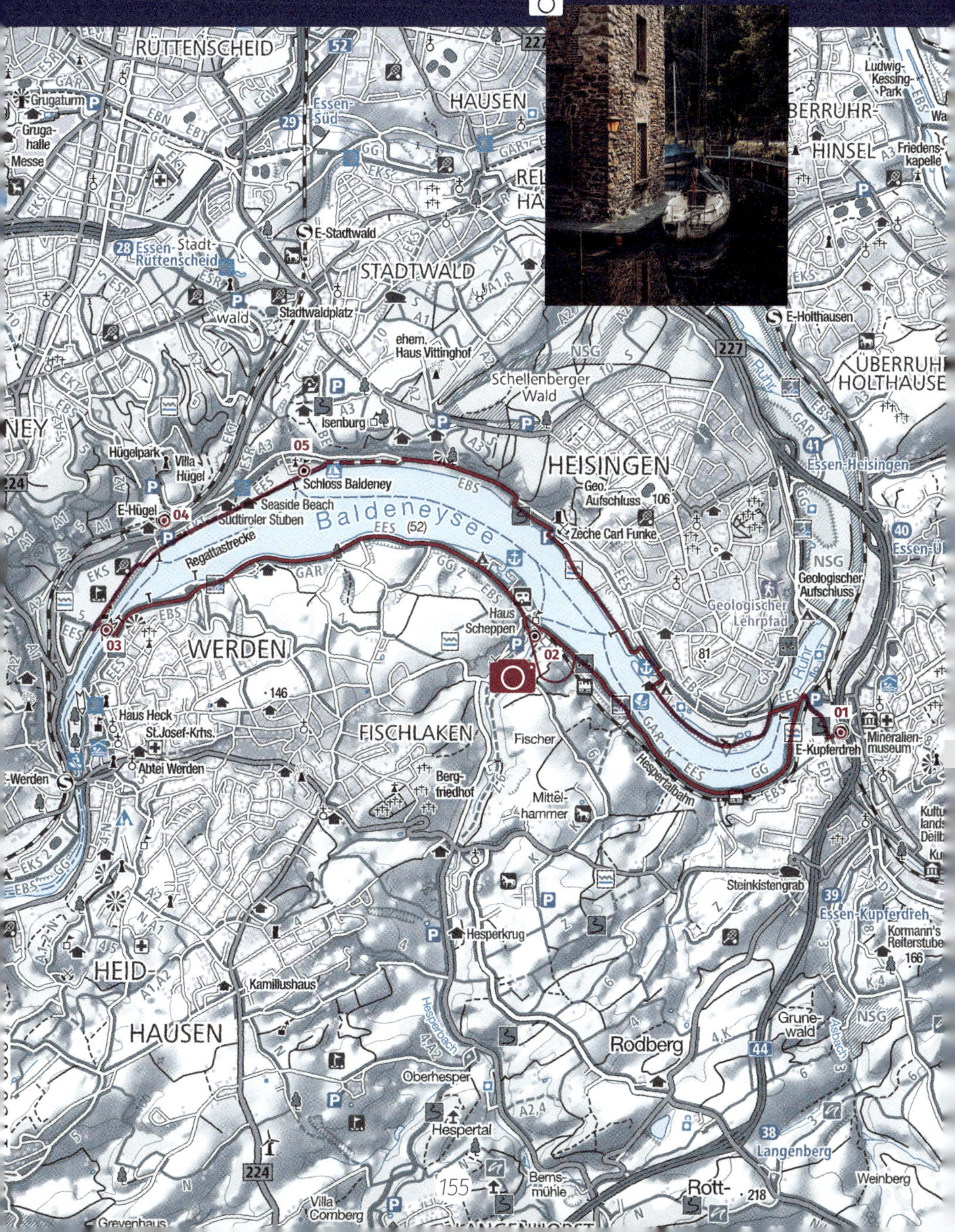

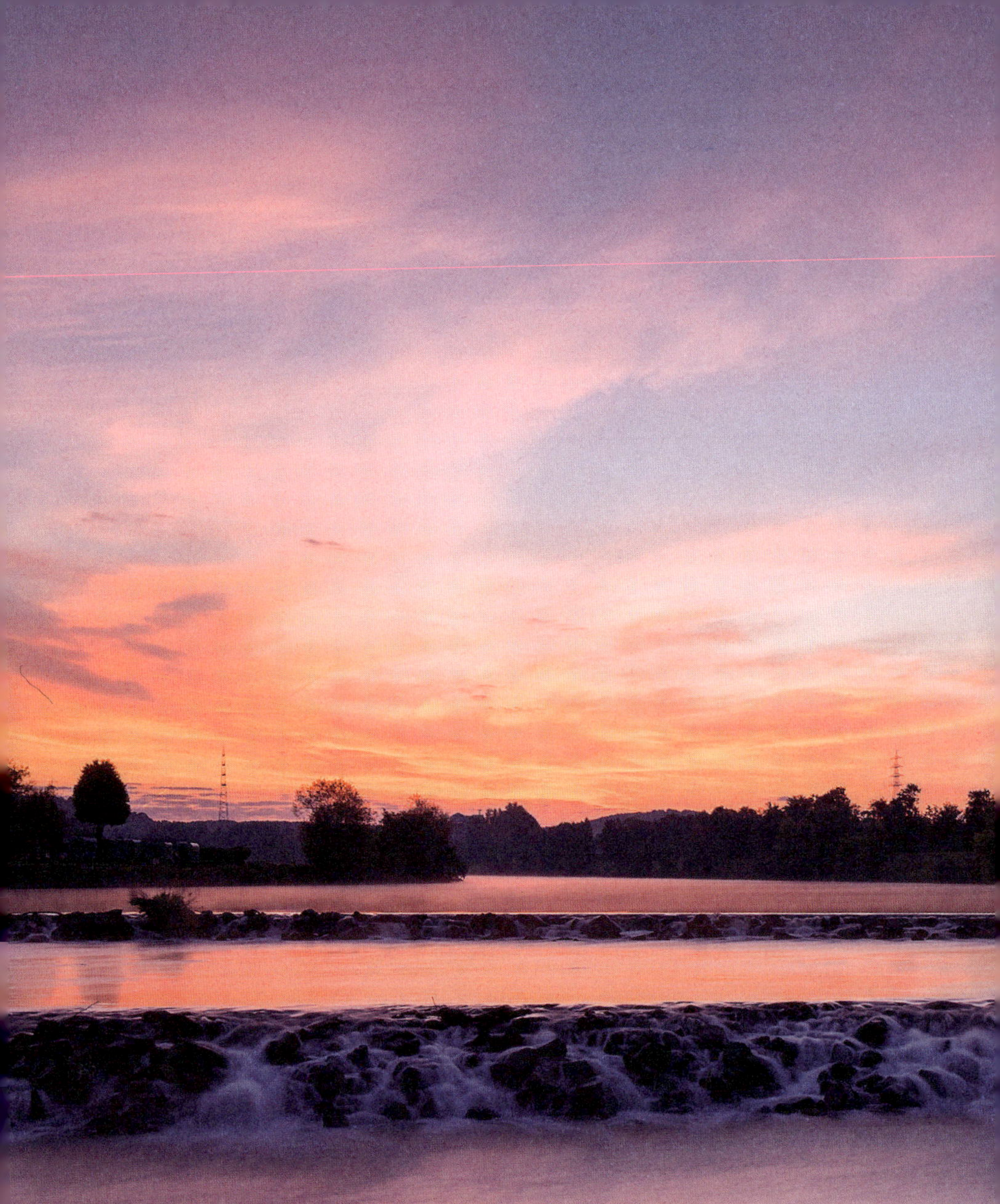

22 Ruhrromantik der Superlative

Solche Bilder verbindet man nicht automatisch mit dem Ruhrgebiet. Diese abendliche Romantik bietet sich bei einem Spaziergang entlang der Ruhr bei Hattingen.

Bilder von: **Ruben Becker @revierstrolch**

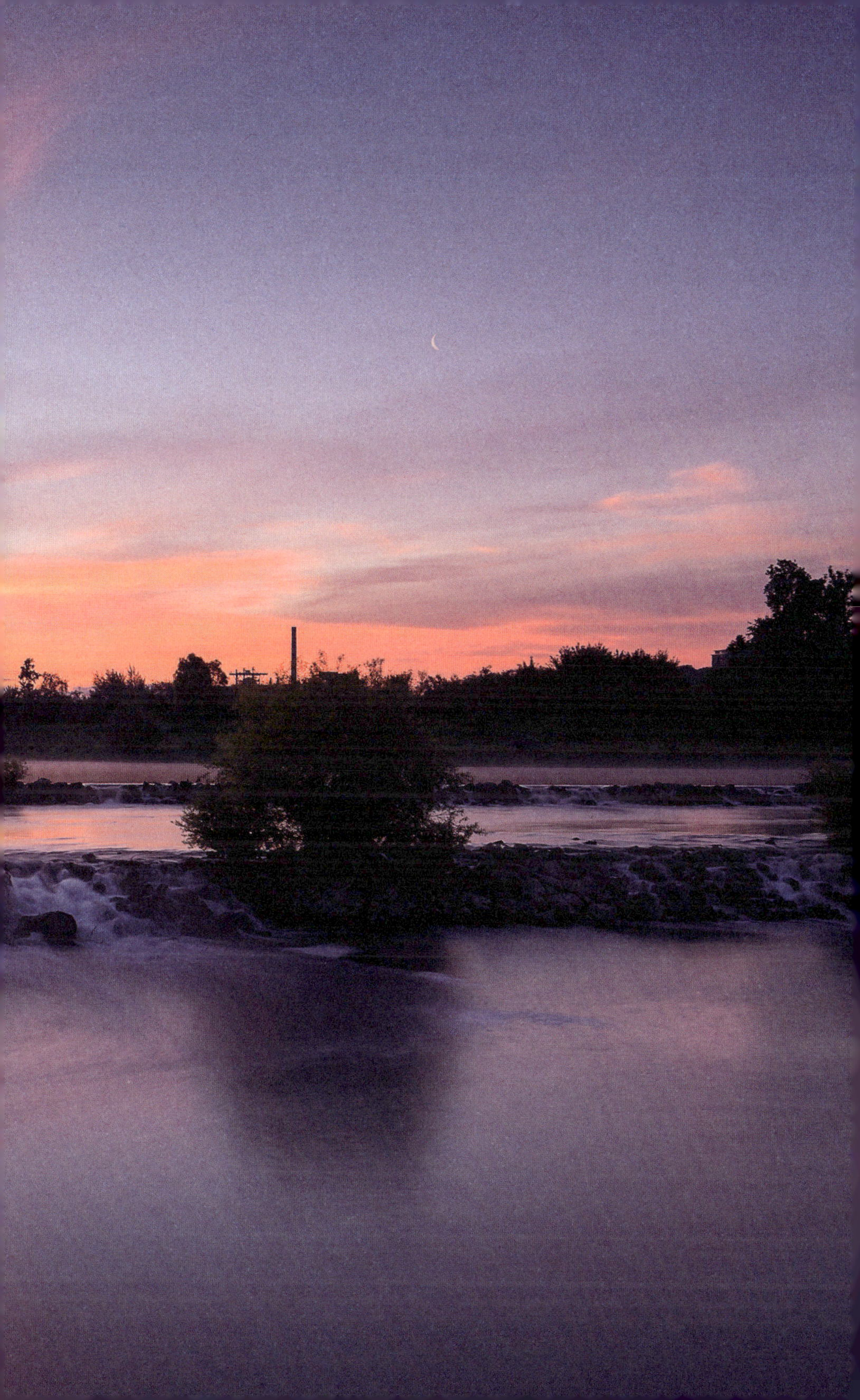

Hattingen – Schulenberg – Isenburg

Tourencharakter
Diese unschwierige Streckenwanderung ist eine hügelige Wald- und Wiesentour auf aussichtsreichen Höhen über der Ruhr. Meist komfortable Wanderwege wechseln sich mit kürzeren asphaltierten Passagen ab.

Start und Ziel
Startpunkt ist der S-Bahnhof Hattingen-Mitte an der Martin-Luther-Straße. Die PKW-Anfahrt erfolgt auf der A 43, Ausfahrt Witten-Herbede und weiter über Blankenstein nach Hattingen. Zielpunkt ist der etwa 600 m entfernte Bahnhof Hattingen.

Schwierigkeit: leicht - **mittel** - schwer
Dauer: **3:30 h**
Länge: **10,0 km**
Aufstieg **91 hm**
Abstieg **116 hm**

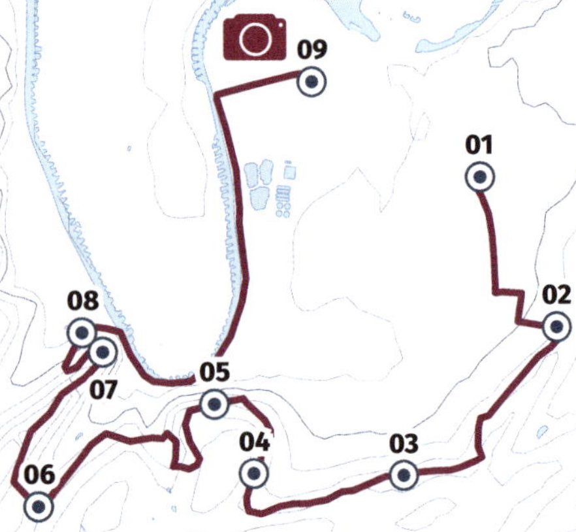

Höhenlinienmodell mit Streckenverlauf

Höhenprofil

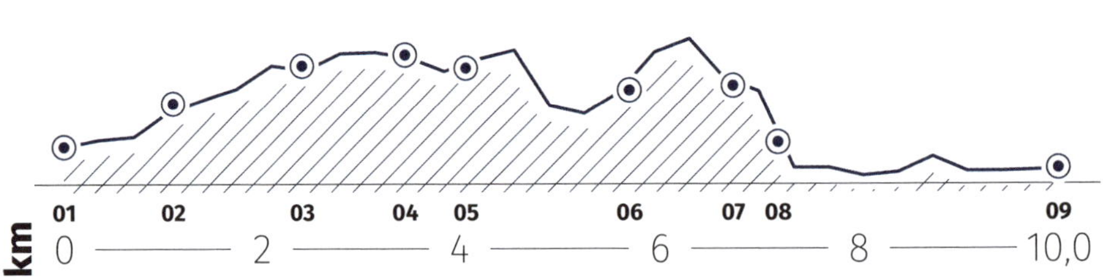

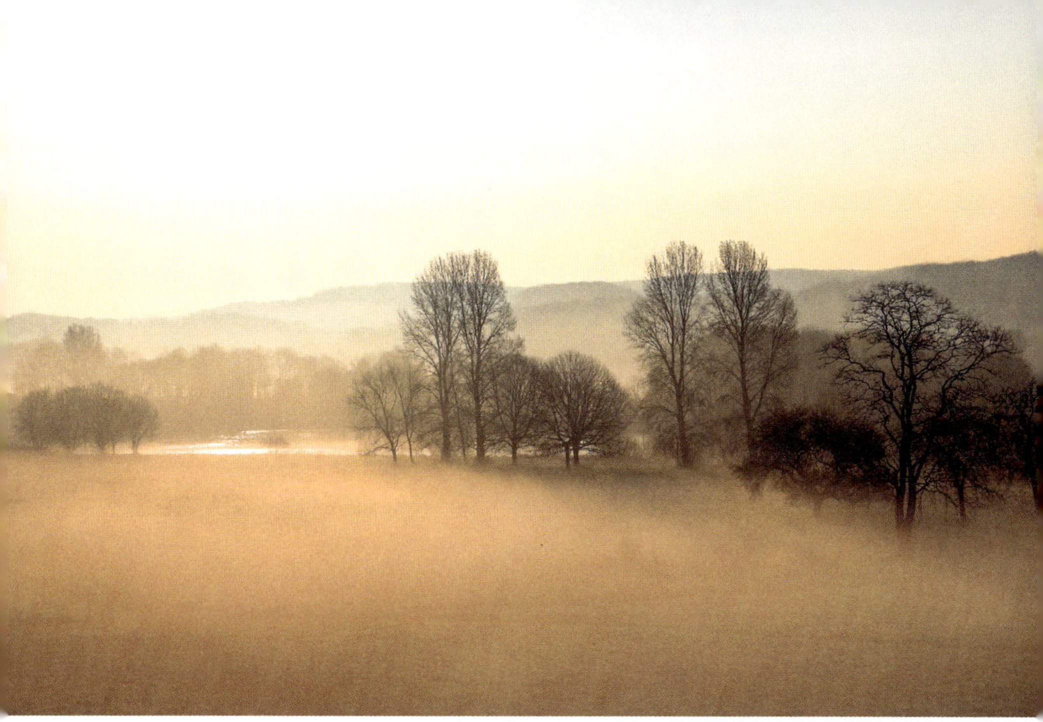

Wer die kleinen Freuden des Lebens genießen kann, ist ein grosser Glückspilz.

Ernst Ferstl, österreichischer Schriftsteller (*1955)

Diese Waldwanderung leitet zum Aussichtsturm auf dem Schulenberg und zu den aussichtsreichen Ruinen der Isenburg hoch über der Ruhr, an der der Leinpfad zurück nach Hattingen führt.

▶ Vom S-Bahnhof Hattingen-Mitte **01** gehen wir auf der der Altstadt entgegengesetzten Südseite am Supermarkt vorbei durch die Straße „Im Bruchfeld" zum Kreisverkehr. Dort halten wir uns geradeaus (Raabestraße) mit Blick auf den bewaldeten Schulenberg. Am Ende führt der Westfalenwanderweg kurz links hinauf durch die Uhlandstraße, bevor wir rechts weiter durch die Grünstraße gehen und hinter der Abzweigung der Körnerstraße links auf auf den autofreien „Pilgerweg" wechseln. Diesem folgen wir steil einem Bachtal im Hang des Schulenbergs aufwärts. Am Ende der ersten Stufenanlage geht es mit exzellenter Aussicht hinauf zum Restaurant 12 Apostel Schulenburg. Von der Schulenburg **02** leitet uns die xR-Markierung des Ruhrhöhenwegs am Gefallenendenkmal beim aussichtsreichen Bismarckturm vorbei durch die stechpalmenreichen Laubwälder des felsdurchsetzten Schulenberg-Kamms. Mehrfach laden hier Bänke zur Rast ein.

Der 11 m hohe Bismarckturm auf dem Hohenstein wurde 1901 an der Stelle eines hölzernen Aussichtsturms eröffnet. Er bietet eine exzellente Aussicht über die Hattinger Altstadt, das Ruhrtal sowie ruhrabwärts bis zur Bochumer Sternwarte und zur Essener Innenstadt. Weiter führt uns der Ruhrhöhenweg noch ein Stück über den Kamm und senkt sich dann rechts hinab zu einem Schutzhüttenrondell **03**. Von dort folgen wir einem Steilhangpfad durch die felsige Nordflanke des Hansbergs, queren die Straße „Am Homberg" und wandern auf Waldwegen über den Homberg **04** mit seinem Ruhrschleifenblick **05**. Wir steigen hinab zur Nierenhofer Straße und folgen ihr wenige Meter links, um bei der Bushaltestelle auf einem Pfad in den Wald hinaufzugehen. Gut 5 Minuten gehen wir dann parallel zur Landstraße an der Bushaltestelle Heinenberg vorbei zur Haltestelle Isenberger Weg **06**. Hier führt der Ruhrhöhenweg rechts auf der kleinen Straße „Am Isenberg" auf den bewaldeten Isenberg-Kamm und zur aussichtsreichen Ruine der Isenburg **07**. Am Isenburg-Museum Haus Custodis vorbei folgen wir dem Ruhrhöhenweg durch das weitläufige Ruinengelände, um auf einem Serpentinenweg durch die buchengeschmückte Bergflanke zu einem aussichtsreichen Hangweg zu gelangen.

Unten an der Tippelstraße bei der Gaststätte tum Bur **08** und dem großen Parkplatz beginnt dann der mit der x-Markierung bezeichnete Weiterweg. Hinter der Bushaltestelle gehen wir hinaus auf den anfangs kopfsteingepflasterten Leinpfad, der längs der Ruhr aussichtsreich flussaufwärts führt. Kurz nach Unterqueren der Eisenbahnlinie leiten uns die x-Markierungen schließlich rechts hinauf zum Bahnhof Hattingen **09** an der Ruhrbrücke.

Eine der zahlreichen Burgen um Hattingen ragt hier aus dem Nebel: Burg Blankenstein

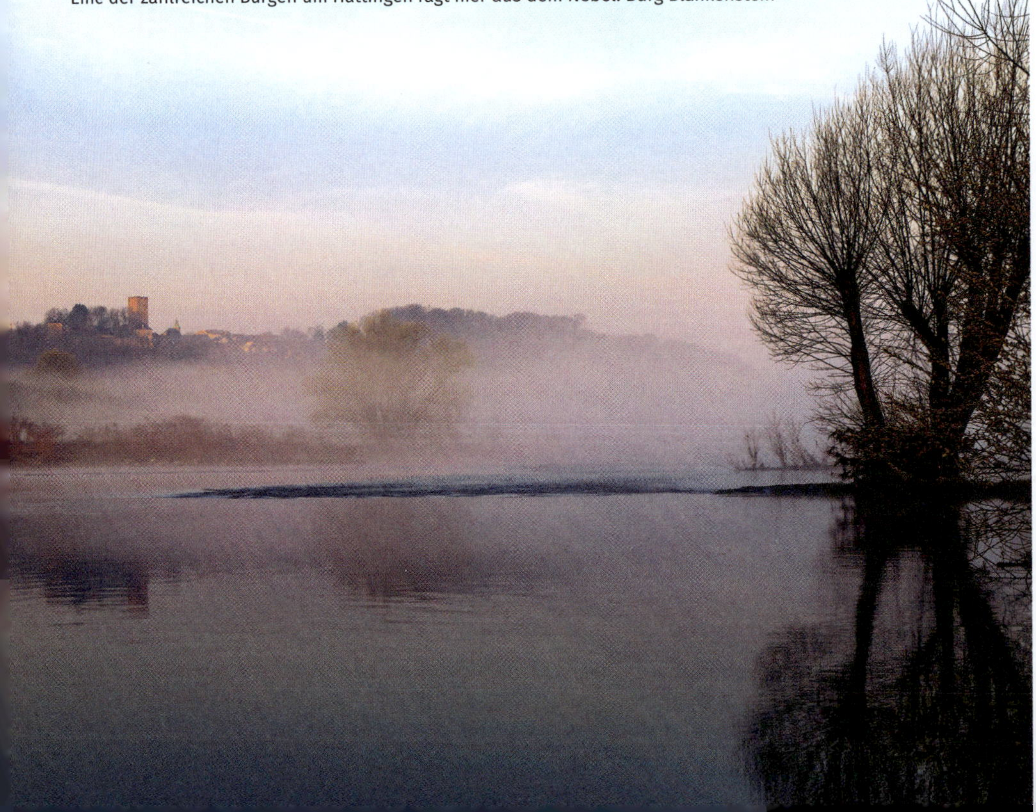

Dein Moment für die Ewigkeit

Schleierhaft

Das Bild zeigt einen märchenhaften, romantischen Wasserschleier, den man so nicht unbedingt im Ruhrgebiet erwartet. Dieser Effekt wird durch eine längere Belichtung erzeugt. Je nach Belichtungszeit kannst du fließende Gewässer einfrieren (kurze Belichtung) oder wie einen sanften Schleier wirken lassen (lange Belichtung).

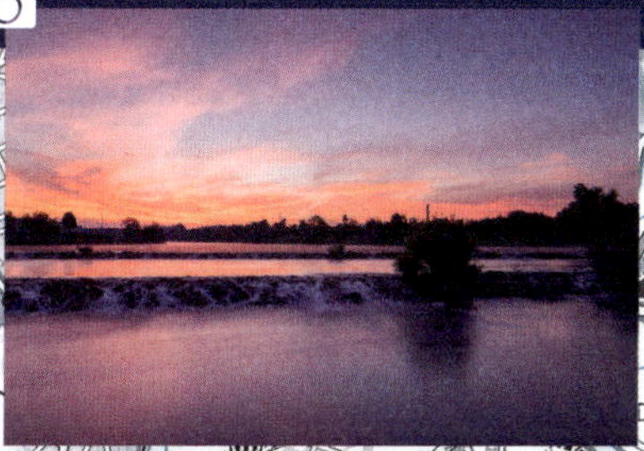

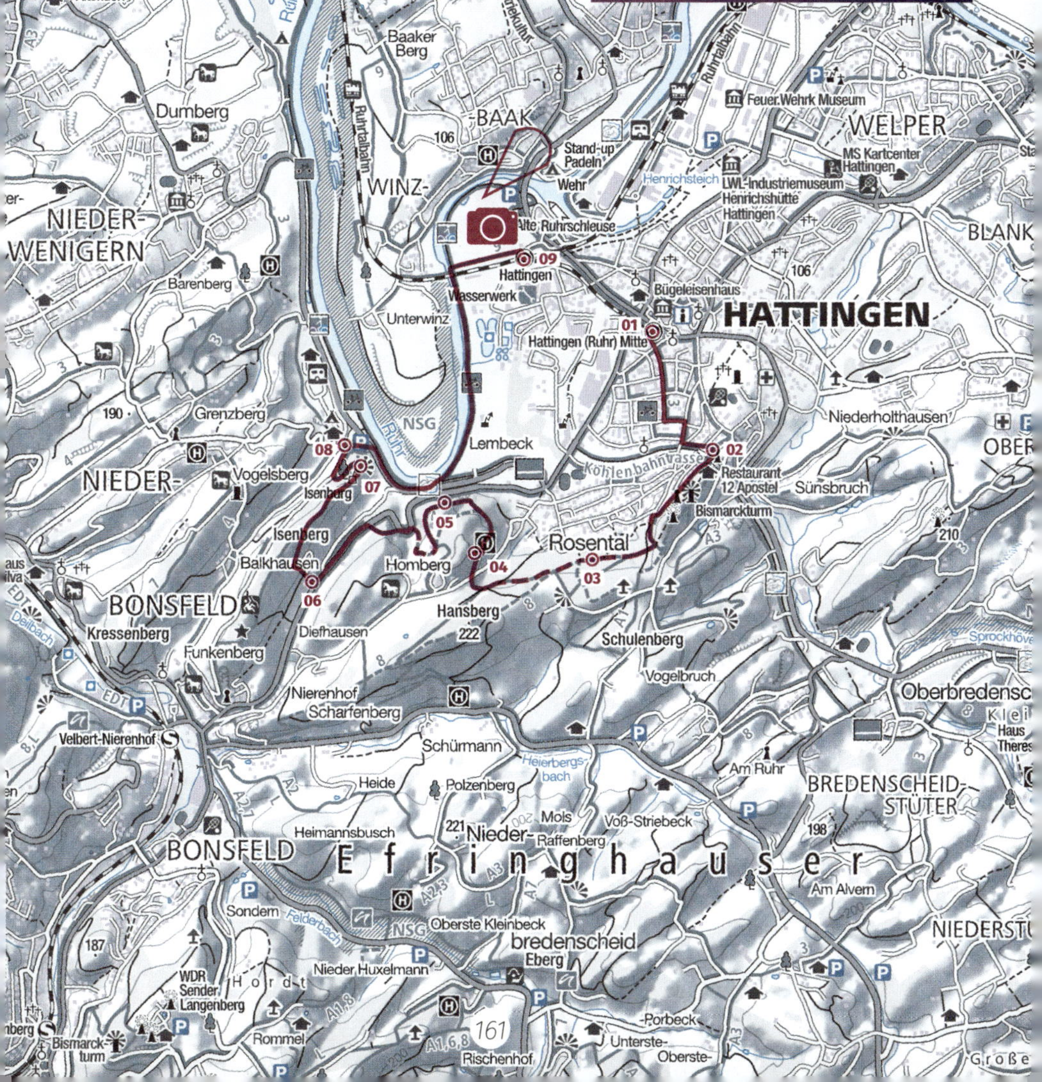

23 Über die Ruhr

Das Ruhr-Viadukt überspannt mit 20 Bögen und einer Gesamtlänge von 716 Metern das Ruhrtal. Von der Optik darf man sich nicht täuschen lassen. Die Steine sind eine Fassade, unter der eine Beton-Konstruktion steckt. Die Eisenbahnbrücke ist nur noch für den Gütertransport aktiv.

Bilder von: **Lisa Gehring**
@lisas_landscapes

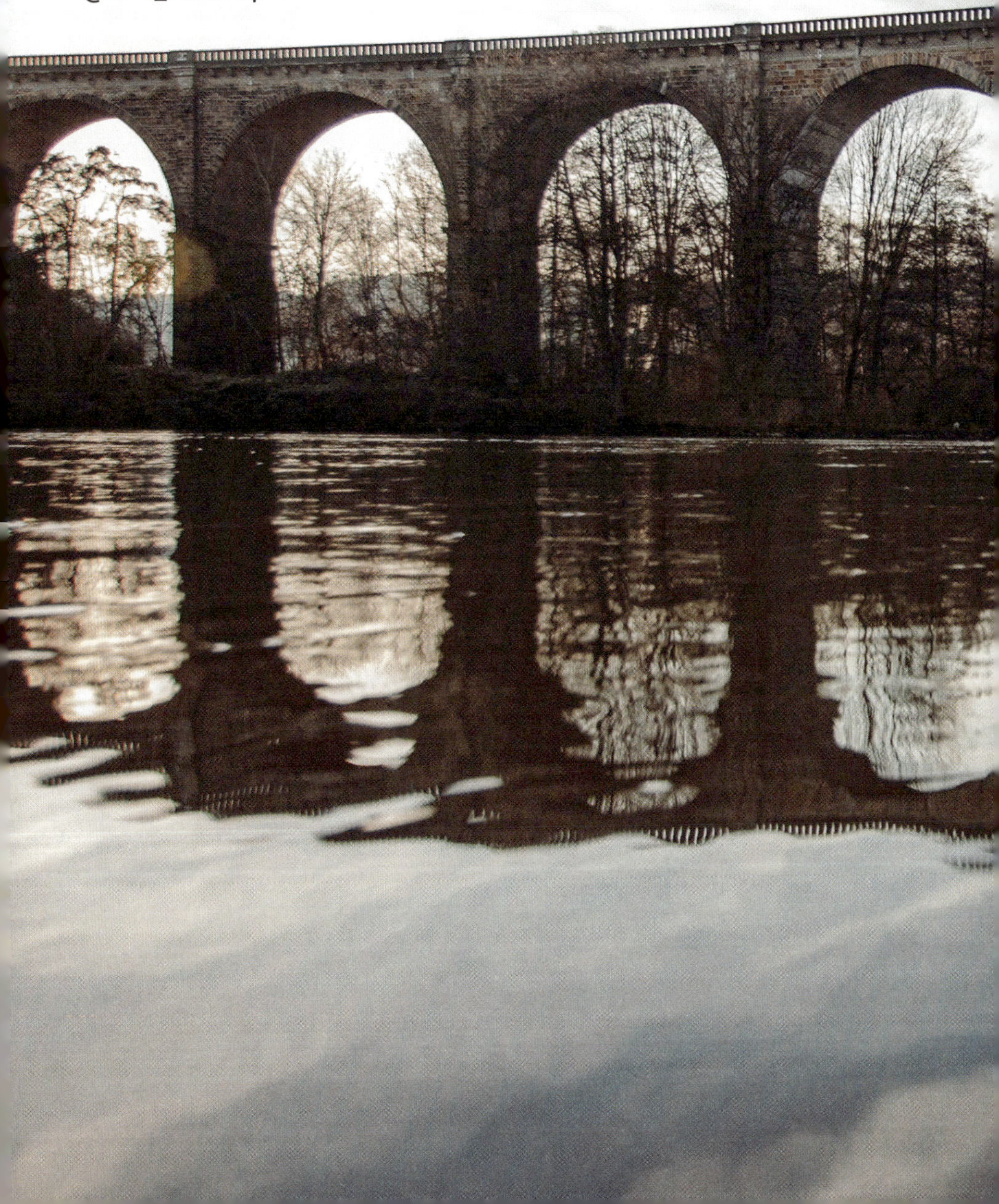

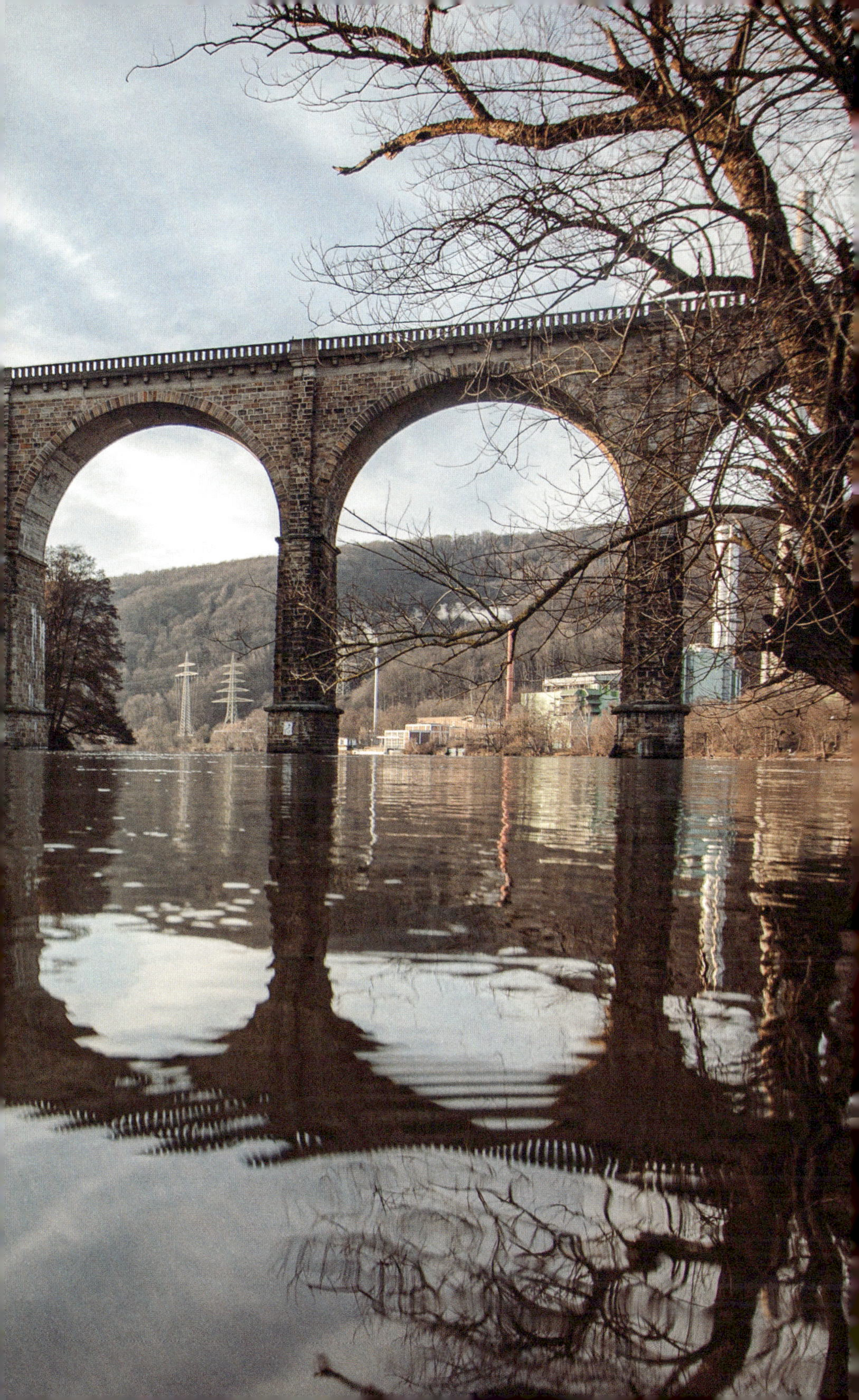

Wetter – Hohenstein – Witten

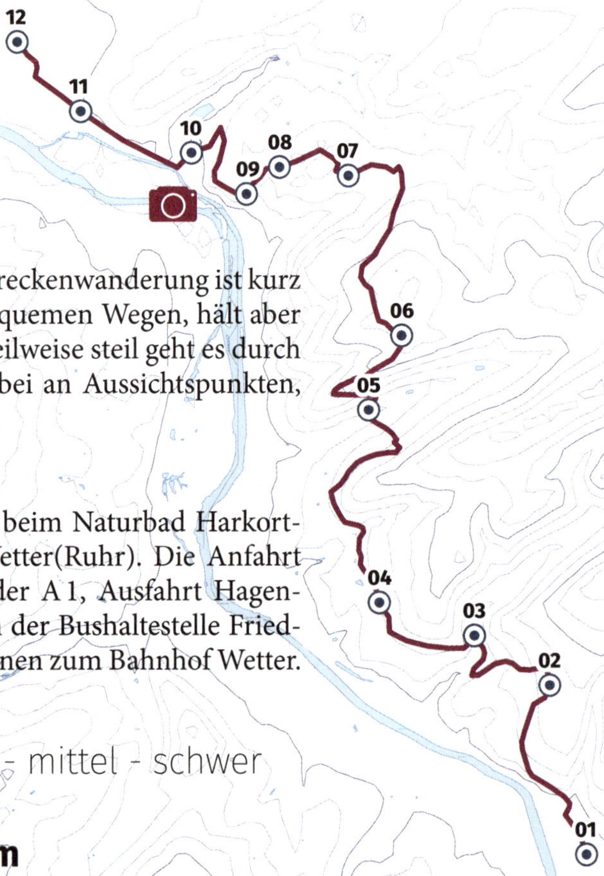

Tourencharakter
Diese abwechslungsreiche Streckenwanderung ist kurz und verläuft auf großteils bequemen Wegen, hält aber einige Höhenmeter bereit. Teilweise steil geht es durch schöne Waldstücke und vorbei an Aussichtspunkten, die zum Verweilen einladen.

Start und Ziel
Startpunkt ist der Parkplatz beim Naturbad Harkortsee an der Ringstraße in Wetter(Ruhr). Die Anfahrt mit dem PKW erfolgt auf der A 1, Ausfahrt Hagen-West und auf der B 226. Von der Bushaltestelle Friedrichstraße sind es zwei Stationen zum Bahnhof Wetter.

Schwierigkeit: **leicht** - mittel - schwer
Dauer: **2:00 h**
Länge: **11,4 km**
Aufstieg **203 hm**
Abstieg **203 hm**

Höhenlinienmodell mit Streckenverlauf

Höhenprofil

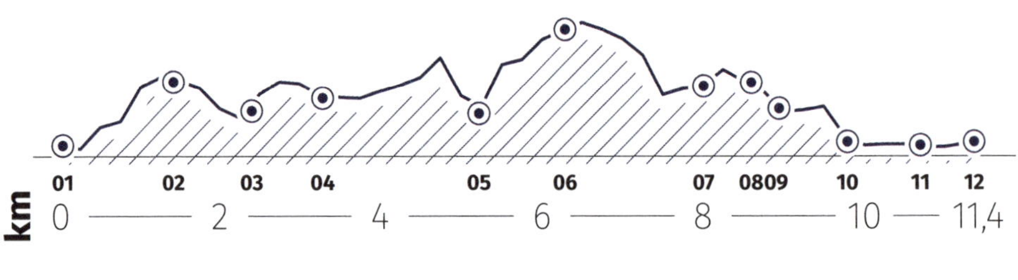

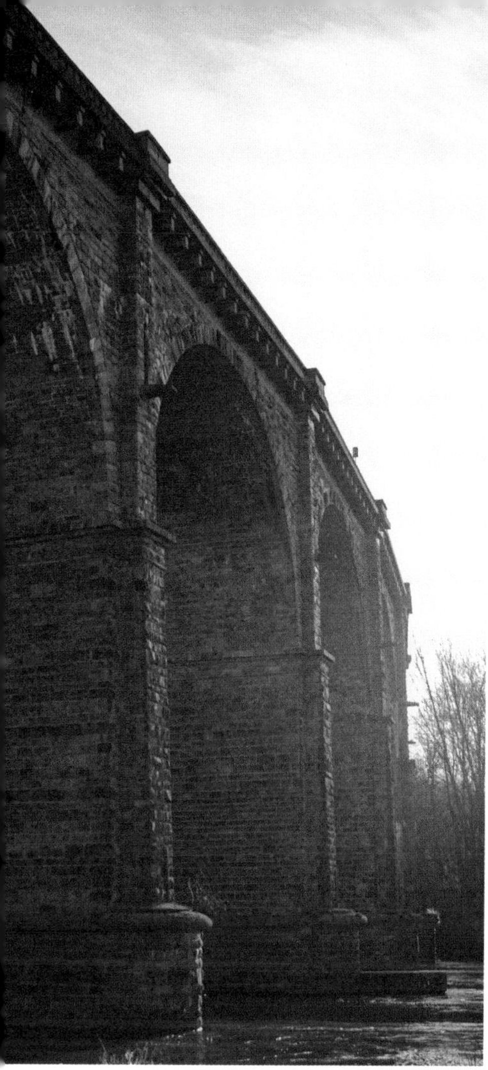

Von der Burgstadt Wetter am Harkortsee führt der Ruhrhöhenweg durch die Wälder des westlichen Ardeygebirges nach Witten. Nach der attraktiven Waldwanderung fährt die Bahn von Witten zurück zum Ausgangspunkt.

Jeder Mensch sucht nach Halt. Dabei liegt der einzige Halt im Loslassen.

Hape Kerkeling, deutscher Entertainer (*1964)

Vom S-Bahnhof Wetter (Ruhr) 01 – im historischen Bahnhofsgebäude befinden sich die Stadtbücherei und ein Gastronomiebetrieb – führt die Bahnhofstraße parallel zum Gleiskörper in Fahrtrichtung Witten (westwärts) und schwingt am Supermarkt rechts hinauf zur Kaiserstraße. Hier befindet sich am Westrand der Stadt der Einstieg in den Ruhrhöhenweg. Nach Queren der Kaiserstraße folgt er der für den öffentlichen Verkehr gesperrten alleeartigen Zufahrt links hinauf Richtung Gut Schede 02 auf dem Gebiet der Stadt Herdecke; oben schwingt die Zufahrt im Buchenwald rechts zum Gut Schede auf einer allseits vom Wald umgebenen Rodungsinsel auf dem Ardeygebirge. Das klassizistische Gut Schede (um 1810) ist eine Unternehmervilla des 19. Jhs. Es wird bewohnt und bewirtschaftet von der Familie Harkort, deren berühmtester Spross, der Industrielle und liberale Politiker Friedrich Harkort (1793–1880) in der architektonisch aufwendig gestalteten Erbgruft (um 1860/70) seine letzte Ruhestätte gefunden hat. Die Ursprünge von Gut Schede reichen bis ins 9. Jh. zurück.

Zwischen den Hofgebäuden zweigt der Ruhrhöhenweg links ab und wechselt nach Wiedereintritt in den Buchenwald rechts auf einen schmalen Weg, der sich ins Enderbachtal senkt, dort kurz rechts neben der Ender Talstraße 03, dann auf einem Pfad links hinauf durch den buchenbestandenen Steilhang und am ersten Weg links hinauf neben einem alten Buchen-/Stechpalmen-Wald (Mallinckrodt-Grenzsteine). Nach Passieren eines Teiches oberhalb von Haus Mallinckrodt 04 durchquert der x-Weg ein abgeschiedenes Seitental, führt im Wald an Gut Obergedern vorbei und senkt sich zu den Wiesen des Gederbachtales. Auf der schmalen Straße

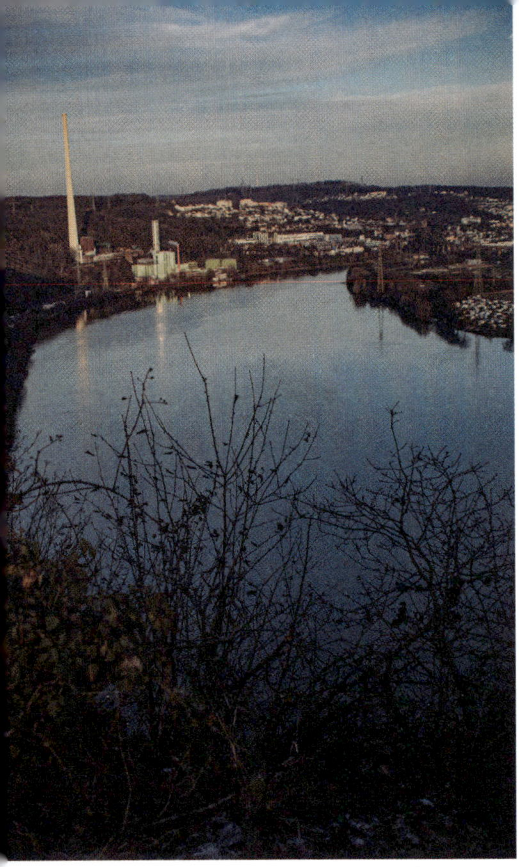

„Gederbachweg“ 05 geht es kurz rechts talaufwärts und am Waldrand halb links den Steilhang hinauf, oben längs der Trasse der Hochspannungsleitung rechts, bis der Weg nach Passieren von drei alten Sitzbänken den Bergrücken überquert, vor einem Anwesen links schwingt, der asphaltierten Zufahrt im Hang des bewaldeten Wartenbergs (Wartenbergweg 06) mit stellenweise weiter Aussicht hinab zur Passstraße Kohlensiepen führt und dort am Wanderparkplatz Kohlensiepen halb links auf den Asphaltweg wechselt. Hier führt der Ruhrhöhenweg rechts hinauf in die Wälder des Naturerlebnisgebiets Hohenstein.

Der Ruhrhöhenweg leitet links hinab zum Lehrbienenstand 07 und Wildschweingehege und zweigt vor dem klassizistischen Pavillon Haarmanntempel 08 links zum Aussichtspunkt Berger-Denkmal 09 über dem Ruhrtal ab.

Vom Berger-Denkmal führt der Ruhrhöhenweg am Westrand des Naherholungsgebiets zur Parkplatzzufahrt „Hohenstein“, folgt ihr links hinab vorbei am Hammerteich-Parkplatz 10 und wechselt hinter der Eisenbahnunterführung rechts auf die Wetterstraße, die an der Ruhr entlang unter dem Eisenbahnviadukt hindurchführt. An der Kreuzung mit der Ruhrstraße 11 geht es geradeaus durch die Gasstraße zum Hauptbahnhof Witten 12. Das Empfangsgebäude wurde 1901 nach den Entwürfen des Wittener Architekten Richard Sauerbruch errichtet und steht unter Denkmalschutz.

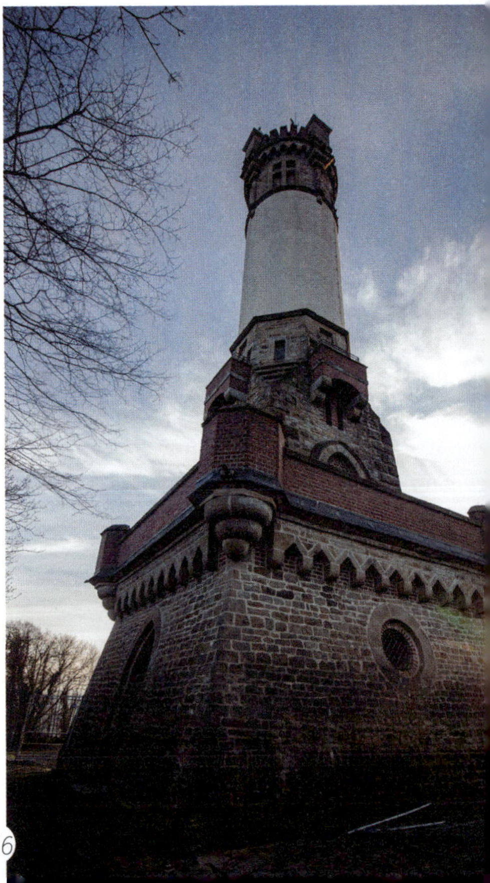

Dein Moment für die Ewigkeit

Licht an

Gerade wenn das Licht schwach wird, neigen viele Kameras dazu, die Belichtung zu hell einzustellen. Sofern deine Kamera es zulässt versuche die Belichtung etwas unter die vorgeschlagenen Werte zu setzen. Damit werden die Farben kräftiger und das Ergebnis realistischer.

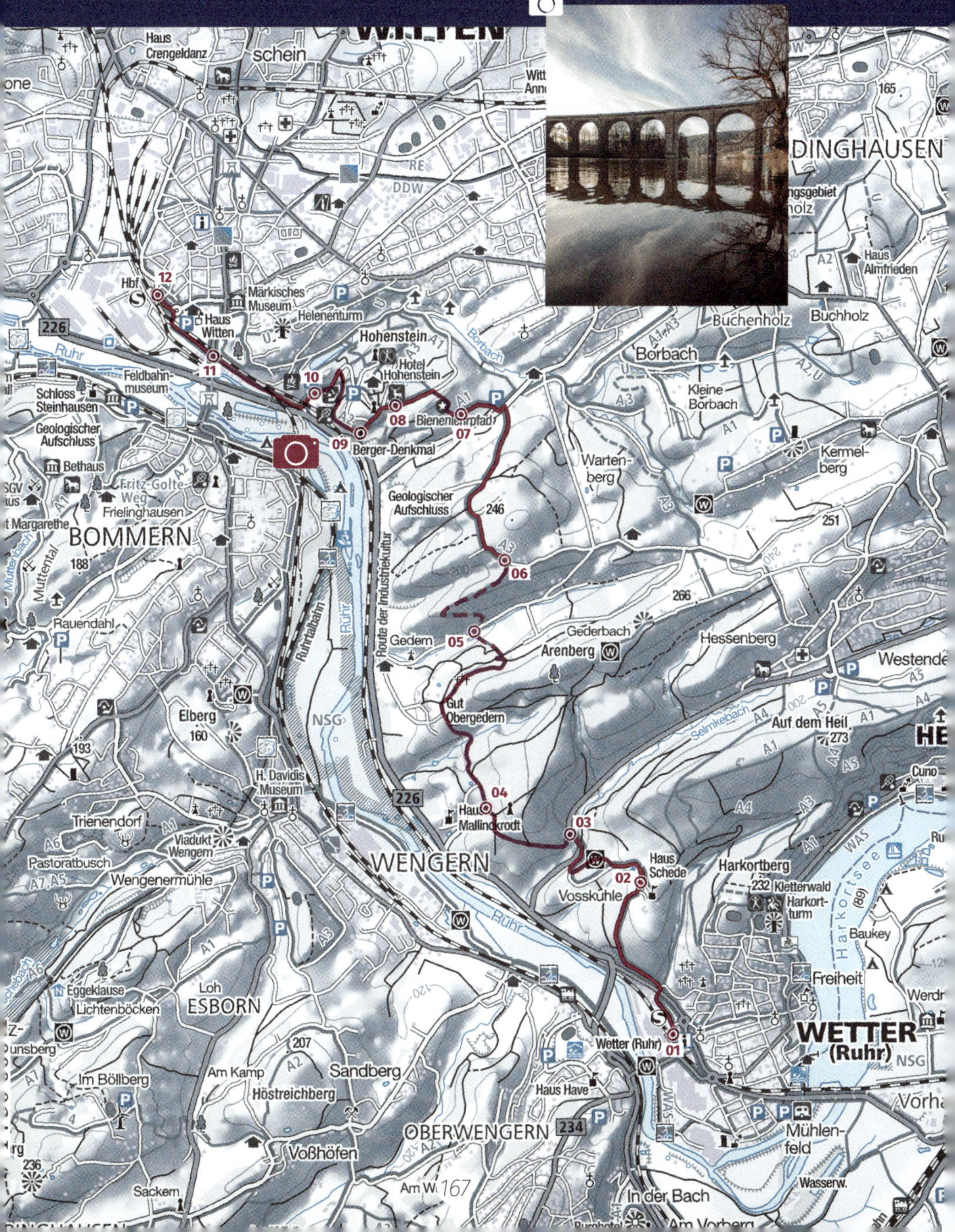

24 Aussichtsreiches Ardeygebirge

Überall dort, wo sich die Ruhr in enge Kurven gelegt hat, sind steile Prallhänge wie die waldreichen Ardey-Höhenzüge abgetragen worden. Diese „Wände aus Wald“ leuchten im Herbst in den schönsten Farben.

Bilder von: **Oliver Hitzegrad @oliverhitzegrad**

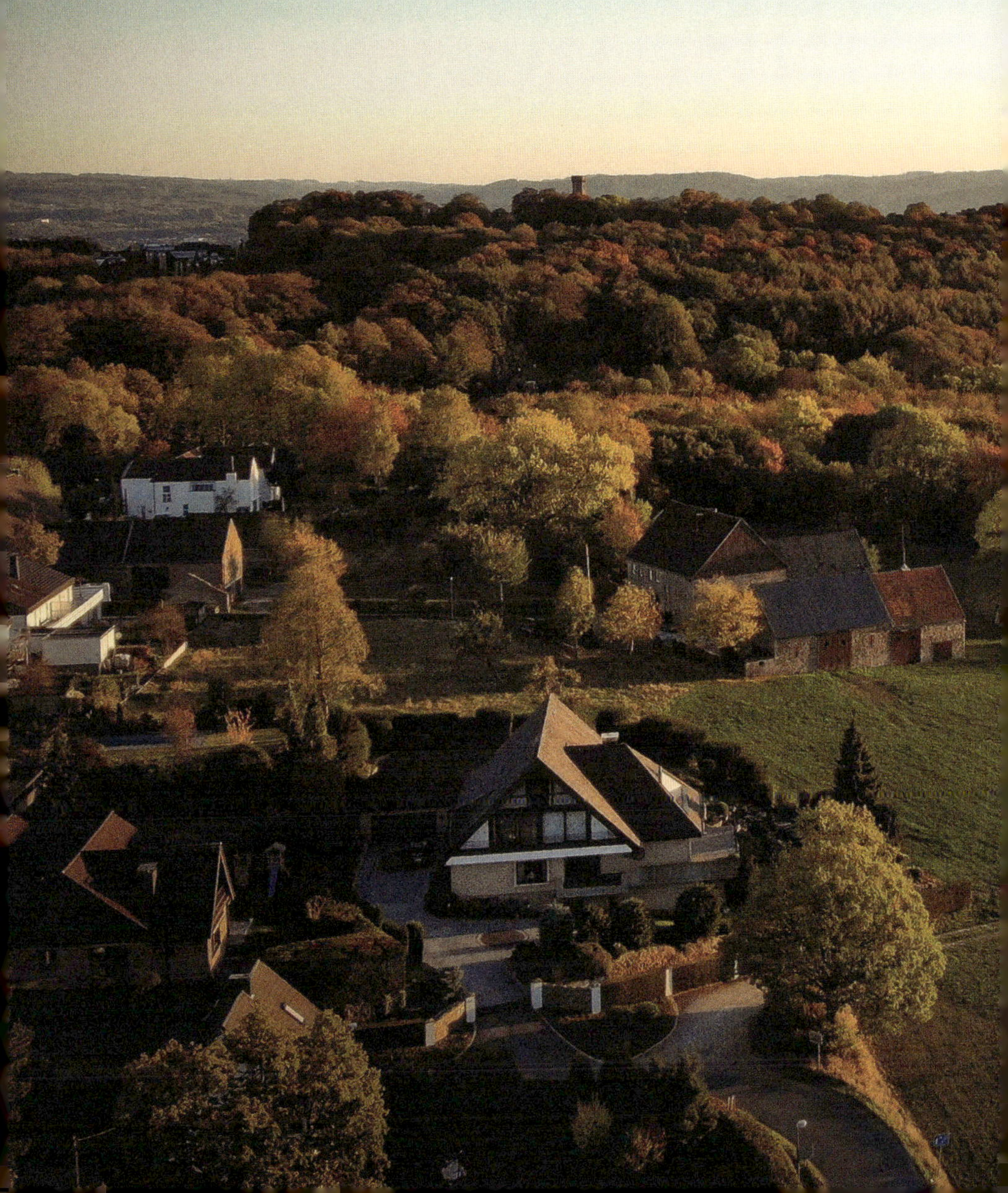

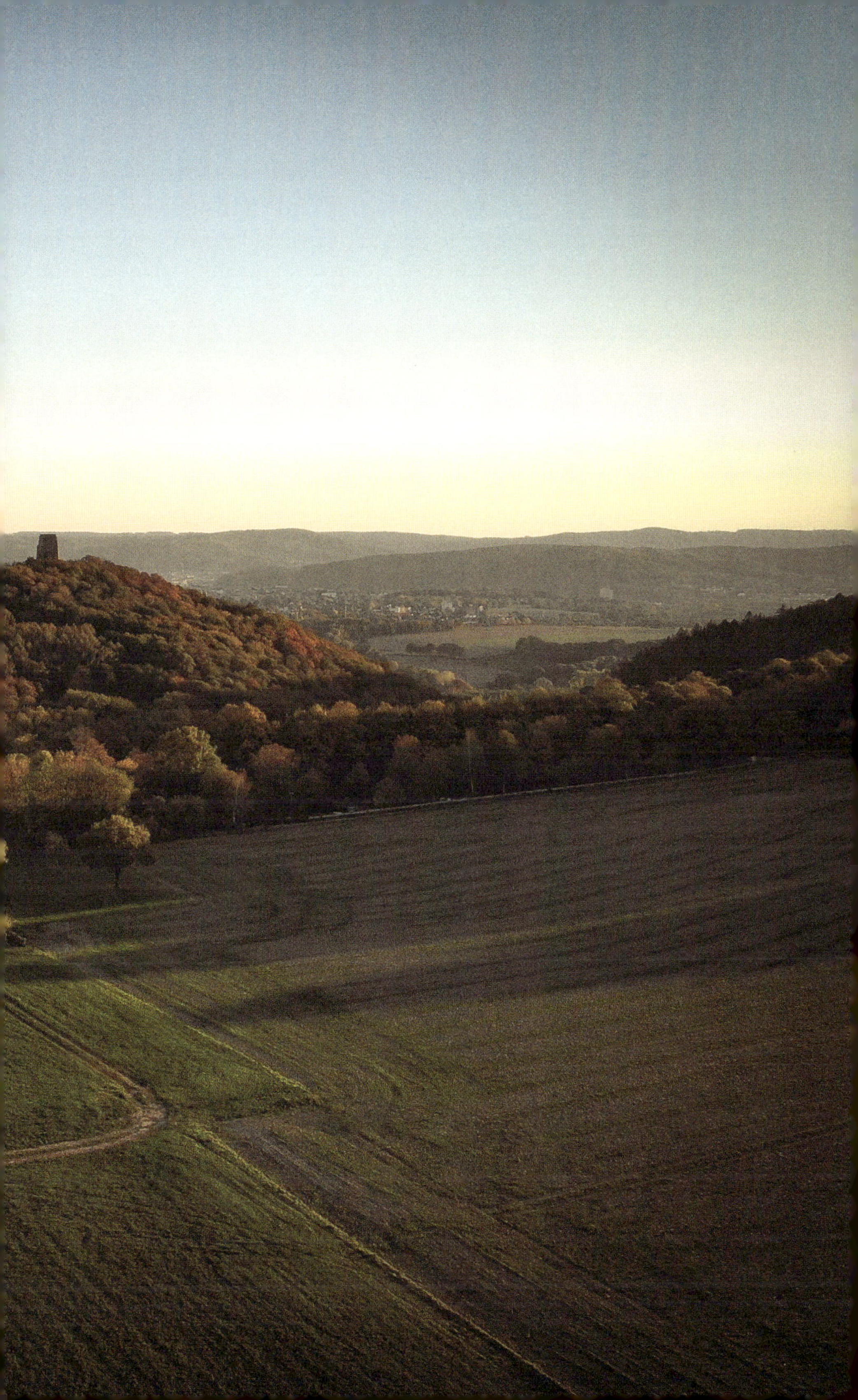

Syburg – Herdecke – Wetter

Tourencharakter
Diese abwechslungsreiche Tour führt uns auf meist bequemen Wegen in die Höhenzüge um den Hengsteysee und die Hohensyburg. Die Wald- und Aussichtswanderung wartet mit kulturellen Highlights, schöner Natur und Einkehrmöglichkeiten auf.

Start und Ziel
Startpunkt ist der Parkplatz gegenüber dem Restaurant „Road Stop“ an der Hohensyburgstraße 169 im Dortmunder Stadtteil Syburg. Die Bushaltestelle „Syburg“ ist zwei Gehminuten entfernt. Zielpunkt ist der Bahnhof Wetter (Ruhr).

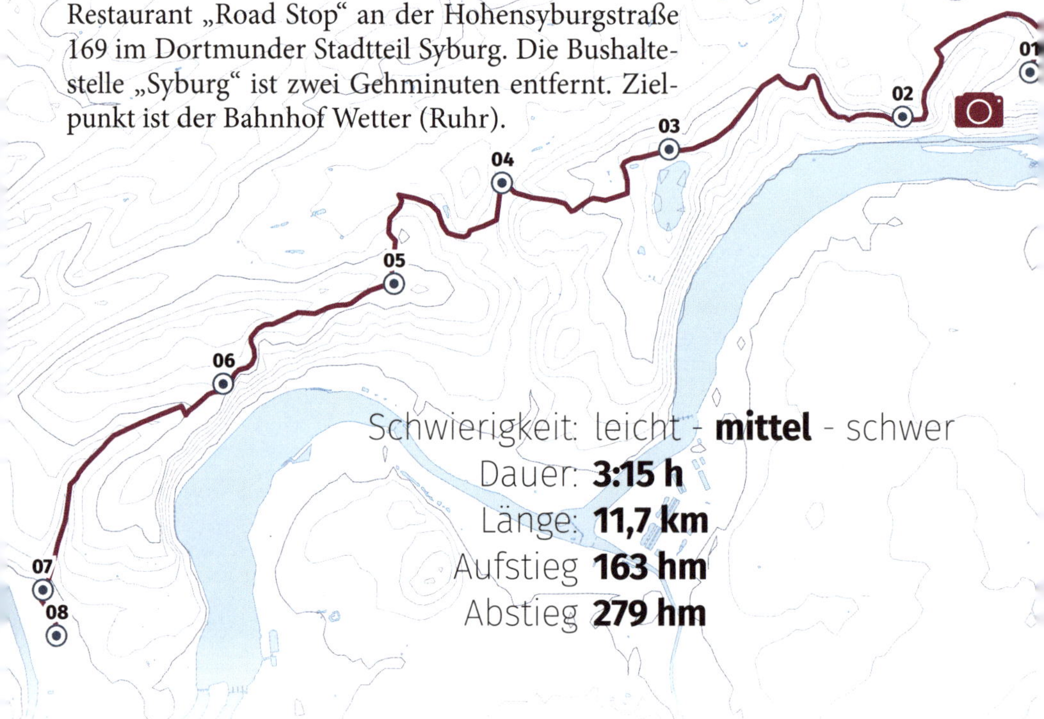

Schwierigkeit: leicht - **mittel** - schwer
Dauer: **3:15 h**
Länge: **11,7 km**
Aufstieg **163 hm**
Abstieg **279 hm**

Höhenlinienmodell mit Streckenverlauf

Höhenprofil

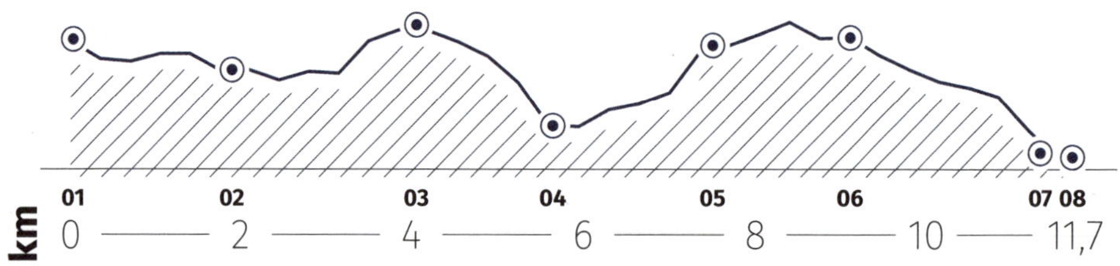

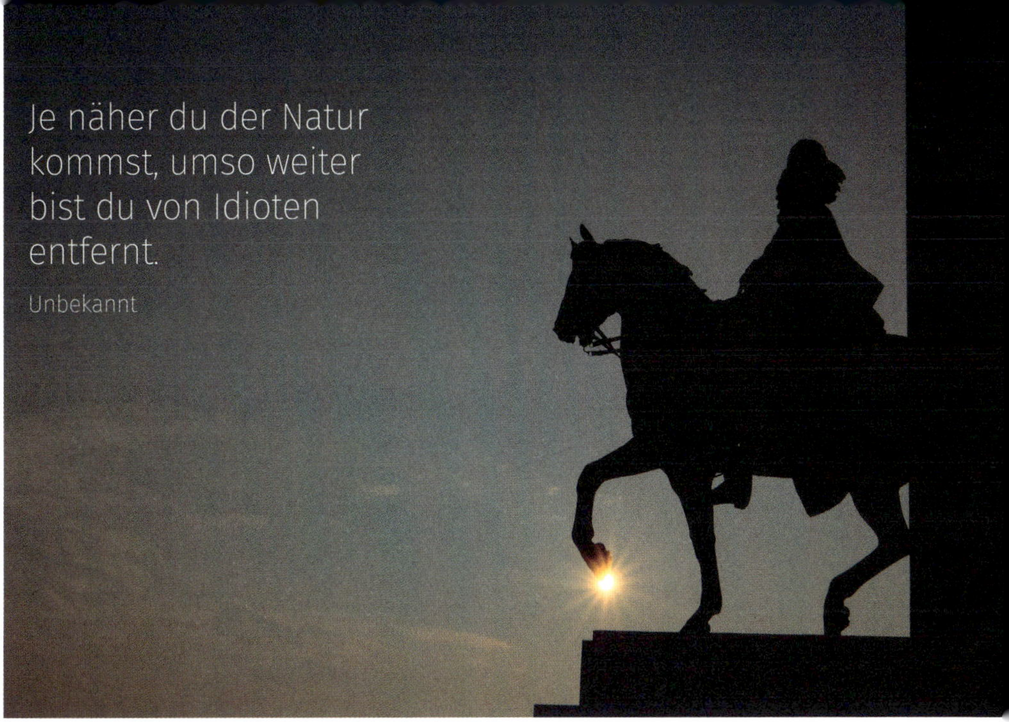

Vom Dortmunder Höhenort Syburg bei den Ruinen der Hohensyburg führt diese Waldwanderung mit zahlreichen Aussichtspunkten über den Kamm des Ardeygebirges nach Wetter im Ruhrtal.

▶ Das Höhendorf Syburg **01** im waldreichen Ardeygebirge über dem Ruhrtal ist der südlichste Stadtteil von Dortmund. Wenige Gehminuten vom Ausgangspunkt entfernt befinden sich die Ruinen der Hohensyburg und die Spielbank Hohensyburg sowie mehrere Restaurants. Vom Parkplatz gegenüber vom Restaurant „Road Stop" an der Hohensyburgstraße 169 leitet uns die xR-Markierung des Ruhrhöhenwegs westwärts auf einen Fuß- und Radweg längs der Hohensyburgstraße und zweigt bei der Bushaltestelle „Hohensyburgstraße" links in die Wälder im Steilhang des Klusenbergs ab. Dessen Hänge fallen südwärts zum Hengsteysee im Naturschutzgebiet Ruhrsteilhänge Hohensyburg ab. Bald erreichen wir zwei geländergesicherte Felskanzeln **02** 📷, die mit exzellenter Aussicht zum Verweilen einladen. Der Höhenweg führt uns weiter durch Eichen-, Birken- und Buchenwälder, passiert im Wald versteckte Häuser und bietet in den Wiesen erneut eine weite Aussicht samt Sitzbank. In den Wiesen schwenkt der Weg links, taucht „Im Kleff" wieder in den Wald ein und folgt einem asphaltierten Werksweg am Pumpspeicherbecken **03**. Wir wandern am Höhenrücken Kleff auf- und abwärts, um an dessen Ende kurz links in den Wittbräucker Waldweg und rechts hinab in die Straße „Am Jollenstein" einzubiegen.

Ab hier folgen wir dem Westfalenwanderweg xW überwiegend im Wald und durch ein stilles Bachtal hinab zur Bundesstraße oberhalb von Herdecke. Hier halten wir uns kurz links auf dem Fußweg längs der

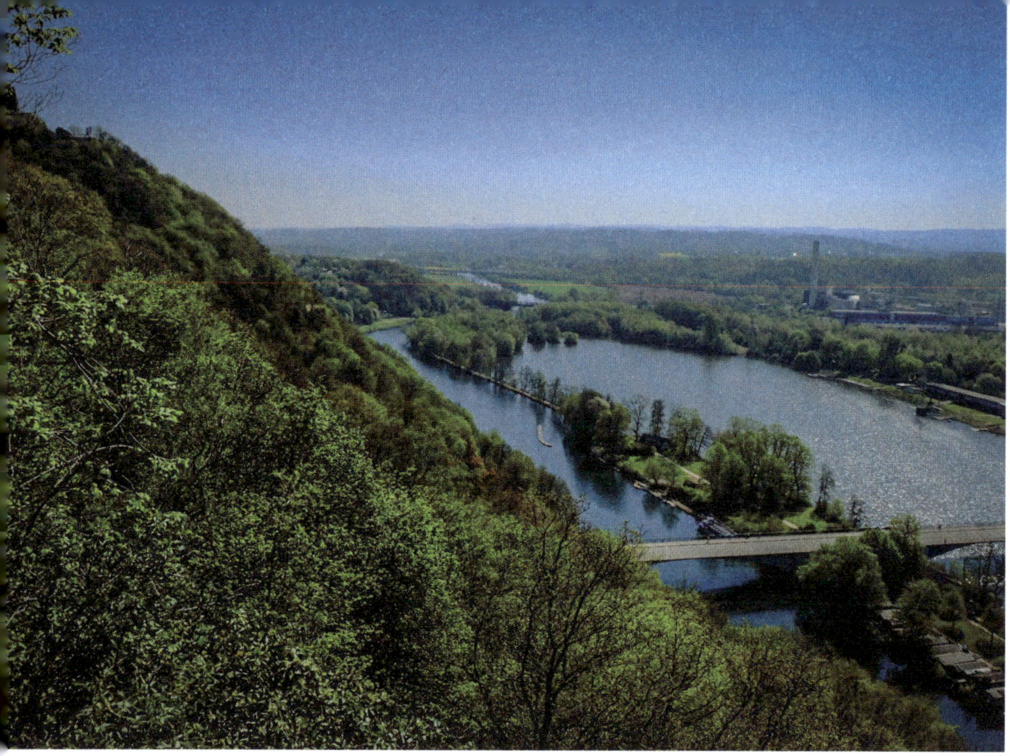

B54 04 (Herdecker Bach) und gehen dann die Ender Talstraße rechts hinauf. Anschließend folgen wir halb links der Jungferneiche/Berliner Straße im Wald oberhalb der Straße und in den Wiesen, wo wir die erste Abzweigung links hinauf in den Buchenwald nehmen. Oben an der Kreuzung mit dem Höhlenweg 05 („x4") endet der Asphaltbelag. Ruhrhöhen- und Westfalenwanderweg wechseln in den Hang über dem Harkortsee und führen zu Sitzbänken und einem Schutzhüttenrondell. Von dort geht der Blick auf das Eisenbahnviadukt über die Ruhr und auf die Fachwerkstadt Herdecke.

Wo sich oberhalb des Rondells der Blick auf den Harkortsee öffnet, wechseln die Wege auf einen Pfad an der Abbruchkante in urwüchsigem Wald und führen zu einer Schutzhütte an einer Wegespinne 06 in einen hallenartigen Buchenhochwald. Der Ruhrhöhenweg leitet hinab zu einer Verzweigung mit Sitzbank am oberen Ansatz des Schnodderbachtales. Wenige Meter unterhalb wechselt der Ruhrhöhenweg rechts auf einen Laubwaldweg im Hang über dem schönen Schnodderbachtal und senkt sich ab zur Kaiserstraße 07. Nach deren Querung führt die Bahnhofstraße geradeaus und leitet zum Bahnhof Wetter (Ruhr) 08.

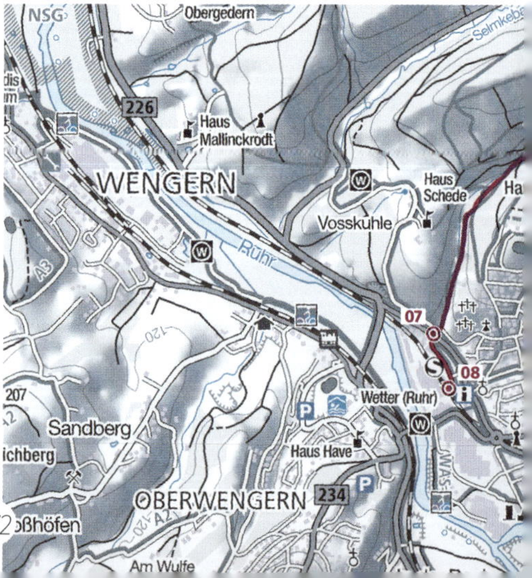

Dein Moment für die Ewigkeit

Vogelperspektive

Bei der Vogelsperspektive liegt der Aufnahmepunkt oberhalb des Motivs. Diese Perspektive eignet sich besonders gut für Übersichtsaufnahmen. Während sich diese Vogelperspektive weniger für Porträtfotos eignet, da so der Eindruck von Unterlegenheit erweckt werden kann, verhilft sie bei der Landschaftsfotografie zu einem atemberaubenden Weitblick.

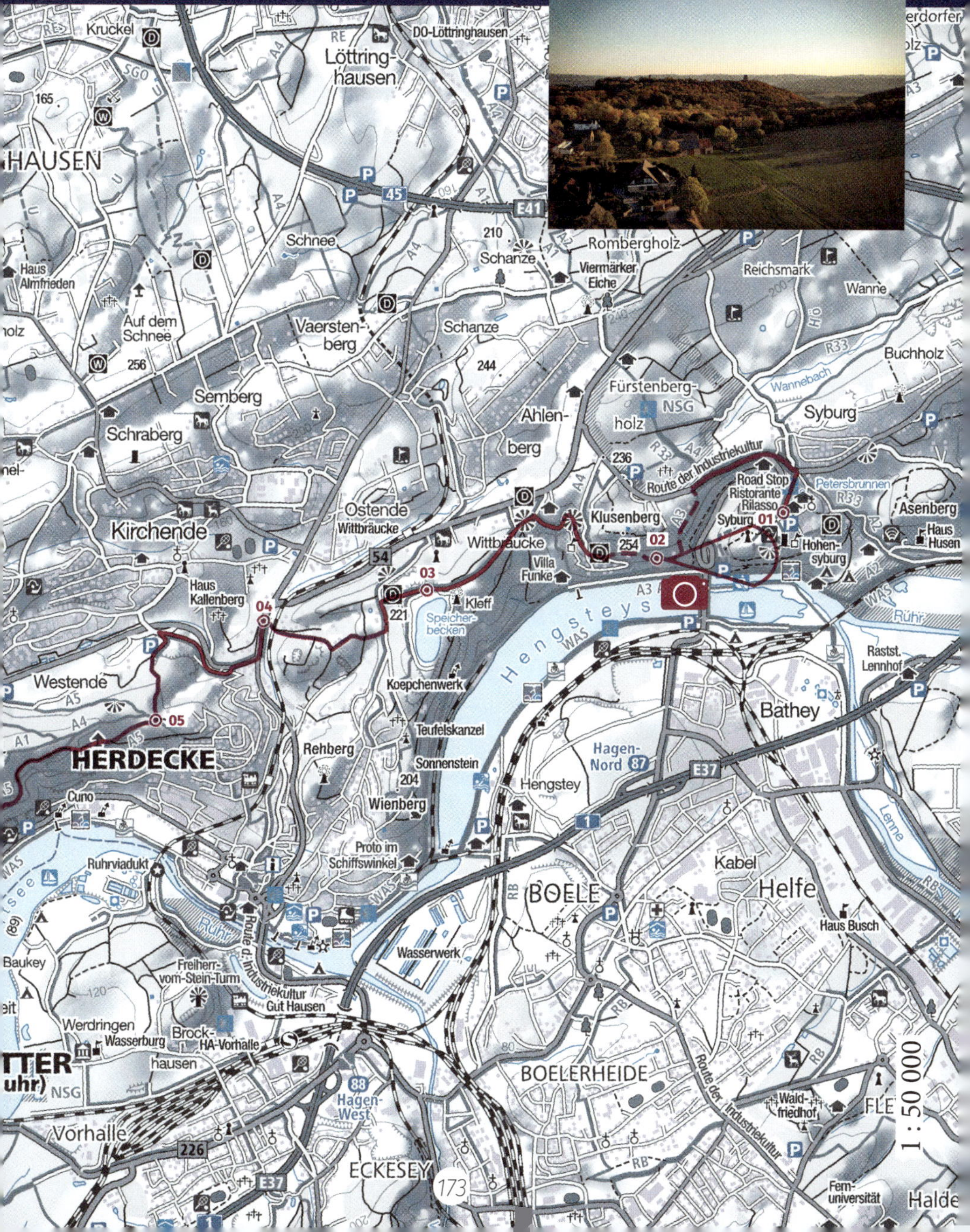

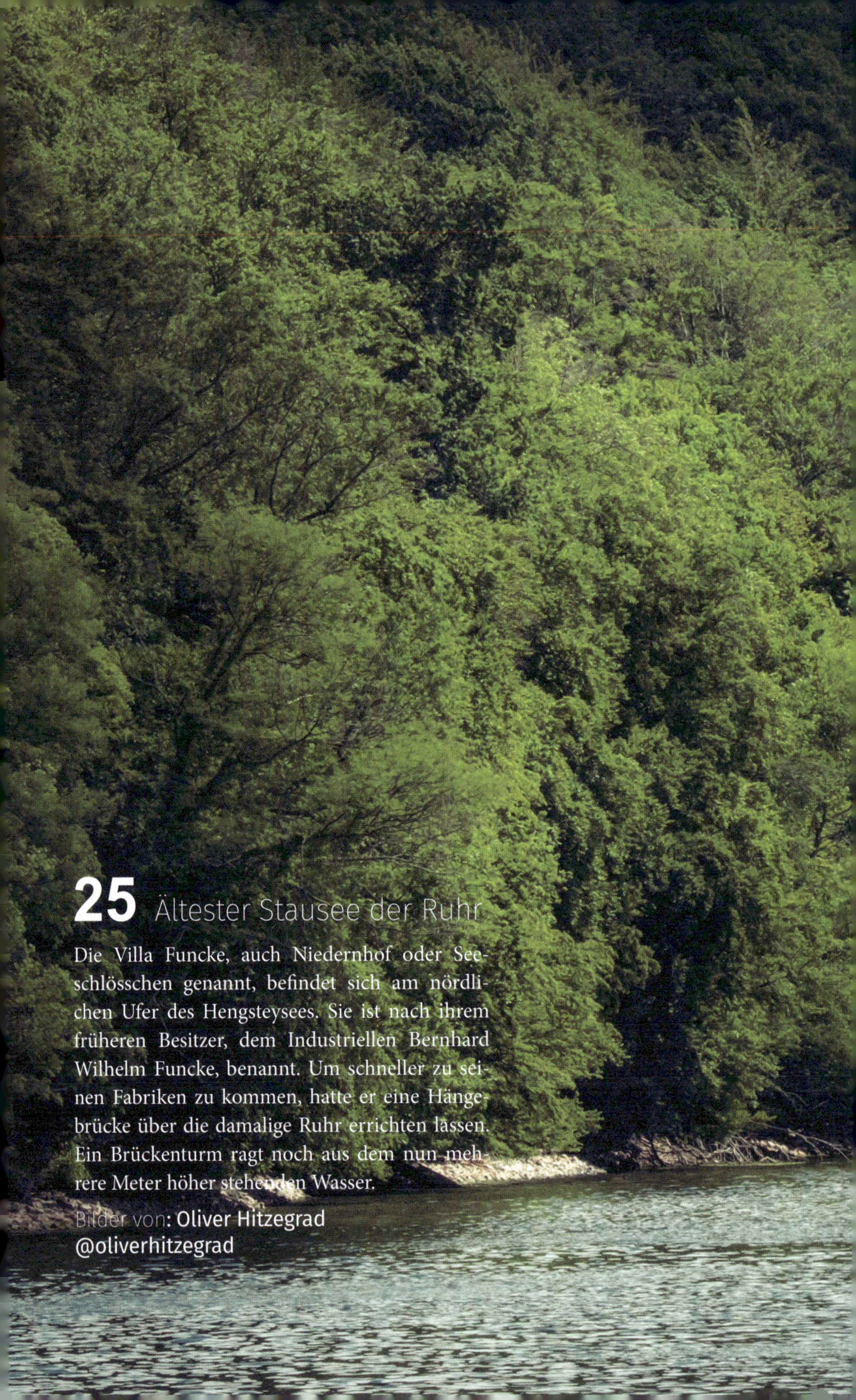

25 Ältester Stausee der Ruhr

Die Villa Funcke, auch Niedernhof oder Seeschlösschen genannt, befindet sich am nördlichen Ufer des Hengsteysees. Sie ist nach ihrem früheren Besitzer, dem Industriellen Bernhard Wilhelm Funcke, benannt. Um schneller zu seinen Fabriken zu kommen, hatte er eine Hängebrücke über die damalige Ruhr errichten lassen. Ein Brückenturm ragt noch aus dem nun mehrere Meter höher stehenden Wasser.

Bilder von: Oliver Hitzegrad
@oliverhitzegrad

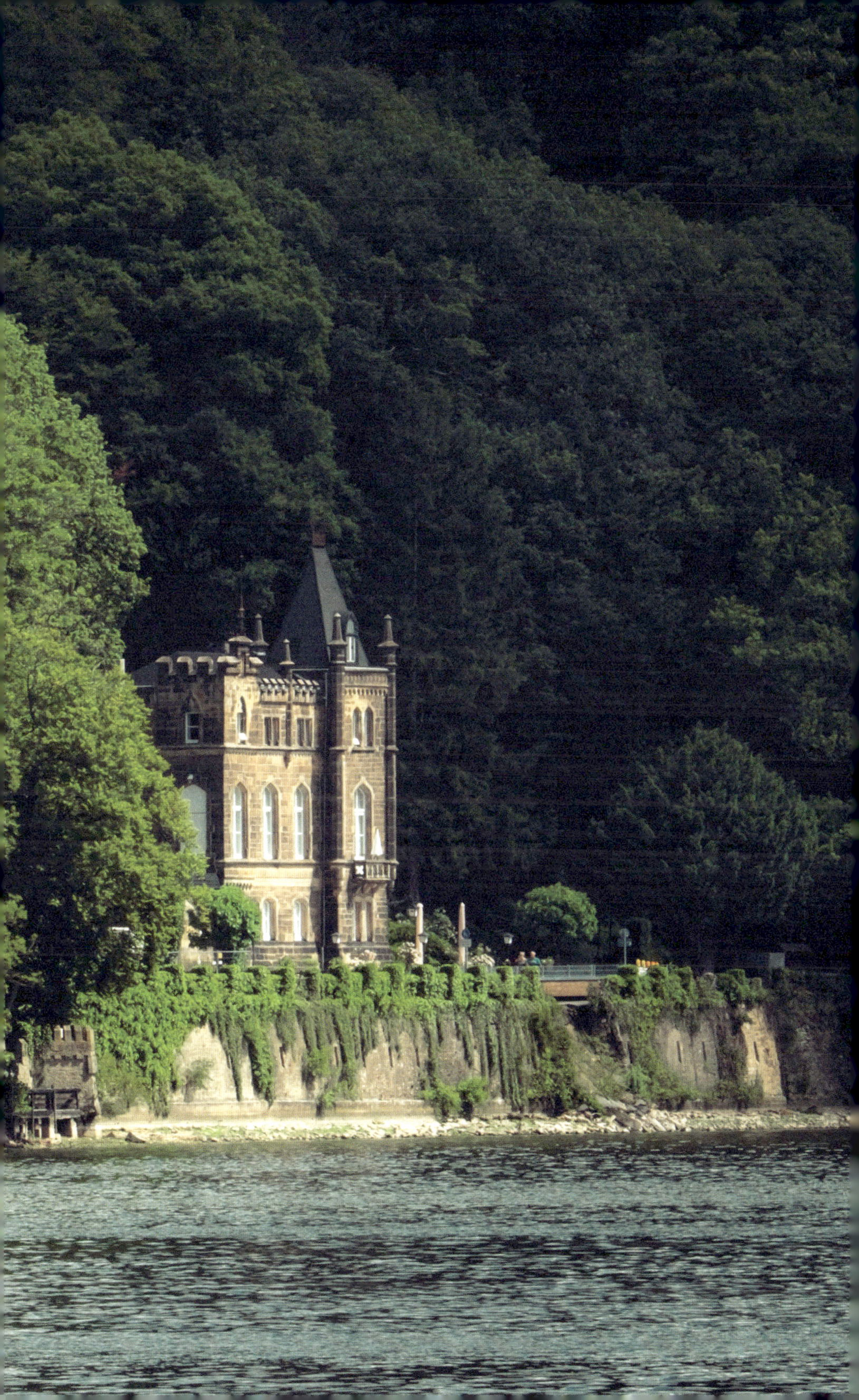

Hengsteysee

Tourencharakter
Auf fahrradtauglichen Promenaden leitet uns diese aussichtsreiche Wanderrunde um den ältesten Ruhrstausee. Garniert wird das Ganze von einem beeindruckenden Industriedenkmal und gemütlichen Einkehrmöglichkeiten.

Start und Ziel
Ausgangspunkt und Ziel ist der Wanderparkplatz am Hengsteysee-Südufer an der Dortmunder Straße. Die PKW-Anfahrt erfolgt auf der A 1, Ausfahrt Hagen-Nord Richtung Hohensyburg. Direkt beim Parkplatz befindet sich die Bushaltestelle Hagen/Hengsteysee.

Schwierigkeit: **leicht** - mittel - schwer
Dauer: **2:00 h**
Länge: **8,4 km**
Aufstieg **10 hm**
Abstieg **10 hm**

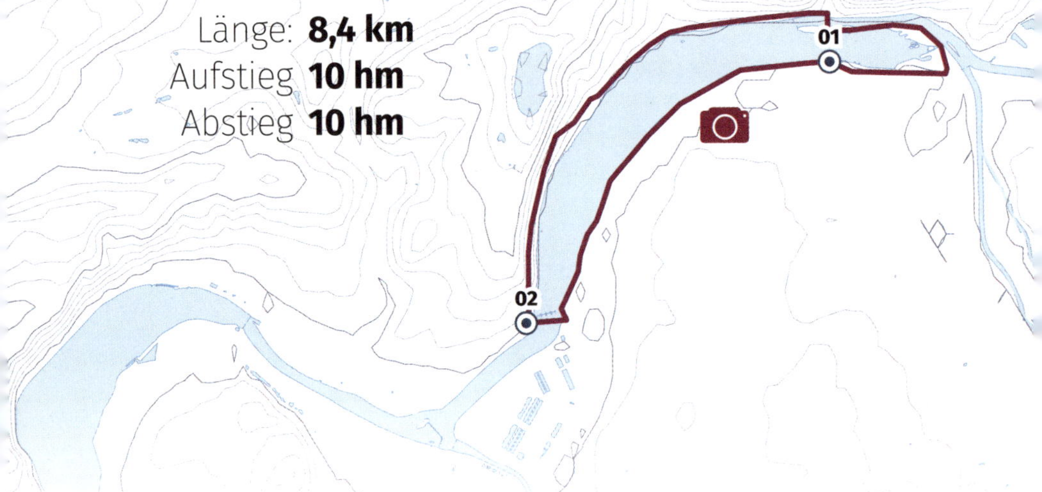

Höhenlinienmodell mit Streckenverlauf

Höhenprofil

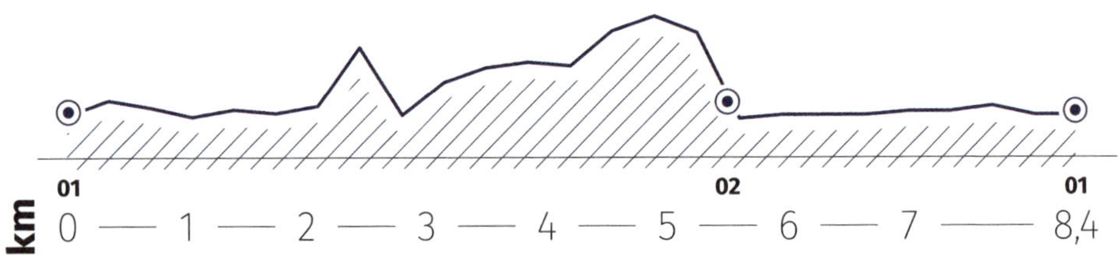

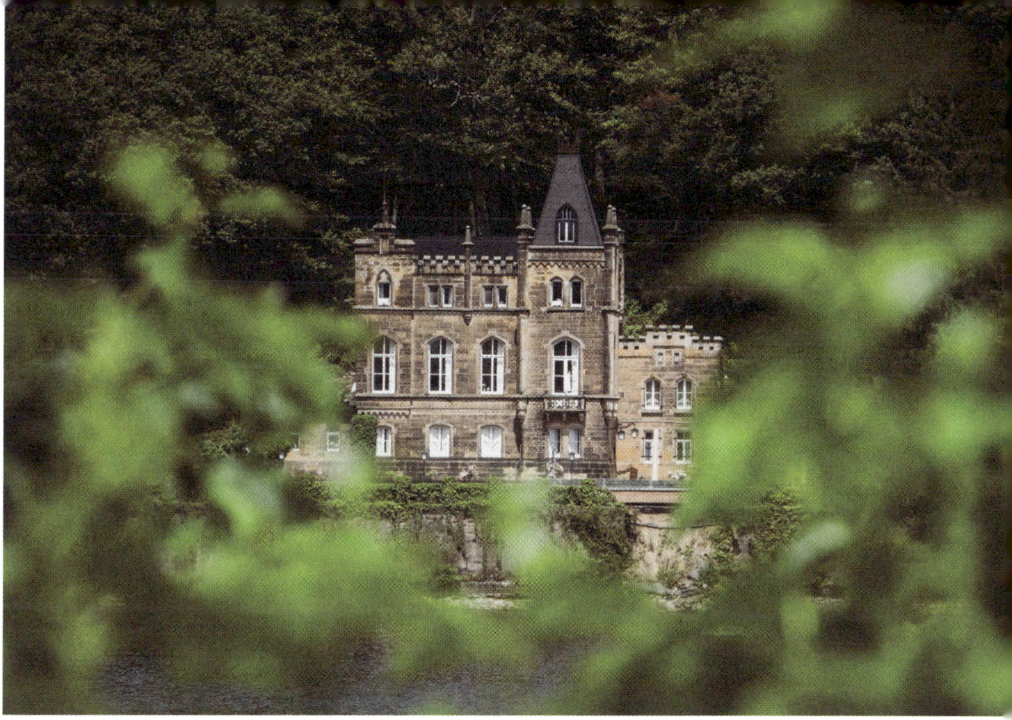

Und dann muss man ja auch noch Zeit haben, einfach dazusitzen und vor sich hinzuschauen.

Astrid Lindgren, schwedische Schriftstellerin (1907–2002)

Zu Füßen des Ardeygebirges und mit exzellenten Aufblicken zur Hohensyburg leitet uns diese Wanderung auf fahrradtauglichen Wegen um den Hengsteysee, den ältesten Stausee in der Ruhr.

▶ Vom Motorradparkplatz **01** gehen wir auf die Dortmunder Straße, queren sie und geradeaus auf der Ahornallee neben einer für den öffentlichen Verkehr gesperrten Stichstraße. Der Blick fällt über den Hengsteysee hinweg auf den felsendurchsetzten Ardey-Steilhang, bekrönt vom Kaiser-Wilhelm-Denkmal, dem Vincketurm, den Ruinen der Hohensyburg und der Spielbank. Hinter dem Bootshaus endet der Asphaltbelag, der Weg führt durch Gehölze, an der ersten Verzweigung (vor der Eisenbahnbrücke) zweigen wir links ab (Rhein-Ruhr-Weg Markierung „x") und gelangen zur Liegewiese an der Lennemündung. Weiter geht es auf der Promenade zwischen See und Ruhr. Kurz hinter dem Bootsverleih und der Schiffsanlegestelle Insel Hohensyburg gehen wir zur Brücke hinauf, überqueren die Ruhr und wechseln an den Parkplätzen – man befindet sich nun auf Dortmunder Stadtgebiet, die Grenze zwischen Hagen und Dortmund verläuft in Ufernähe – links auf den mit „x4"-markierten Höhlenweg, der als Asphaltpromenade im Wald oberhalb des Seeufers verläuft. Immer wieder laden Sitzbänke zur Rast, saisonal besteht in der Villa Funcke (Seeschlösschen), bei

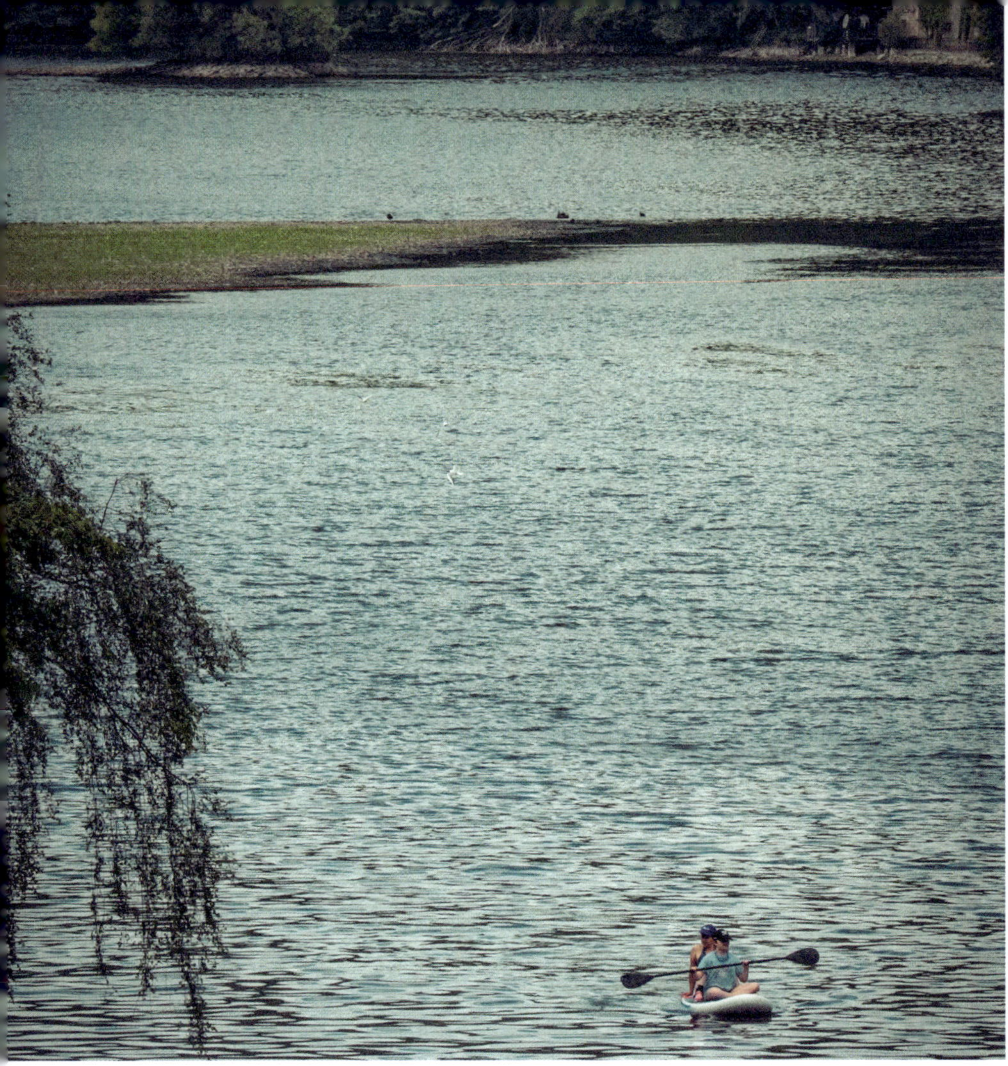

der sich eine weitere Schiffsanlegestelle befindet, Einkehrmöglichkeit (Achtung! Der Wegabschnitt am Nordufer des Hengsteysees war im Frühjahr 2020 wegen Erdrutsch gesperrt, bitte vor Antritt der Tour Erkundungen wegen möglicher Folgesperrungen einholen).

Auf dem Gebiet der Stadt Herdecke führt die bequeme Uferpromenade weiter zum Koepchenwerk (hier müssen Fahrradfahrer kurz absteigen), einem 1927–30 errichteten Pumpspeicherkraftwerk (Besichtigung im Rahmen von Führungen), das 1980 stillgelegt und 1989 durch die benachbarte neue Anlage ersetzt wurde. Schließlich erreicht der Weg beim Biergarten Proto im Schiffswinkel den Schiffsanleger Westende **02**. Hier überqueren wir die Ruhr auf der Eisenbahnbrücke neben dem Walzenwehr, wenden uns links und folgen der zum Teil getrennt für Wanderer und Fahrradfahrer geführten Uferpromenade teils im Wald, teils aussichtsreich am Freibad Hengstey vorbei zurück zum Ausgangspunkt **01**.

Dein Moment für die Ewigkeit

Sättigung

Die türkis-blaue Farbe des Wassers und das Grün der Bäume wirken fast unnatürlich. Wenn uns die Natur schon spektakuläre Farben schenkt sollten wir es dabei belassen. Diese satten Farben faszinieren uns, das sollte uns aber nicht dazu verleiten, mit der Sättigung oder anderen Filtern zu arbeiten und zu verstärken.

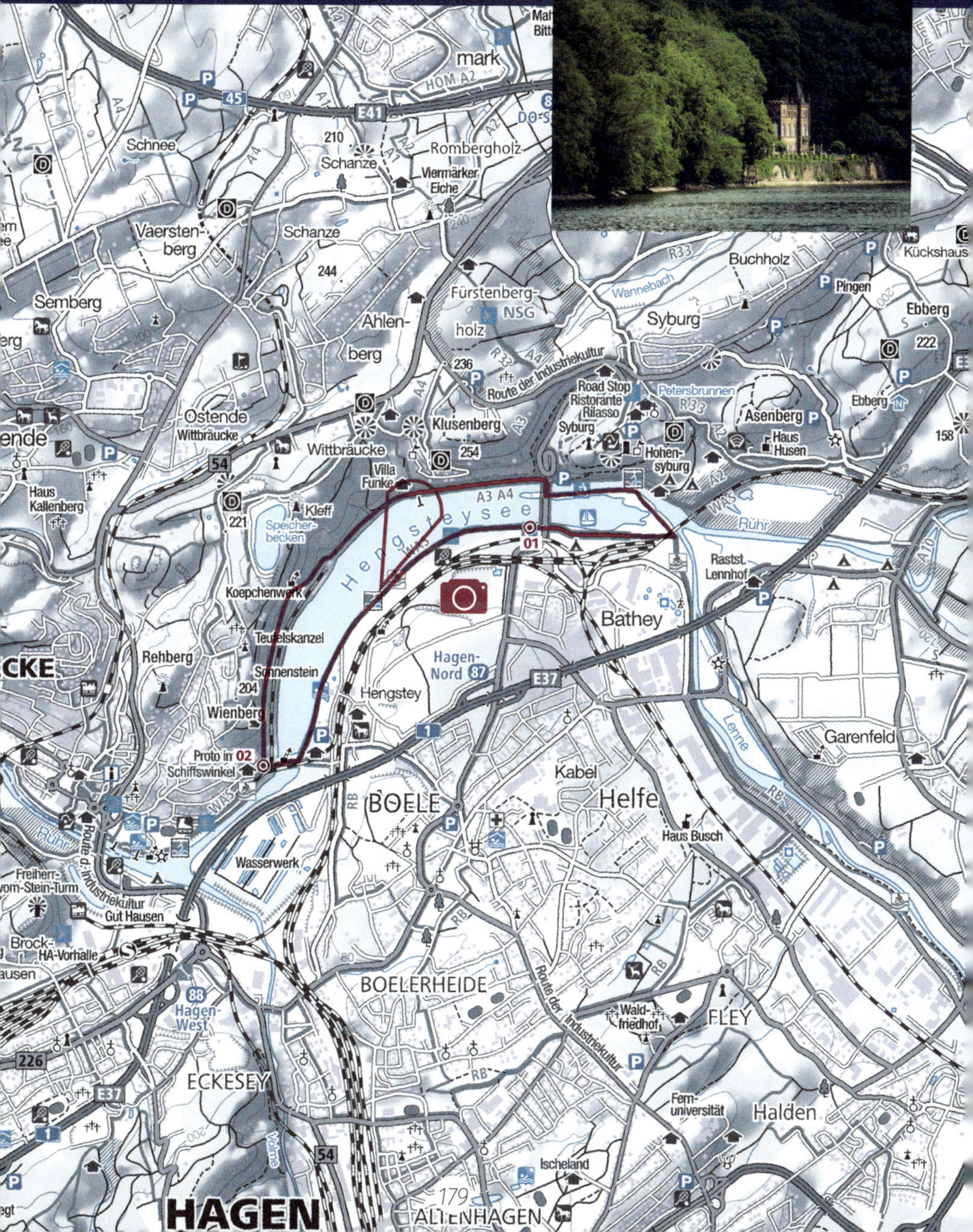

26 Wächterin des Ruhrgebiets im Osten

Das Kriegerdenkmal auf dem Syberg wacht weithin sichtbar über die Umgebung. Nur einen Steinwurf von dieser Landmarke entfernt befinden sich die Hohensyburg und der Vincketurm, von dem die Aussicht an klaren Tagen über das halbe Ruhrgebiet und weite Teile des Bergischen Landes reicht.

Bilder von: **Oliver Hitzegrad**
@oliverhitzegrad

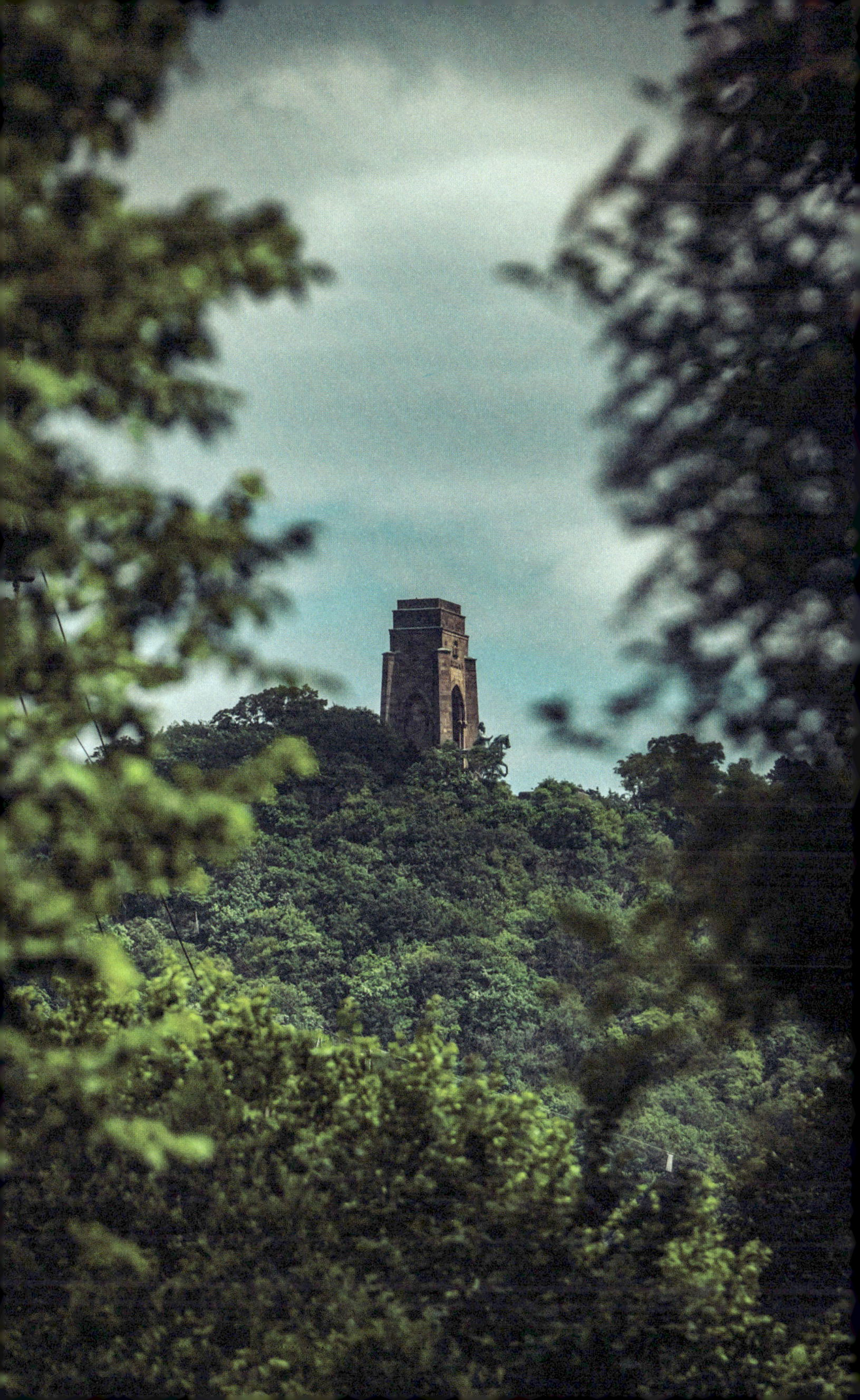

Ergste – Syburg

Tourencharakter
Die leichte Streckentour führt uns auf bequemen Feld-, Forst- und Asphaltwegen durch den bergigsten und womöglich grünsten Winkel des Ruhrgebiets. Zu den vielseitigen landschaftlichen Eindrücken gesellen sich kulturelle Highlights und Einkehrmöglichkeiten.

Start und Ziel
Ausgangspunkt ist der Bahnhof am Bürenbrucher Weg in Ergste, einem Ortsteil von Schwerte. Es besteht direkte Bahnverbindung nach Dortmund-Hauptbahnhof. Ziel der Tour ist die Bushaltestelle Landhaus Syburg im gleichnamigen Dortmunder Stadtteil.

Schwierigkeit: **leicht** - mittel - schwer
Dauer: **2:30 h**
Länge: **8,2 km**
Aufstieg **125 hm**
Abstieg **26 hm**

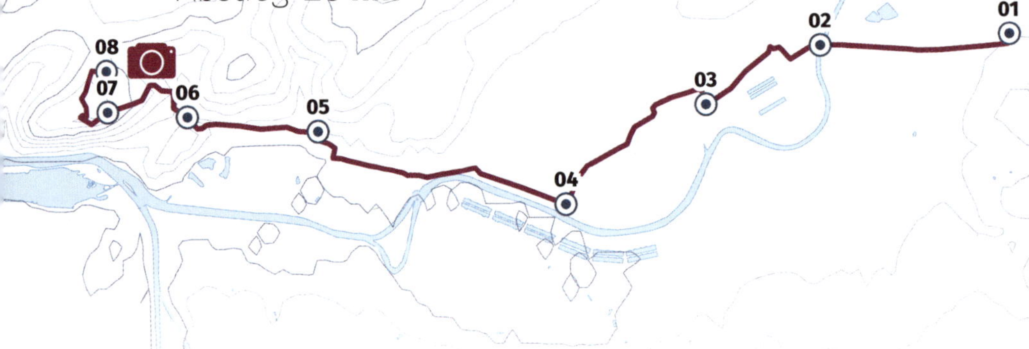

Höhenlinienmodell mit Streckenverlauf

Höhenprofil

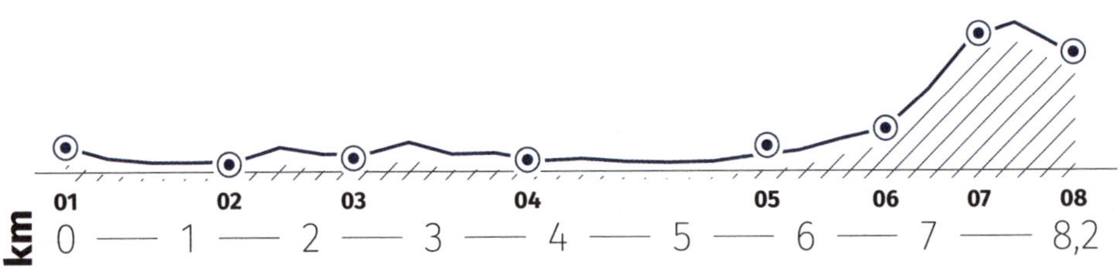

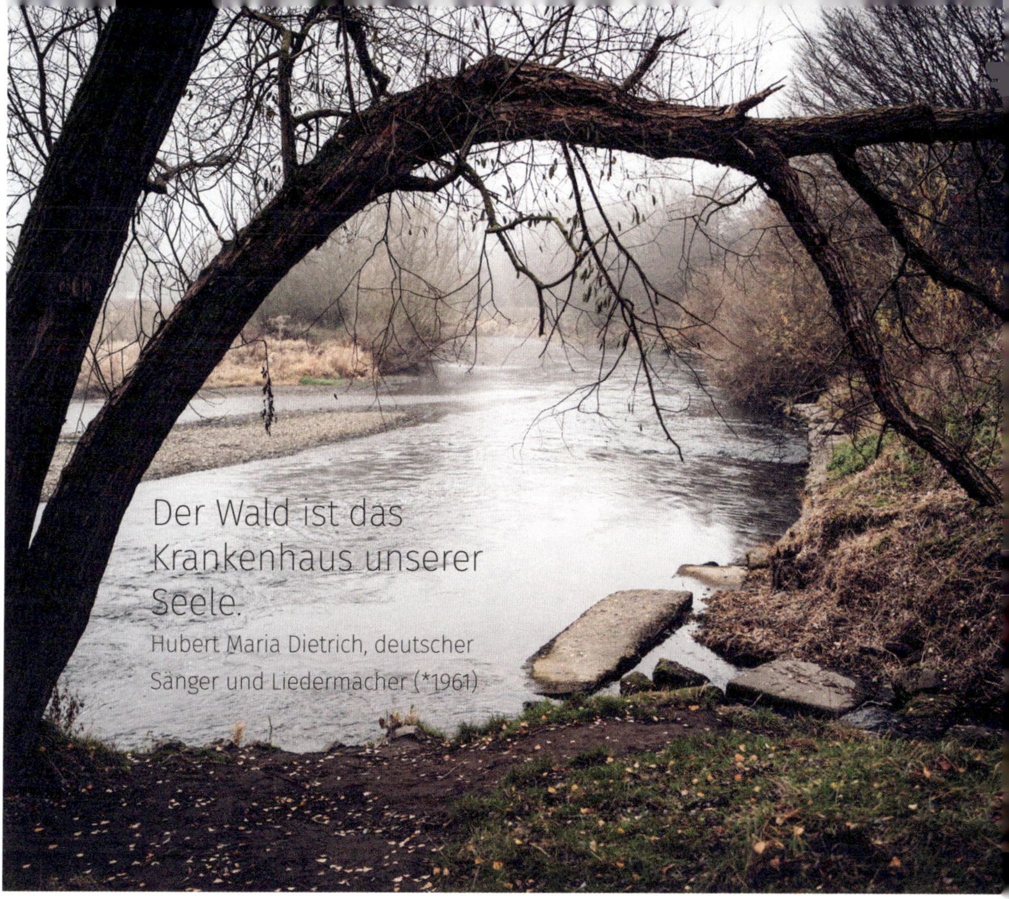

Die Hohensyburg in wechselnden Perspektiven ist der Hauptblickfang dieser Wanderung vom Ruhrtal auf dem Ruhrhöhenweg zu den Ruinen der Höhenburg auf dem Ardeygebirge.

▶ Der Bahnhof Ergste **01** liegt wenige Meter neben dem Elsebad, dem Freibad nahe der Mündung der Else in die Ruhr. Vom Bahnhof folgt der Ruhrhöhenweg dem Bürenbrucher Weg parallel zu den Gleisen der Ardeybahn westwärts in Fahrtrichtung Dortmund. Nach Queren der Bundesstraße 236 (Letmather Straße) am Ende leitet er uns geradeaus durch die Ruhrauen neben der Ruhrflutbrücke **02** auf einem Steg. Die Ruhrflutbrücke wurde 1910 als Teil der preußisch-hessischen Staatseisenbahnlinie von Schwerte nach Iserlohn errichtet und ist heute ein prägendes Element der Landschaft im Schwerter Ruhrtal. Nach Überqueren der Ruhr auf dem Steg neben der Eisenbahnbrücke Wandhofen biegt der Ruhrhöhenweg schräg links ab in einen Buchenwald, unterquert die Bundesautobahn A 45 „Sauerlandlinie" und erreicht den Parkplatz der ehemaligen Wasserburg Haus Ruhr **03**. Haus Ruhr, 1742 von Conrad Schlaun umgebaut, beherbergt heute die Ruhrakademie für Grafikdesign und Kunst.

Der englische Landschaftsgarten wurde im 19. Jh. angelegt. Im Schlosshof steht die älteste Rosskastanie Nordrhein-Westfalens: Der über 200 Jahre alte Baum hat einen Umfang von über 6 Metern und erreicht eine Höhe von 20 Metern. Bei der Fischerhütte

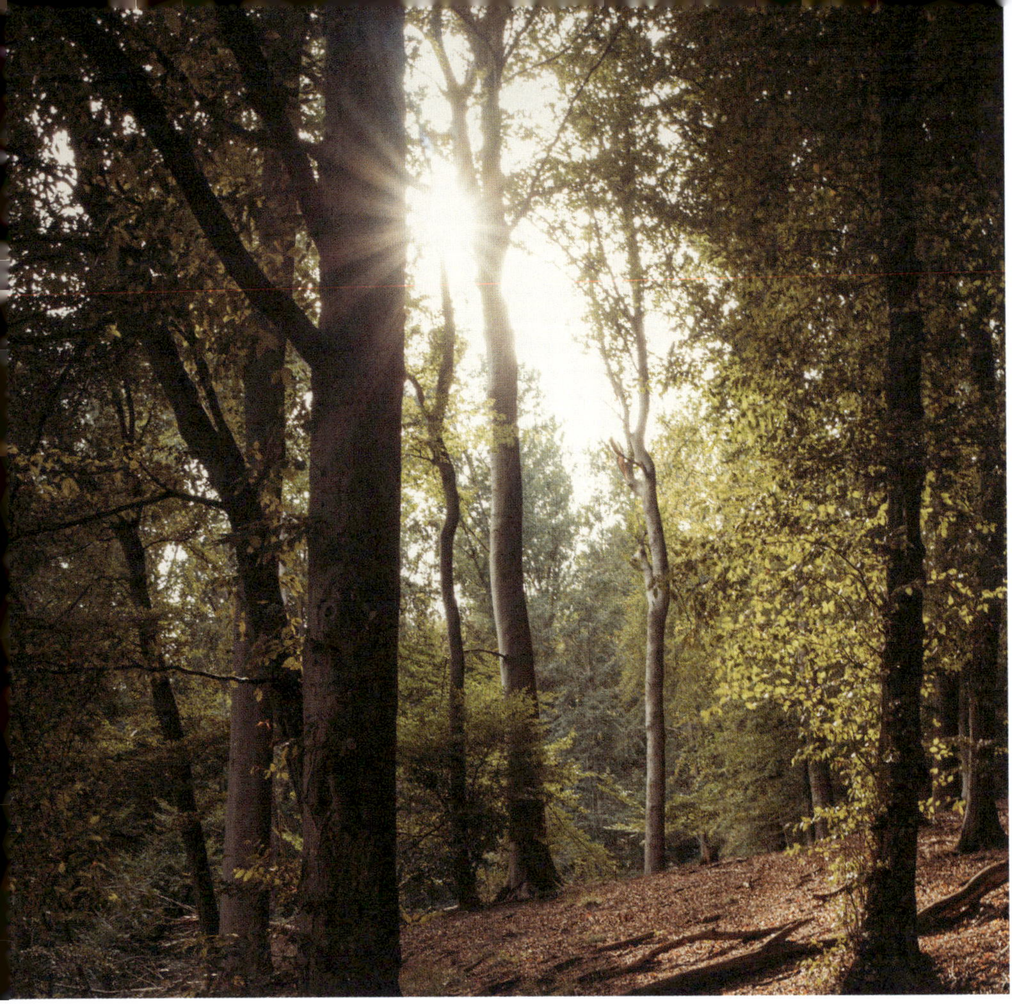

überqueren wir auf dem Ruhrhöhenweg den im Ardey entspringenden Wannebach und wandern westwärts durch die Wälder mit vielen efeuumwobenen Bäumen. Nach Verlassen des Waldes beim Sportplatz Westhofen wechseln wir auf den Treidelpfad neben der Ruhr 04 und folgen ihr flussabwärts. In der Linksbiegung des Flusses zweigt der Wanderweg rechts ab. Wir unterqueren auf ihm die Hagener Straße, folgen der Bahnlinie, erreichen nach Unterqueren der Bundesautobahn A 1 die Ruhraue Syburg, unterqueren die Bahnlinie und erreichen linkshaltend die Syburger Dorfstraße 05. Diese ruhige schmale Straße führt an einem Grillplatz vorbei aufwärts zum Freilichttheater Naturbühne Hohensyburg 06, wo ein „Büdchen" zur Rast und Einkehr einlädt. Oberhalb der nächsten Häuser biegen wir links ab in den Wald und unter alten Buchen steil hinauf zur Spielbank Hohensyburg und zu den Ruinen der Hohensyburg 07.

Die beste Aussicht bietet sich ein Stück weiter westlich am Kaiser-Wilhelm-Denkmal. Von der Hohensyburg folgen wir dem Ruhrhöhenweg auf der von Einkehrmöglichkeiten gesäumten Hohensyburgstraße hinab zur Bushaltestelle Syburg 08 nach dem Ristorante Rilasso.

Dein Moment für die Ewigkeit

Einrahmen

Mit Blättern, Bäumen und der Topografie lässt sich ein natürlicher Rahmen erstellen, der dem Bild Kontrast und Spannung verleiht. Unter Fotografen ist dieses Stilmittel auch als „Framing“ bekannt. Hier kommt das Kaiser-Wilhelm-Denkmal durch den Rahmen besonders schön zur Geltung und ist klarer Hauptakteur.

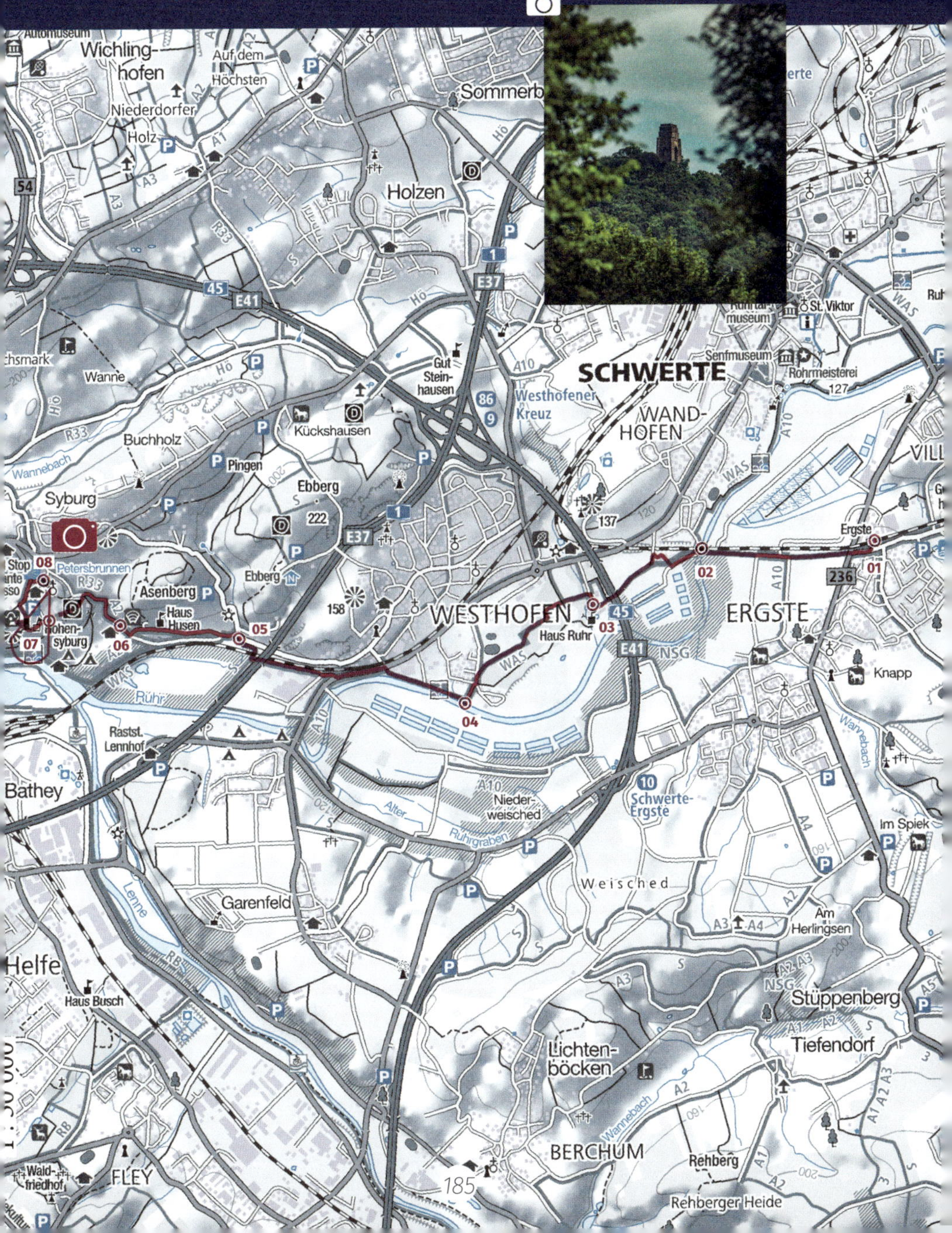

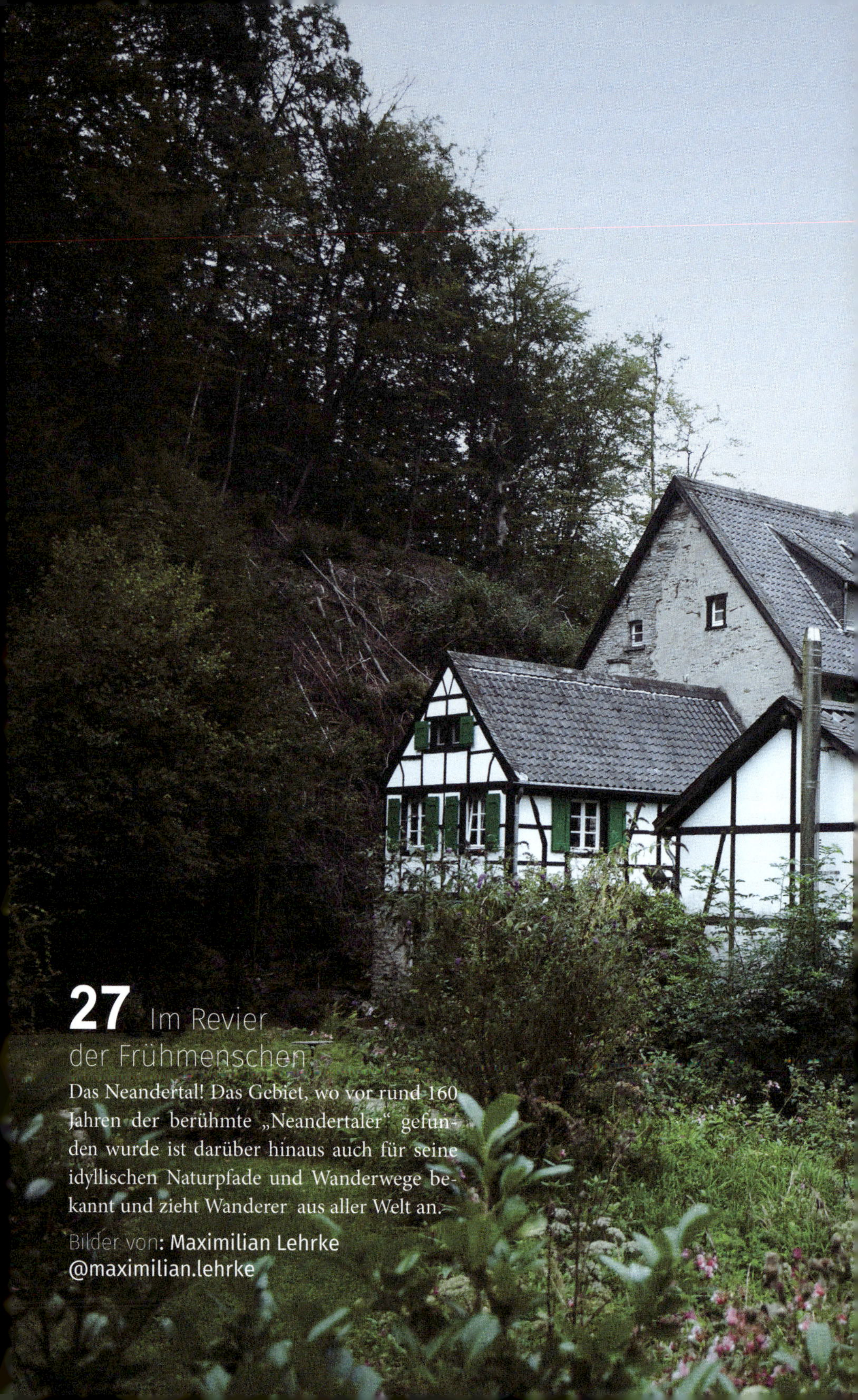

27 Im Revier der Frühmenschen

Das Neandertal! Das Gebiet, wo vor rund 160 Jahren der berühmte „Neandertaler" gefunden wurde ist darüber hinaus auch für seine idyllischen Naturpfade und Wanderwege bekannt und zieht Wanderer aus aller Welt an.

Bilder von: **Maximilian Lehrke**
@maximilian.lehrke

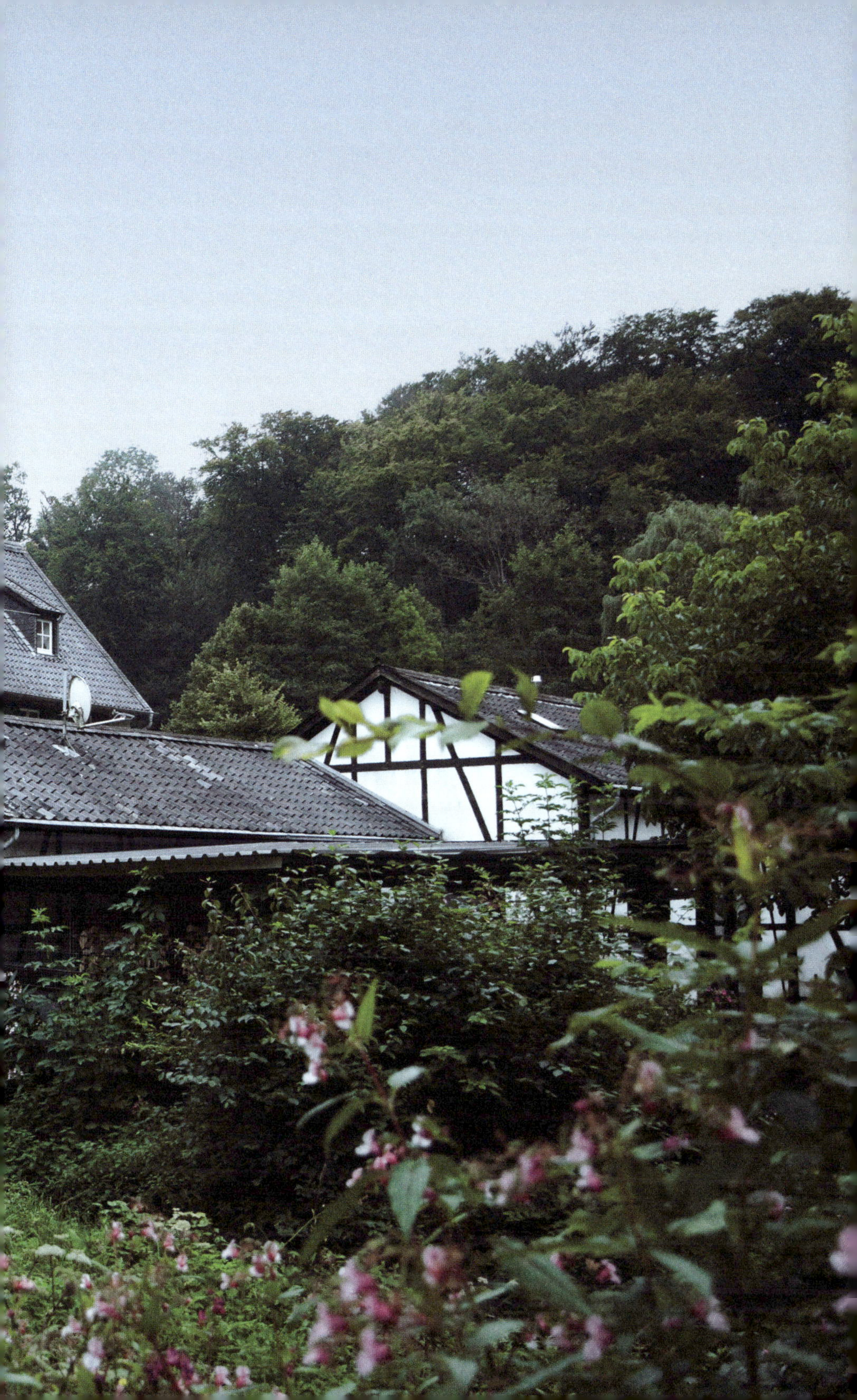

Durchs Neandertal

Tourencharakter
Diese ausgedehnte Streckenwanderung führt uns mit geringen Steigungen auf wechselndem Untergrund durch die vielseitige Landschaft des Neandertals. Von Feldwegen über Asphalt bis zu Wanderpfaden ist alles vertreten.

Start und Ziel
Startpunkt ist die S-Bahn-Haltestelle Hochdahl in Erkrath, Ziel ist die S-Bahn-Haltestelle Wülfrath-Aprath. Die Anfahrt mit dem PKW erfolgt über das Kreuz Hilden und die L403. Für die Rückkehr zum Startpunkt muss man in Wuppertal-Vohwinkel umsteigen.

Schwierigkeit: leicht - **mittel** - schwer
Dauer: **4:40 h**
Länge: **17,2 km**
Aufstieg **170 hm**
Abstieg **130 hm**

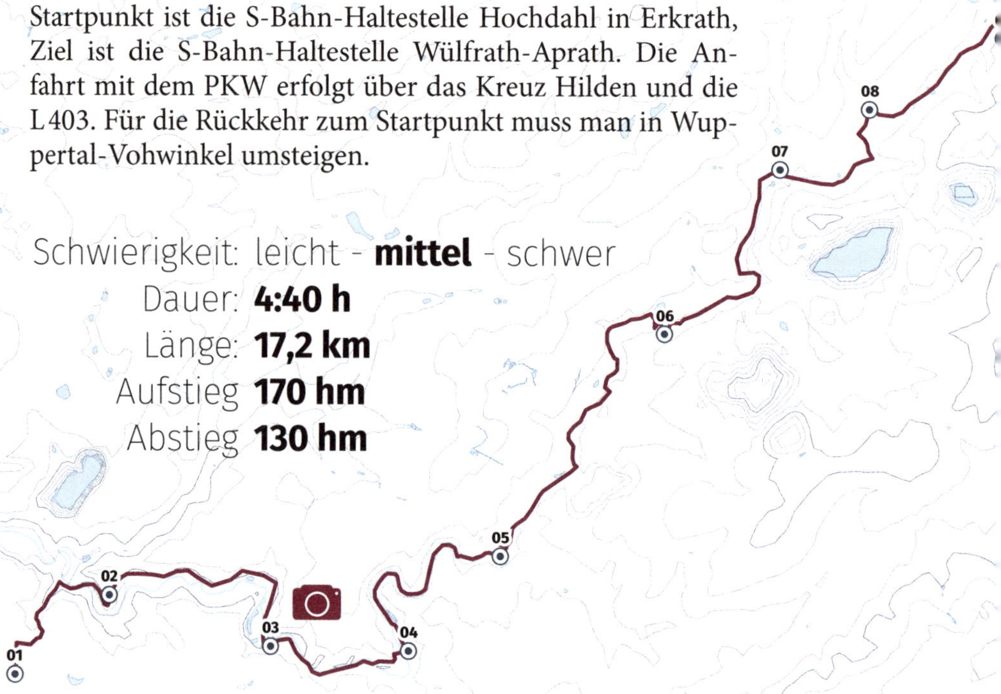

Höhenlinienmodell mit Streckenverlauf

Höhenprofil

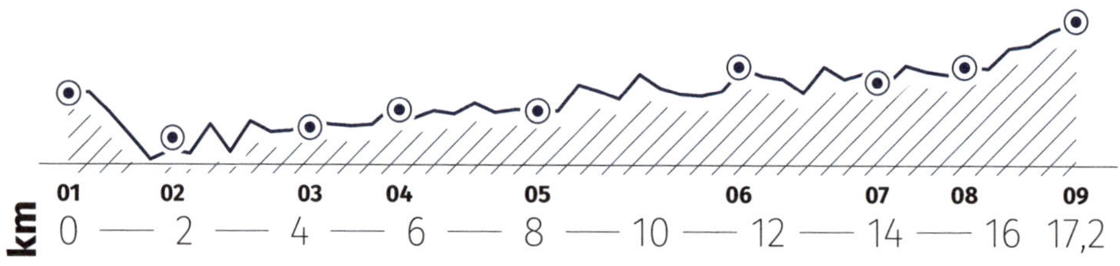

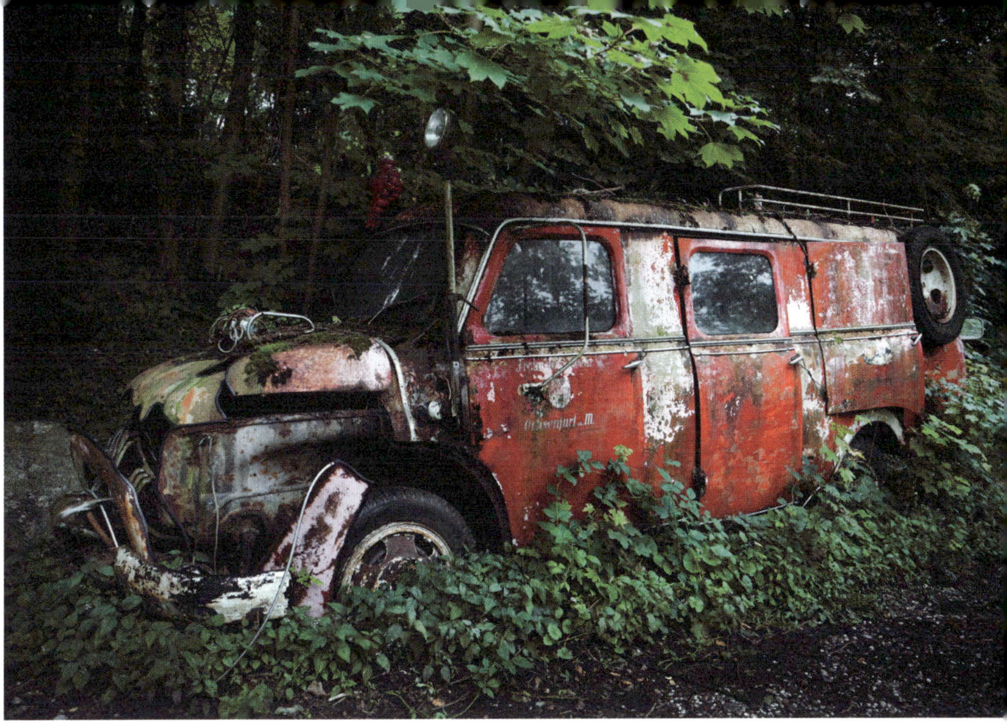

Jede Landschaft hat ihre eigene, besondere Seele, wie ein Mensch, dem du gegenüber lebst.

Christian Morgenstern, deutscher Schriftsteller (1871–1914)

Die schöne Wanderung führt uns auf langen Strecken entlang der Düssel und durch das Naturschutzgebiet Neandertal. Hier wurden die Überreste von Gebeinen einer Frühform des Homo sapiens gefunden. Die Neandertaler bildeten eine ausgestorbene Linie des heutigen Menschen.

▶ Wir beginnen unsere Wanderung an der S-Bahn-Haltestelle Hochdahl 01. Zunächst folgen wir der Raute nach rechts auf die Hauptstraße, dann links in die Straße „Thekhaus". Bei der Gabelung im Naturschutzgebiet biegen wir nach rechts in den Weg „Thekhauser Quall" ab. Es geht an der Steinzeit-Werkstatt des Neanderthal-Museums vorbei und über die Düssel. Nach wenigen Hundert Metern erreichen wir das Wildtiergehege 02. Wir folgen nun immer diesem Weg, bis wir bei der Winkelsmühle 03 📷 wieder den Fluss queren. Wir folgen weiter der Raute am Fluss entlang und halten uns nach gut 15 Minuten bei der Gabelung nach links über die Düssel und wandern beim Haus Bracken vorbei. Nach wenigen Hundert Metern biegen wir in der Linkskurve nach rechts auf einen Pfad ab. Kurze Zeit später begegnen wir dem Bergischen Weg 04. An Teichen vorbei folgen wir immer der Raute und dem Bergischen Weg nach Gruiten 05. Im Örtchen halten wir uns links, direkt zur L 423, die wir queren. Auf der Straße „Am Steinbruch" geht es über die Düssel hinüber, an der Gabelung

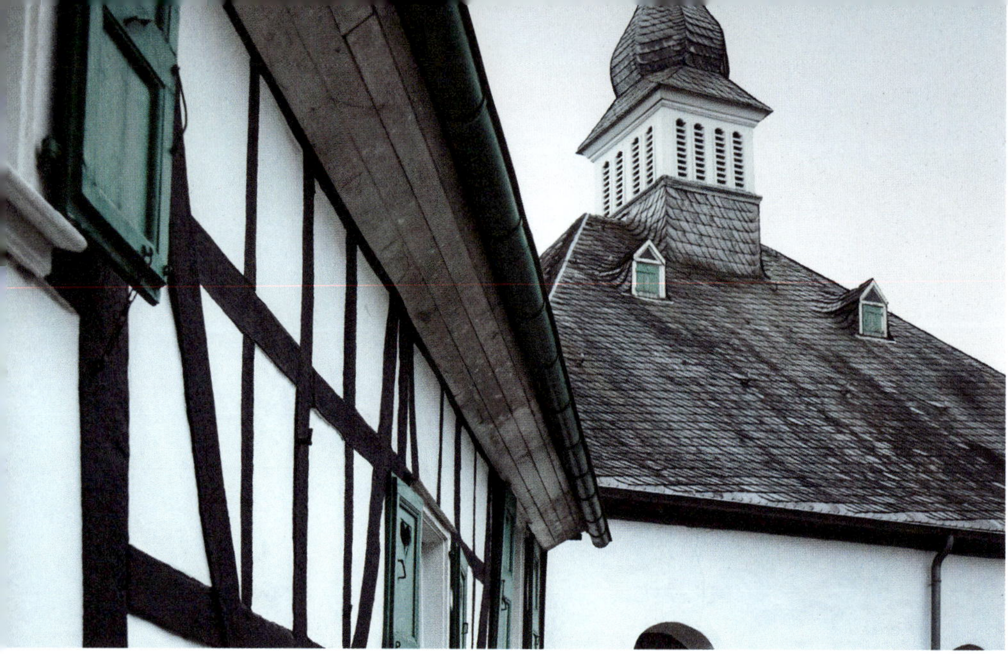

halten wir uns links auf einen ungeteerten Weg. Nach ungefähr 600 Metern halten wir uns links, hinab zur Düssel, und folgen ihr nach rechts. Auf einem Spazierweg geht es nun geradeaus ins Landschaftsschutzgebiet hinauf durch eine ehemalige Kalksteingrube. Kurz hinter dem Schutzhäuschen biegen wir nach links auf einen steilen Pfad hinunter ab. Wir wenden uns an der Kreuzung nach rechts und nach wenigen Minuten wieder links zur Düssel. Wir gelangen zu einem Teich und biegen rechts ab. Wir folgen dem Weg hinauf bis Schöller **06**. Am Wehrturm gehen wir links und dann rechts, um der K 17 zu folgen. Wir wandern nun neben der Straße, bis wir die B 7 erreichen. Hier überqueren wir links die Düssel und kommen dann gleich rechts auf einen Wiesenweg. An seinem Ende halten wir uns rechts weiter auf dem Fahrweg unter den Gleisen hindurch. Nach etwa 10 Minuten an der nächsten großen Kreuzung bei Tillmannsdorf **07** biegen wir rechts in den Dorfmühlenweg ab. Wieder queren wir den Fluss und wandern bis zur L 422. Dort halten wir uns links und kommen am Sportplatz geradeaus in die Straße „Hohlweg“. Bald geht es nach rechts in die Dorfstraße vor zur Ampel und dort nochmals über die L 422. Wir sind in Düssel **08** angekommen und gehen an der Kirche rechts, um auf dem Neandertal-Zuweg Richtung Bahnhof Aprath zu wandern. Geradeaus gehen wir auf den Kirchfelder Weg und den Voisberger Weg, um nach gut 20 Minuten die S-Bahn-Haltestelle Wülfrath-Aprath **09** zu erreichen.

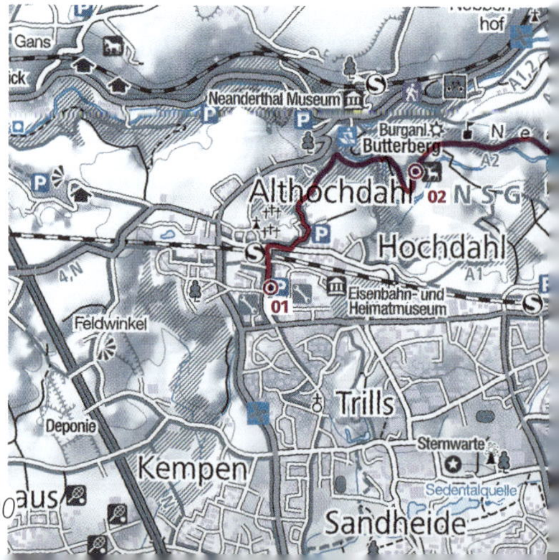

Dein Moment für die Ewigkeit

Vordergrund ...

„Vordergrund macht Bild gesund". Ein kurzer Spruch, den man sich leicht merken kann und einen gelungenen Bildaufbau erleichtert. Der Busch, durch den wir auf das Fachwerkhäuschen blicken, ist nahe am Ojektiv und wird durch den Fokus auf die Mitte unscharf. So verleihst du deinem Bild das besondere Etwas.

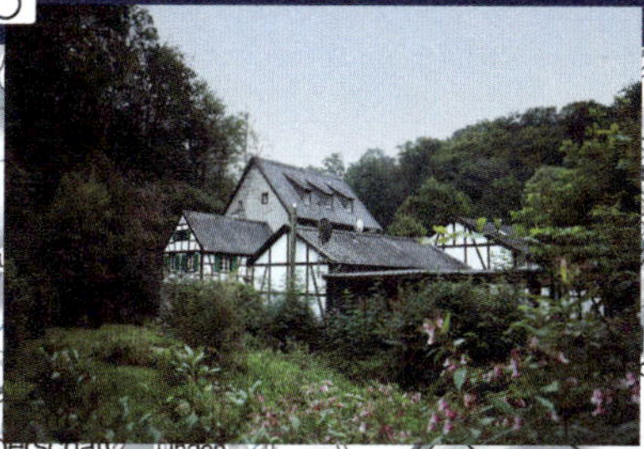

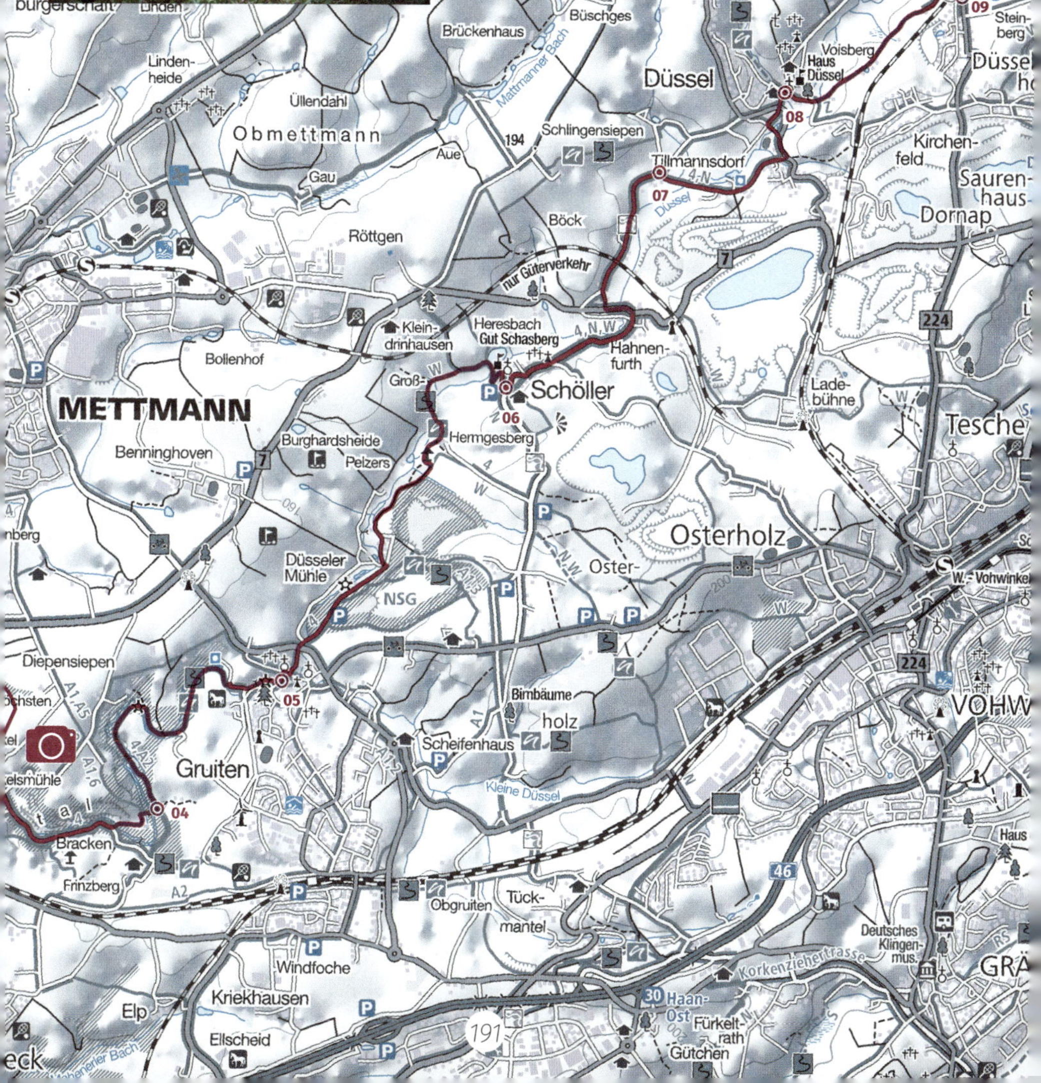

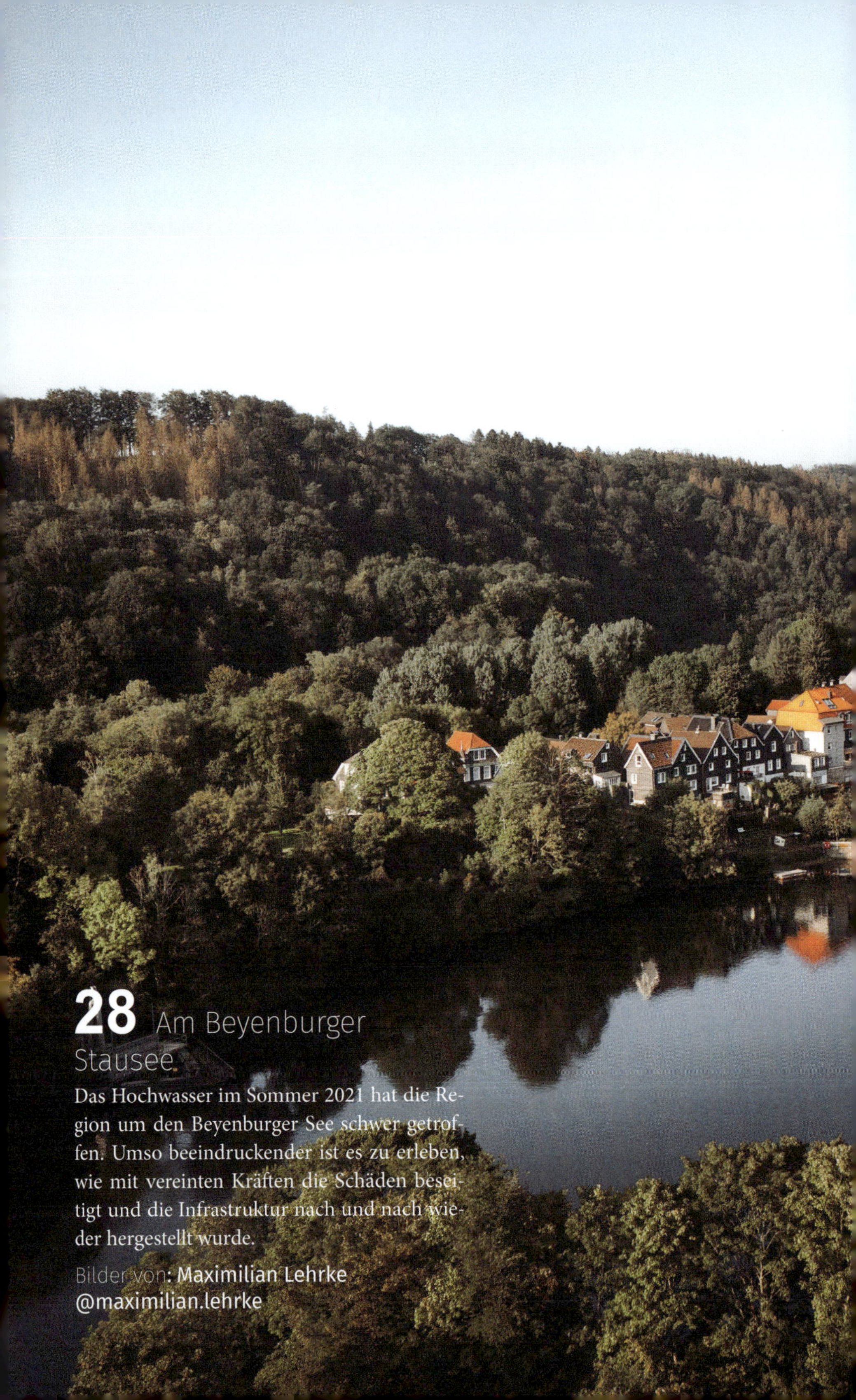

28 Am Beyenburger Stausee

Das Hochwasser im Sommer 2021 hat die Region um den Beyenburger See schwer getroffen. Umso beeindruckender ist es zu erleben, wie mit vereinten Kräften die Schäden beseitigt und die Infrastruktur nach und nach wieder hergestellt wurde.

Bilder von: **Maximilian Lehrke @maximilian.lehrke**

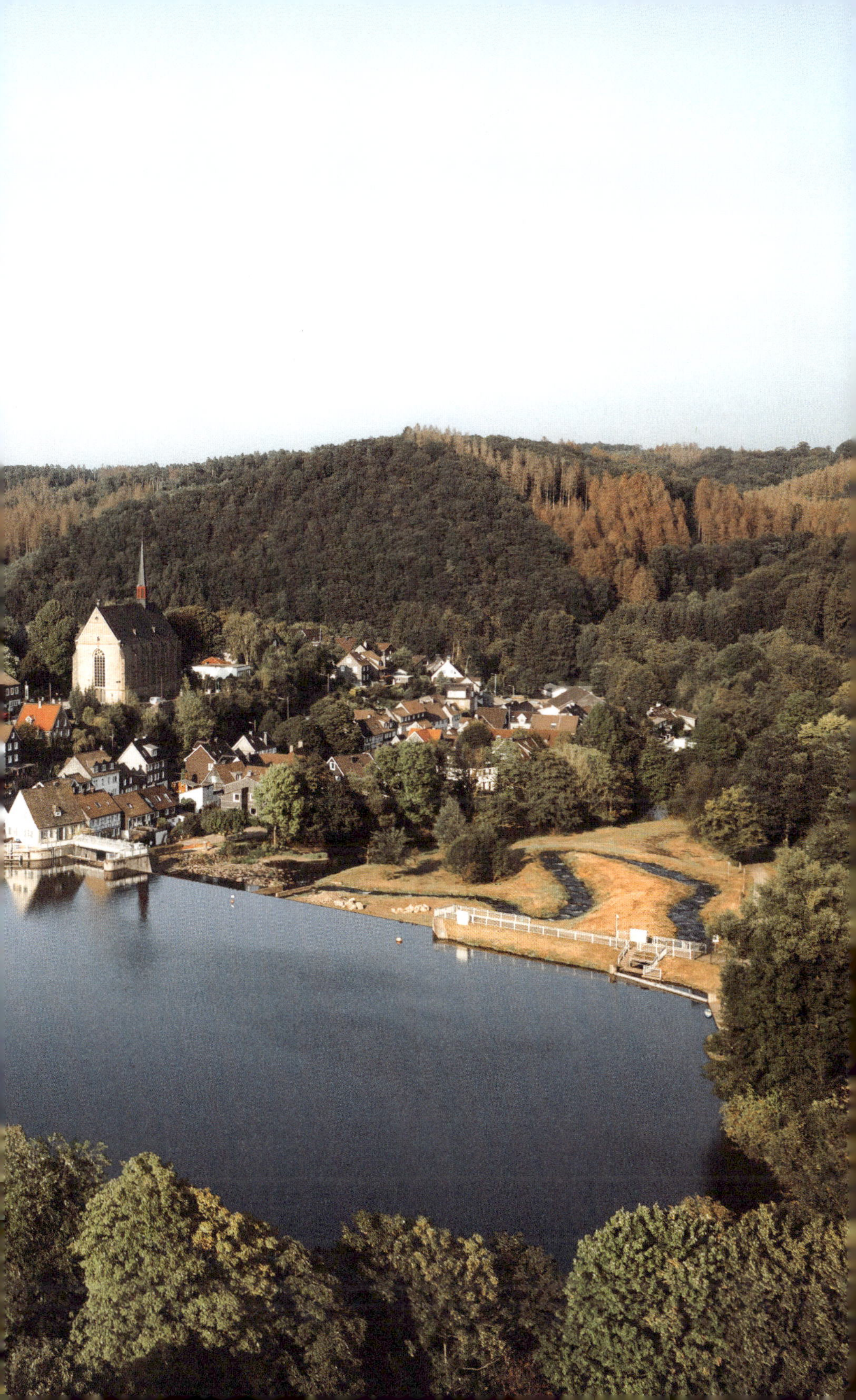

Am Beyenburger Stausee

Tourencharakter
Diese leichte Wanderung führt über breite Wege und wenige schmale Pfade durch schönes Wald-, Wiesen- und Hügelland. Sie bietet vielseitige landschaftliche und kulturelle Eindrücke. Das häufige Auf und Ab erfordert etwas Kondition.

Start und Ziel
Ausgangspunkt und Ziel ist der Parkplatz beim Landhaus Bilstein in Wuppertal-Beyenburg. Die Anfahrt mit dem PKW erfolgt über die A 1, Ausfahrt Wuppertal-Langerfeld. Von dort geht es auf der B 483 und der Beyenburger Straße weiter zur Wupperschleife.

Schwierigkeit: **leicht** - mittel - schwer
Dauer: **3:00 h**
Länge: **11,5 km**
Aufstieg **270 hm**
Abstieg **270 hm**

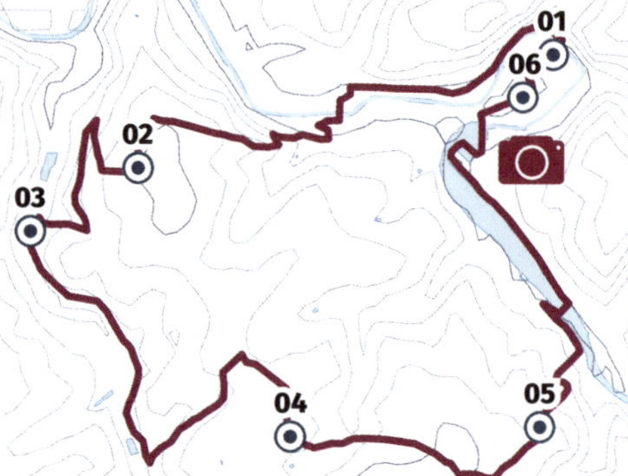

Höhenlinienmodell mit Streckenverlauf

Höhenprofil

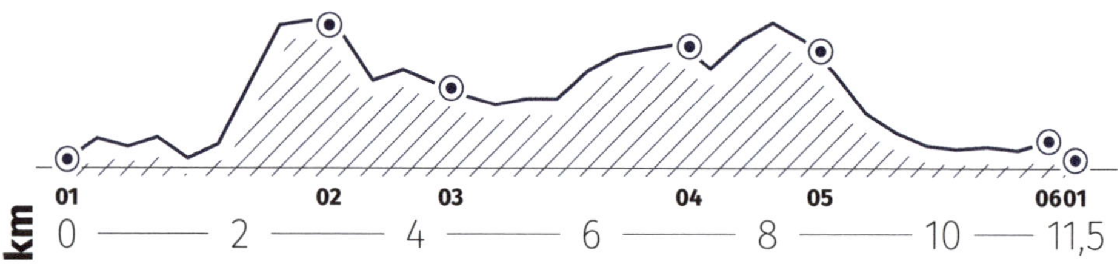

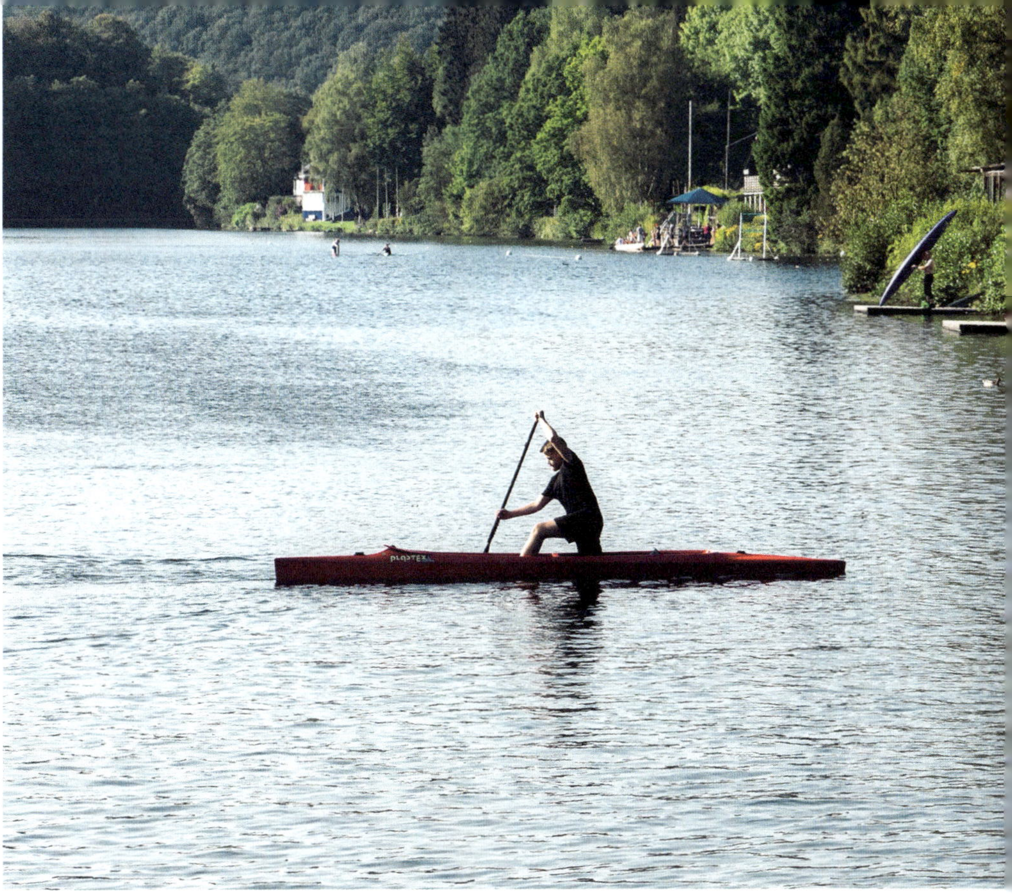

Die Klosterkirche Sankt Maria Magdalena wurde 1497 errichtet. Nach der Beschädigung durch Brände in den Jahren 1615 und 1678 erhielt das Gebäude eine wertvolle barocke Innenausstattung, die einen Blick wert ist.

Das wichtigste Stück des Gepäcks ist und bleibt ein fröhliches Herz.

Hermann Löns

▶ Wir starten beim nach der Flut 2021 wieder hergerichteten Gasthaus Landhaus Bilstein **01**. Vom Parkplatz aus schlagen wir den Weg zur Wupper ein, der uns auf einem schmalen Brücklein über den Fluss führt. Am anderen Ende der Brücke geht es nach links an der Wupper entlang. Wir folgen der Raute mit der 6 und dem halben Wagenrad („Straße der Arbeit“).

An der bald folgenden Kreuzung halten wir uns links. Der Weg führt uns zur Beyenburger Straße, die wir überqueren und nach links hinuntergehen. Unten queren wir die „Porta Westfalica“ und gelangen geradeaus in die Kurvenstraße. Nach wenigen Metern führt uns das umgedrehte T rechts in die Straße „Scharpenstein“, auf der es zur Hauptstraße geht. Rechts über die Gleisbrücke und danach gleich wieder rechts folgen wir weiter dem umgedrehten T. Nach

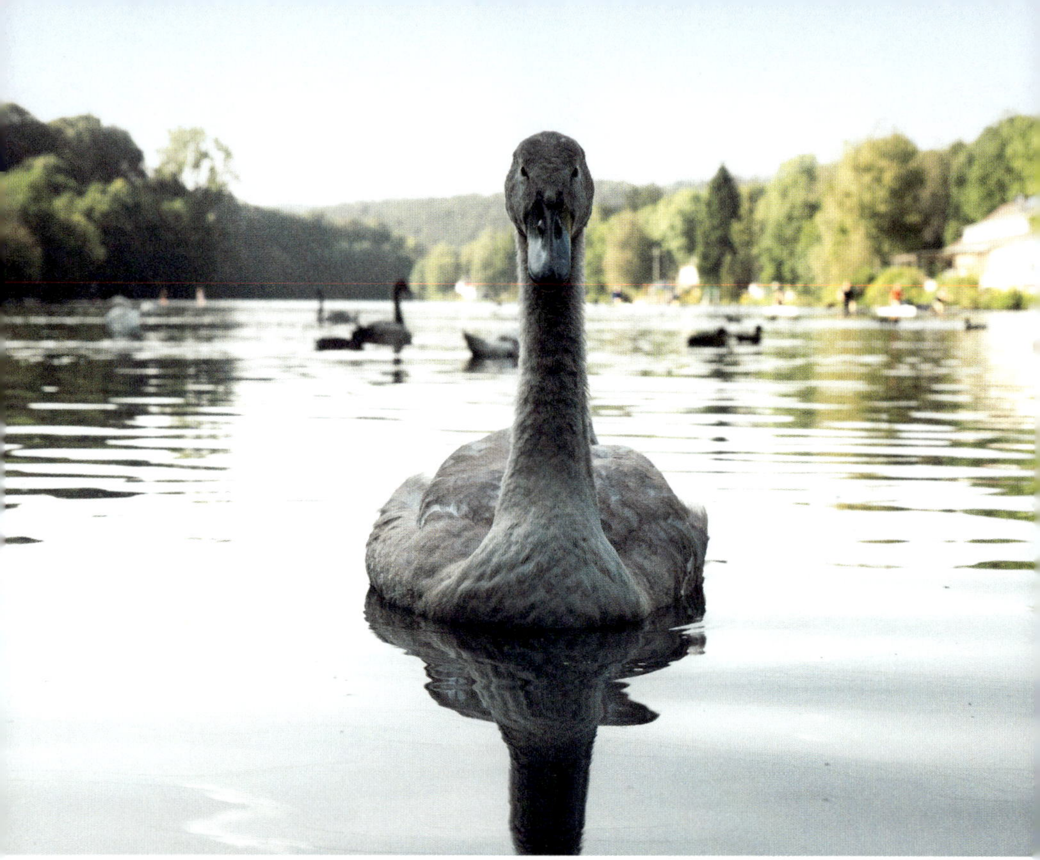

ca. 150 Metern geht es schräg links hinauf einen schmalen aber gut erkennbaren Pfad entlang. Nach gut 10 Minuten treffen wir auf einen breiteren Weg, in den wir links einbiegen. Auch er führt uns nun stetig bergan und bald an einem Sportplatz vorbei. Der nun asphaltierte Weg führt uns nach links Richtung Sondern **02**. Wir folgen dem Sträßlein geradeaus, bis wir in den „Sanddornweg“ nach rechts auf einen schmalen Pfad in den Wald abbiegen (Achtung, leicht zu übersehen!). Bergabwandernd treffen wir unten auf einen Weg, in den wir rechts einbiegen (Achtung, keine Beschilderung!).

Wir gehen hinab bis zur nächsten Kreuzung und biegen scharf links ab. Das umgedrehte T und W führen uns weiter. Bei der nächsten Gabelung nehmen wir den ersten Abzweig rechts steil hinab. Auch hier gibt es keine Beschilderung! Dem Weg, dem wir unten begegnen, folgen wir nach links.

Der Wegmarkierung A4 folgend hören wir bald das Plätschern des Herbringhauser Baches **03**. Bald kommen wir zu einer Straße, die wir überqueren, um schräg gegenüber den Weg wieder aufzunehmen. Nach rund 300 Metern biegen wir bei der nächsten Kreuzung scharf links in einen holprigen Pfad ein, der uns nun auf A3 und A5 hinaufführt. An der nächsten Kreuzung gehen wir links leicht hinauf und auf einem Pfad zwischen abgezäunten Wiesen hindurch. An der Asphaltstraße gehen wir rechts bis zur Hauptstraße „Windfoche“ und dort wieder rechts. Nach ca. 300 Metern füh-

Dein Moment für die Ewigkeit

Faustregel für die Drittelung

Je nachdem was man zeigen will bietet sich die Positionierung des Horizontes entweder bei ⅓ oder bei ⅔ des Bildes an. Dieses Bild ist ein schönes Beispiel für Drittelung. Das Hauptmotiv (der See) umringt von Grün und dem kleinen Städchen nehmen die unteren ⅔ des Bildes ein, der Himmel das obere Drittel.

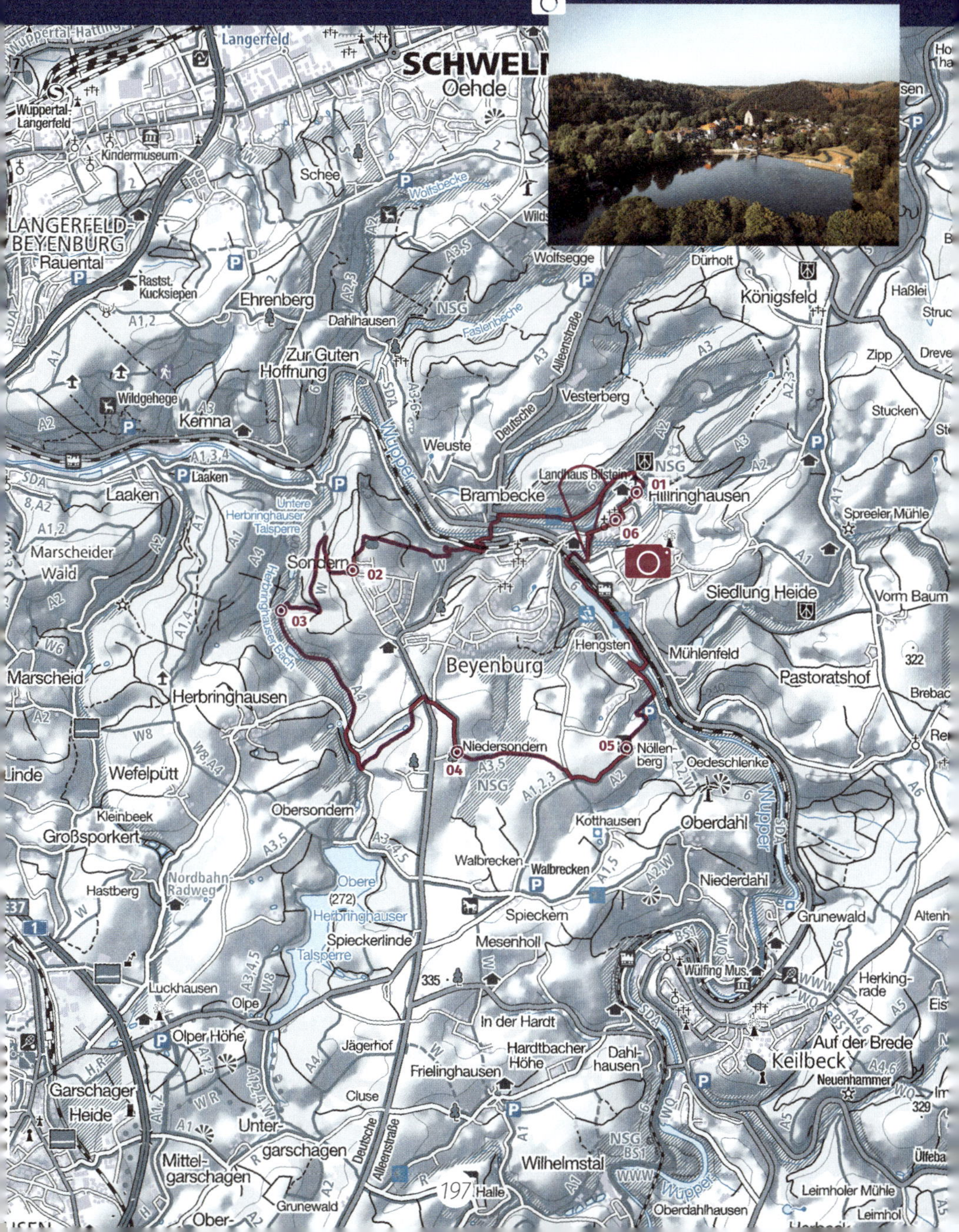

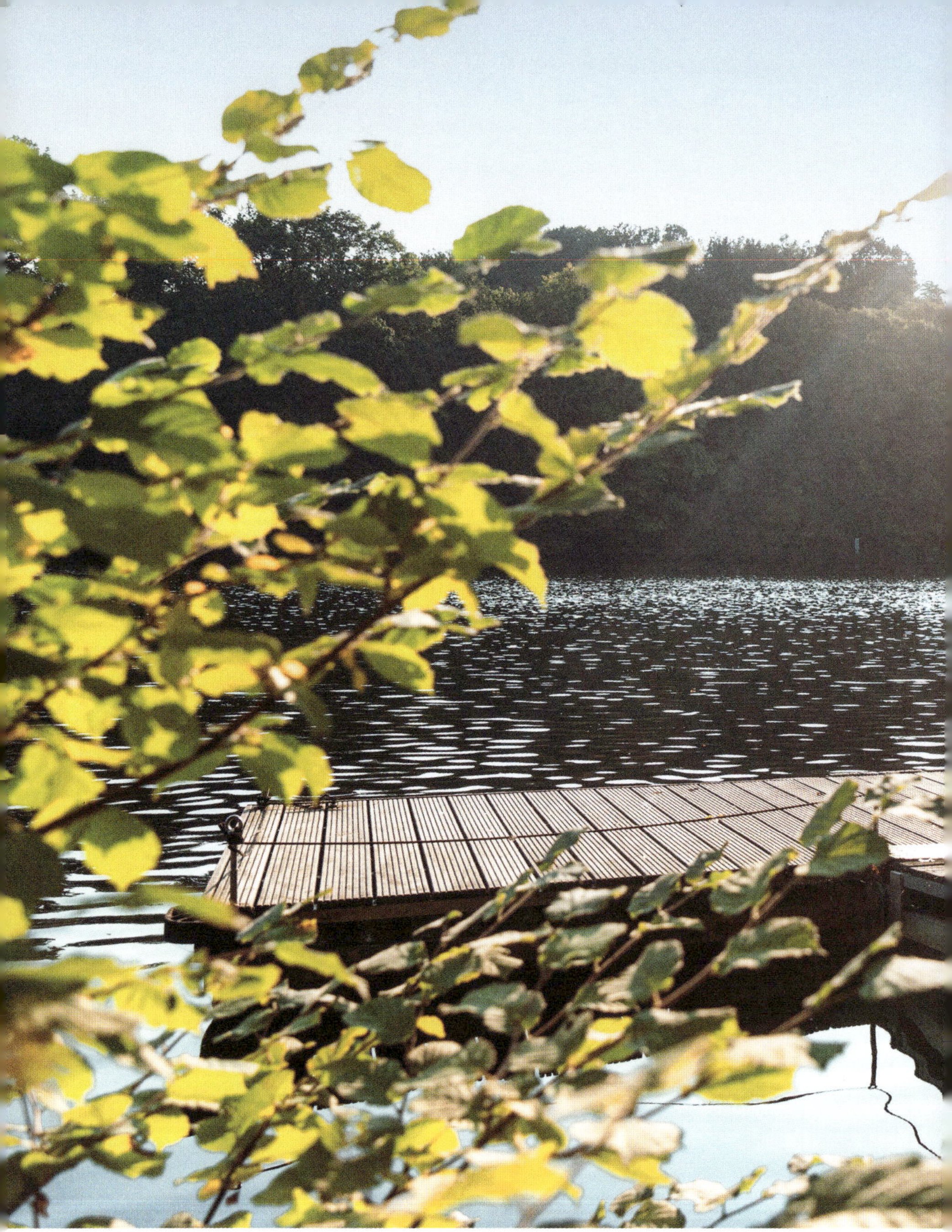

ren uns A3 und A5 links hinab und wir erreichen Niedersondern **04**. Hier halten wir uns auf einem Wiesenpfad bergab. Durch Haine und an Weiden entlang erreichen wir schließlich eine Straße, in die wir rechts einbiegen. Kurz danach folgen wir an der Kreuzung der Wegmarkierung A2 nach links und kommen nach Nöllenberg **05**. Dort vorbei gelangen wir zu einem Sträßlein, wo wir uns nach links

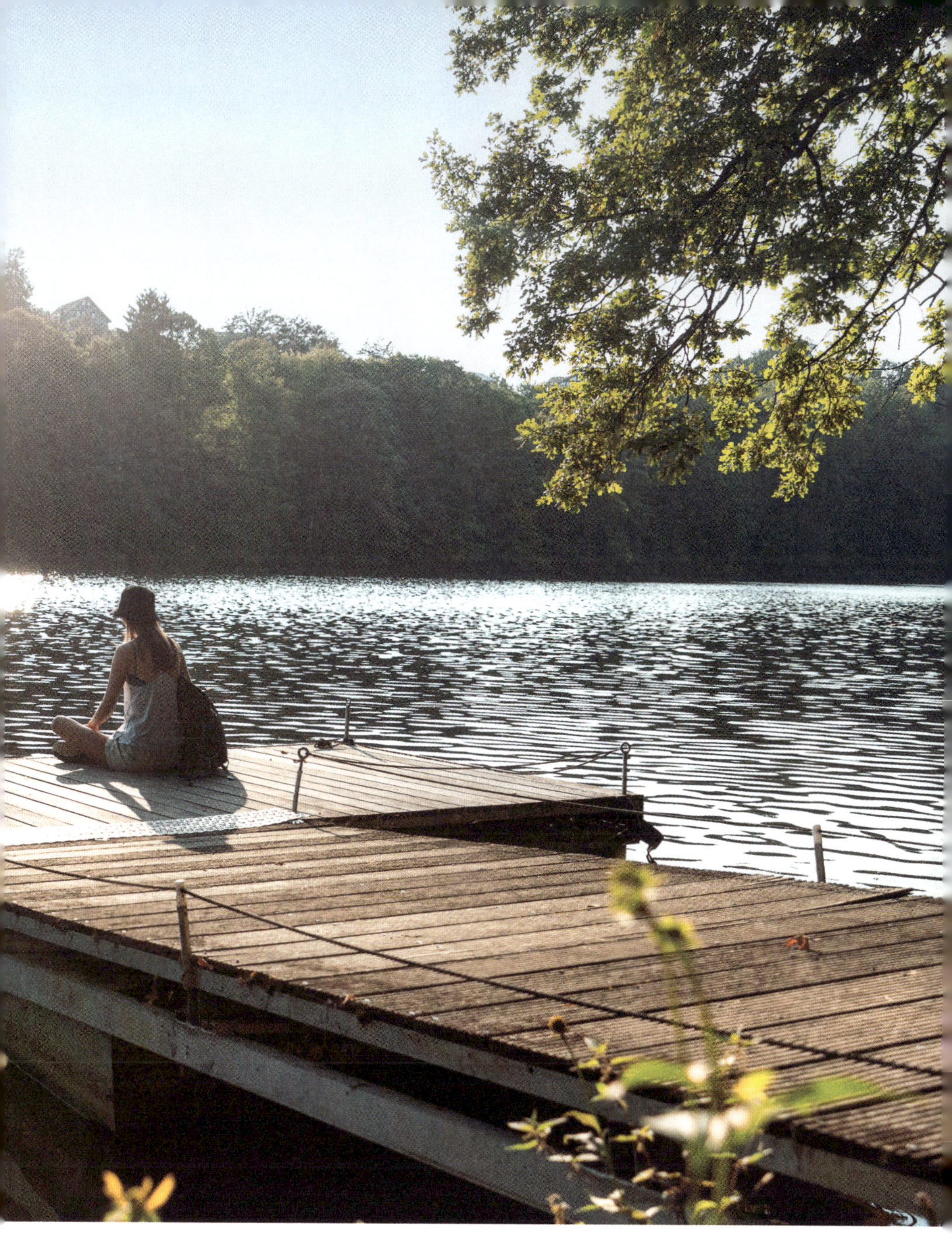

wenden und bald die blaue Brücke über den Beyenburger Stausee überschreiten. Am anderen Ende geht es nach links am Stausee entlang. Wir folgen dem Weg, der uns genau Richtung Klosterkirche 06 in Beyenburg führt. An der Straße „Beyenburger Freiheit" wenden wir uns nach rechts und auf der Straße „Zum Bilstein" schlendern wir in wenigen Minuten zum Landhaus Bilstein 01 zurück.

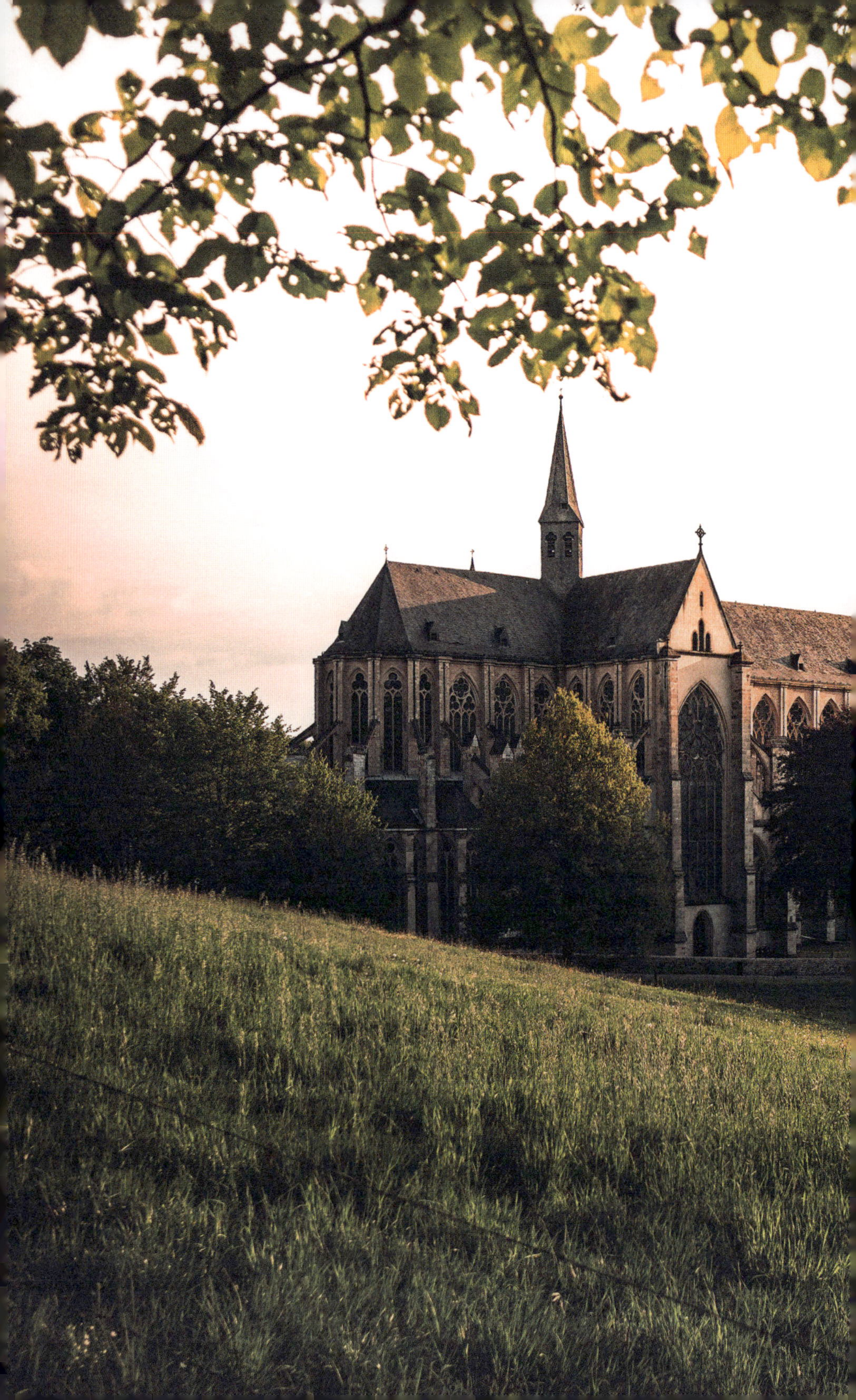

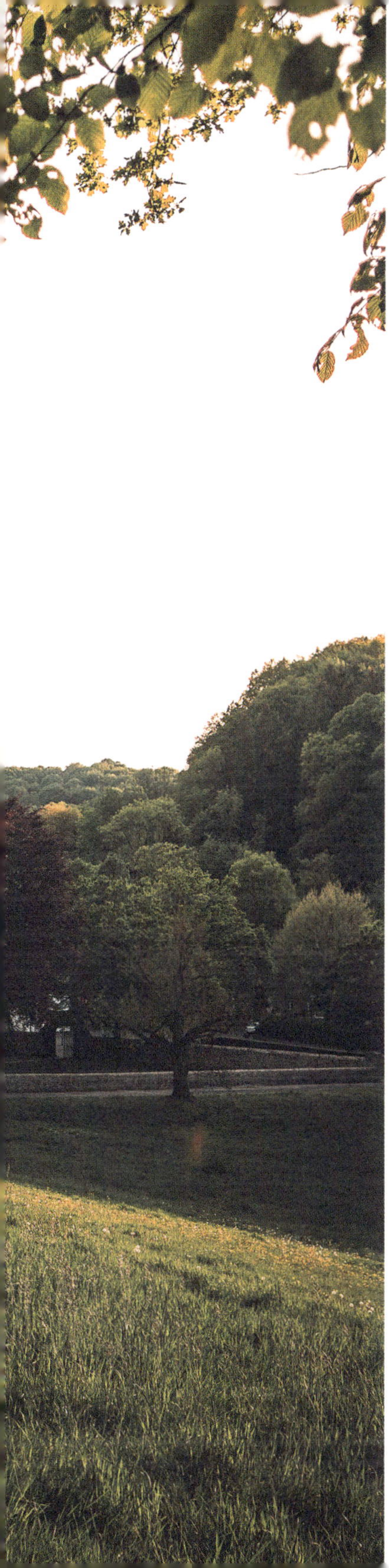

29 Verwinkelte Pfade zur Dhünntalsperre

Der Altenberger Dom, auch „Bergischer Dom“ genannt, wurde ab 1255 errichtet. Es handelt sich jedoch eher um eine Klosterkirche als um einen „echten“ Dom im Sinne von Kathedralkirche eines Bistums. Seit 1857 wird er simultan von der römisch-katholischen und der evangelischen Gemeinde als Pfarrkirche genutzt.

Bilder von: **Michael Bender @insulinandphotoshots**

Von Altenberg zur Großen Dhünntalsperre

Tourencharakter
Die ausgedehnte Rundwanderung führt über meist bequeme Waldwege, gelegentlich auch Pfade und ist ziemlich gut markiert. Einige meist gemäßigte Anstiege erfordern etwas Grundkondition. Nach Regenfällen kann es im Wald und am Bach rutschig werden.

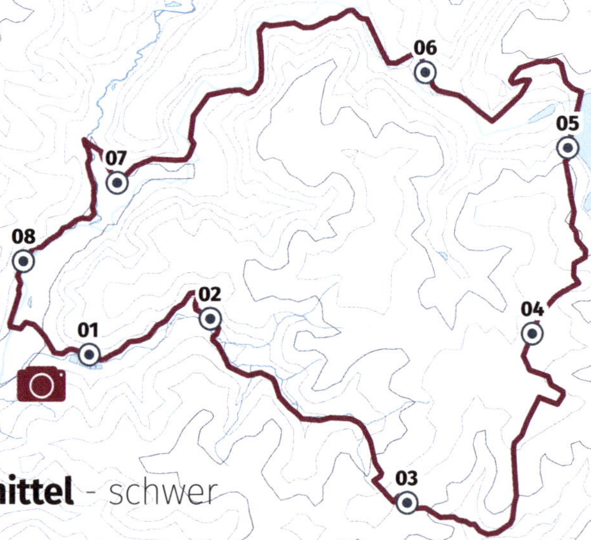

Start und Ziel
Start- und Endpunkt ist der Parkplatz an der L 310 „Neschener Straße“ in der ersten Kehre von Altenberg aus kommend. Die Anfahrt mit dem PKW erfolgt über die A 1, Ausfahrt Burscheid. Von dort führen die L 310 und die Altenberger-Dom-Straße zum Start.

Schwierigkeit: leicht - **mittel** - schwer
Dauer: **4:00 h**
Länge: **15,6 km**
Aufstieg **280 hm**
Abstieg **280 hm**

Höhenlinienmodell mit Streckenverlauf

Höhenprofil

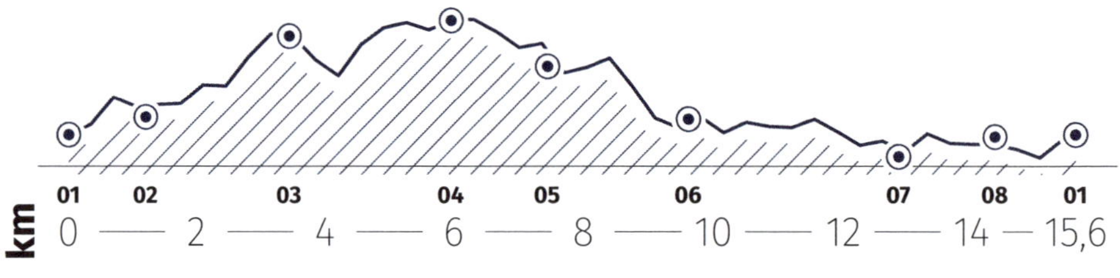

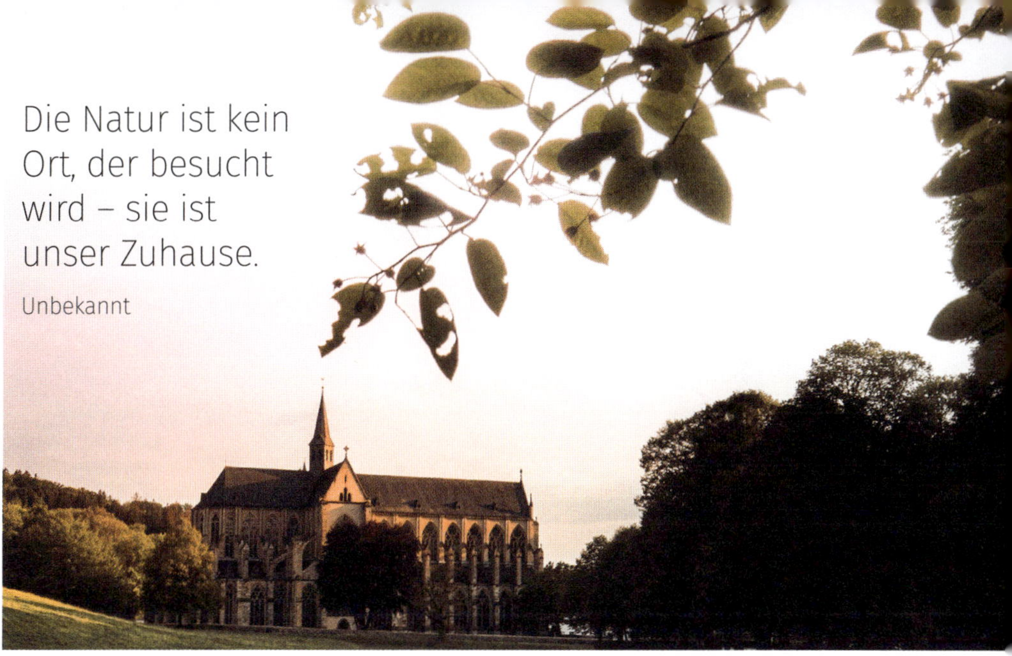

Diese Tour führt uns in das Naturschutzgebiet Pfengstbachtal. Nach der Wanderung am Pfengstbach kommen wir zur beeindruckenden Staumauer, gelangen dann wieder in den Wald und kehren an der Dhünn zurück. Der kulturelle Höhepunkt der Tour ist gegen Ende der Altenberger Dom, der zu einer Besichtigung einlädt.

▶ Wir starten am Wanderparkplatz an der L 310 Neschener Straße **01** und folgen zunächst dem Bergischen Weg Richtung Scheuren. Es geht auf einem Waldweg bis zu einer 180-Grad-Rechtskurve, hinter der wir über einen Holzsteg gehen. Es begleitet uns nun der Kultur- und Waldlehrpfad **02**. Nach dem Holzsteg geht es über eine kleine Treppe hinauf auf einen breiten Waldweg links weiter Richtung Scheuren. Nach ca. 800 Metern weist uns ein Schild nach links. Wir treten bald darauf aus dem Wald hinaus und wandern nach Scheuren **03**. An der Hauptstraße biegen wir links und nach etwa 30 Metern rechts ab in die Straße „An der alten Schule". Dort zweigt links unser schmaler Teerpfad (A4) ab, auf dem wir zur Straße nach Busch und in den gleichnamigen Ort gelangen. An dessen Ende folgen wir geradeaus den Zeichen der „Mühlenroute" und der „Höhenroute". Wir biegen rechts in die Neschener Straße ein und verlassen diese nach knapp 100 Metern wieder nach links der „Höhenroute" folgend. Bei der ersten Gabelung wenden wir uns dann nach links und erreichen kurz darauf das Örtchen Eichholz **04**. An der Hauptstraße (Eichholzer Weg) halten wir uns rechts und folgen dem D8 „Talsperrenweg".

Nach rund 5 Minuten biegen wir links auf einen Wald- und Schotterweg ab und wandern in den Wald hinab. Nach knapp 10 Minuten halten wir uns bei der Gabelung rechts und gelangen hinunter zur Staumauer der Großen Dhünntalsperre **05**. Über den Damm und auf der anderen Seite nach links gehen wir den Betriebsweg zur Straße hinauf und folgen links dem E3 Richtung Maria in der Aue. Steil bergab und unten geradeaus weitergehend errei-

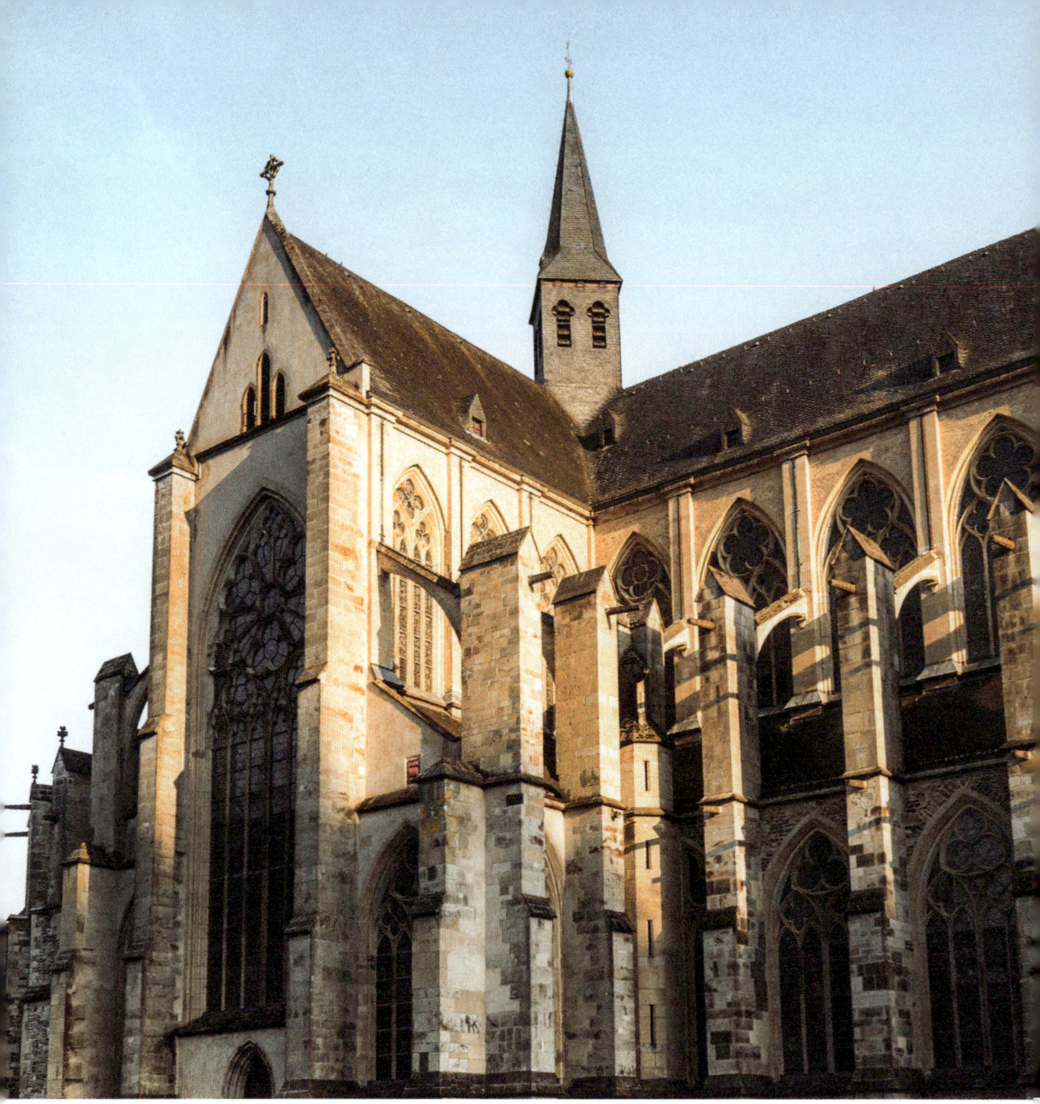

chen wir bald die Dhünn. Wir folgen dem wunderschönen Weg Richtung Odenthal/ Maria in der Aue. Durch ein Steintor **06** kommend erreichen wir kurz darauf eine Kreuzung, an der eine Bank mit Tisch zum Rasten einlädt.

Hier wandern wir weiter geradeaus auf E3 Richtung Altenberg. An der nächsten Kreuzung geht es links über ein Brücklein, dann rechts Richtung Altenberg. Bei der Gabelung am Waldrand biegen wir rechts ab. Am Wanderparkplatz vorbei überqueren wir die L101 **07** und gehen nach rechts. Nach etwa 150 Metern halten wir uns links und biegen auf einen Forstweg ab. Nach der Brücke biegen wir links ab und folgen wieder dem Bergischen Weg. Der wurzelige Pfad führt uns an der Gaststätte mit dem Märchenwald **08** vorbei. Auf breitem Weg gelangen wir dann zum Altenberger Dom und einige Minuten darauf zum Wanderparkplatz an der Neschener Straße **01**.

Dein Moment für die Ewigkeit

Bildkomposition

Egal wie gut deine Fotoausrüstung – auch wenn es nur deine Handykamera – ist, entscheidend ist der Bildaufbau. Damit ist die Einteilung des Bildes gemeint, die Anordnung der Elemente, die Aufteilung in mehrere Ebenen und die Wahl und Platzierung von Motiven. Mit verschiedenen Stilmitteln, wie den unscharf gestellten Blättern im Vordergrund, verleihst du deinem Bild das besondere Extra!

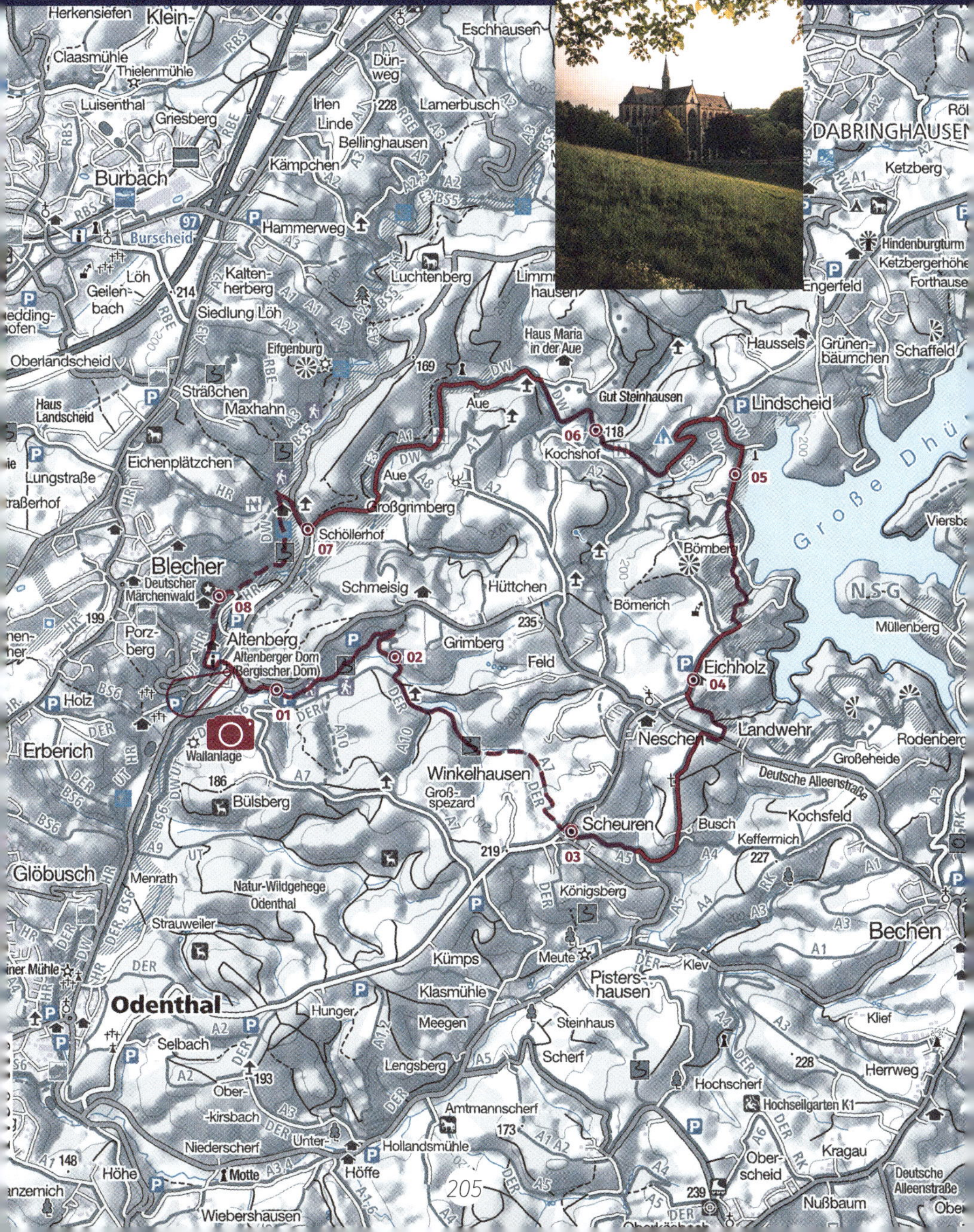

30 Waldmythen im Bergischen Land

Satte 40 Meter Höhe misst der beeindruckende Aussichtsturm im Panarbora-Freizeitpark bei Waldbröl. Bis man es durch den Spiralaufgang nach oben auf die Aussichtsplattform geschafft hat, ist man eine ganze Weile unterwegs.

Bilder von: **Lisa Gehring**
@lisas_landscapes

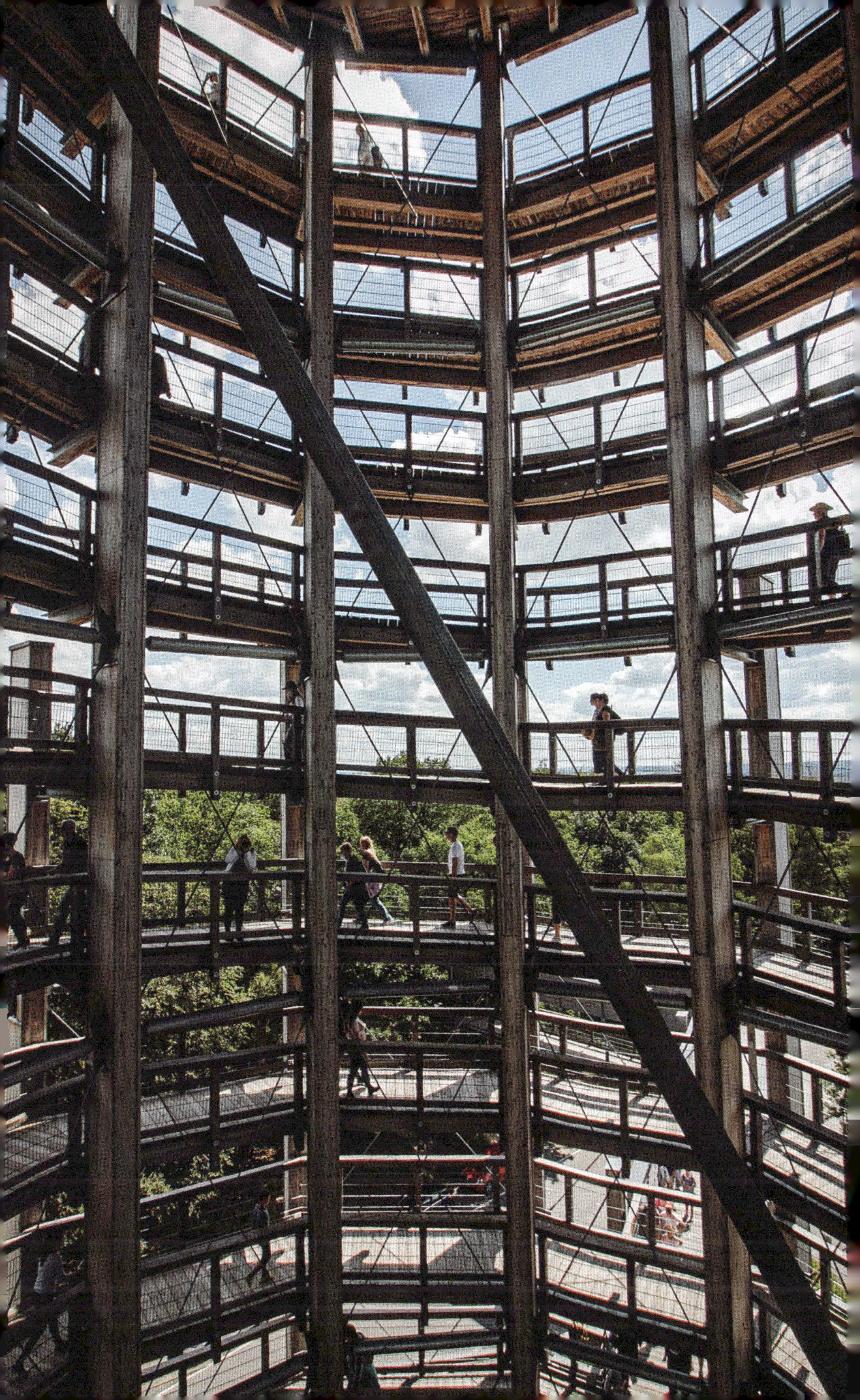

In den Wäldern bei Waldbröl

Tourencharakter
Diese schöne und recht ausgedehnte Rundwanderung erfordert wegen der häufigen Auf- und Abstiege eine solide Grundkondition. Wir wandern überwiegend auf Wald-, Wiesen- und Wirtschaftswegen, die zumeist breit und gut markiert sind.

Start und Ziel
Wir beginnen und beenden die Tour am Parkplatz des Panarbora-Freizeitparks bei Waldbröl. Die Anfahrt mit dem PKW erfolgt über die A 4, Ausfahrt Reichshof und auf der B 256 via Waldbröl zum Panarbora. Vom Busbahnhof Waldbröl fährt die Linie 342 zum Panarbora.

Schwierigkeit: leicht - **mittel** - schwer
Dauer: **3:45 h**
Länge: **14,6 km**
Aufstieg **300 hm**
Abstieg **300 hm**

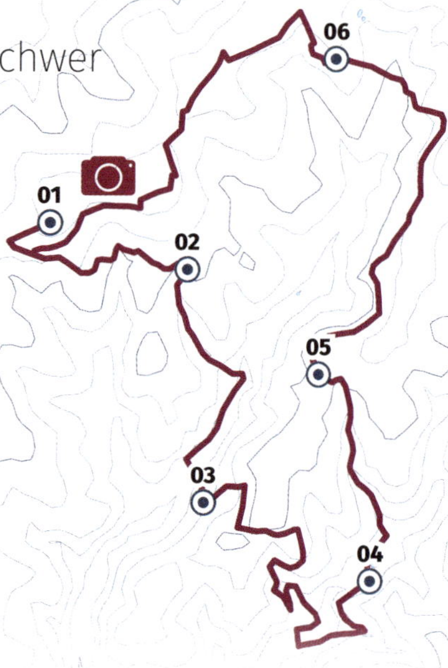

Höhenlinienmodell mit Streckenverlauf

Höhenprofil

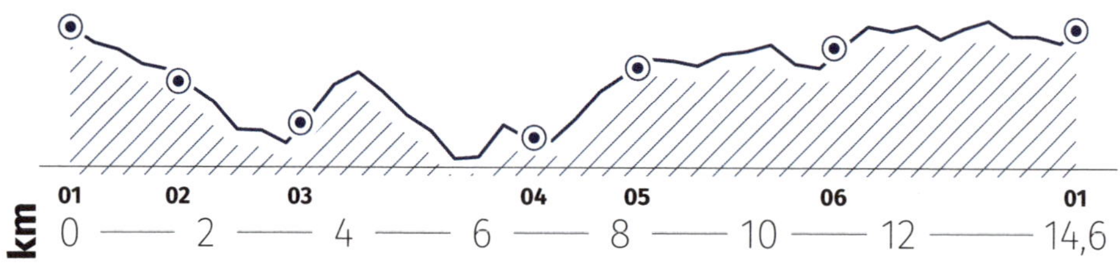

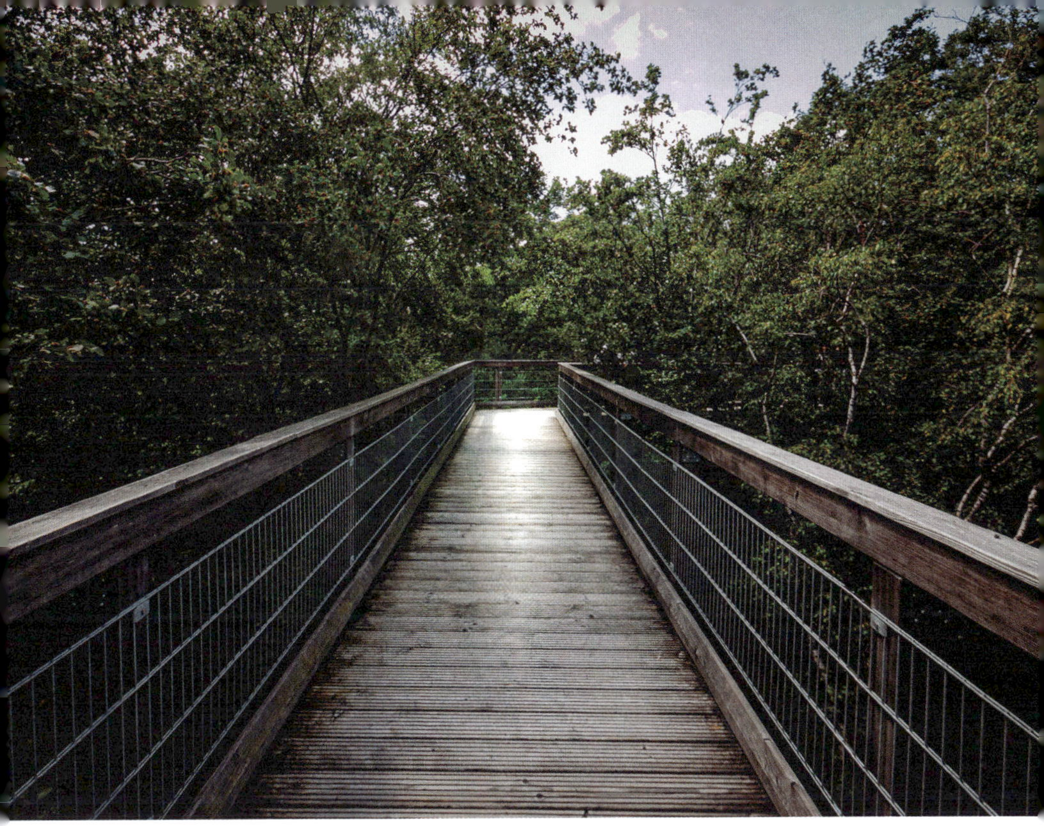

Diese vielseitige Wanderung führt uns durch typische oberbergische Landschaften mit bewaldeten Kuppen, kleinen plätschernden Bächen, hügeligen Weide- und Ackerflächen sowie idyllischen Dörfern.

▶ Wir starten unsere Tour am Parkplatz beim Baumwipfelpfad Panarbora **01**. Die Straße geht es nun bergab zum Kreisverkehr. Hier biegen wir links auf einen Schotterweg, den „Waldmythenweg" ab. Bei der folgenden Gabelung halten wir uns geradeaus und wandern weiter auf Weg 23 Richtung Vierbuchermühle. Bei der nächsten Gabelung folgen wir dem Weg links nach Herfen **02**. Durch den Ort hindurch gehen wir bergab zur Straße „Unterhof", in die wir rechts einbiegen. Der Weg geht in einen Wiesenweg über und kurz vor der Straße biegen wir rechts ab. Nach rund 5 Minuten am Bach entlang biegen wir links ab und kommen über eine Wiese zur nächsten Infotafel. Über ein Bächlein erreichen wir Helten **03**. In der Ortsmitte gehen wir links die Straße „Schlaggarten" hinauf. Bald führt der Weg als Pfad weiter aufwärts. Am breiten Wiesenweg biegen wir rechts ab und erreichen eine Straße, in die wir links einbiegen. Am Ortsrand von Wehn geht es dann rechts auf einem Schotterweg hinunter in den Wald. An der T-Kreuzung halten wir uns links und weiter hinab bis zur Straße, in die wir rechts einbiegen. Nach 100 Metern gehen wir links und an der gleich folgenden Kreuzung wieder links in den Wald hinauf. Nach ungefähr 5 Minuten biegen wir scharf links auf einen schmaleren Weg ab, um wenig später geradeaus den beiden Beschilderungen hinunter zur Vierbuchermühle **04** zu folgen. Auf der Straße gehen wir bis zu einem großen Parkplatz, wo wir links auf den Waldweg abbiegen. Bei Diepenthal halten wir uns dann links und erreichen Hochwald 05. Bei der T-Kreuzung biegen wir rechts ab, dann gleich wieder links und halten uns nach wenigen Schritten rechts Richtung Wald hinauf.

Nach etwa 15 Minuten gabelt sich der Weg. Wir folgen dem Bergischen Panoramasteig nach rechts durch schönen Wald. Bei der nächsten Gabelung halten wir uns links und erreichen in 10 Minuten eine Straße, die wir geradeaus überqueren. Anschließend geht es über eine Forststraße und wir erreichen bald darauf Wilhelmsthal 06. Dort queren wir die Straße, wandern durchs Wohngebiet und biegen nach der Rechtskurve links auf den Wiesenweg Richtung Waldbröl ab. Bei der folgenden T-Kreuzung geht es nun wieder nach links Richtung Panarbora.

Wir folgen dem Weg bis zum asphaltierten Sträßlein, hier rechts und nach wenigen Schritten wieder links auf einen Feld- und Waldweg. Kurz darauf halten wir uns rechts und folgen dem Weg bis zur Straße „Bitzenweg". Wir folgen ihr links und biegen nach hundert Metern wieder rechts ein. Von hier können wir entweder dem „Waldmythenweg" oder dem immer geradeausführenden Weg X12 zurück zum Parkplatz Panarbora 01 folgen.

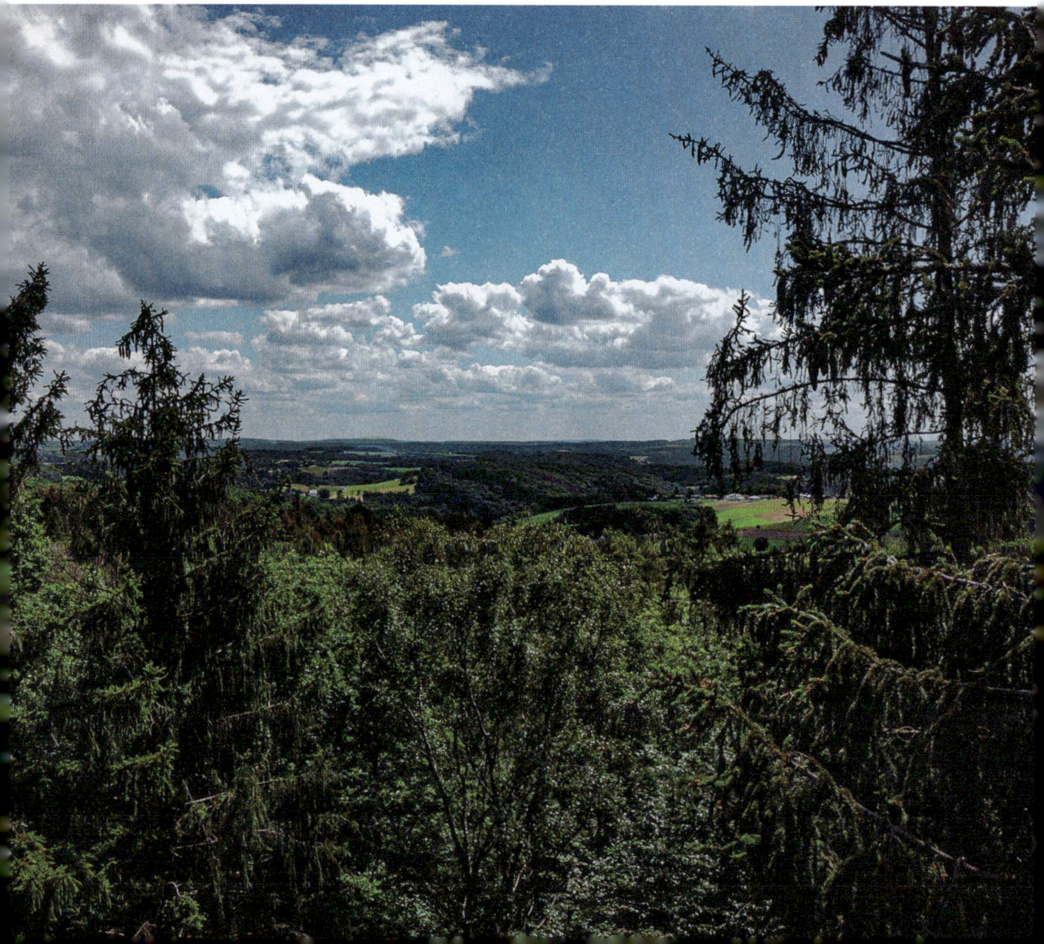

Dein Moment für die Ewigkeit

Wiederholung

Wiederholung ist ein klassisches Stilmittel in der Fotografie. Damit ist gemeint, sich wiederholende Strukturen, Formen oder Motive abzubilden. Unwichtig ist, ob die sich wiederholenden Elemente symmetrisch oder gleichmäßig sind. Erzielt wird dadurch eine besonders harmonische Wirkung.

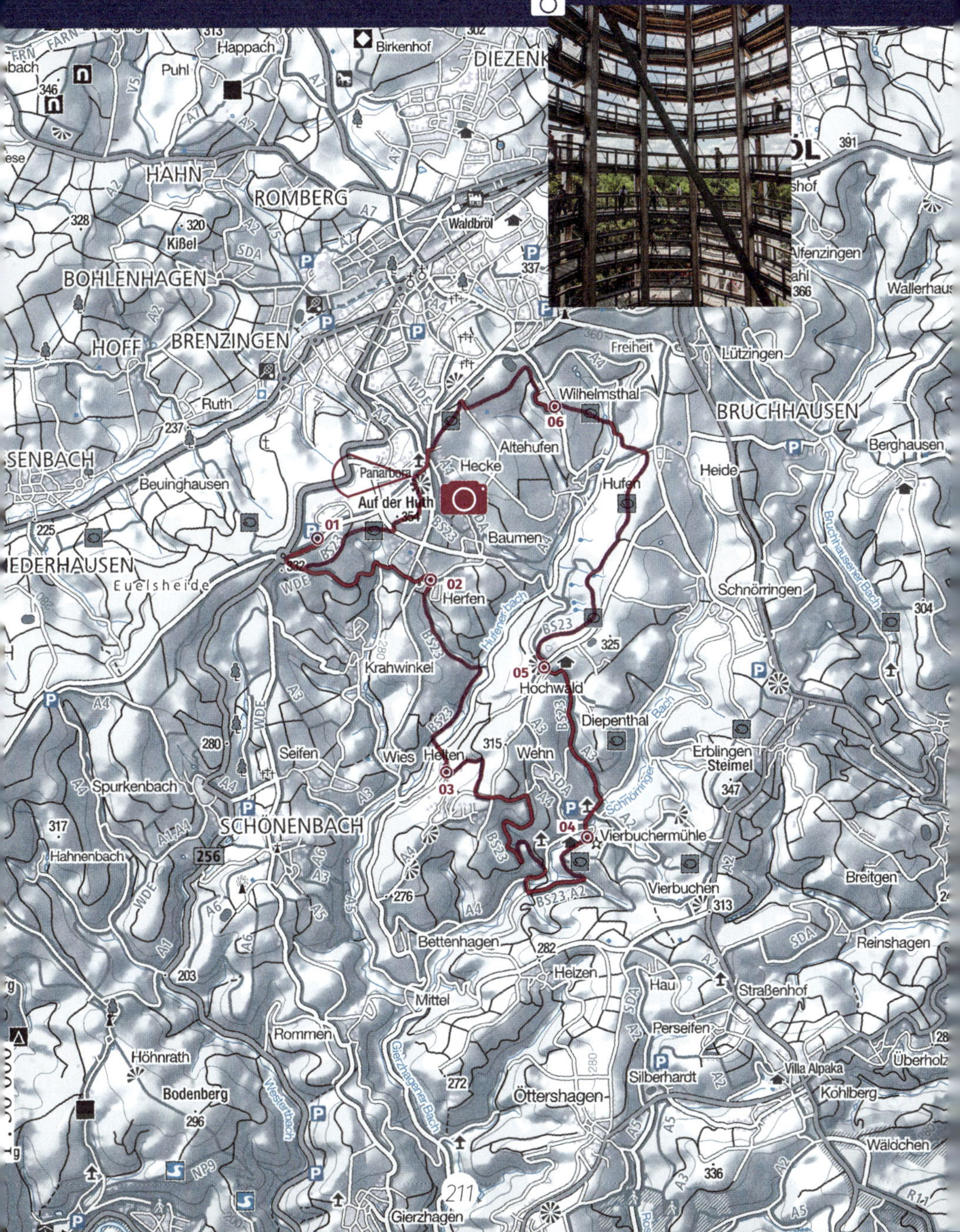

Wanderlexikon

Alles eine Frage des Verständnisses: Eine kurze Erklärung der wichtigsten Grundbegriffe rund ums Wandern und Bergsteigen.

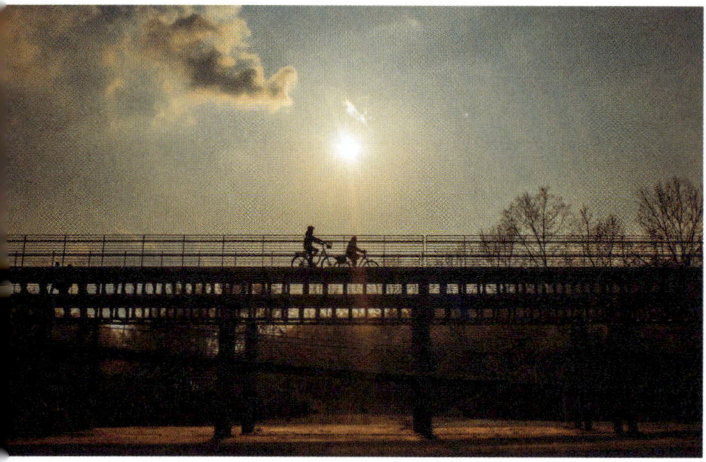

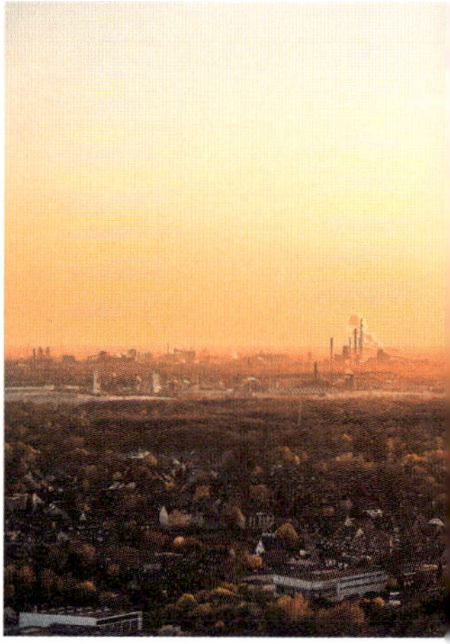

Schwierigkeit: Die Einteilung erfolgt nach der Länge, der zu leistenden Höhenmeter und den technischen Ansprüchen der Tour.

Leicht: Einfache Wanderungen ohne besonderer Anforderungen und nötige Vorkenntnisse.

Mittel: Wanderungen mit zum Teil steilen Anstiegen oder kurzen ausgesetzten Stellen. Schlüsselstellen und Schwierigkeiten werden im Tourencharakter beschrieben. Eine grundlegende Ausdauer und Wandererfahrung wird vorausgesetzt.

Schwer: Lange und/oder anspruchsvolle Wanderungen oder Bergtouren. Die Tour kann über steile und ausgesetzte Pfade führen. Gute Kondition, Trittsicherheit und Schwindelfreiheit sind je nach Charakter der Tour erforderlich.

Leichte Kletterei: Schwindelfreiheit und feste Bergschuhe sind erforderlich. Diese Passagen sind nur unter Zuhilfenahme der Hände zu bewerkstelligen.

Seilversichert: Schlüsselstellen sind mit (zumeist) verankerten Stahlseilen gesichert.

Markierter Wanderweg: Ausgeschilderter und zumeist nummerierter Wanderweg. Die Wegenummern werden in der Tourenbeschreibung und in der Karte aufgegriffen.

Variante: Vorschlag die Tour zu erweitern oder ein alternativer Routenverlauf.

Weiter wandern

Auf den Geschmack gekommen? Das Ruhrgebiet bietet ein wahres Füllhorn attraktiver Spaziergänge, Wanderungen und Touren. Hier findest du nützliche Infos und Adressen.

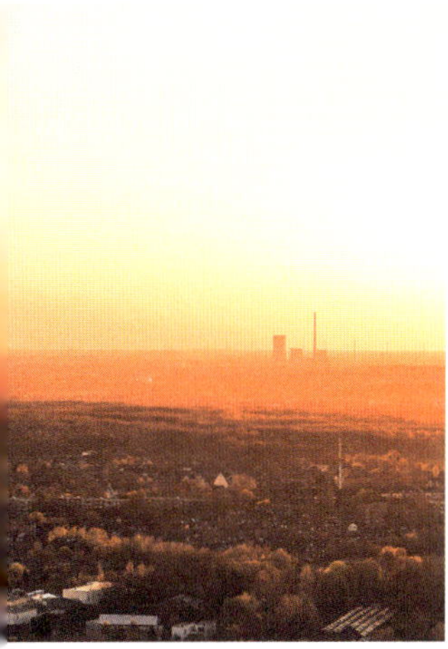

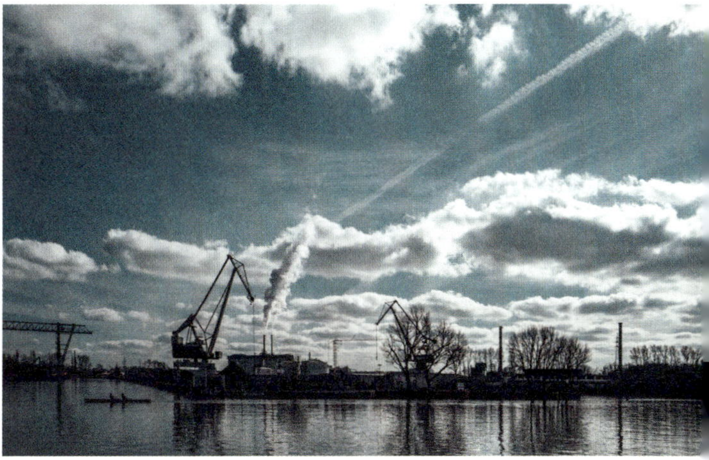

KOMPASS-Wanderkarten

Wanderkarte 756 Südliches Ruhrgebiet, Neandertal, Bergisches Land 1:50 000; Wanderkarte 823 Ruhrgebiet 1:35.000; 3-teiliges Kartenset 821 Ruhrgebiet 1:50 000;

KOMPASS-Wanderführer

Wanderführer 5200 Ruhrgebiet; Wanderlust 1615 Rhein und Ruhr; Wanderführer 5221 Bergisches Land, Naturpark zwischen Rhein und Sauerland

Touristische Informationen

Ruhr Tourismus GmbH
Centroallee 261
D-46047 Oberhausen
Tel. +49 1806 181620 (gebührenpflichtig)
www.ruhr-tourismus.de

www.ruhr-guide.de
www.nrw-tourismus.de
www.bochum-tourismus.de
www.visit.dortmund.de
www.muelheim-tourismus.de
www.oberhausen-tourismus.de

Deine Orientierung

Für das Navigationsgerät deiner Wahl haben wir alle Touren als GPX-Track zum Download.

Du planst und navigierst lieber digital? Dafür haben wir alle Touren auf unserer Webseite für dich

www.kompass.de/gpx

Damit kommst du direkt zum Download-Bereich. Einfach das richtige Produkt auswählen, herunterladen und auf das Zielgerät oder in die gewünschte App importieren.

GPX-Track

GPX ist ein Datenformat für Geodaten. Mit einem GPX-Track bekommst du die rote Linie, also den Pfad, als geografische Koordinaten.

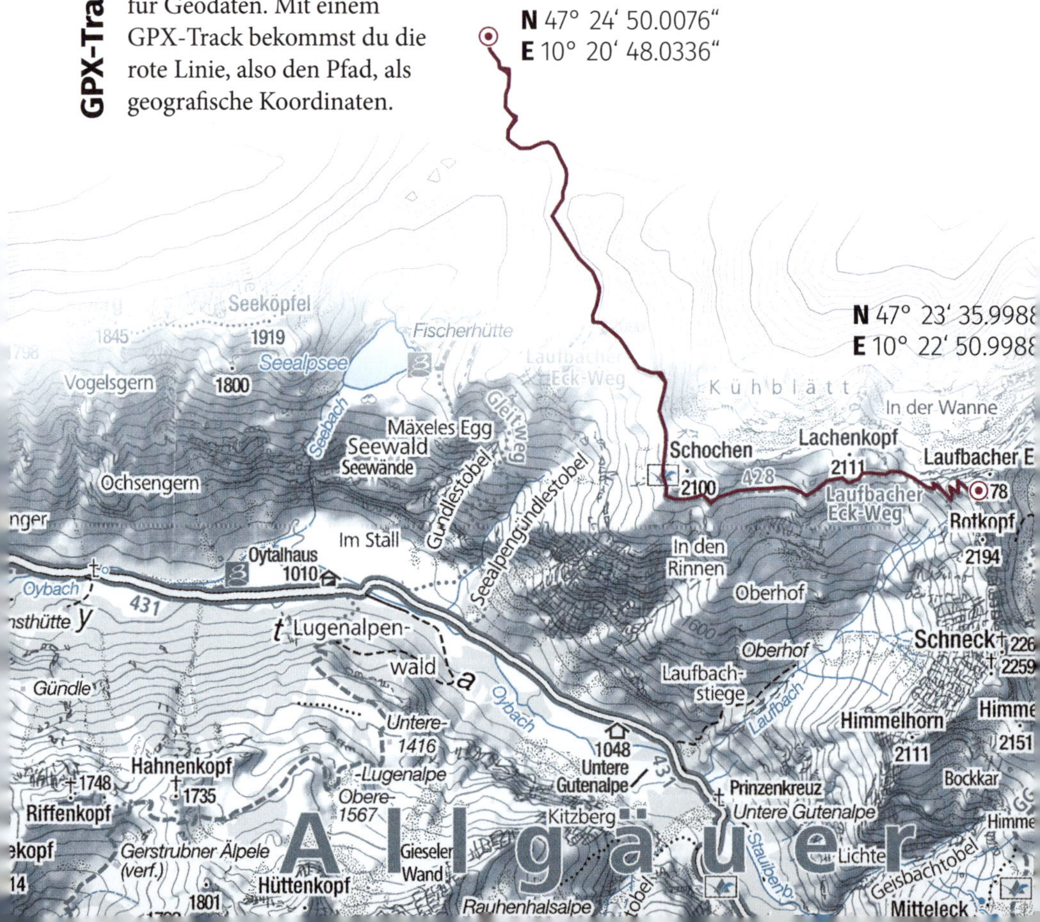

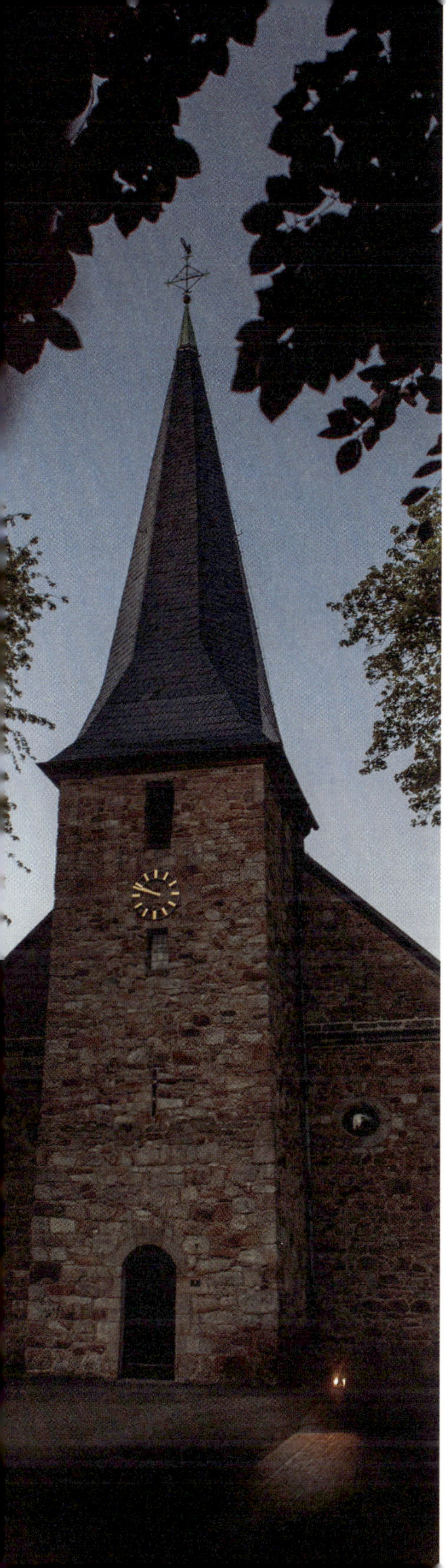

Impressum

1. Auflage 2022 (22.01) Verlagsnummer 1304
ISBN 978-3-99121-316-1

Konzept und Bildnachweis

Konzept und Gestaltung: Thomas Kargl
Projektleitung: Miriam Weber und Julia Flory
Text und Fotos (soweit nicht anders angegeben): KOMPASS-Karten
Titelbild: Zeche Nordstern von Oliver Hitzegrad
Grafische Herstellung: KOMPASS-Karten
Bildnachweis aufgelistet mit der Seitenzahl nach Fotografen:
Ruben Becker: 1, 88–93, 106–111, 138–143, 156–161; Oliver Hitzegrad: 2–3, 4–5, 18/19, 76–81, 94–99, 150–155, 168–185, 212, 213; Pascal Wieczorek: 18, 34–39, 52–57, 118–123, 144–149; Stephan Bernau: 19; Fabian Künzel (†): 21–22; Lisa Gehring: 25, 100–105, 112–117, 162–167, 206–211, 215; Maximilian Lehrke: 28–33, 40–51, 58–63, 186–199, Cover Rückseite; Maren Hildebrand: 64–75, 82–87, 132–137, 212/213; Silke Kloer: 124–131; Michael Bender: 200–205.

Alle Angaben und Routenbeschreibungen wurden nach bestem Wissen gemäß unserer derzeitigen Informationslage gemacht. Die Wanderungen wurden sehr sorgfältig ausgewählt und beschrieben, Schwierigkeiten werden im Text kurz angegeben. Es können jedoch Änderungen an Wegen und im aktuellen Naturzustand eintreten. Wanderer und alle Kartenbenützer müssen darauf achten, dass aufgrund ständiger Veränderungen die Wegzustände bezüglich Begehbarkeit sich nicht mit den Angaben in der Karte decken müssen. Bei der großen Fülle des bearbeiteten Materials sind daher vereinzelte Fehler und Unstimmigkeiten nicht vermeidbar. Die Verwendung dieses Führers erfolgt ausschließlich auf eigenes Risiko und auf eigene Gefahr, somit eigenverantwortlich. Eine Haftung für etwaige Unfälle oder Schäden jeder Art wird daher nicht übernommen. Für Berichtigungen und Verbesserungsvorschläge ist die Redaktion stets dankbar.

Erzähl uns von deinen Abenteuern auf Instagram und Facebook mit:

#folgedeinemKOMPASS

*#folgedeinem**KOMPASS***